博览养个性益智

群书涵思蕴情

卅年来博览群书，行统国书，指导读书，引领阅读，开阔视野，提升文化品位，推进阅读活动，积累经验，凝聚同人精神，世界的建设，功在文化，创刊三十周年。贺《博览群书》创刊。

邬书林
乙未年五月

◆ 为《博览群书》杂志创刊30周年题词

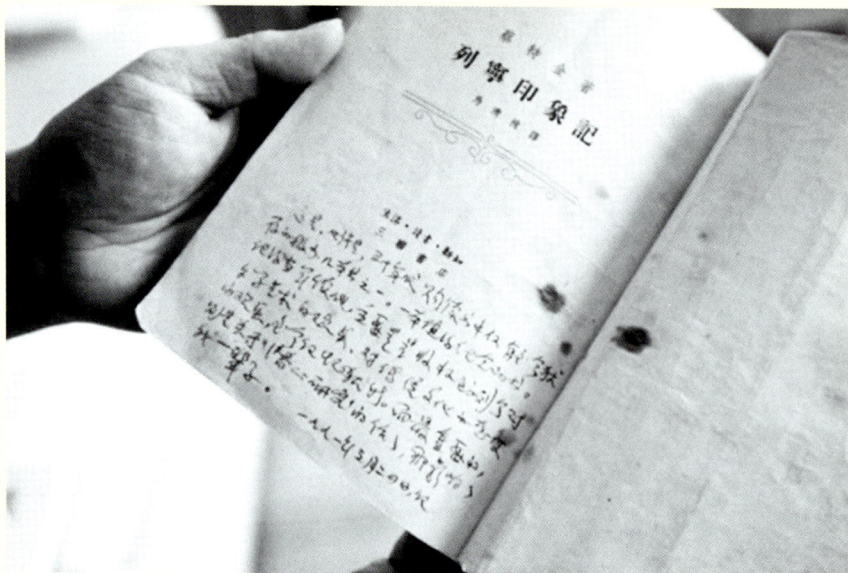

◆ 写在《平生三书》之一的《列宁印象记》扉页上的题词

题词原文：这是，也许是，五十年代购读书中仅有至今犹存的极少几本书之一，一本值得纪念的书。记得当年读它，主要是吸收列宁对文学艺术的观点，对传统文化的态度的观点，至今记忆犹新。而最重要的则是关于"潜心研究"的话了，那影响了我一辈子。

一九九一年三月二十四日，记

◆ 阅读

◆ 与牟心海（前排左二）、李默然（前排左三）、刘航（二排左穿红衣者）一同接
  受俄罗斯驻沈阳总领事馆颁发纪念普希金奖章。作者提供了论文《俄罗斯诗歌的
  太阳——永远的普希金》（1999年，沈阳）

◆ 与同学郑惠合影（1989年，北京）。郑惠曾任中共中央党史研究室副主任，先后
  任胡乔木和胡绳的秘书

◆ 与东北大学文法学院首届毕业生合影。作者1993年从辽宁社会科学院离休后，即应聘为东北大学创办文法学院，并任首任院长（1994年，东北大学校园）

◆ 向故乡鄱阳县图书馆赠书，以报答这个青少年时代的精神驿站（2019年，江西鄱阳）

12

安园读书记

彭定安文集

彭定安/著

东北大学出版社

·沈 阳·

Ⓒ 彭定安　2021

图书在版编目（CIP）数据

彭定安文集.12，安园读书记 / 彭定安著. — 沈阳：
东北大学出版社，2021.8
ISBN 978-7-5517-2354-1

Ⅰ . ①彭… Ⅱ . ①彭… Ⅲ . ①社会科学—文集②读书
笔记—中国—现代 Ⅳ . ①C53②G792

中国版本图书馆CIP数据核字（2020）第030485号

出 版 者：东北大学出版社
　　　　　地址：沈阳市和平区文化路三号巷11号
　　　　　邮编：110819
　　　　　电话：024-83680267（社务部）　83687331（营销部）
　　　　　传真：024-83683655（总编室）　83680180（营销部）
　　　　　网址：http://www.neupress.com
　　　　　E-mail:neuph@neupress.com
印 刷 者：辽宁一诺广告印务有限公司
发 行 者：东北大学出版社
幅面尺寸：170 mm × 240 mm
插　　页：4
印　　张：20.5
字　　数：329千字
出版时间：2021年8月第1版
印刷时间：2021年8月第1次印刷
责任编辑：汪彤彤
责任校对：刘　泉
封面设计：潘正一
责任出版：唐敏志

ISBN 978-7-5517-2354-1　　　　　　　　　　　定价：92.00元

本卷原著于2001年10月由辽宁教育出版社出版，曾先后印刷两次。收入本文集时，其中部分长篇论文，按其内容性质，剔出后归入专题文集；还有的文章与书的主题不太贴合，也一并剔出了。故此，另行递补收入有关读书的文章，篇幅未减，而内容更符合"读书记"的体例。

特此说明。

彭定安

2021年6月

"阅读"：开放性与非目的
—"阅读"三议之一

1995.6.29.

　　阅读这件事，并非一件简单易行的事情。把它像一件任人说过，似乎甚容易，比乘着飞机还简单，睁眼合眼，而书籍状况全都摊在你面前，任你翻拣阅读，没有质询行为。但这一种比喻，是把阅读的目的，只限于说明"识字"的内容。又若放在"阅读——把它们纳受了的范围来考察，那么，"阅读"可就并非易事了，而是一种广泛、深刻、复杂、双向交弘的思维一文化活动。故谓"读而不识字，无非是翻阅书"，那么是"翻阅书"行为，而非是阅读这件事。

　　是生于六十年代前范围而至今仍如存舞阅读么未果，而且仍在实际的接受着……有质

学派　　　　　尧尧

　　任创立阅读美学的学者汉斯·罗伯特·尧斯和沃尔夫冈·伊瑟尔。前者侧重于接受美学的宏观构架的创立，走"学究诗义上柏旧之理、大刀阔斧，而后者则更爱具体精微的理论建修，故其观点，精研细究更偏于纵致研究。他的《阅读活动——审美反应理论》一书20多万字（汉译字数）堪为一专书，讲向全是阅读活动。至此说来，阅读岂是简单易行之事吧？

　　你在今语整你觉得阅读连手捏起"阅读活动"的专著时，自己一方面精神专注，另一面又全神思飞扬的境界。翻开这书批致的画得红蓝密集、批得信密的书出，见到最后一页的空白处书着："一九二三年十一月三十三日下午5时阅毕，址在 Heinrich-Böll-Hause，知道宁静之极。……做事思考那样，仍处版之于

　　和创造一类故事，思考那样，仍处版之于
2

1. 读书忆往

我的面前是一幅彩色漫画，窗帘飘洒，书房幽雅，窗下钢琴前坐着一位少女，抚琴歌吟，画旁题写"读书之乐乐无穷，瑶琴一曲来熏风"。这是丰子恺的著名漫画，它勾起当时年少的我的无限遐思，使我既体味到已经"享受"到的读书之乐，又悬想着可能得到的读书乐趣。此情此景，已是半个世纪以前的感受。而时光的流逝竟未曾洗去当年稚拙心灵中的审美刻痕，这本身也就是一种"读书乐"吧。书香之家一学子，穷于金钱而富于图书。艰困岁月，却有书籍来慰藉灵魂。除了习功课，可以从环屋各类书架书柜书橱中任取我爱读之书读之。至今记得《幼学琼林》、《世说新语》、《虞初新志》、《东莱博议》、《古文观止》和《古文辞类纂》这些古籍笔记文集，它们给予我驳杂的知识和中国散文的文韵诗思。但也有"五四"以来的散文大家（鲁迅、朱自清、冰心、徐志摩）至情佳作的熏陶，有俄苏文学家（屠格涅夫、高尔基、法捷耶夫）作品的吸引，以及革命的、进步的文学作品，它们以思想与审美的汁液来浇灌一个穷困学子枯涩的心田。读书之乐，乐在给予精神上的支撑、知识上的填充、人生理念上的抚育，以及审美上的愉悦和陶冶。这是我在少年时代的体验，而从此也就使我与书结下不解的情缘，书成为我生活道路上和思想的艰难历程中的永恒伴侣，读书成为我的生存方式。海德格尔说："人，诗意地安居在大地上。"我想，唯读书能通达此生命境界，尤其在艰难岁月中。

艰危岁月中，我有几段读书经历，永生难忘。"五七"风暴之后卧在病榻之日，"文革"狂飙之时插队落户时期，思想和魂灵都依傍着书籍，而度过暴风雨的袭击、政治歧视与世态炎凉的摧折、泥泞小道似的生活狭路和山穷水尽般人生境遇的考验。不是书中自有黄金屋，也不是书中自有颜如玉，而是书中有理想信念，有正义与真理的召唤，有真情挚意的慰藉，有至理名言的劝勉，有春醪化雨、清风明月，有绿水青山、桃李芬芳，有哲人深思之佳果、诗人热情之熏风，更有仁人志士的人格魅力，这是一种人类精灵的伟大力量。

我最难忘的是几段困厄中的读书。1958年，面对充塞全社会的"大跃进"热潮，反观自己的"右派朋友"身份，真有当时流行引用的古诗"沉舟侧畔千帆过，病树前头万木春"中的"沉舟"与"病树"之感。而我在苦役之中又患重病，术后卧在病榻上，心灵和身体都颇受煎熬，精神危机势必出现。正是书籍使我及时振拔于泥淖之中。且不说那时所读的理论书籍，也不说我在几篇文章中提到过读了列宁的一段话所引起的思想震动，我只说当时认真地读了正很风行的北大中文系学生所编的红皮本《中国文学史》，在学术上它已被时光的巨流淘洗了，但我在当时却读到了"自古诗人皆寂寞"和"文章憎命达，魑魅喜人过"，那从屈原到李白、苏轼、龚自珍的一辈又一辈绝代志士才人的不幸遭际、坎坷命运、崇高精神和不屈人格，对"沉舟"和"病树"的启迪、鼓舞和激励，是巨大而深沉的。还有那一代又一代的从《诗经》到《离骚》到唐宋诗词古典诗歌的思想、情感和艺术所构成的文学世界，犹如思想中的世外桃源，让苦恼的人在审美的愉悦中既得到思想情感的滋润，又享受艺术的甘甜和抚慰。一个忧患中的读者从这些古代文本的"含义"中所营造的属于自己的"意义"，是别人所不能想象的。

在"文革"中，我曾被迫打扫厕所，但我却得到了劳役之后独处于大楼一隅读书的自由。当时我能读的只有马克思、恩格斯的著作。《共产党宣言》《哲学的贫困》《英国工人阶级状况》不但思想深邃、理论精粹、发人深省，而且文笔地道、逻辑细密、语言精美，足可视为文学作品，如《英国工人阶级状况》便可看作很好的报告文学作品。在这种"研读"中，我不仅逃遁精神崩溃于理论与艺术的享受之中，而且得益于思想与艺术的意外收获，也体验到一种智慧的力量。

2. "诗意地安居"

并非每一个人，甚至不是多数人，都会有这种经历，都会在这种困厄中去体味读书的苦与乐。更多的人是在平安和幸福中读书。应该说，这是更优越的条件，可以自由地读、尽兴地读，可以有计划地读，可以愉快地读，也有更多的时间、更好的心境来读。如果说，书可以是患难中的朋友，那么它更可以是安乐中的良师。我曾经在患难中欣羡那些可以安然读书的人们，因为像我等之辈在那时读书，轻则被扣上一顶"走白专道路"的帽子，重则受到"书读得越多越蠢"和"书读多了会变成反革命"的打击。而现在，我能在老年时任情地读书，让知、情、意驰骋于人类精英的思想、理论、艺术、精神、人格的广阔原野，是何等的惬意和幸福。从个人正反两方面的体验中我感受和体察到，在安乐之中与良师相处，使自己的精神与思想得以飞升，并有益于身心和"诗意地安居"。

3. "文化后院"读书乐

在现时代，物欲横流，金钱崇拜，"物欲来蔽，精神憔悴"，读书应该说是一种清凉剂、清醒剂、消毒剂。物质生活、金钱功能，不仅不可忽视，而且是生活的基础；但是，不可丧失、忽略、抛弃了对精神生活、文化生活和理想、信仰的追求，对物质、金钱及红尘万事的形而上的思考。就像一个人的居处一样，有前院、前厅，还要有后院，有个人空间，有心理单间，这样的生活才完整，才利于休养生息，获得再生性休闲。我把这称为"文化后院"。居住条件一时狭窄，那么房间的一角、桌子的一方之地，也都可以成为这种文化后院。读书，则是形成这种后院和在后院里的主要活动。在这"后院"里读书，本身是一种乐趣，而读书所得，在自身文化素养上的提高、精神世界的丰富和在尔后工作生活中智能的提高，如此种种，又都会增加一种更悠长的乐趣。这乐趣之隽永幽香，远超过吃喝玩乐。

4. 读者的诞生

我最近应《书缘》杂志之邀写了一篇题为《读者的诞生》的文章。大意说，这个有意味的命题，是法国著名结构主义学者罗兰·巴特给出的，它说明读者并不是"看书的人"这个简单的含义，而是要求读书时要"工作"，即理解、诠释、思考、联想、质疑、发挥，通过创造性的"阅读活动"，以书的本来"含义"为基础，创获自己所领会（也是创建）的"意义"。这种读者才是符合中国古人所说的"神读"——古人说读书有"以眼读"者、"以心读"者、"以神读"者。眼读只是看字而不想；心读则读而思；而神读却更深一步，是聚精会神地读，是领会精神实质地读，是出神入化地读。我觉得，罗兰·巴特的理论命题同接受美学的命题是一致的，它强调了读者的作用。这对于读书人来说，实在是一个读书指针。

5. 读书笔记

如果成为一个读者了，读书而所得不少、所思甚多，最好是记下来，及时地、简略地写在书页上，就是所谓"眉批"，这比在语句下划红蓝杠杠进了一步。再多一点就该写笔记了。我常有这样的感觉：翻开一本看过的书重读，上面有眉批，事过境迁已经忘了，如今再看竟觉得不像自己所写，而现在再读原文，却没有当初读后的感想了。这竟是温故而知旧了。所以，随时写下读书的感想，是很有好处的。

我至今保留着20世纪50年代的读书笔记。以后，60年代、70年代、80年代、90年代都有一批笔记本。那70年代的笔记，还是在鸡舍似的小窝棚里，因没有桌子，也放不下桌椅而站着读书时站着写下的，如今看到觉得很有意味。我的笔记有几类：第一种是"寻章摘句"式的摘抄佳句名言、重要段落的；第二种是摘抄加感想的；第三种是原文少、感想多，写了长段自己的理解、诠释和发挥的；第四种是采取"彼分我合，彼合我分"的方法的专题笔记，一个专题集中了多本书中的材料，或一本书分摘了许多段落到各个专题中去。近年来，更有一种笔记，得一命题或一素材，"借题发挥"或"生发开去"，成为一篇短文。写这种笔记是很有意趣的，使读书之乐大增其乐，也大增其益。我的《创作心理学》一书的写作，大多得益于这些笔记中的第二、三种，一册在手，牵丝拉线似的引出思理绵绵。

这些随时写下的笔记，不仅留下了我作为读者的履痕，而且刻下了我生活的印迹。岁月不断流逝，人生的各个阶段随之逝去，留给我的只有老年的余光。然而，当这余晖映照那笔记本上的"履痕"与"印迹"时，回光返照似的照见了我的生命中曾有的吉光片羽。

年轻的朋友们，来日方长，旭日初升，在"读者"生涯中，所能做的将会更多更好。

本文原载于1995年11月8日《辽宁青年报》，收入本书中时略有修改。

目录

"我就是我的书"

——我和我所写的书

读书、写书，是我的梦想，一个从幼小时萌生，一直绵延到今天的梦想。随着时间的推移、社会的发展、一己生活的改变，以及我对这一切认识的提升，梦想的内涵和色彩都不断地变化。梦想是美丽的，富有诱人的魅力。我曾经怎样热烈地、真挚地追求这个梦啊。我写过一篇文章，题目是《平生难圆读书梦》。这不仅指我多次未曾实现上学读书的梦，而且指过去和现在都未能称心如意地、痛快淋漓地读书，读那些我久想一读、急欲一读的书。至于写书、出书，就更是未曾好好地圆过的绮梦了。

虽然如此，但我还是有一些值得欣慰的地方，因为我总算曾经写成一些书、出过一些书；只是写成或出版的书，自己都并不十分满意，梦圆得不是那么好，"留有绮梦寄明日"。

写书是我的梦想。我的生活记录在、反映在、折射在我的书中，我的思想传达于、灌输于、潜存于我的书中，我的情感、我的理想、我的梦流泻于、反射于、分散于（有时迸发于）我写的书中。海德格尔说："语言自己在说"，不是我在说话，而是话在说我。我的书中有我的个性、我的心理、我的情趣。其实，还应该说，这一切都曾经存在于我的图书写作过程中。写作过程，就是我的生命存在、创获的过程，我的思想、情感、理性、理想发散、舒泄、寄托的过程。英国杰出的作家格林说："我就是我的书。"一位俄罗斯歌唱家说："我的梦都在我的歌中。"我想说，我和我的梦，就在我所写的书中。

每一本书都有它自己的命运。这不仅反映了书的命运，而且反映了作者的命运。

20世纪50年代初，我应北京出版社之约请选编过一本小品文集《这不是私人的事情》。其中选有我写的数篇作品，还有多篇经我修改以至重写的小品文。严格来说，这不是"我的书"，但它大概应算是我出的第一本书。以后，小品文从报纸上消失，人们已经忘记了它。我的这本书，也就如过眼烟云似的消失在我的记忆中。然而，1990年我访学哈佛大学时，参观燕京学社图书馆，接待人员见面便递给我一张纸，说："这是我馆收藏你的著作的目录。"我一浏览，这本消失了的书赫然在焉。它消失多年，我手里早已没有了，然而它竟被收藏在美国著名大学的图书馆里，它竟在异国他乡从我的尘封的记忆中跳了出来。这使我感慨良多：这本小书的命运，以及我自己的命运，都在它的"存""没"之中反映出来了。

真正属于我所写的书，第一本应该是那篇引起了学习雷锋热潮的报告文学《永生的战士》。不过，它不是出版社的正式出版物，而是由辽宁省军区、共青团辽宁省委联合印发的没有书号的书。署的是笔名波阳。以后，又出版了一本通讯报告集《工人阶级的好儿子许如意》，这倒是辽宁人民出版社的正式出版物；但由于我那时是"隐姓埋名者"，所以署的是"辽宁日报记者"这样一个没有名字的名字。这都是60年代的事情，它们已经消逝于五十多年前的风雨岁月中了。其中，包含着许多时代的与一己的苦涩的梦。

真正属于我的，属于学术著作的，并且寄托了我的美丽的梦的书，第一本应该是《鲁迅诗选释》。它由辽宁人民出版社出版于1979年。那时，我刚刚从山沟里钻出来不久，也是沉埋地下底层20多年"出土"不久。所以，我称它是"春天的第一只燕子"。感谢当年辽宁人民出版社的资深编辑和领导刘丹华、沈国经两位同志，是他们真诚热情地放飞了我的"第一只燕子"。他们的友情和支持，至今是我的有数的美好回忆之一，仍然使我每一忆及就感到温暖。但是，这本小书的写作，则连着一连串苦涩的凄清的梦。在70年代风狂雨骤的岁月中，我作为"必须改行分配"沦入底层的人，栖身于内蒙古敖汉旗农业局。每年四季农业技术员在全旗24个公社周游"拉练"，我跟随陪练。敞篷汽车一路颠簸，四野空旷，黄尘蔽天。我以背诵鲁迅诗来排遣身体的疲困和心中的抑郁惆怅；继而在心里将诗默译成白话，并思考注释。晚上，就在驻地幽暗的电灯或煤油灯光下，用粗糙的土纸记录整理成文。如斯日积月累，竟成一书，名为《鲁迅诗翻译、注释》。1975年，"学点鲁迅"的最高指示下达，人们在无书可读中读鲁迅，鲁迅著作也开始出版单行本。我于是将书稿整理一下，誊抄清楚，寄给当时辽宁省恢复不久的出版机构。我深知自己的身份，故言明只要出版，能为人们读鲁迅服务即心满意足，不署名、不付任何报酬都可以。但是，稿件寄出后如石沉大海，杳无音信，问无人理，查无结果。事情就这样结束了。我无可奈何，只能无怨无悔；却仍然继续我的"研究"。因为，这是我心灵的寄托、精神的家园。我进行的是拟想中的《鲁迅杂文选读》一书。所选杂文，都有"题解"、"写作背景"、"意义串讲"、"艺术分析"和"词语注释"等。在资料缺乏的情况下，我艰难地工作；然而兴味盎然：心有所寄，情有所托，只问耕耘，不问收获，"著述"不为稻粱谋。虽然有《鲁迅诗翻译、注释》的失败，但意不稍挫。这部写在自订的草纸本上的未完成的"书稿"，一直如马克思所说，放在那里"让耗子去批判"；然而，它对我以后《鲁迅评传》的写作，却立下了汗马功劳。

1978年春，我在农村"待命"——等待命运的判决；却得到《鲁迅诗选释》能够被接受的信息。于是，我凭借记忆重写书稿。夏天终于回到沈阳，如愿进入社会科学院工作，有了更多的时间写作，顺利完成书稿，交给出版社。冬季，辽宁"文代会"期间，我收到了《鲁迅诗选释》的样书。想起它的诞生过程，想起它的曲折命运，望着这本"春天的第一只燕子"的身影，虽然是那么单薄，我心里仍然充满了欢欣。它标志着我20年新闻生涯的结束和研究生活的开始。紧接着，仍属于小册子的鲁迅研究书籍《在世界的海边——鲁迅的少年时代》，在老同志、老朋友方泗潮同志的关心和大力支持下出版。它同样单薄，但有纪念意义。因为它的最初的一部分草稿，是60年代我在困窘中写出来的；而且，它也为我不久之后撰写《鲁迅评传》打下了资料与思想的基础。

1980年4月，在美好的春意正浓的日子里，我开笔写《鲁迅评传》。那是一个假日的早晨，我伏在临窗的桌前，望着窗外的大树摇曳着丰茂的枝叶，遥想20多年来的愿望滋生成长，却只能埋藏心底；现在，终于可以让它"破土而出"了，这是怎样的欢欣啊。然而，它会是什么样的呢？我激动而有些忐忑地写下了第一行：

在十九世纪八十年代初，鲁迅来到了世间。

就这样起了头，笔底文字流泻而出。我敞开了胸怀，怀着欢乐，展开自己的文思，让心中久蓄的话语一行行倾洒在稿纸上，深深感到一种写作的幸福，一种"一诉衷情"的畅快。二十春秋风雨，"读鲁"心史，情思何限？"'五七'之灾"后，劳役疲惫中，读一本本陆续出版的新版《鲁迅全集》，鲁迅那睿智、深沉的人格魅力，对世界、中国、人生的冷峻透析，拯救了被政治旋风摧毁更遭无辜唾弃的孤魂于长期颠沛流离中；那一声"岂有豪情似旧时""运交华盖欲何求"，宣泄了心头压抑，犹如沉埋中钻出一眼透气孔。吟咏"俯首甘为孺子牛""我以我血荐轩辕"，我一扫低落的心境。十年塞外边陲，生活与大地同样荒凉，《鲁迅全集》成为我心中的绿洲。一个伟大的精神人格形象，矗立在前，引导人的精神向上，摆脱、排除、超越一己的苦难愁怨。更有长期的诛心的批判和白眼、歧视、压抑，"没有一点阿Q精神，如何活？"——这不是我个人的体会和实情，鲁迅研究家朱正，著名作家如聂甘弩、丁玲，也如是说，这见之于他们的言谈文字。——但这不是对阿Q精神的照搬，而是"'古典'阿Q精神"的现代运用，是它在特殊年代、特殊人物身上的特殊表现。[①]这一切"精神积淀""文化感受"，都蕴含于我对鲁迅生平、事业、奉献的描述中，对鲁迅的解读、诠释中。

不过，我没有整块时间直抒胸臆，写作总是断断续续进行，只能在各种工作和会议的间隙一段一段地写。只有两次写作假，给了集中的时间和安静写作的条件。一次是老友李宏林邀我一起在抚顺龙凤矿招待所，同吃同住同写作。在那个我们刚刚"摘帽"不久的美丽的夏季，我们对面而坐，各自埋头写作。他的著名的报告文学《黄金大盗》，就是

---

① 最近，读到唐德刚先生的一篇文章《我，就是一个阿Q》（载《中华读书报》2000年9月20日），文章说，多年前，他在美国哥伦比亚大学工作十九年，成绩不错，但却遭到那些洋汉学家的"免职"。生活面临困难，"气愤、绝望、自卑交织于怀，不知如何是好……在一个失眠的午夜，我……一下碰到了老朋友阿Q——阿Q的关怀，才又使我打起勇气活了下来。""这一晚我听老友阿Q之言，听了一夜，终于想通了。我想：'哼，汉学！上自文武周公仲尼，下至康梁胡适冯友兰……诗词歌赋、平上去入、经史子集、正草篆隶……如此这般……这批毛子哪个比得上俺阿Q呢？……他们开除我……哼，他们加在一起再搞十年，也比不了我阿Q一人……奶奶的，老子被儿子开除了……做了一夜阿Q，思想搞通；手之舞之，足之蹈之，不禁大乐——问题全部解决，与'赵老太爷'又和好如初。"这不仅是又一个具体例证，而且对"具体应用"作了真实生动的说明，当然，其中有幽默，以至自我戏谑，但却是实际写照。

那时写的。我的《鲁迅评传》的前几章，是在这里愉快地完成的。另一次，在地处农村的铁岭地委党校，最后完成了《鲁迅评传》写作。整个秋季，时而秋高气爽，时而阴雨连绵，但我几乎完全沉浸在愉快的写作中，感受到一种创作的愉悦。我好似同鲁迅"生活"在一起，悲喜歌哭，情意相通。书稿行将杀青的那几天傍晚，我照例在门前小溪旁散步，心中重复着一句话："他就要离去!"——"鲁迅"，好像是我创作的作品中的人物，活在了我的心中，不舍他离去。

《鲁迅评传》于1981年底完稿，1982年由湖南人民出版社出版。它得到鲁迅研究界和学术界一定的好评，被认为是当时已出版的七部鲁迅传记中，较有特色、有个性、有独到探索的一部。我想，它的可取之处，就在于它的真诚吧。—— 一份长久积蓄于心的对鲁迅真挚的热爱崇敬之情，一份将自己的认识、理解、爱戴和解读、诠释，真挚地表达出来之心与情流泻笔端，倾注于字里行间。

《鲁迅评传》出版之后，又相继出版了属于鲁迅研究领域的著作数种：《鲁迅思想论稿》（1983年，浙江人民出版社）、《突破与超越——论鲁迅和他的同时代人》（1987年，辽宁大学出版社）、《鲁迅杂文学概论》（1988年，辽宁教育出版社）。这几本书，都可以说是《鲁迅评传》的"续作"和补充。它们按时序和重要历史阶段，论述了鲁迅思想在矛盾、斗争中发展的状况和问题；阐述了鲁迅和他的师长辈、同辈和学生辈中几位同时代人的相互影响的关系，特别是鲁迅如何突破和超越了这种影响；也对鲁迅杂文进行了全面系统的研究和阐释。后两种书，评论者都指出是开辟了新的研究领域，是在这个研究领域里的首次系统论述。

因为一家出版社有再版《鲁迅评传》之提议，故从1986年起，我开始修订、增补工作。修改的地方越来越多，增写的部分也越来越多。那时，我在兴城海边疗养院写作。海水带来凉爽的风，激起我无限的情意文思。疗养院日夜的静谧，促成悬想与遐思的活跃，我对鲁迅的"外在世界"，对"鲁迅世界"与"外在世界"的生活、思想、艺术的对应关系，特别是对鲁迅特有的反映，都更展开地描述和论析。鲁迅的生活、思想和创作，鲁迅对中国、世界、社会、人生的解读、诠释和批判，同我的这一切融会融合，我写出自己对鲁迅这一切的理解，并融进了我自身的情怀。我试图走向、走进鲁迅世界，它比《鲁迅评传》更广泛、更深入了，也更宏观、更细致了。特别是，在"艺术思维与艺术世界"方面，以八节文字，分别在八章中有断有续地描述论析；对小说和杂文的论述，尤其对《呐喊》与《彷徨》的比较，对《野草》的艺术剖析，等等，都大大加强了。这样，它成为一本新的著述。我便改名为《走向鲁迅世界》，1992年由辽宁教育出版社出版。有学者评论，认为它"熔诗情与学术于一炉，使读者既享受到诗情的熏陶，又加深了学术的素养，更为自然而深入地走向鲁迅世界"（张梦阳：《〈走向鲁迅世界〉——熔诗情与学术于一炉》，载《人民日报》1993年2月9日）。"彭著1992年版在鲁迅传记学史上的主要贡献是提供了一种多重性的立体结构与交叉式笔法。""书中的'世界'具有三个层面：世界本体（时间的与空间的）；鲁迅及鲁迅心中的世界；作者心中的鲁迅以及作者透过鲁迅'眼'所看到的世界。"（张梦阳：《鲁迅传记写作的历史回顾[五]》，载《鲁迅研究月刊》2000年第7期）

1999年初，在结束了应约撰写《21世纪鲁迅研究预想》长篇论文之后，我开始了《鲁迅学导论》写作。又是一个多年夙愿的实现。自从1981年在《鲁迅学刊》上发表创立鲁迅学的建议之后，我就一直有这样一个愿望——写一本论述鲁迅学的专著。时光荏苒，诸事丛集，迁延至今已近十年，现在总算如愿以偿了。我冒着酷暑，挥汗打稿。我力图在诗学的层面上，来集中、归纳、总结鲁迅研究的成果，将众多事实的、经验的、理论的材料提炼为更抽象的、规律性的、美学-诗学的成果。

《创作心理学》是我在鲁迅研究之外的领域里最主要的著作。它也是在酝酿多年、迁延多年后才提笔撰写的。然而一提笔，就顺势而下，多本笔记在手，思绪、观点甚至大段的文字，以及引文与出处，都尽在其中。写作极为顺利，以至于一部60多万字的专著一气呵成，没有一页一行的修改。这是从未有过的。难忘北戴河清风明月夜痛快的写作，难忘深圳西丽湖一天日夜的紧张写作。这两处中国作协创作之家，成为《创作心理学》的主要诞生地。这本书，全面、系统地探讨了作家创作心理的产生、发展、状况、特征和"实践表现"。我提炼了一系列理论命题、范畴，如："人生三觉醒——性觉醒、人生觉醒、艺术觉醒""作家记忆的四大家族""作家的生活学""作家的结构学""作家创作'十魔'""作家创作心态'十佳'"等。它们是一处又一处"心理丛林"，又是一块又一块"垫脚石",帮助、引导人们走进作家浩茫、深邃的创作心理丛林。

回首平生,颠沛流离、命途坎坷。数十年间,唯有读书和写书的愿望,支撑着我风雨兼程。多次狂风大浪中,唯有书籍,唯有书中哲人、智者、学士、文人们那睿智、深沉、崇高的思想、心志、人格、情趣,启迪、引导、鼓舞我,摆脱精神危机的迫临、心灵崩溃的威胁,走过漫漫的人生旅途,在被唾弃中自尊自立,在无意义中寻觅和"创造"意义,在无情中发现人间深处的挚情。青春年华、苦乐中年,都如东流之水,一去不回。直到年过半百时,才获得正常生活与工作的权利。生活发生了天翻地覆的变化,但是,读书依旧是生活的主要内容,写书则成为存在的主要意义。20多年来,几乎无日不读书、不写书。在简述几本主要著作的写作过程时,不禁想起斯宾格勒在他的名著《西方的没落》中,关于个人为"小宇宙"、世界为"大宇宙"的比喻。我和我的书的命运都属于"小宇宙",但它受制于"大宇宙"的控制。然而,"小宇宙"也自有它自己在宏大世界格局中"掌握自身命运"的权利和自尊、消解和抗争。

图书馆,我的家园

江南细雨,给世界笼上一层雾纱,东湖在烟雨迷蒙中更加美丽。点点渔舟在雨雾中飘移,湖边山水、房屋、树木都笼罩在雨雾中,像梦中的景物一样迷离恍惚。我沿着湖边小路独自行走,享受着美景和寂静。不久就来到桥前,它伸向湖心,在那里有一座古庙,现在是县民众教育馆。我踏上桥向古庙走去,要在图书室里度过一个中学生课余的小半个下午。可能是雨天的缘故吧,图书室里只有我一个人,在寂静中阅读。在一个角落里,坐着年轻的女管理员,她是我小学的音乐教员。她名叫戴梦琴,一个很美丽的名字。我读的是一本上海出版的画报,我爱看图片，也喜欢读它的说明文字的英译，英汉对照，同时学习英语。其他都已经遗忘，但还记得当时的这些情景。读过和记得什么都不重要，重要的是那种读书的感受，那种在细雨朦胧中、寂静中读书的沁甜的美好的感受。它至今仍是我心中美好的记忆和美好的感受，是我芜杂的心中的美好的家园。

中学生活，留下的最美好的记忆，就是这种在图书馆读书的记忆与感受。这可以往前延伸到初中二、三年级的时期。那是20世纪40年代初期，抗日战争最艰苦的年代。重庆的报刊读不到，但可以读到第三战区最有名的报纸《前线日报》，著名的进步报人宦乡（他后来是著名的学者、外交家）是那里的主笔。我最爱读他写的《编余漫笔》，文里总能透露重要的消息、传达进步的思想，而且文笔锋利幽雅。受其影响，以至于十年后我当编辑时，也学着写《编余漫笔》。我爱读的还有《战时中学生》，现在也还记得，在那里看到的丰子恺的一幅漫画《努力爱春华》：一个花盆里长着一株鲜花，一个女孩捧着洒水壶在洒水。那颜色的艳丽，女孩和花朵的美丽，使整幅画充满了青春气息，给一个青年的感受是鼓舞和振奋。我对于美丽故乡的回忆，都同旧时图书馆里读书的记忆相连。我最早的读书兴趣，最早的思想幼苗，我对于文学、绘画的爱好，以至我早期的审美启迪和教育，都在这个"家园"里萌发生长。永在怀念那遥远的故乡与家园。

易逝青春，哀乐中年，都在东北日报、辽宁日报度过。东北日报时期是我的学习期，而报社图书室则是我最好的"知识后勤部"。这里有丰富的藏书，又不断购进大批新书。我在这里读到了第一部20卷包括译文在内的红皮本《鲁迅全集》；读到了冯雪峰主持编选的中国现代文学名家选集；读到了苏联文学名著、欧美各国的古典和现代名著，以及众多革命家、作家、艺术家的传记。这些导引了我一生的思想与生活，增长了我的知识，充实了生活，慰藉了心灵，并支撑了我的工作，也影响了我后来的生活和学术生涯。比如，那些传记作品中，给我印象最深、影响很大的是一位加拿大作者所写的白求恩传《剑与解剖刀》和苏联作者写的《契诃夫传》。其思想的深沉、视野的开阔和笔法的灵动活泼，都为我所喜爱，并影响到我日后写作《鲁迅评传》。事实上，我的第一篇研究鲁迅的长文，也是第一篇鲁迅传记《鲁迅的一生》，就是在辽宁日报图书室写出的。我主要依靠这里的资料，坐在图书室与外界隔绝的安静的里间写作，然后在《辽宁日报》上连载。虽然我在日后的几次运动中，都是在这里遭到不幸的命运，虽然在这里留下了许多痛苦的记忆，但我对于在辽宁日报度过的岁月，依然保留着一些美好的记忆和感情。其中，就有"留在图书馆的记忆"和"记忆中的图书馆"。梦似的失去的年华，青年和中年的美好时光，在患难岁月中度过，仍然留下了这精神家园里的温馨。

内蒙古敖汉旗，塞外边陲，生活同原野一样荒凉。我在这里度过了十年插队时光。离开沈阳时，全家四口，卡车一辆，除简陋的生活必需品之外别无长物；书籍一项，更是扫地出门了。所能拥有的精神依托，就是一部残破的《鲁迅全集》了。然而，1972年被改行分配到旗农业局工作之后，我发现了旗文化馆图书室这块"绿洲"。在借书的过程中认识了图书管理员——人称"阿庆嫂"，也许不仅因为她饰演过《沙家浜》中的女主角，还因为她为人聪明伶俐吧。她在熟识后，特别优待我这"犯过错误"的沉默的异乡流落者，允许我进入图书室自己随意挑选。当我每次捧着一大摞"封资修黑货"走出来时，她总是以理解的目光，默默地让我离去，而不过问借了什么书、何时来归还。我每次抱着书走出图书室时，都感到生活的充实、生命的价值和精神的依托。我在这里借读过《资本论》，正是它启发我从这"工人阶级的圣经"中，体认到当时"四人帮"的极左行径的错误。至今还记得因为住房狭小放不下桌子，只好站着写笔记的情景。这笔记我至今还保存着，而且有时还从中吸取思想的灵感和启迪。我当时"只管耕耘，不问收获"，草写《鲁迅诗注释》《鲁迅杂文选读——题解、解读与注释》，资料的来源就只有这"阿庆嫂"特许我利用的"领地"了。这个曾经是物质与文化的荒原上的一方小小的家园，我至今怀念它，对它怀着美好的感情和不灭的记忆。让清风捎去我的怀想和问候、感谢和祝福吧。

70年代末，我几经坚持，终于来到社会科学院，专门从事研究工作。社会科学院图书馆，就成为最近这20多年来我的图书资料的主要源泉、我的新的精神家园。这里有丰富的藏书，在建院的过程中，把建设图书馆放在了重要的地位上，四处搜求图书，既注意搜购古籍旧书，也出资购买外国图书，还选择购置港台的学术著作。它成为一个学术研究的专业性图书馆。我的著述工作的资讯，主要依靠它的供应。一直到现在，我在从事研究和著述时，仍然依托社会科学院图书馆的支持。我愿在这里表达我的深深的谢意。

图书馆，我的家园。在人生之旅中，在学术研究的跋涉中，总是伫立着一家又一家图书馆，像是精神的驿站，给我以知识的装备、思想的启迪、创造的灵感，灵魂震颤时的平衡、生的乐趣和理想的晨曦。图书馆，我的家园!

番石榴的芳香

偶然买到一本久想一读的《番石榴飘香》。这是1982年诺贝尔文学奖获得者、哥伦比亚当代著名作家加西亚·马尔克斯同他的好友、记者兼作家门多萨的谈话录，内容是问答式地漫谈他自己成长的过程和创作体会。全书以简洁流畅、轻松随便的谈话，交流着对生活、艺术、创作、荣誉的看法和体验，质朴而真实地表述了一位大作家成才的经历，确实飘逸着一股番石榴的芳香。——番石榴是拉丁美洲的一种常绿灌木，果实若核桃，芳香浓郁，可供食用。马尔克斯以它命名这本书，意思是：作家精选素材才能加工提炼出像番石榴的香味一样的作品。

然而我读过此书之后，却感受到另一种芳香——一股飘散于世界文坛的"文学的番石榴"芳香，它是如何产生的呢？原来有这样几种"原因"，即"土壤和阳光"：一是作家从小在外祖母家的生活；二是外祖母给他讲故事；三是诸多世界文学名著的滋养。

美国著名作家海明威对于"最好的文学创作准备是什么"这个问题的回答是："不幸的童年。"我在拙作《创作心理学》中曾经概括许多世界著名作家的经历而称为作家的"童年情结"。现在，在马尔克斯身上，又得到一个有力的例证。当门多萨问其世界名著《百年孤独》的创作初衷时，马尔克斯回答说："要为我童年时代所经受的全部体验寻找一个完美无缺的文学归宿。"当问到《百年孤独》的创作经过时，他说，他确是像传闻那样，18岁就想创作这部小说，但是一直未能动笔，因为没有找到一个他认为合适的叙述方式，直到过了十五六年之后，他在旅行中受到触发，恍然大悟："原来，我应该像我外祖母讲故事一样叙述这部历史。"于是他就开始写了，而且写成功了。

我在这里不想讲创作心理和创作经验问题，而是想讲一点体验：童年生活和童年时代周围的人，对于一个人未来的成长是多么重要啊。我们还可以举出很多类似的例证。艾青深受他的保姆大堰河的影响，鲁迅写过"长妈妈"对他的深远的爱与帮助；托尔斯泰曾得益于在他幼年时为他弹奏钢琴的女仆，而屠格涅夫简直可以说是被一个带他的农奴引进文学天地的；福克纳永远记住一位黑人女仆对他的影响，以至在他的作品里，总有一个仁厚朴实的女黑奴形象。

我们现在可以说，有两辈人在共同关怀第三代的成长，许多人望子成龙，不惜工本，扩大投资，总以为把"幸福"二字填满孩子的童年，他就能健康成长，或以为用钱可以买来一个"明日的栋梁"。其实未必。"给予"和"接受"之间，有一个双向的交流和互换的过程，有一定的从"灌输"到"内化"的规律，绝非揠苗助长可以奏效。所以，需要研究如何因材施教。

马尔克斯的外祖母给小外孙讲的都是神鬼故事，把他死去的姨妈舅妈说得就像同活人们共同生活在一栋楼里一样，吓得马尔克斯现在一人住在一个宾馆的房间里时，还会有童年听外祖母讲这种故事时的恐惧感。而他的《百年孤独》就由此生发出拉丁美洲风靡世界的魔幻现实主义。这说明，育人过程与人才成长，并不像种豆得豆、种瓜得瓜的过程那么简单和"机械"。这里，变化、曲折、"歪打正着"、正打歪着等情况，都是有的。"运用之妙，存乎一心"，成法大概是没有的。但是，在人的吸收力强、敏感度高的童年，选择适合其心性的教育方法，注意他周围的亲戚朋友邻居同学的影响是十分重要的，这应是不二定律，因此应该引起我们的重视。

我以为，这可以说是《番石榴飘香》的另有意味的芳香。

马克思、恩格斯在《德意志意识形态》中说过："一个人的发展取决于和他直接或间接进行交往的其他一切人的发展。"他们这是从整体的人的发展而言的，如果仅就人的幼年童年来说，所谓"其他一切人"中的首圈或称第一批人，就是父母、祖父母、外祖父母、最亲近的老师同学等人。正是他们首先决定了孩子的发展。而对于他们来说，对对象所产生的影响，除了施加影响的方式方法之外，还有一个自我修养问题，这就是教育者必须先受教育的老问题了。

"且待小僧伸伸脚"

——《夜航船》一则故事的启示

　　《夜航船》是明末大文学家、史学家张岱写的一部有趣的书。取这个书名的意思大概有两条：一是表示读书写作的生活，开始于寂静的夜晚，有如乘船夜航于知识之海洋中；另一个是夜航船上的学问，最难对付。夜航船，这是南国水乡的交通工具，旅人乘坐此种在夜间的江上航行的船，闲来无事，南来北往的人天南海北地神聊，以消磨时光。但人多事杂，涉及知识领域和社会状况都很宽广，要能在其中应付裕如，确是要有一点杂学本领的。至于张岱所说的夜航船，更有其特殊的意义：那时他的第二故乡绍兴，特别是余姚一带的少年，幼即从学，20岁后学手艺，学有根底，社会知识亦丰，在夜航船中遇到他们，聊天侃大山，就更要有点"道行"了。

　　然而，也有例外或曰其中自有"稗子"。《夜航船》中有一则故事，我最是喜欢，甚至不免常常想起。故事说的是有一次在这夜航船上，有一书生应问答对、高谈阔论。有一个和尚在他旁边，见此情景，不但不敢作声，连睡觉也蜷起双腿，畏慑有加。但听听却发现了书生的破绽，于是就"请问相公"："澹台灭明是一个人还是两个人？"书生答道："是两个人。"和尚又问："那么，尧舜是一个人还是两个人？"书生很有把握地说："自然是一个人。"和尚笑了，说道："这等说起来，且待小僧伸伸脚。"

　　我喜欢这故事叫那个没有真才实学却好高谈阔论甚至满嘴胡吣的小子出了丑；更欣赏它那隽永的幽默和隐约而深沉的讽刺，尤其是自称"小僧"的和尚最后那一句话和那一个行动：笑而伸脚睡去，畏慑尽去，前恭后倨。我认为这是我国古代的最佳幽默小品之一。现代幽默讽刺作品，包括电视小品和相声作品，是否也可从中受到启发？

这故事也使我时时警惕：第一，不懂的事情，千万别想当然；第二，最好有备无患，多读多学，以备急用。但我更有点"刺到自己痛处"的感觉。少时在南方也乘过航船，但并无书生和小僧这种经历际遇，我想到的是另外的事。我不是一个敢于高谈阔论的人，但由于种种原因，却不免要在不同场合，被约被逼得说东道西，尤其可怕的是，常常不仅就本专业内的问题，而且涉及专业外的事情来发言。即使是本行，也很难都说得清，更何况"行外"唠叨。这就势必要时有破绽了。即便是平常，写个错字读个别字什么的，也都是常有的事。天知道有多少场合，有哪几回，旁边就坐着"小僧"，面含微笑，心中念念有词："这等说起来，且待我伸伸脚吧。"那难堪是比明里被人指出破绽还要严重的。

所以我常提醒自己，小心别让旁边有人说："我可要伸伸脚了"，或者，能够像夜航船上的书生那样，能够当面听到一声"且待小僧伸伸脚"也好。

这里附笔说明一下：澹台灭明是孔老夫子的弟子，其人貌丑而有德行，所以孔子就他的情况而感叹说，可不要以貌取人哪。

永不忘怀的读书刻痕

我认为，读书从性质上来区分，大概有三种：（一）求知的阅读；（二）兴趣化的阅读；（三）思想修养性的阅读。这三种情况，是从"阅读起点"说的，也就是说，一开始读书时所抱的态度如何，决定了读书的性质。但是，从结果上看，却有时会发生蜕变。比如，一种兴趣化的消遣性阅读，在"阅读终了"时却于思想上颇有启发，或于人生体味上有所思索，这就使阅读行为从第二类变成第三类了。其他"性质转换"

的情形也都会有。当然，还有时是三者融汇为一而不可分的。

在我的读书生活中，从"阅读起点"说，以上诸种情形都有过；而从"阅读终了"来说，则有两大类性质不同的结果：一类是对于求知、写作、研究问题有很大帮助；一类是在思想方向、内心生长和人生选择上作用很大。前者，几乎是难于历述其迹，数不胜数的；而后者，则有几次阅读，可以说是在我的思想上留下了剜不去的刻痕，终身受其影响，永志不忘。

这里我想说一件事，即一次难忘的阅读。

我读到过列宁的一段话，这是他在谈到一位年轻而有才华且具理论素养的俄共中央委员，在政治上犯了错误的时候说的。列宁的话大意是说，这位同志由于犯了错误，不得不暂时退出政治的旋涡，然而"他可以潜心研究"。

我那时正是在一场政治风暴中几遭灭顶之时，已经被夺去了笔杆而拿起了铁锹。白天，碌碌终日，拉纸运煤装垃圾掏粪；晚上，洗不净身上的臭气，却仍爱闻书香，这是我安顿自己芜杂而震颤的灵魂，在书的世界中寻求慰藉的时刻。在一个夜深人静我正享受一种难得的孤独的时候，读到了列宁的这段话。我久久地凝视它而陷入沉思，特别是"潜心研究"四个字，像是电击雷震似的，刺进了我的心底。我断定自己找到了一个走完革命征程和人生旅程的"四字箴言"。虽然尔后的几十年间我仍然未能脱离过政治旋涡，甚至在"文革"这个更大的旋涡中旋进了社会底层，在塞外边陲蛰居十年，而且我至今未曾做到"潜心"，也谈不上真正研究了什么，但是，那"四字箴言"确实引领我度过了艰危岁月和困厄生活。在似乎已到了天边的穷困深山沟里读鲁迅，读列宁论赫尔岑和托尔斯泰（这些篇章给了我认识鲁迅的理论指导），在除了一铺炕就容不下其他的"马架子"里站着读《资本论》。这些不仅给了我力量、勇气和信心，而且导引我进入思想文化的领域，过一种内在的精神生活。又在牛棚猪圈旁伏在凳子上写《鲁迅诗注释》（此稿遗失，后重写出版）。这些都是在那"四字箴言"的支持下做的。

我至今深受其益。只可惜，我当时未曾抄录。多年来几经回忆与查找，终于没有找到出处。我曾多次应约写涉及这个问题的"答卷"或文章或"生平简介"，因此多次翻查列宁文集而未得。但我的记忆不会欺骗我。确有其事。

然而，最近我忽然想到，是否在一本我过去常读、非常喜欢的克拉拉·蔡特金的《列宁印象记》中呢？灵光一闪。我到处寻找，终于找到这本小册子。书已发黄，是极少的几本在两次"书灾"之后保存下来的50年代初期出版，仍是竖排本的书。我翻阅查找，居然惊喜地发现，那文字珠玑就在此中。

　　记忆果真没有骗我，但却有误差，虽然本质未变。原来，列宁谈的是20年代初德共中央年轻的领导人保罗·列维。列宁说他器重列维和列维的才能，但列维犯了错误必须严肃对待。蔡特金为列维辩护，列宁则说，你比列维为自己辩护得还要好，但"我们在政治上不管意图而只管效果，你们不是有句俗话，说'走向地狱的路是用良好的意图铺成的'吗？"列宁又说："列维回到我们这边来的道路是通行无阻的，只要他自己不把路堵塞住。他的政治前途操在他自己手里。"然后，列宁说，他不得不"暂时脱离政治生活"，这是痛苦的，然而是一个考验。列宁接着说：

　　"保罗必须接受这个考验，正如我们俄国人在沙皇时代接受了放逐和囚禁一样。那可以成为一个潜心研究和自我了解的时期。"（蔡特金：《列宁印象记》，三联书店1954年6月第一版，第36-37页）

　　我复述这些，一是为了修正自己的记忆；二是想说，在我重读这些后，又发现了好些新意。比如，对一个人的政治行为以至一切行动，在思想认识的评价上，固然可以并应该顾及主观动机和客观效果，这样才全面、科学；但是，在实际处理尤其在纠正错误偏差上，却只能"不管意图而只管效果"。也就是说，不能因为意图好，就让效果坏的事继续下去。这也许还可视为现时处理和历史评价的合理差别。因为前者是现在办实事，后者则是事后评议事，虚实各异。又如，列宁引用的那句德国谚语，也是很富启发意义的。再如，只要自己不把路堵死，纠正错误的道路是通行无阻的。前途操在自己手里。这些也很富有人生哲理味。

　　更重要的是，列宁除了说"潜心研究"之外，还说了"自我了解"。这就既有研究客观又有反思自己的双重意义了。

　　由此我想到"学而时习之"这句古训的意义与价值。

　　由此我还想到庄子在《外物》篇中所说的"得鱼而忘筌，得意而忘言"的话。这是读书一法。看来，我当年以至后来很长时期，对列宁这段谈话是得其意而忘其言了。然而，仅得其意，也已使我受益极大极久远的了。

这段读书所得是永远剜不去的思想刻痕。

了海和尚与鸽子医生

——读书忆往

我在小学读书时，学过哪些东西，现在几乎都已无记忆了；但是，有两篇语文课文我却至今记得，特别是清晰地记得其中几幅插图的景象，而且还常想起它们。

第一个是"了海和尚"。我不记得课文的题名是否就是这样，但主角的确就叫这个名字。故事说的是，有座山隔开了两个村庄，来往的人都要爬山越岭，费时费事。山上庙里有一位名叫了海的和尚，劝说人们把山打通，挖一条隧道来通行，却无人响应。于是了海和尚就发了宏愿，自己动手来打洞。他日日夜夜地凿、刨、挖，不知过了多少年（也许是我记不清了），他终于打通了这座山。这种精神是十分感人的。我特别清晰地记得那幅插图：一个黑寂寂的山洞，一盏灯光如豆的油灯，一位瘦骨嶙峋的和尚，坐在地上，双手举起，正在凿洞。我记得当时和以后，常常注视这幅肯定不会画得多么高明的插图，飞翔着种种的悬想：了海和尚如何一天天挖洞；洞如何一天天深入，而他自己却一天天瘦了下去；如何终于有一天，他看见了"那面"射过来的一线光亮。大概就因为有过多次这种天真的欣赏，所以留在了芜杂的记忆库中，成为我久远的记忆刻痕之一。啊，可敬又可怜的了海和尚，我至今还记得他那枯瘦却又坚强的形象。然而，我至今不知道这个故事出自何处，在别的地方也没有见到过了海和尚这个名字。我也不记得那篇课文和当时的老师由此引发了什么结论、什么教诲，——可见即使有，也并没有给我留下印象。而我自己的出神欣赏，也根本没有进入道德境界，更没有产生"我长大了也要向他学"这类有出息的宏愿大志。我只是对那幅图画产生兴趣，从它那里勾起了种种悬想。这也许就是一种最初始的审美体验。细一追究就会发现，这种审美体验固然出自那幅画，但又同了海的行为即故事的内容分不开。也许在这种审美体验中，就同步输入了一种模糊的道德理念和人生体验吧。至今想来，半个多世纪烟云飞逝，这幅画还如此清晰地印刻在心里，足见其形象性教育之有利、审美教育之重要。我并不觉得，了海和尚教育了我，在我以后的生活道路上寓有了海和尚的影响，但我确实记得在当时稚嫩的思想中，甚感了海和尚做这件事"很有意思"（不是有意义）、"很好玩"，所以乐于去思考其过程、情景和结果。那么，这是否就是一种潜移默化呢？我说不清楚。

不过，我由此却想到，对儿童的教育，最好不要总是耳提面命地"你记住，要如此如此，要这般这般"，这样做的结果往往不理想；说多了反倒引起反感，效果不好。重要的是启发，而且是形象的启发，是循着性之所近、情之所动、心之所爱去启发。

另一个故事是《鸽子医生》。有一位乡村医生，骑自行车穿行乡间为人治病。他的车后用笼子装一只信鸽，看病时开了药方便绑在信鸽腿上，放飞归家，鸽子又带药回到病人家。一次，鸽子又"衔命"飞归，不幸在路上被孩童用弹子打伤，几至不支；但它却忍痛支撑，坚持飞行，——用现在的话说，就是拼搏，——终于到家，又缚药飞回，送药成功。只可惜，它自己却力竭身亡了。"这鸽子真好!"这是我的直觉反应，这可能已经关涉道德评价。但也仅此而已。我仍是没出息地并未想到诸如"要像鸽子那样为别人牺牲自己""要像鸽子那样拼搏"之类大道理。其中有两幅插图，是我印象很深的。一幅画着乡村医生骑自行车奔驰在乡道上。那是40年代，我那据说秦代就已出现的故乡古城，全县城也不超过十台自行车，谁骑车而过，路人歆慕而视。所以我在书上图中看到乡村医生骑车行医，真是钦羡崇敬得很。另一幅就是鸽子在人群中拼搏飞行的画了。那鸽子奋飞苦斗的身影，我至今闭眼仍能想见。这是一幕悲剧。我深深地被打动。悲为美。那种内心的感动滋润着一种美的甘甜和苦涩。这也许就开启了一个寂寞少年爱美的心扉，以及最始初的悲剧心理？

五十多年的时光流逝，竟没有冲去这幼年的绮梦，而且常常想起。我自己也觉奇怪。但说不上这记忆给了我什么样的道德力量和思想影响。不过，我在酝酿《创作心理学》的写作时，"人生三觉醒"命题的提出，以及认为其中"人生觉醒"常在幼年、少年时代，因一件事、一个故事、一本书、一幅画的触发而发生，似乎与这个少年时期的心理活动有关。当然我在研习和写作过程中，并未直接想起过这个往昔的悲剧感受和人生体验，但潜意识的作用，我认为是存在的。

自从学了那两篇语文课文之后，悠悠岁月，几十年间，我有原因或无根由地多次想起这两则故事，特别是故事中的主角了海和尚及那只死去的鸽子。我总以为了海和尚一生是值得的，有意义的。佛家宗旨，本在普度众生。但这终究渺茫虚幻。了海虽说只是为了两个村庄的人通行方便，以及偶尔路过的旅人，但毕竟是做了一件实实在在帮助人的事。他穷年累月含辛茹苦，挖通隧道，虽然未曾慈航普度，但却是"一洞实帮"。后人是否纪念他或为其树碑立传，他生前无暇顾及。但这种实实在在的于人有利的事实的存在，以及在此之前的追求过程，就是一个人人生的意义。了海并没有虚度一生；他在挖洞过程中，行动是苦的，但他心里应该是感到幸福的。——否则，他也不会那么锲而不舍。至于那只鸽子，也确实是充分发挥了它的生命功能。动物好像都有这种拼命奋战的生命本能。不过，此处所写的鸽子已是一个艺术形象，被寄寓了社会意义了。这些自然都是后话，是我的思想反刍和审美的再接受。但在少年阶段学习课程时的"原料输入"，却也是功不可没的。

这里似乎使人联想到一些有意义的事。

末了再啰唆几句。我在写《创作心理学》一书时，曾向我国当代著名作家进行问卷调查，有二十多位作家做了认真仔细的回答。在关于"人生三觉醒"的问题中，他们的回答是一致的：在少年时代受到一个事件、一本书或一幅画、一篇文章的触发，而至猛然醒悟或深有所感，迈向觉醒。

穷读书和读书乐

读书之乐，是我生活中永恒的快乐。读书不仅永恒地伴随在我的坎坷崎岖的生活道路上，而且在我的生活中保持着一种永恒性的快乐。读书之乐，不像声色犬马、灯红酒绿、荣华富贵、金钱权势那样，在快乐之后会产生、在快乐背后隐藏着一种空虚感、失落感和疏离感。恰恰相反，在读书之乐的背后和之后，更锦上添花似的油然而生充实感、美感和幸福感。

我的读书之乐，竟总是同"穷"字相连。然而这"穷"的意义，却并非专指经济上的穷困，也包含政治上的困顿、心灵上的困惑。每当这种时候，能够暂时忘却处境之困厄、扫除心头之乌云，给予欢乐的，就只有书籍了。当然这欢乐远不只是借此消遣、排除愁绪、消磨难挨的时光，更不在于那种"书中自有黄金屋，书中自有颜如玉"的空疏庸俗的遐思妄想。今日回想起来，这读书之乐的内涵，我揣摸有两条：一是文化上的消解；二是生命与世界终极价值的体认。

所谓"文化上的消解"，这里略说两句。它有两层意思：浅层的、直接的、感受性的，是知识、智慧和创造，令我欢欣、赞赏、兴奋和充实，"学了有什么用"这个问题并不存在，"智慧使人振奋"这种感应却启人心智。更深层的意义，就是一切苦痛和问题，从个人的到社会的与时代的，都从哲人大师的著述中得到一种虽非直接的解答，却是足以振聋发聩的启迪，从而苦恼与苦痛之根源都得到一种哲理的回答，在文化上得到消解，而不能成为纠缠如毒蛇似的难解的情结。我常想，那些自杀者和意志消沉者，大概就因为没能去寻求这种文化消解吧。

我至今还记得在少年时代看到的一幅丰子恺的漫画。画上有一间布置幽雅的书房，临窗是一架风琴，一位女郎在凝神弹奏，漫画的题目是《读书之乐乐无穷，瑶琴一曲来熏风》。这画和诗句都令我陶醉，温暖和滋润了一个在贫穷中求知少年的心，并启迪良知与审美感受。以后，五四运动时期产生的美文，那些散文大师的佳构，便成为心灵的、审美的清风明月娇花垂杨，不仅是一种感性的温存，而且是一种知性的灌输和理性的熔铸。当时我正在读初中，每当暇时假日，或风朝雨夕，或冬日暖阳，在我那临窗可眺湖光山色的书房中，捧读这些抒发人间挚情的散文，"灵山多秀色，空水芳氤氲"，那种移情养性之功，确实使人忘了穷愁心绪宁，也使一个没落官宦与书香之家的子弟深受世态炎凉之苦，却从中得到文化消解。

也难忘"五七"风暴之后最初一二年"劳余"读书和尔后二十多年的业余读书。1958年的一个夜晚，我在照例的夜读中读到列宁的一段谈话。列宁在同国际妇女运动领袖克拉拉·蔡特金谈话时，谈到德共领导人保罗·列维在政治上犯了错误，一面为他惋惜，一面则说，他必须"暂时脱离政治生活"，这对保罗·列维是一个考验，但是，"那可以成为一个潜心研究和自我了解的时期。"（见蔡特金：《列宁印象记》，三联书店1954年6月第一版，第37页）好像思想的电光一闪，照亮了我的眼，看见一条适于自己行走的宽广的路。"潜心研究"，我心中称为"四字箴言"。尔后的岁月中，由于中国特殊历史时期的"政治风情"，也由于我有幸而又不幸总是处于"时代的风头浪尖"，所以不仅不曾脱离政治生活，而且总未能躲过政治旋涡以至政治风暴；但是，确实，我一直在以"潜心研究"和"了解自己"作为生活之圭臬。虽然无论在我所接触到的哪个领域里我都谈不上有什么真正的研究，但作为目标和生存模式，"四字箴言"确为我所信奉并实践着。

记得就在这之后不久我患了一场大病，剖腹除患，后患又起，卧床数月。按我当时之身份，不允许住正式病房，而只能挤进"大跃进"产物医大所谓简易病房。青春年华，身心皆苦，每月只有36元生活费，可说是全面性整体性的贫穷困厄了。这时，读书，也只有读书给了我欢乐与希望。记得当时读马克思、恩格斯、列宁、斯大林"论共产主义"，兴味盎然，几乎每一页都有眉批夹注，感想联翩，当时确实给了我极强的生存意识和无限的希望。更有趣的是，当时文学新著一本又一本，我买不起多本，就买一本，读完卖掉，添几角钱再买一本，我称为"车轮购读法"。《红旗谱》《六十年的变迁》《青春之歌》这些名著，就是花几元钱这样购读的。感谢一位护士，她在休假时替我这个当时人们都视为"不可接触的人"办这件麻烦而寒酸的事。我至今记得她年轻的身影，然而不知其名姓，无法当面致送我的感谢与敬意。春风啊，请带去我太迟的由衷问候吧！

"文革"期间，插队边陲，地理上、物质上、生活上和心理上都如处沙漠，也是全面贫穷。但是，读书之乐，伴我度过了10年时光。除了夜晚，星期假日，我总是一张藤椅，坐在鸡窝式房舍外的菜园边，一摞书一杯茶，让身心都驰骋于增补知识、放飞思想、增进智慧、探索未知的广阔天地。当时月薪68.5元，买不起书也无书可买。但旗图书馆却有可供我读个够的书。我有幸成为当时全旗第一个也是唯一一个借读《资本论》的读者，至今还留着当时站着写下的读书笔记。我还得到图书管理员"睁一眼闭一眼"的照顾，经常从书库里捧出一抱抱"封资修"，得以进入古今中外哲人学者作家艺术家的睿智与探索的思想、艺术宝库寻胜探幽，其乐无穷。往事悠悠，时过境迁，然而今日回首十几年前的事，依然感受到那时的读书之乐而乐其乐。

如今老矣，但是读书之乐仍然是生活中主要的、基本的、生存状态之乐。如今之穷不在于金钱，而在于寿命与时光。环视满架图书，既有坐拥书城之乐，又有读不过来、急于读而又无更多时间来读之苦。然而每每在读书有所得之时，便乐不可支而不觉老之已至。我仍然以文艺作品为消遣，而以读费精神、须思索之书为乐。思考与探索，总是予人以快乐的，是生之欢乐。这仍然是我的生存模式，仍然从读书中得到文化消解和对世界、对社会、对时代、对历史、对人生终极价值的层垒式积淀的体认。

文化：遥远之水

第二次世界大战结束后，德国已成废墟。正当此时，德国历史主义学派殿后大师F.梅尼克（Friedrich Meinecke）以八十高龄，痛定思痛，写作了《德国的浩劫》一书，意在追根溯源，并寻求德国振兴之途。这本篇幅只相当于一本小册子，内容却厚重深沉的论著，在几十年之后世界、欧洲和德国都发生了巨变的今天看来，其意义也许不显得那么迫切而实际，但它所提供的一种研究巨大事变和历史的思路、所给出的一系列命题及其方法论，对于我们经历过一场另样浩劫的人们来说，却颇富教育和启发意义。我尤其注目于他在生存为"第一要义"、经济是燃眉之急时仍然能够并且准确地注目于"遥远之水"的文化这一思想。

梅尼克作为史学大家和历史见证人，本可以写出史实与亲历相结合的深具史识的史籍，有如德国另一位史学家卡尔·迪特利希·埃尔德曼在《德意志史》中所为；但他迫于时势需要而以写总结历史教训为宗旨的历史哲学论著为目的，尤其以文化性的探根寻源贯穿始终，从这样一个切入历史、现实的视角出发，他提出了许多灼见宏论。他的基本意见就是，一个国家、民族，无论何时，总要在物质、外在生活层面的追求之外，同时注意精神、内在生活的提高，注意两者的综合平衡，并为此采取一系列正确的社会发展方略。

他论及19世纪后期的德国时，就感叹"这种强烈地屈从于现实，每十年十年地大步地前进着；而对于超现实的、更高一层的永恒的生活的关怀却隐退了"（第14页）。他不无原因和深情地说到，歌德有一次向德国音乐家蔡尔特谈到，"今天人们要的只是财富和速度。蒸汽机和铁路的新魔术，创造了新的对煤和铁的宗教崇拜。"（同上）这种崇拜自然是一种物质的崇拜和物质享受的追求。梅尼克是以这种物质"阴影"为出发点追溯他所说的"希特勒运动"这场浩劫的历史、文化根由的。尔后，论及普鲁士军国主义，一方面肯定它具有的那种"高度道德品质、那种铁的责任感、那种服役时的禁欲主义的严格性，以及一般的品格的纪律化"，但是他同时又强调这也"造成了许多丰富的生活源泉的枯竭"（第18页）。特别是，他指出，到19世纪20年代，这种态势就发展成"那种反文化的心灵"取得了"对那种长于文化的心灵的一场胜利"，而且，"这两种心灵之间的这一分裂，一直贯穿着整个19世纪并延续到20世纪"（第19页）。至此，希特勒就把德国历史发展中这"一切对他可用的材料和实质都一起纳入其中"，而成为他创立纳粹德国的社会思想、心灵基础和"时代气质"了。以后，梅尼克又多次论及文化的此种裂变与式微，如何为希特勒所恶化和利用。他指出，普鲁士主义本来就是"历来所未有过的最低下的文化形式"（第21页），而希特勒运动所煽起的追逐权势和享受的自私主义浪潮中，又使德国更美好的精神文化沦于毁灭（第23页）。作为希特勒走向国家社会主义第一步的"反犹意识"，更是一种普遍的"反人文主义意识"（第26页）。他还分析了科技、功利主义的功过得失。它无疑对于社会发展、经济增长具有推动力和巨大作用，但是那种工于算计、技术至上的观念和利益原则，又更多地朝着实际上的而非知识上的目标定向，就不免使人灵魂偏狭，"其他生活源泉枯竭"。梅尼克指出，在德国参谋总部的军事、技术专家身上，就有此种倾向，而"在许多纳粹领袖的身上就能看到这种类型"（第26页），他们的心态特征就是忽视精神、内在生活，表现为"反文化型"，缺少的是对"生命的总体的全盘理解"（第73页）。总之，从深层次上、从人的灵魂方面来说，希特勒把一切正常的、合理的、历史潮流所鼓舞起来的民族的、群众的要求和愿望都加以吸纳，捏合进他的"国社主义"杂烩锅里，并把一切歪曲化、极端化、恶劣化、恶魔化，终于变成他的"恶魔原则的总爆发"。这归根结底是一场文化的灾变和反叛。

梅尼克还提出了这样的尖锐问题：在希特勒的德意志第三帝国的兴起中，德国历史、文化中的"原始黑暗基础"与"恶魔因素"起了什么作用？梅尼克不是简单地划线、定性、论罪，而是把它看成一种动态的、变异的、互渗性的，随着周围条件和使用者的不同而"性质与作用分裂"的复杂问题，从而辩证地对待。因此，他的探究与结论是很富有启发意义的。比如他说到，希特勒的"强权国家的思想"，"其历史始于黑格尔"，然而这绝不是黑格尔的过错，或他的论著即成"黑暗基础"与"恶魔因素"，问题是黑格尔的理论"却在希特勒身上体现了它的恶劣的致命的应用高峰"（第24页）。同样，尼采反对基督教的控诉书，也成了希特勒反宗教的"背景"，他的"破坏旧道德纲目的超人"，也被利用为希特勒的"一个错误的指标"（第41页）。播下龙种，却收获跳蚤。这也是历史辩证法的一面。

梅尼克还从更广阔的历史视野来阐述这一问题，指出其极为复杂的形态。他指出，在人生和历史生活中，都潜存着恶魔因素（第184页）。这可以追根到人的动物性、非文化性以至社会发展到阶级社会后的恶劣社会性。而且，它们平时潜藏在"社会的恶魔般的深处"，一到革命时代就化装脱颖而出，鱼目混珠（第160页）。所以梅尼克指出，伟大的变革现实的观念一出，"恶魔"总是会"同时作为推动者与受惠者也钻了进来"（第122页）。但人与历史又都不是这种善恶两分的状况。复杂的是，人身上的"神明成分和恶魔成分""历史中有价值的和无价值"的东西之间，都"恶魔般地密切联系"（第187页）；而且二者还"常常地表现出互相转化"（同上）。这真正是人类历史——文化的悲剧。但这却是事实。正如梅尼克所说"历史本身其性质就是悲剧性的"（第192页），但问题在于认识它，特别是要有觉察到这两个因素密切联系着的"历史思维"（第187页）。

属于这种"历史思维"的内涵之一，梅尼克提出了一个"灵魂换位"的问题。个体的人的灵魂以至一个时代的人们的总体灵魂，都是在不断发展变异的，它们都有一个价值取向和发展总趋势问题。梅尼克说，"武装党卫队的恶劣精神"可以看作"希特勒（时代）的（德国）民族性格"；但是，这种性格绝不是德意志性格的原型。梅尼克说，这种性格之所以会形成，"是由于从歌德时期以来灵魂力量之持续不断换位的结果"。这种换位的基本内涵及其性质原则是"合理的与不合理的力量之间的灵魂平衡受到了干扰"（第87页）。他说的"合理的"，即悟性和理性的力量，即注意文化、内在精神生活；"不合理的"，即感情、幻想、渴望和意志力量。由此，梅尼克提出了"灵魂结构"和"灵魂平衡"的问题。这对互相关联的命题，其基本内涵就是合理的、理性的、人文的、文化的、精神的内在的生活，要同不合理的、非理性的、物质的、技术的、肉体的、外在的生活，保持动态的、异变性的、互渗互调、随机整合的平衡关系，防止"两种灵魂的分裂"（第19页）。他特别提出了"精神与权力的综合，国家建设与精神建设的综合、世界公民国度（Welt bürgetum）与民族国家的综合"（第15页）这个"大指标""政治、物质"指标，还提出"权力与文化的综合"（第23页）。

在这个问题上，梅尼克也表现出他的辩证的思维方式。一方面，他多次指出，外部的理性化会导致灵魂内部的损伤（第61页），物质与权力的追逐会导致精神视野的急遽狭隘化（第20页），也会引起"文化衰落"（第3页）；另一方面，他又指出："理性自身要达到尽善尽美，也必须从不合理的力量中汲取营养，感觉必须把它引到一条达到善、达到限制自私自利、达到一切道德和宗教的目标的道路，幻觉也必须把它引到通向美并从而使灵魂由一心为私的欲念之下解放出来的道路……其中任何一个的片面发展，无论是合理的或不合理的灵魂力量，都会威胁着破坏整体，并且越走越远，最后将能导致对个人、对群众、对整个民族的灾难，如果一场事变的风暴把它们推向危险的方向去的话。"（第59页）总之，用梅尼克以诗意笔触写出的抽象表达来形容，就是：

> 但他最好是每一次在必要地观察了现实之后，再来仰观一下人类最崇高的星象。（第192页）

地上和天上、物质和精神、具体和抽象、现象和"星象"，实际物质生活和精神内在生活的平衡，这就是在悲剧性的历史中，人类解脱自身的路。路在脚下，但如何走，还有许多具体的、实在的、时代的、民族的问题，要求人们不断求得合理的解决。

当年在浩劫才去、战乱刚停、满目疮痍、废墟触目之时，梅尼克以"拯救德国精神"为他的论著作结，重复提出歌德时代的德国灵魂，并认为是在"祖国山河破碎之时"所能见到的"永不破碎的""永不磨灭的"德国特色，人们不免感到有不切实际、远水无益，甚至难免迂腐之嫌。那么，现在，当德国创造了世界经济奇迹并证明文化、科技在其中所发挥的第一重要作用之时，我们不得不佩服他眼光的深邃和远大。而当想起70年代德国经济已经称雄世界，却又发生了三大恐怖案，社会问题严重时，时任德国总统谢尔在为被劫持杀害的雇主协会会长施莱尔举行国葬时所说的话"我们过去优先考虑经济因素，使技术工作得以顺利进行，但是，我们长期以来，没有考虑人性是否受害的问题"，我们又不禁惊佩梅尼克不愧史学大师，其对历史的总结何等具有预见的力量、穿透历史与现实的力量。诚哉斯言，痛哉斯言！

在伯尔家园读伯尔

1992年9月来到德国，就住在伯尔的一座原乡间别墅，现在的海因里希·伯尔家园（Heinrich-Böll Haus）。庭园寂静，绿茵环绕。远眺田野和城市，视野开阔，胸襟豁达，确是一个非常好的读书所在。尤其在明朗的秋日，坐在洒满灿烂阳光的草坪上读书，思想随书中内容之导引而飞翔，心境融自然之温馨而宁静，其乐无穷。德国秋季多雨，就在那烟雨迷蒙之日，坐在昔日伯尔创作之处——今日的阅览室——展读书页，时而环视大玻璃窗外雾霭浓浓、落叶飘飘，也是另一种读书之乐。

伯尔在我国读书界不算陌生，但也不能说很为人熟知。我国早在1980年就翻译出版了《伯尔中短篇小说选》（外国文学版），该书1982年被评为最受中国青年欢迎的外国文学作品之一。以后，又出版了他的两部长篇小说《莱尼和他们》（1981，上海译文版）和《保护网下》（1987，外国文学版）。此外，据我所知，还出版了他的《一声不吭》和《小丑汉斯》。

伯尔在欧美颇负盛名，1971年当选国际笔会主席（直至1974年），并首次应邀访美。1972年荣获诺贝尔文学奖。有趣的是，他在当年的联邦德国是一个颇有争议的作家。甚至在他获得世界殊荣之后，有的评论家还贬斥他是"文才平平却又大受读者欢迎的作家"。他的力作《保护网下》出版后，在欧美立即引起轰动，被美国《纽约时报》列为1982年最值得一读的200种书之一。然而，这部小说1979年在联邦德国出版时，有的评论家却说它是"一位晚年文风日益拙劣却又脱不了早年情结"的作家的作品。更有甚者，竟断言此作乃"伯尔文学艺术生涯的送葬曲"。直到五年后，在他本国才开始"评论转向"，肯定《保护网下》的成就。1985年，伯尔逝世，时任德国总统魏茨泽克在给伯尔夫人的唁电中说："海因里希·伯尔的去世，使我们失掉了一位德国文坛巨擘。无论思想自由在哪儿受到威胁，他总是奋起维护它。他好争吵令人不快，他既叫人反感又赢得别人尊敬。"这段话，可谓描述了伯尔的基本性格，同时也为他在本国引起争议作了注脚。

伯尔性格坚毅，疾恶如仇。他的作品是很"贴近生活""紧跟现实"的，也是"干预生活"的。他曾深刻地评论过作家的"眼睛"。他说："善于观察的眼睛是作家必备的工具，作家应当有足够好的眼力，使他也能够察觉在肉眼的光学范围内尚未出现的事物。"又说："作家的眼睛应当是人的、公正不阿的。"（引文见《"废墟文学"自白》《伯尔中短篇小说选·附录》）他讥讽那些"玩捉迷藏游戏的作家们，用玫瑰色、蓝色或黑色眼睛写作"，以"邀宠和得到好报酬"。他倾心而赞扬的是英国作家狄更斯，称赞他的眼睛"既不完全是干的，也不充满泪水，而是稍微有点湿润——拉丁文'湿润'这个词就是humor（幽默）"。

伯尔驳斥那些以"中伤的语调谈论战争文学、回乡文学、废墟文学这些文学名称的人们"，"怪罪我们看到了这一切"。他说，"把同时代人诱骗到田园诗中去，未免过于残忍"，并宣告："我们并不因此把眼睛挡上，我们照旧在看。"（《废墟文学自白》）伯尔不仅是"看"，而且在"写"，仅从《伯尔中短篇小说选》中就可以看出，其中从40年代末到50年代中期的中短篇小说，确实反映了战争文学—回乡文学—废墟文学的文学发展足迹。同时，亦以文学反映了德国那个艰难的年代和这个年代中普通人的生活。

20世纪60年代以后，随着德国生活的巨大变化，伯尔的创作也进入新的阶段。70年代的长篇小说《莱尼和他们》，80年代的长篇小说《保护网下》，都以"贴近生活""紧跟生活"之姿态，及时而深刻地反映了社会现实。但若仅仅如此，我们也许可以说，伯尔仍不能成为真正的伯尔。这样做的作家可谓并非少数。问题在于，如何做和做得如何？也就是作品的内涵、历史深度、文化含量如何？艺术成就和审美素质的品位多高？

在这方面，伯尔做出了有高度价值的奉献。伯尔这两部长篇小说，都具有一种双层面的社会内容和审美素质。从社会内容来说，《莱尼和他们》以一个普通德国女士的人生为主体，尤其以她在第二次世界大战期间在军工花圈工场，同一个苏联战俘博里斯冒死罪之大风险的恋情为主体，来反映德国在希特勒浩劫中的民族灾祸与生存困境。但小说采取了一种特殊的叙事方略。作者以调查者的身份，来叙述当前活着的当年的当事者的调查所得。于是，第一，对历史的叙述，是立足于当前的追述，第一叙述者的作者成了第二叙述者、（人物）所述种种的转述者；第二，当年之事，都是当前的人们以当前的眼光来追述的当年往事。这样，历史与现实、当年的人们和当事的人们就结合在一起了，两个时间-空间层面，不仅是结合而且是融汇在一起了。这里的世事沉浮、人生变幻，都以双层面的状态呈现出来，这就不仅是在写过去的困厄岁月中的人生艰苦，而且是在用今天的和平富裕生活中依旧存在的人生困境来双层面地揭示"人生灾难"和社会问题。莱尼同博里斯之间冒死的然而是纯真的爱情，在当时是一种重罪，一旦被发现，必然立即悲惨地死于纳粹之手。那么，现在应该是翻转过来了吧？然而却相反。莱尼仍然处于人生困境，出门就被人戳脊梁骨，骂为"破鞋""共产党婊子""俄国佬的姘头"。书中写道："莱尼再也无法理解这个世道了。"她发问，为什么人们这么恼恨她，"我没有做过什么坏事！"读到这里，令人想起祥林嫂的向天发问。莱尼沉默地忍受着屈辱的生活，儿子也因为在逆境和笑骂中生活性格扭曲而犯罪。但是，当年的军工花圈工场的纳粹头子策佩尔，却逃脱了惩罚，生活优裕，享乐晚年。此外，还有不少这样的正-反／反-正的人物命运的表现，透视着社会生活的复杂艰难。

为了这样表现他的小说内容和宗旨，伯尔所采用的独特叙事方略，也是双层面的。小说写的是主人公莱尼的人生，然而，全部是用别人对她的讲述来表现的。每一个当事者在讲述莱尼的种种事情时，都同步同格地在演述自己，不仅涉及己之所闻所见所感，而且，在讲述这些时所表露的自己当年和当前的思想、观点、感情、心理、判断，都是同时在演述自身。这样，一面是以莱尼为聚焦点，"他们"都是照见莱尼其人的镜子；同时，莱尼又是一面镜子，照见了所有这些照她的人们。原书的题目是"Grüppenbild Mit Dame"，直译大意为"通过一个女人雕塑的群像"。一个女人⇌群像是两个互为功能项、互为能指与所指的"叙述信码"。

这种叙事方略，是同作者的使现实具有历史感、使历史具有现实感的立意相结合的。正是这种叙述框架才容得下、适合装这种社会内容。而这种叙事框架与方略，便使其小说成为一种有力的"召唤结构"，吸引读者去加工、重构、思索、创造一个审美对象。事实上，小说的故事叙述是通过被调查人的一个一个证词来实现的，因此，重复（一件事好几个人讲好几次），无序，"错层"（splitlevel），读者必须在阅读活动中去把握各种事实，去构筑整个故事的框架，这就不再是一目了然、顺序而读、按部就班了解内容了。这里的未定因素很多，读者的创造天地很宽。而作品的审美价值亦就更多了。

《保护网下》则是叙述今天之事。正如译者所说，它紧跟现实的步伐几乎赶上了新闻报道。但是，如果没有对现实的深沉的历史感和反思现实之后对未来的思考，同时又有为了达到这些目的而采用的叙事方略，那么小说就成为新闻纪实了。本书与前部长篇不同，不是"以一聚众"，而是"一段一主（人公）"，互相交叉，在分别叙述中构筑了整个故事，如小说原题所说："由于关怀而形成包围"（Fürsor-GlicheBeiager-ung）。由于恐怖主义分子的骚乱，警方对雇主协会主席及其家属采取了严密的保护措施；然而，这样一来，他们虽然安全了，却失去了一切行动自由，连散步的自由、爱的自由也没有了。这里所涉及的社会状况、时代困惑、人生问题是多层面的，而又统统蕴含于"分段交叉"的叙事方略之中，一段讲一个人，这段的主角在下一段成为次要人物，依旧是"穿插分割""片断分散"的"召唤结构"，要由读者自己去想象、组合、重构，从而得到审美的愉悦。

伯尔曾说，他常常处理一种"神话-神学"的"难题"。这可理解为一种人类生存难题的"原型"。爱情，可以是幸福或罪恶；金钱，可以是"上帝"或魔鬼；保护，却成为包围；犯罪，反而得福；合理的生活却获罪；等等。这些在这部小说中都有深刻的反映。它们都贯穿一个真挚的爱情纠葛，然而都是"犯罪"的。伯尔在《保护网下》中写道，金钱的暴得导致了社会上一些人对金钱和富翁的仇恨，进而产生恐怖主义。小说深刻地提出了经济增长导致的负面社会效应，以及如何寻找物质充裕之外和之上的更好的人类生活的问题。

联邦德国在废墟之上取得飞跃的发展，创造了被称为"世界经济奇迹"的成果。今天，生活在德国，亲见它的生产、科技、社会发展的成就和优厚的物质、文化生活，当然，许多社会问题也严重存在，如伯尔的作品所反映的。然而，拿现实同伯尔早期作品中的"战争-废墟"惨状相对照，令人所想甚多。而伯尔在后期作品中所提出的"经济增长"之外和之上的问题——"经济增长吞噬了一切"，现在实际上不仅在德国，而且在一些发展中国家，在极力推行现代化政策的国家中，也严重地存在着。这不能不引起人们的注意，也不能不使我们想到，这是伯尔透视和洞察生活的结果。他盛赞狄更斯写现实而使现实的弊端得到改革，他自然希望自己的作品也起到这样的作用。从他的作品所具备的品质来讲，是已经具备这种"潜势"的。问题在于，读者的阅读行为能否去主动建构和创造审美和阅读效应。当然，也更有其他方面的许多重大问题需要"实际解决"，这都是文学之外的课题了。

书房内外

在现代社会，是不可能闭门读书的。这扇门无论如何封闭不起来，除非你把心灵的门扉也关闭了。然而，那就是"哀莫大于心死"了，还谈啥读书？现代传播媒介每分钟都在传播人们近在咫尺和远在天边的信息，什么门窗都关不住。谁能闭得住这扇书房之门呢？

那么，闭门读书的说法是否就不存在了？——这又不见得。在具体的阅读行为中，在相对孤立的时段中，是需要关起门来读书的。不但书房的门要关起来，就是那扇"心扉"也要关起来。当然，这都是暂时的。只有这样，读书方能收效。

现在的问题是，许多人关不住门安不下心来读书。这是当代社会整体性心气浮躁的一种表现。例如，那些掌握社会枢纽、发展方向、人民命运的人，难得静下来读读书；那些本以读书为业，以读书来获取一生的进取出处的莘莘学子，也静不下心来读书；就连那些以研究自然、社会为职业的科学工作者，都不能安心读书或净心读书。这社会心气之浮躁，可谓不轻。这在中医学上叫作"阳盛阴衰"，物质世界红火，精神世界疲弱。

所以，相对意义上的闭门读书，一个相对固定的短时间的闭门读书，还是很需要、很需要的。各行各业的人都要读一些他们共同需要读的书，又要读一些个性需求的书。无论是职业读书、学业读书，还是休息的、娱乐的、消遣的读书，都是需要的。在当代社会，一方面，出版的书籍一天天增多，承载了无与伦比量大质优的有用信息和知识，人类的心智成长、发展与永葆青春，要靠经常更新、持续不断地读书；另一方面，影视传播媒介则更迅速更广泛更深入地传播同样的信息与知识。但是，前者是一种双向互动的创获过程——主体在阅读过程中凭客体（书籍）来塑造自己的心智与形象；而后者，却是"文化工业"，以复制的手段和形态塑造受体，人成为易逝性、一次性、复印性的文化所熏陶和客体化的接受体。心智和形象的成长都带着大众化、一体化、标准化的印痕。这就要求互补，要求以阅读弥补视听之不足与缺陷；当然，与此同时也是以视听补了阅读之不足与缺陷。

我们需要在一定时间内固定化、规范化、计划化、创获化的阅读，即一定的闭门读书。在此时此刻，"两耳不闻窗外事，一心只读圣贤书"。

读过"小"书之后，然后走出书房读世界这本大书、社会这本大书。以书所给予的知识的、信息的、理论的、文化的、审美的、才干的、智慧的、技巧的装备，去生活与工作、创造与拼搏。

那些职业的读书者，为了工作而要读书和以读书为主要工作者，固然能闭门读书；但是，这种"闭门"也是有限制的、有条件的，特别是不能作为一种生存模式或生活态势而存在。在这方面，在总体上，应该是开门读书的，或者说"门虽闭而常开"。一个开门之处是书籍购买、收藏与阅读，总是流动的、时常更新的，总是买新书、读新书，了解书的"行情"——不是价格的而是内涵与信息的行情。另一个更重要的开门之处，则是走出书房了解社会、了解世界，接触种种人，直接用眼耳鼻舌身去感触人和社会、世界和生活。这个"走出书房"，可以是就在家门口、住宅小区、邻里之间，也可以是参加诸种社会活动、会议和工作，还可以到区外、省外甚至国外。这样，眼界开阔心胸宽，放而观天下万物，收而读书斋图书，内外结合、互相促进、"死""活"相催，就能收额外的效应了。

在知识爆炸的现代社会，作为知识载体的书籍，也在空前地增值。现代人不读书，是一种"非现代生存"状态，无论做什么都是低水平、低效率的，因而会失败的。法国社会调查机构1991年调查法国人休假干什么，大多数人的答案是"少看或不看电视，多读点书"。不过，我们现在的这种"社会性读书觉悟"的程度还很低，因为我们现在还处在知识贬值、知识分子收入低，所谓"高文化低收入'贫困'化"和"低文化高财富'大款'化"的前现代化阶段。许多人装修的是卧室和客厅而不是书房，思想情感、意志、希望、理想、财富都在书房之外。书房外面风光好，书房里装的却是寂寞。

这种情况早晚得改变，会改变，也应改变。

买书：买快乐

买书，现在对于我来说，是生活中一件少有的快乐——一种在少有快乐的生活中的"少有的快乐"。老年人享受的对象越来越少，却又越来越多地从昔日占领的物质的、精神的、审美的、享乐的领地中一个接一个地退出来。这不仅是一种自然规律，而且应该是老者的一种人生觉悟。然而，买书、读书这种快乐、这种享受，却是老年生活中于身心都有益的文化养生。

买书就是快乐，不必等到"书到读时用时方为乐"。这是一种使生活与生命具有兴味的快乐，使生活与生命具有意义的快乐；也是一种没有想到具有什么意义的快乐，即"原生快乐"和"元快乐"，"自足快乐"，也就是说，只要买书就是快乐。

我曾经常常想买书，到了一种贪婪的程度，然而总是因为阮囊羞涩，要吃饭养家，而且低工资（有一段时间只能"获取"最低生活费），所以，常常只是"计划经济体制"，每月"抠"出极小一块作为买书之资，又在支出上有计划、按比例，选那最喜欢、最急需也比较便宜的书买。可想而知，在这种生存状况下买书，虽然是一种"艰苦奋斗"，却真正是一种快乐——一种用很少的钱去买来的人生最大快乐。

如今是大不同了，简直可以说想买什么书就买什么书，想买多少就买多少，只是愁没更多地方放书。不过，买书的快乐却不在于这种"满足供应"，而在于动机、行动、过程、收获与归宿。把买书行为剖析为如此多的程序，是为了按快乐发展的顺序来陈述其乐之所在和所蕴含的意义。当从杂事俗务中脱开身，能够安排出半天工夫去逛书店，或者还有了具体的搜购目标，这动机一经产生，心里就不免乐从中来，快乐地预计着这一天的到来。这与去开会、办事、预计要扮演某种角色相比，心里要快乐得多。因为这不但可以得到所要求购的书籍，而且"偷得浮生半日闲"竟又是一种文化休息，真正是"心中窃喜"。它给生活增添了期待、希冀、寻觅与悠闲等乐趣。待到这一天到来，步行、挤汽车、进书店，心中有目的而无烦扰，自由来去，轻松超脱，这行动和过程都充满乐趣。我想，军事家奔赴决胜的疆场，企业家操作成功的预设，"炒股族"精心算计十百之利的取得，其行动与过程中的心情和情感波澜，大概亦复如此吧。这真是各有各的人生，各有各的乐趣呵。等进入书店，尤其是在当时沈阳不多的开架售书之处，展眼望，信手挑，随意翻，逡巡浏览，时不时选得一本心爱欲读急用备查待检之书，便是一阵兴奋，乐从中来。然后计价付款，夹着一捆书，悠然信步，仪态静穆而心绪奔涌，于知识智慧探寻思索的天地，几十分钟行程不知不觉间就完成了。

归来之后，或立即或待以时日，一本一本地翻阅，欣赏装帧插图，浏览参考书目，然后读序读前言题记，读跋、后记，等等，知一本著述或创作或翻译的立意所在、主旨内涵、来龙去脉，或更读目录、总论、主要章节、特色部分，知其大概，于是考虑何时来读，何时可用，何时可查，何时可携带为旅行读物、外出读物或消遣读物。高兴的时候，常常在扉页涂鸦，记感想、抒情意、评得失、写心得。这整个过程，都充满了意味和乐趣，增加了生活的分量、生命的价值。过去有人说，读书是让别人的思想在自己的脑子里驰骋。但就我的感受来说，倒更像我自己的思想情思，"借他人酒杯"来抒发宣泄；有时候是双向互动，彼之驰骋启我之思路，于是扬鞭策骑，并辔齐驰，在知识智慧探索的天地里嬉戏遨游。偶有所思或有所得，真如一位大师说过的"有如富家之得千金焉"。

近年来，经常向京沪杭湘以至川黔滇等地出版社邮购图书。信发款汇、等待书到是乐趣，书到后是又一番快乐。其经历亦如上述。

就这样，我以买书为乐，并且得到一种"元快乐"——而从这种快乐之中，又派生种种快乐，并生出快乐之上的种种收获。所以我常说："我去买快乐去了！"或者说："汇款买快乐去吧！"

呵，这买书的快乐！

阅读：双向互动的创获过程

阅读行为，似乎是一个很简单的、毫不费力的过程，只要把书本打开一页一页地读就是了。但是，严格地讲，这不叫阅读行为，而只是一种看字码的活动。科学意义上的阅读行为，其内涵是很丰富的，意义和作用是多方面的，涉及主体（读者）和客体（作者和作品）两个基本因素的诸多方面，而且这不是一个简单的接受过程，而是一种创造性活动。20世纪60年代兴起的接受美学，对这种科学意义上的阅读行为做了细密的、多元的、深刻的、富有教益的研究。尤其是这个新学派的两个创始人之一的沃尔夫冈·伊瑟尔，在他的《阅读活动》一书中，对这一科学命题和美学范畴做了极细密的研究。虽然他的全部论述是基于文学艺术作品的阅读和欣赏，但是他所提出的一系列命题，是用之于所有阅读活动而皆准的，因此我们可以用来指导对于"阅读"这一人类文化活动的讨论和研究。

《阅读活动》这本书概括起来说，就是论证了这样一个主题：阅读是一个双向、互动的创获过程。意思是说，在我们阅读一本书时，先是书本身（也就是作者）给你提供了一个具有固定内涵、确定含义，然而又留有"空白""未定点"的文本；我们在读书之前也具有一个自身的"思维定式"即"读书定式"，并由此产生了我们读书时的"期待视野"和"接受屏幕"。也就是说，一书在还未翻开来读时，我们便在心目中已经拥有一个对于书的内涵和对自己的需要企求满足的期待了。这种期待形成了一种特定视野，我们就是用这种视野来读书、来接受的，这就又产生了一种像电视接收屏幕似的读书的"接受屏幕"。这样，主客体两方面的接触、接轨在阅读过程中发生，于是，书本的一套论点、观点、情感、认知，便对读者发生作用，而读者的一套"期待视野""接受屏幕"不仅向书本捕捉，单纯地接受，而且作用于书本，对它进行"猜测"、破译、诠释、加工以至再创造，最后才入己心己脑，进入自己的认知体系、情感天地。在这个过程中，我们原有的一套认知体系和思维定式，部分地接受了书本的影响，有了新的补充和部分的改变。书本中原有的东西（本文体系）也被我们的认知体系和思维定式进行了改造，并非原装原样、原汤原汁。这种结果就叫作"视界融合"。这样，整个阅读过程就表现为一种双向的、互动的、创获的过程了。我们不妨用一个图表来示意：

（阅读过程）

书本 ⇌ 读者→视界融合

（加工与接受）

这样，阅读就是一种创造的过程和创造的行为。它的意义，它对人们的知识、智能之增长，以及对创作、技能、学问之成功的重大作用，于此可见。

当然，这里所说的，是一种科学意义上的、一种高文化层次的阅读行为，也是一个随着人们的文化根基的发展而不断提高的过程。这个过程不是自然的过程，而是一个自觉地培养、追求、提高的过程。

如果我们用这种标准来衡量阅读行为，那么日常所见的许多"阅读"，有的可以说是尚未进入阅读范畴的前阅读行为；有的只是一种粗糙的享用"精神食粮"的过程，咀嚼随便、囫囵吞枣，齿不磨、舌不搅，胃不动、肠不蠕，这就是一种无意义、无效应的读书了。由此可见，读书效用的大小，是同这种科学阅读的"觉醒水平"相关的。

阅读策略

读书也像打仗、做生意、搞政治一样，要讲究策略吗？我的回答是肯定的。

只要我们想以最少的"投入"取得最大的"产出"，就有策略可讲。读书是想要以最少的时间、最少的精力去取得最好最大的文化效应，所以应该讲究策略。

我不知道别人怎样，我平常是按照自己制订的一套阅读策略来实现读书计划的。效应如何，难以自测，也不便自吹。只是不妨说一句：自我感觉良好。

我的阅读策略是这样的：在总体上，读一批书和读一本书同时进行。这是就某个一定的时间段（比如说一个月或一个季节以至一年）中的"设计"来说的。"读一批书"者，同时杂七杂八、文史哲经、古今中外地读一批书之谓也；"读一本书"，则是指重点地读一本书。也可以说，以读某一本书为"纲"，而其他则为"目"，或者不为"目"，与"纲"无关。

在内容上，则是一段时间读一个方面的书和"预备读书"同时并行。就是说，为了文化进修、研究工作的需要，注意目标的集中，以至在所从事专业范围内的几个相邻相关交叉渗透的诸学科中暂时定点于某学科，而集中地读这个方面的书；但是，同时又保持"预备役"读书，即为下一步的需要、研究课题而进行准备工作，包括资料的、理论的、"情报的"（研究现状与动态等）等。

如果按性质来分，则是专业性读书和兴趣性读书相结合，文化积累性读书和一般知识性阅读相结合。专业性读书是"计划经济"，按比例、有计划、分轻重、别缓急，并且带有强制性；而兴趣性读书却是自由的、散漫的、无目的的，兴之所至，信手拈来，不管其他。文化积累性读书，是长远的，带有一定的计划性，依据是自己原有知识结构的需要和重组改建原有知识结构的需要；一般知识性阅读就带有随意性、随机性和随便性了。"开卷有益"可以算是它的结果，但未必是读书之前就有的追求目的。

当然，这几样读书活动，是在一个人的身上共时性地进行的，因此是互相交叉渗透又互促互补的，并且有时是互换的。"预备役"性读书，可能在碰巧的时候，意外地在结果上成为"现役的"读书，发挥了现时性效应。兴趣性读书有时会是或会成为专业性的，而一般知识性浏览，有时竟会成为进入文化积累层次，成为补知识结构之不足的内涵。总之，在实际效果和文化效应上，是"不分彼此"的，会形成一种综合效应。

阅读策略当然因人而异，依照各人不同的职业、不同的专业、不同的秉性和不同的兴趣，以及不同的行为方式，会有不同的阅读策略。别人行之有效的策略，都只能作为参考，而不是样板可以照搬的。但是，策略效应和目标体系是一样的：以最小的时间和精力的"投入"，取得最大最佳的文化效应的"产出"。

愿你制订一个适合于自身情况的独有的阅读策略，取得最好的效应。这不仅有用，而且有趣，是人生的一大乐趣。

历史的灯影

历史的灯影，照亮着历史前进的足迹。现在西方有一派学人说，"历史是不可复述的"，历史如逝水，不舍昼夜，谁能把它全部写全写对写准写真？但它形成的"灯光"却是可以为历史学家们所点明的。读梅尼克的《德国的浩劫》，便产生了这种感想。

1992年秋天，我趁在德国居留的机会读了《德国的浩劫》一书。该书给人的现实感极强，令人时时想起当今之世的种种问题。

想当年梅尼克以80岁老人之胸怀，以德国历史主义派殿后大师的资格，本可以挥洒意气，写一部皇皇巨著来评史论世，但他却写了一本"小册子"，以总结现实经验为己任，这表达了他关心国家民族命运和"为现实服务"的精神心态。他给自己定下两大任务：一是总结德国产生希特勒法西斯主义的历史教训；二是提出振兴德国于废墟之上的战略指导思想。令人深思的是，对于这两个问题的基本论旨，都落实在文化上。梅尼克提出了两个颇有深意、互相关联的问题：一个是，法西斯主义竟然会在德国产生并且欺骗了广大人民使之为它服务达十几年之久，这是为什么？另一个是，是否在德国传统中就有其固有的"黑暗基础"，在其民族文化中有什么"恶魔因素"？对于这两个问题，他不是简单地"答题"，而是诠释、评议、论述。他对复杂的历史过程，对复杂的政治、经济、文化、历史、社会问题，不是作死板凝固解答，而是作富有深思睿智与历史辩证精神的解读。梅尼克说，在德国，在第一次世界大战之后，有两股思潮兴起，这就是民族主义与社会主义。它们都具有"历史的权利"，因此是正确的、推动历史前进的；但是，一到希特勒手里，"民族主义+社会主义"竟等于国家社会主义：国社党=法西斯主义。梅尼克对歌德所说的这种"种下的是龙种，收获的却是跳蚤"的历史苦果进行了周密的历史剖析。他指出了重要的一条，即从前者到后者，从"龙种"到"跳蚤"，是经过一系列"灵魂转换"的。这是一个很富启发意义的命题。每个民族、每个国家在发展史上大概都有陷入历史误区的时期，而这种"陷入"，都不会是一个短时期内突然形成的，而是有一个渐进的过程，在这个过程中则完成着一种民族灵魂的向下的不断转换。梅尼克评说了德意志民族怎样从铁血宰相俾斯麦起就不断发生的向下的灵魂转换（这里不去细说它），倒使我们想起中国在那全民族疯狂和半疯狂状态的"革"文化之"命"的浩劫，那自然也不是在20世纪60年代突然来到的，也是从若干年代以前就发生了灵魂转换，一步步造成的。更令人惊惧的是，想想现在的社会心态、国民灵魂，自从70年代中期经历着一种向上的灵魂转换的同时，也在陷入一种向下的灵魂转换。由重政治到重经济、由轻商到重商、由封闭到开放，以及时间观念、效率观念、风险观念、竞争观念的树立，都可属于前者；但是也部分地出现了拜金主义、享乐主义、为富不仁、巧取豪夺、崇洋媚外，以及反文化、反高雅、反严肃、反传统、反主流等心态，却是几番灵魂转换落下的祸根。这种灵魂的向下转换，还在广度和深度上发展，这不能不引起全社会的注意，使之有一种逆转的契机。

关于传统的"黑暗基础"和文化的"恶魔因素"，梅尼克深刻地指出，有的本来是正确的东西，被恶魔拿去恶魔式地转化了，比如，黑格尔的正确命题、尼采的哲人的批判，都被希特勒恶魔化了；有的则是其根本好，发展到极端则恶化了，比如，那种长于计算与设计、办事追求效率和军人的铁板纪律，当都成为一种"工具理性"时，只剩"工具"性而没有了人文精神以至人性，就连人也成为一种无理性的工具了，以致能成为"杀人机器"。中华民族的传统和文化基因中，大概也不能说存在大量或若干天生的黑暗基础或恶魔因素，但是，好的、优质的或中性的东西，在环境条件的驱使和群众性的实际运作中却恶性转化，成为黑暗与恶魔，却是屡见不鲜、前车可鉴而现时仍在发展的。重经济效果而变成了拜金主义，发展商业而至人必言商，改善和提高物质文化生活水平而至反文化地在非文化的污泥池中糜醉，注意实用而至学生不读书文人都要下海，如此等等，都不能不说是一种危险的趋向。

梅尼克举着的"历史之灯"仍在照着。

读书要诠

读到胡绳的一篇文章，以"得鱼忘筌，得意忘言"的意旨来解释读书之道，觉得心头豁然开朗，甚有所得。这两句话，本见于《庄子》的《外物》篇。庄子的原意并非谈读书方法，这且不说。只说用于指导读书的意义：读书应该掌握和记住它的意思，具体的语句倒是可以忘掉的，就像打鱼的人捕获了鱼而忘了网那样。这很有道理。想一想背书就是背得滚瓜烂熟又怎么样？自从读了胡绳的文章后，常常是每读一文或一本书，有时在读完之后，有时在阅读过程中，停下来想一想，细细咀嚼品味一番，探寻思谋它的意旨，记在心里，有时也笔录下来。这样做过之后，确实既能把握主要精神，以至要言妙道，又能记得牢靠，比之得言忘意有效多了。于此也体味到一种读书之乐。

还有一种读书方法，也是从别处学来，而不是自己的创造，这就是"彼分我合，彼合我分"。一个问题、一种道理、一种思路，以至一门学科，总不会是只在一处讲的，而常常会是许多论著中都有论述，它们是分开的，但我们读时可以一一把它们归到一起来，"为我所用"，这就是"我合"。另一种情形是，在一本书（尤其是文集）中，论题较多，那是"合"，我则把多个论题、意旨分开来读，这就是"我分"。这种读书之法，也就是写读书笔记之法。"合"也好，"分"也好，我们可以把它体现在笔记上。我写《创作心理学》，很得力于这种方法。

1992年读到王元化先生一篇谈熊十力先生的随笔，王先生提出，对于这位新儒学的当代大宗师的著作，读后得到一个重要的启示，即他概括为四方面两组范畴的"四者兼顾而不可偏废"的"读书要诠"。它们是：分析与综合，踏实与凌空。所谓分析与综合，就分与合的意义来说，有点同前面所说的分合之道相似，不过，在这种四对范畴组合框架的语境中，意义就更深沉了。这里不仅包含那种"外科手术"性的分与合，更有深层次的在解读、思索、诠释之后的含义分析，而后又在总体把握之下、在高度解析之后的综合。至于踏实与凌空，意境实在高。我领会，踏实就是踏踏实实地读，踏踏实实地读懂字、句、段，又踏踏实实地去理解，还加上踏踏实实地下一番分析综合的功夫。在这个基础上，就可以而且必须去凌空而飞了，也就是加上你自己的判断、联想、发挥、想象、创造，加进自己的东西，添上自己的所见，这个原则就是熊十力先生所说的"根柢无易其固"——在根本上不要改变它固有的含义，"而裁断必出于己"——解读、诠释、判断，却必须由自己做出来。这就是一个完整的读书方法论了。

就我自己的体会，在一定意义上，读书的方法论比功能论、本体论、认识论还要重要些。有些好读书的人，读了一辈子书，好学强记，得言忘意，学而不思，学而无述，终于成了"书柜、书橱"，了无所成，大概就吃亏在读书不讲方法上。

理论的风采

一

20世纪可以说是一个理论的世纪，在世纪初就出现了各种新颖而颇有见地的新理论，涉及哲学、美学、文学、艺术、语言等理论门类。人们以新的理论思维和新的理论建树来总结过去，并迎接新的世纪。这种新的理论表达了人类的新的智慧、新的思想，对世界、社会、人类自身的新的认识，开辟着新的理论天地。勃兰兑斯对法国浪漫主义给予高度评价时说："法国的浪漫派可以毫不夸张地称为19世纪最伟大的文学流派。"（《十九世纪文学主流（法国的浪漫派)》，人民文学出版社，1982年）然而这个伟大的文学流派在进入20世纪时，却不得不让位于接踵兴起的其他文学流派，如批判现实主义、现代主义等。这是因为，社会现实发生了变化，文学的天地也随之发生变化，而理论也就相应地发生变化。用斯宾格勒的话来说，我们对世界的理解"要跟得上世界"。哲学、美学、文学理论在20世纪的发展，真可谓繁花似锦，各种理论各种学派，各自在自身的领域里，同时又彼此交流、渗透、汇合以至相互补充和冲击对方，创获了各种理论体系，以此来"跟上世界"、注释世界、理解世界，也倾诉自身的认识。

这都是人类智慧之果。

这都是人类的精神发展。

二

然而，在这样一个繁花似锦的理论与学术文化的世界里，却在几乎占了整个世纪的全部时光的时期里，又划分出了另一个世界、另一个阵营。这个阵营拒斥了那个世界，独自发展着自己的理论架构，并且在与那个世界相对立地、持批判态度地发展着。这就是前苏联所划出和创立的世界。这个世界在理论天地里也有了独立的发展，有巨大的创获；但是，由于两个世界的割裂和对立，不能不使彼此都受到影响，从而影响了人类学术文化的总体发展。我们曾经也在近半个世纪的时光里，跻身于这一世界。文化的"柏林墙"阻隔了两个世界。然而，这些伟大民族都是理论思维能力很高的民族，拿俄罗斯民族来说，那些被逐出国界的知识精英中，有不少在欧美创立了自己的学说，影响了欧洲，对人类文化做出了贡献，几乎可以说存在一个"海外俄罗斯学派"。而在境内受压抑的学术大师如巴赫金，既像"墙里开花墙外红"，又是"迟开的蔷薇"，在境内穷困潦倒备受压制，而学术却在欧美走红，在20世纪80年代又像出土文物似的受世界青睐。在这个时期，我们却持一种高傲的自我封闭状态。一句话，打倒一切理论"封资修!"

我们对世界了解得多么少啊。于是我们在新时期感到了参与世界对话的困难。我们试图在几年内走完人家几乎一个世纪中走过的理论历程。各种急就章的、摘译选编的理论介绍纷至沓来。于是，饥不择食，消化不良，方枘圆凿，却又产生了某种倒胃口的情形，或者碰钝了一些人的理论锐气，或者浇熄了一些人的理论热情。

但是我们仍需了解世界。

我们还要走向世界。

三

无论"了解"还是"走向"，都是双向的，尤其在中国文化和西方文化之间，在属于东方文化圈的中国传统文化和属于西方文化圈的西方现代文化之间，更是如此。当封闭的窗户打开，当我们把目光投向海外之时，我们同时也就在宣传自己、矫正自己，树立自己的文化形象。在新时期的短短十几年中，在这种双向的文化交流中，我们所取得的成绩是可喜的，高过以前的几十年。

在这方面，值得一说的是，老一辈作家、艺术家、学者、文化人，经过了一个重新学习以至于从头学习的过程；而年轻一辈的人们，则是直接地接受这些新东西的。当然，这种学习和接受，在总体上而不是就个别人或一些人而言，是一种独立自主的、立足于民族文化根基的伸手向外去"拿来"。我们这些年，在文艺学、美学、文艺心理学、文艺社会学等方面的发展和进步，都与这种"拿来"有直接的关系。

这种"拿来"，同我们自身社会构造、社会生活、人们心态的变化所带来的文化心理结构的变化，以至文学艺术创作与理论的变化相结合，便构成了、促进了这些年来人们在思想上、理论上、批评实践上以及学术研究上的活跃。

虽然难免会出一些不理想的事情以至偏差，但在总体上是前进的、向上的，具有了生机，具有了思维与文化的生长点。

这方面的成绩表现之一，就是一部分青年文艺理论工作者和文艺批评工作者的成长。他们已经不再是手拿一把过于狭隘的批评和理论的卡尺，去硬性地量作品，从而得出一个预设的结论。我们也已不再是"只看内容"而"不管形式"，即不问艺术创造的成败，把"意义"和"艺术"割裂开来了。他们也拥有一份自己的独立思考了。这些都是可喜的。当然，如要从严要求，或者在理论上求其更为成熟，也许会发现一些问题。但这在科学上不仅是允许的，而且应该说带有一定的必然性。在成长过程中，谁能无过呢？

现在，春风文艺出版社即将出版这套《辽宁作家理论书系》，不仅"以群体的理论"方式出书，以一种整体性理论文本问世，是颇有特点的，而且，能够以此种书系编选出版，反映了一种文化的与文学理论的态势：一是在理论上能够形成一个年轻的群体，反映了理论思维的群体性和群体性的收获；二是这个理论的群体，并非"纯理论"的，除几位专事文学理论研究外，作者阵容还包括小说家、诗人、编辑家、大学教授，这在诸多方面都会给理论注进生机和新气象。

在这些多姿多彩的理论著述中，涉及中国现当代文学、古典文学、外国文学，有对于作品、作家的评论，有对于文艺现象的评述，有对于文学理论的学术性探讨，也有一些专题研究；有对传统的阐发，也有对新理论、新现象的前沿性探讨。这构成了这套书系的可读性、社会性、理论性，自然也就铸就了它的价值。

四

在20世纪初，正当第一次世界大战进行期间，德国的历史哲学家奥斯瓦尔德·斯宾格勒完成了他的巨著《西方的没落》。大战结束，他的著作出版后，立即轰动世界。也许是这本书的书名同它的内容并不一致这一点，为它的轰动效应开辟了"市场"。因为他在论断西方的没落时却同时肯定了"西方文化尚未走到尽头"。

当20世纪进入70年代与80年代之交之际，当代美国重要的学者与思想家丹尼尔·贝尔写了《资本主义文化矛盾》，他指出，高科技已经变成当代人类的图腾，而文化商品化的趋势严重，经济主宰着社会生活。面对这种三重压迫的局面，"现代派文艺理论与作品中，常见的现象是返祖和反理性。艺术家们追溯原始，顾念传统，表现现实性生活的荒诞谬误。并且超越时空地征用和重组全部人类文化遗产"。然而，贝尔更郑重提出的则是，"为经济提供方向的最终还有养育经济于其中的文化价值系统。经济政策作为一种手段可以十分有效，不过只有在塑造它的文化价值系统内它方相对合理。"（《资本主义文化矛盾·一九七八年再版前言》，三联书店1989年）这也许可以看作丹尼尔·贝尔解决当代西方文化矛盾的一服药方。但是，这是否为一剂良药，正如他自己所说，"其答案在历史的法庭上"。不过，他的把经济的"养育之恩"纳入文化的价值体系，这是颇具新意而令人首肯的。我们面对自己当前的现实社会心态，对此点更深有感触。

在80年代行将结束之际，美国学者彼得·德鲁克写了一本书《新现实——走向21世纪》（中国经济出版社1993年版）。他在前言中，劈头一句话就宣布他这是"关于'下一个世纪'的著作"，因为他认为"我们现在已经进入了下一个世纪"——按他的理论见解，两个世纪的分界年限是在1973年。

我们之所以回顾这段从世纪初到世纪末到"理论上的下一个世纪"的学术文化发展和几本代表性的著作及其主要论点，目的在于对理论的星空作一个一瞥式的迅速扫描，以此而引发一点思索。

虽然在世纪初就有学者发出"西方的没落"的惊呼而又肯定"西方文化尚未走到尽头"，而且在20世纪理论上还相当活跃，文化亦有大的发展，但是问题仍然很多，预示着人类在文化上遇到的矛盾。而据贝尔的看法，这矛盾则是经济主宰了一切，高科技又造成负面效应，文化又在日益商品化。这一点则是令人深思的。贝尔的提法是有道理的：文化养育了经济！人类的麻烦，人类的文化矛盾，也许就在于在经济、文化两相构造中，文化被轻视了、弃置了，不合理地物化了，等等。

这是否给我们提供了一个观察世界文化语境的视点？

我从这一点考虑，对于现在出版这一套由青年作者们偕同推出的文学理论书系感到欣慰以至欢快，这至少是对文化的一种关注、一种投入、一种热情。当然，我们清楚这只是"杯水"，但不管作用多大，这是一种态势的显示。这是在现代大众文化喧嚣声中的一缕清音。

五

也许是我个人的偏爱，我觉得理论思维不仅对于一个民族是重要的，是一个民族智慧的结晶，而且对于每一个人来说，也都是重要的，无论他从事何种工作。理论-逻辑思维、形象思维、灵感思维、直觉思维，这是每个人都运用的思维方式，只不过有的人某种思维方式运用得更突出、效应更高，有的人则长于另一种思维；但不会有人只运用一种思维方式。因此，对于从事文化领域中的各种工作的人来说，在"业余"从事一些理论思维的生产，比如写文艺理论、文学研究、文学批评的文章，是很有好处的，这不仅锻炼了自身的理论思维能力，而且可以联动式带起其他思维能力的发展。同时，这种思维的产品，也可以有益于别人的理论思维能力的提高。

正是在这个意义上，我也赞赏这套书系的出版。

在我们面对21世纪，或如彼得·德鲁克所说，当我们已经在理论上进入21世纪时，我们尤其应当注意理论思维能力的培养、发展和提高。可以预言，21世纪将会比20世纪更加是一个理论的世纪，而且会是新的理论出现和理论大更新的世纪。

书窗里的风景

外面的世界很热闹，书窗里的风景却颇幽静，而且悠闲、优美。然而，没有外面的世界和这个世界的热闹，也就没有书窗里的风光的幽静与优美。也许那就只是孤独与寂寥了。人生、社会、世界以至宇宙，总是拥有两个世界，互相陪衬、补充、制约和成全。不过，现在人们更多的是或者说更多的人们是，只爱外面世界的热闹，而疏忽或忘掉了里面的、内在的、精神的世界里的生活。阳盛阴衰，不免造成心理和精神的失调。因此需要一种整合——一种文化的整合与"调养"，其中主要之一法就是打开书窗，观赏一下里面的风景了。

当今书窗里的风景，真正是"山阴道上，令人应接不暇"。国内以至全世界的，历史的和现代的，文学、艺术、美学、哲学、经济，以至各种传统的、新兴的、交叉的学科的各种信息、见解、理论、思考、辩论，各种流派的艺术文学之花纷呈，构成了一个令人流连忘返的智慧的、知性的、情感的和理论与艺术的"文化大观园"。那风景，远远、远远超过贾宝玉们的大观园。

本来已经是退居人生的后台和后院的年纪了，然而却被外面的世界"牵引"走向前台，于是有时竟从早到晚地奔波，奔波于座谈、讨论、谈话、会议以及其他各种"实务"中。每当此时，夜深人静，最高兴的便是坐下来，孤灯人影，走进书窗观风景了。奇怪的是，我并不愿拿起消闲报刊，也不愿信步于文学艺术作品的轻松的审美天地，却是兴奋而沉静地走进理性的、思辨的"智园"。一本新出的哲学（或美学、文化学、历史学）著作，或者久想一读的这类旧著，走进那智慧的王国，费劲地追踪解读或掩卷思索，头脑和心灵紧张地活动，然而却觉得享受到一种深沉的宁静、一种深度的休息、一种再生性精力的恢复，而且思辨的愉悦会令人体验到一种审美的快感，疲劳在此时消逝，灵魂在此刻净化，思维在这儿活跃，心境更借此"年轻化"。于是，想着要干点什么、写点什么，提出一些问题，研讨一些、发表一些意见或建议。充实感和行动感便产生了，而且，感到同外面的世界的热闹有着一种内在的联系、一种精神的沟通，感受到一种自身存在的意义和价值。

我感受和体验到一种文化后院的意义和重要。它是外面世界的补充、内在生活的依托，是战士的擦枪所、劳人的歇乏地、艺人的练艺处、学人的补给站，当然，因此也就是人生的意义和能力的养生好去处。

我每天都在这里透过书窗观风景。这是书的世界，然而又正是现实世界的反映和结晶，而且更有哲人、学者、艺术家、诗人、文化大师们的感性、知性和理性的总结所结出的种种花蕾。我于是感受到几个方面、几个方位、几种人的多重对话：著书人当时当地同他所属的时世的对话，其著作同读者、同读者的现时代的对话，读书人同著书人的对话。在这种对话中，读书人所被启迪、被诱引促动和触发而产生的情感、想法、意见、"一闪念"，以至灵感等，同现实与历史、同著者和其他读者的对话；纵不能说是"神思飞扬"，便说是思绪活跃，庶几近之。

每个人都可以选择到自己所合用和喜欢的书窗，从中观赏到自己喜爱和需要的世界与人生的风景，就看你自己是否去选择了。

固守精神家园

——读"哲学三书"有感

这里所说的"哲学三书"，并不是三本哲学书，而是三本关于哲学家的书，说得准确一点，是关于哲学家故事的书。这三本书里，充满了故事——哲学的故事和哲学家的故事。这些故事，表现智者的生活、思想、灵魂、心性，讲述了他们如何成长，怎样产生了他们特有而充满睿智的著作，告诉人们他们怎样生活、怎样思考、怎样工作以及他们的性格特征、生活趣事，在生活背景映衬下的思想的闪光和理论的要点。

1992年7月1日《光明日报》上刊登了作家斯妤的一篇文章，说她偶然买到了一本书，回家迅即看了几页，便感到是一本好书，并在扉页上写道："李瞻必读书之一"。李瞻是她8岁的儿子。她还说，在她拥有几千册书籍的书架上，只有不多的几本是她认为儿子必读的书，而这本偶一得之的好书便是其中之一。这本书就是本文所说的"哲学三书"中的一本——《大哲学家生活传记》（[美]亨利·托马斯、达纳·李·托马斯著，武斌译，书目文献出版社1992年出版）。关于这本书的价值和意义，斯妤的文章已经给予了很高的评价。她不仅自己看，而且定为儿子的必读书，就是定为"传世之作"了。

这本书讲了从柏拉图到桑塔亚那共20位哲学大家的生活故事。

"哲学三书"中的其他两本书，一本是《性灵之光——西方大哲学家轶事》（武斌著，光明日报出版社1989年出版），它讲了108则关于在西方以至人类思想史上有重大影响的哲学家的生活故事；另一本是《哲学传奇》（[美]雅克·肖隆著，武斌、黄国忠、高立胜译，陶银骠校，辽宁大学出版社1986年出版），它介绍的是两千多年来在不同历史时期有重大影响的哲学家的主要思想观点，但都不是大部头著作的灌输，而是讲述一种"思想传奇"，而且夹杂着许多哲人的轶事、生活的故事。

我不想转述这些传奇、这些轶事和故事，我只想说一说我从中体察到的他们的故事中带有共性的情节、情结和母题。

这些大哲学家，都有一个哲学情结：把自己的生活和生命都同对于认知的理论、生命的意义、人生的终极价值的思考纠结在一起，苦苦思索、终身追求。他们差不多都过着一种贫穷的或物质上简陋的生活，他们无意于外在生活的繁复，更不谈享乐，而只钟情于内心生活的丰富。人们往往视之为怪，以其不苟同于世故也。尤其是斯宾诺莎，本可以过着富裕的生活，却情愿靠磨镜片来维持艰苦的生活，而在艰苦中作哲学的沉思与追求。他理应继承父亲的大笔遗产，却为两个姊妹所抢夺，他起诉而胜诉，却又放弃了应得的财产，只要了一张单人床。阿姆斯特丹的一位大商人两次赠给他大笔钱财（其中一次是要赠以全部遗产），他都谢绝，不为所动。法王路易十四派人劝说他把下一部著作题词"献给陛下"，他以不奉承他所不敬佩的人为由而拒绝了。所以他成了"呆傻的智者"，但他是超越了一切功名富贵羁绊的智者。"用你的双手谋取世俗的物品，用你的头脑获得神圣的思想"（《大哲学家生活传记》，第113页），他做到了这一点。

斯宾诺莎说："如果我彻底下决心，放弃迷乱人心的财富、荣誉和感官快乐这三种东西，则我放弃的必定是真正的恶，而我所获得的必定是真正的善。"他也确实做到了这一点。

他们中许多人都是终身不娶、处于孤独寂寞中。这不是命运的捉弄，也并非偶然，而是他们心性造成的不幸。他们太不同于世俗规范了。斯宾诺莎住在一间小屋里，磨镜、沉思、写作，这是"他的船"，"他抛锚在平静的思想海湾"（同上，第123页）。康德终身未婚，他是"很难满足女人头脑中浪漫想法的男人"。他生活刻板，按时间表行事，以至邻居以他每天下午五时半外出散步为准确的报时。他每天准时在那被称为"哲学之路"的林荫小道上散步。这就是他唯一的运动了。乔治·桑塔亚那也从未结婚，从小就不玩游戏，只是读书绘画。他的生活，如同他的哲学，"是过去的回声"，"他在精神上和性格上都像是古代希腊的最后遗民"（《大哲学家生活传记》，第303页）。尼采一生中只向一位邂逅于罗马的少女求过婚，并终身生活于"黑暗与孤独"之中。"他完全孤独"、"他唯一的慰藉是工作"（《哲学传奇》，第229页）、"他在幻想中发现了他在现实生活中所不具有的活力"，至死追求"个人"的克尔恺郭尔"一生都封闭在'个人'的天地里，在孤独、忧郁、恐怖和痛苦中挣扎，并过早地耗尽了他的生命"（《性灵之光——西方大哲学家轶事》，第397页）。

但这些哲人、智者却以一种特殊的方式关心人世、走向世界、影响人类，获得永恒的生命。他们把自己的身子关闭起来，却以心灵关涉人世。在第二次世界大战期间，乔治·桑塔亚那隐居在罗马圣玛丽修道院里，与世隔绝，然而他却写下了对战争的激烈深沉的檄文。尼采孤居、疯狂、心灵早死，然而他的哲学、美学、文学思想却走遍了世界，影响了从西方到东方的哲学家、思想家和艺术家们，至今未衰。斯宾诺莎像"茧里的蚕"一样把自己禁闭在他那斗室之中，除了购买食品很少外出，一生默默无闻。康德专心致志于学术研究，从1775年应聘于柯尼斯堡大学任教之后，足迹再未跨出此城40英里之外。然而，康德的思想在当代、在欧洲和全世界都产生了影响，在现代还出现过两次"回到康德"的思想浪潮。而斯宾诺莎，正如德国诗人海涅所说："所有我们现代的哲学家，虽然常常也许是无意识的，但都是透过斯宾诺莎磨制的眼镜观看世界的。"(《性灵之光——西方大哲学家轶事》，第218页)

他们实际上是"人类的思考人"、人类的心灵，他们把物质的、享乐的、愉快的、热闹的生活"让"给世人了，却禁闭了自己，安贫于孤独艰难之中，"替"人类在思考，追溯生命的真谛、人生的意义。他们的回应，他们的思想，以至他们的不足和失误，都使当世和现时的人们从外在的、物质的、感官的、世俗的生活中跳出、升华、深化、抽象化，而获得形而上意义的飞跃和进行形而上反思的收获，从而获得更厚重而深沉的效果。

我们每个人，作为一个"单体"，在亿万神经丛中也应该有少数几根这样的神经，成为"自我的思考者""个体的心灵"，对物质、对生活、对人生做这种形而上的思考。它是个人-自我的魂灵、"内心"，自我的"斯宾诺莎镜片"。没有这个，那么就会是一个物质充实、感官愉悦，而头脑空虚、心灵痛苦的人，实质是皮囊充实而已。我们在当今的社会中能见到这种物质富足而精神空虚的人们——他们浮躁、癫狂，玩世不恭。

对于书的疲倦

一

在《书香集》中读到唐弢先生的一篇题名为《我和书》的文章。他说自己62年间"生命是始终和书纠结的"，这是实情；然后他说，现在"无旧书可买，遇新书难买"，但是，更主要的是，"我对书的感情已经渐渐淡下去，淡下去……不仅没有兴趣买书，而且没有兴趣读书。……对于书，看来我实在有点疲倦了。天！为什么我觉得那样的疲倦，我会觉得那样的疲倦呢?"

先生此文写于1989年。一年多之后的秋天，我到北京协和医院去看望病中的他。在单人病房中，他躺在白被单里，眼睛骨碌碌地转，然而口不能言。护士一边给他的喉咙中插上一个小器皿，让他能够发声，一边问他知否现在是谁来看他了，让他回答，他微微地一点头。同去的复旦大学陈鸣树教授，用上海话向他问好并要他用方言对话，他也只能像幼儿咿咿呀呀，听不清说什么。见此情景，我忽然想起了"天！"这"句"话。多么聪慧的智者，多么博识的学者，多么和蔼的长者，但如今这些都成"往事"，他只能像幼儿咿呀，只能茫然了。我带着无限惆怅离开医院。自京归沈不久，就收到先生逝世的讣告。

二

正是在此前和此后的一二年中，我的心脏病几次发作，数度住院。在住院和出院后一段时间里，每当病情转剧时，常常会有一两天或更长一点时日不想看书，连闲书小报都不愿意看，甚至连最喜欢的音乐也不愿意听。我感到一种不仅是对于书的疲倦，而且是对于一切阅读的疲倦，甚至是对于一切视听的疲倦了。

这种时候，正是在这种时候，我终于得到了唐先生仰问苍天的问题的答案：生理的疾病，引起了心理的疾患。沉疴经年，消磨了先生的体力，也损毁了他的心理健康，身体无力支持读书的消耗，以至内在的生命之火燃不起"读书消耗"的热力，对于书的情感于是便淡下去、淡下去。我亦如是。当疾病击倒我的身体并殃及心理时，生命之火和心理能量，都微弱衰竭得燃不起读书的力量和热情。当生命力重新燃起火焰时，读书的心灵的灯火也就复燃了。

三

新华书店在一天天衰落萎缩。儿童玩具、体育用品、灯饰、录音机、磁带、杂货、礼品等，侵入了书店，占领了书柜书架，购物者拥挤着排斥了书的读者，而且蜷缩于一隅仅存的卖书的地方大半是消闲书、花哨的"生活用书"以及侦探、武侠书。书店的生命危机已经迫在眉睫。据报载，1986年全国有"684家书店'失踪'"；全国2500多个公共图书馆中，有341家没购进一本新书，有近千家全年购书不到百本。图书馆也在萎缩，全国图书馆购书数字以每年100万册的速度递减。商场包围图书馆以至侵入图书馆。

这是民族的、社会的对于书的疲倦的表现之一。人们在热衷于经商、从政、捞钱、发财时，只感到权力的威风与实效、金钱的力量与效应，而不见知识的用途，于是面对知识载体的书籍不仅感到疲倦，而且感觉乏味无用而厌弃之。民族的、社会的对于书的疲乏，也是民族的躯体、社会的肌体患了疾病。

这是危险的病症和危机的信号。

精神上、心态上的民族-社会性的弃书，比统治者的焚书更可怖。据说，现在购成套的精装名著之风在兴起，可惜是作为礼品送人，但总算也是买书。又据说，读书热在校园悄悄兴起，但愿是读书熏风起于社会的青苹之末，社会、民族的生理-心理病在好转。

《廊桥遗梦》：对传统的双重呼唤

罗伯特·金凯从华盛顿州贝灵汉驱车驶向依阿华。他是作家兼摄影师，奉《地理杂志》之约去僻远的麦迪逊县拍几座廊桥倩影。来到目的地，拍过几座廊桥，还剩最后一座需要寻找，他问道于一位农妇。她年已四十，风韵犹存，面对问路者一见倾心。于是，客来、投契、留住。在家人去镇上参加牲畜比赛的几天里，他们度过了难忘的时光。

老掉牙的故事模型，我们甚至可以将其纳入古老的东方故事原型体系之中。

不仅故事老，叙述范式也同样古老：作家以"万能知者"的身份，从头到尾、按部就班地娓娓讲来，有始有终。令我们想起了"三言""二拍"。这就是美国作家兼摄影师R.J.沃勒的新作《廊桥遗梦》。

就是这双重的传统，却使作品位居当代美国畅销书榜首，销量近千万册，而且将在好莱坞搬上银幕。这是为什么？

让我们再补充一个传统，再来作答。在恋情必须"画上句号"，两人都面对"怎么办?"时，答案既不是弃家出走，双双浪迹天涯，也不是金凯放弃自己的生活而来小镇同居。弗朗西丝卡说，她对丈夫、儿女负有责任，她也不愿丈夫因此而终身被人指着脊梁骂。她愿意牺牲自己，困居僻乡农村，过无爱的孤寂生活。金凯也同意她的抉择，接受这种使自己痛苦的结局。然而，他们并没有从此罢休。不是露水夫妻，道一声"拜拜"，相忘于江湖。在其后二十多年的岁月里他们从未再晤面：一个困居乡村，困守孤寂，困恋旧情；一个仍然浪迹天涯，让奔波驱走痛苦，让流浪带走相思，一直到死。

这在"方今这个千金之诺随意打破、爱情只不过是逢场作戏的世界上"，是少有的、珍贵的。正是这一点打动了人心。现代资本主义社会，人们追求个人享乐主义和极度自由，反而感到一种不能承受的"生命之轻"，生活失去了精神家园，失去了古老的人间温情，人们在"性解放"的失落和虚脱中醒悟，在痛苦与孤寂中开始怀念，至少是有兴味去回顾那逝去的心理故土，开始萌发一种对"古典情怀"的回首之情。这已经成为在人类文化转型重构期所营造的后现代语境中的一种"怀旧心理"和"逆反因素"。对于女人可以同第一次见面的男人上床，男人连道貌岸然的学者也在学术会议期间拈花惹草（英国小说名著《小世界》对此作了揭露）的行为已经生厌了，至少像醉酒后的呕吐。

正是在这种语境中，人们读到了忠于社会责任，愿以一己之牺牲而顾全"大局""家庭""他人"的《廊桥遗梦》。作品中一再点出罗伯特·金凯是"最后一个牛仔"。说他是现代社会的"牛仔遗族"，但又是"新一轮理性-情感世界"里的"新人"(?)。这位骑士，"认同"于困守僻乡家园的农家妻。弗朗西丝卡则像是有知识的现代"古典淑女"。

我们不必寻觅其中的象征意象了。即使是充分现实主义地来赏玩作品的"原意"，也可以解读一种"意义"：满足了人们心底里的一种文化乡愁——家园怀念的触动。

当然不是"走回头路"，"重返旧家园"，但以此为契机，要去寻找一种现代的、吸收传统合理因素的新生活方式。

至于叙述范型，现代主义和后现代主义那种翻新、翻翻新的讲故事法，现代派的"日日新"、后现代派的"篇篇怪"，已经产生审美疲劳了，新新形式变成了用疲的"旧形式"。于是，就像发型和时装有时要以古为新一样，那种古老的叙事范型倒使人胃口大开了。当然，那么古老的故事也需要一种古老的讲法来"配合"。

这反映了社会文化、心理结构中产生的一种对于传统的双重呼唤：社会心态的与审美心理的。当然，这里仍然不会是简单的复旧。

这也只是美国以至西方当代文坛风情之一种、文化风景线之一种，而不会是全部。但是，它对于作家的创作选择和对于大众的生活选择，却具有启示意义：对于那种"跟着别人跑"，追求感官享受的生活态度，是否需要做一些反思呢?!

世上几人读康德

——关于学术文化的承传接续

一

康德的著作难读难懂，世界闻名。复杂、矛盾、晦涩、冗长、拖沓，这些形容"阅读障碍"的词语都曾被人用来表达读康德时的感受。我则是阅读时甚感疲累，"稍纵即懵"，如堕云里雾里。

如此康德，世上能有几人读?!

阅读困难知音稀，能有多大社会影响、文化作用?!

这个问题适用于一切大师哲人，无论古今中外。

二

康德在人类思想文化史上的影响，是毋庸置疑的。谈到德国在科学、哲学、艺术上的影响，我们可以列出一条简单的线索。比如康德→黑格尔→马克思（哲学）；康德→爱因斯坦（科学）；康德→歌德→贝多芬（文学艺术）。歌德曾说，他从《判断力批判》中"找到了自己的哲学养料"。贝多芬在耳聋后使用的笔谈本中写道："我们头上的星空、心中的道德律，康德！！！"这说明他对康德的这一名言的服膺之心。这影响到他的交响乐创作。

三

康德在中国的影响，仅以当代著名学人为例。蒋孔阳治德国古典美学，与康德自有师承薪传关系。李泽厚著有《批判哲学的批判——康德述评》，其学术思想上与康德之关联于此可见。王元化更是多次述引康德并自言："我深深服膺德国古典哲学自康德以来的批判精神。"

由此可见，康德的思想远涉重洋，越过历史和区域的屏障，在中国学术文化上产生影响。而其声名所及，及于整个中国学界。

至此，我们看到，康德通过黑格尔、马克思、爱因斯坦、贝多芬、歌德等，以及中国当代学人，播撒他的思维的果实、性灵的光辉于哲学、文学、艺术、自然科学诸多领域，而结出繁茂的思想、艺术之花。在艰涩的智慧的苦果之中，萌发了思想的、文学的、艺术的娇美花朵。

哲人大师的智慧之果，不仅直接地惠及他人，而且更多的是通过他的同辈、后辈、后世之人中的同行、非同行、本学科、非本学科的人们，以他们为中介，来发生影响、产生作用的。

这种中介的作用是很大、很广、很悠长、很久远的。人类思想艺术的成果，就是按照这种"本文→中介→接受者"的规律，承传接续、发扬光大，而影响、推动、促进世界各民族的文化发展的。本文越丰厚，中介就越多，受众也就越多。

"朝发轫于苍梧兮，夕余至乎县圃"，哲人大师发自远古往昔，通过历史上世代中介和当代桥梁而影响今世社会人群，在思想文化上为人类造福。这就是人类文化长河的流向和流径。

四

我们绝不可以易懂好读为取舍标准，绝不可以读者多少来确定价值高低，更不能以市场效果来评优劣。

老子说："死而不亡者寿。"高悬于人类思想文化星空之上与日月同辉的灿烂群星，是死而不亡的，是永生不朽的。康德活在后人的思想、文化、智慧、灵感之中，活在后人的事业之中。

大师原是书促成

胡适在11岁时，读了一本历史简编之类的书，名叫《纲鉴易知录》。以后又读《资治通鉴》，便引起了对历史的兴趣，并动手编了一个《历代帝王年号歌诀》。他自己说，这是他一生"研究历史的开始""整理国故的破土工作"。我们大概还可以补充说，这也是他一生从事学术研究的滥觞，是他作为杰出学者的心性最早的表露。

鲁迅在10岁左右的时候，听说有一本带图的《山海经》，便日思夜想这本书。他的保姆长妈妈有一天塞给他一包书，说："哥儿，有画儿的'三哼经'。"童年的鲁迅如获至宝。这本讲古代民间传说的地理知识而又结合地形地貌讲人文状况且充满神话故事的书，让鲁迅生发奇妙的想象，给了幼小的鲁迅一个想象的世界，开启了他的想象之门。这是鲁迅最早的审美教育、审美锻炼、审美启蒙，也显现了他作为伟大作家的好幻想的心性和善于想象的能力。

法国著名哲学家马勒伯朗士26岁时读了笛卡儿的《论人》，激动得心跳加速。他得到了使自己心灵获得安宁的知识，并学到了自己终生服膺的心之法宝——沉思。从此他终生沉思，沉思，而后写作，直到心脏停止跳动。笛卡儿的一本书促成了他一生的转折，指导了他一生的著述，决定了他一生的生存方式。

哥伦比亚著名作家、1982年诺贝尔文学奖获得者加西亚·马尔克斯早在18岁读大学时，就想要写一部小说，为他"童年时代所经受的全部体验找一个完美无缺的文学归宿"，然而始终未能动笔，因为没有寻找到他自己感到满意的叙述范式。直到有一天，他读卡夫卡的著名小说《变形记》，那故事的开头写道："一天早晨，格里高尔·萨姆沙，从不安的睡梦中醒来，发现自己躺在床上变成了一只巨大的甲虫。"他恍然大悟，心想："我姥姥不也这么讲故事吗？"又过了十五六年，他终于决定，就像当年外祖母讲故事那样来写。外祖母讲故事的重大特点之一，就是拿死人和活人放在一起来讲，讲得死人同活人一个样，同活人一起生活在同一幢屋子里，衣食起居不分"死""活"，充满了预兆、民间医疗和迷信。那部著名的长篇小说《百年孤独》就这样产生了，就这样地讲故事。他也就创造了被称为魔幻现实主义的创作方法和文学作品，并且成为"拉丁美洲文学爆炸"的文化现象之一。

这样的故事有很多，这里不再讲了，我只想补充一个综合的说明。在我写《创作心理学》这部书时，曾经向我国二十几位著名作家发出调查问卷，其中有一个问题："你是否因为读一本书（或看一幅画，听一首乐曲、一首歌，以及听讲一个故事）而产生了对文学的爱好，甚至立志当作家？□"。回答者都在□中打了"√"，有的作家还说明是读了哪一本书。例如，叶楠读了《静静的顿河》，航鹰读了《卡尔曼》，鲍昌读了《稻草人》，路翎读了"高尔基的书"。

我想，这些故事自身已经满足了"充足理由律"，证明一本书的作用了，证明了书籍对于一个人的心性成长、人生道路，对于一个人的人生目的、价值追寻所起的决定性的作用了。

不过，还是有几点要加以申说的。首先，书是什么书？它的内涵是什么？它能提供什么、启迪什么？其次，读书者喜爱什么、获得什么、理解什么、接受什么，直至如何去行动？这从接受学来说，就是书籍的"本文"具有什么"含义"，而接受者又具有怎样的"接受视野"、"接受意识"和"接受屏幕"，并且在阅读行动中，又是如何主动去接受、想象以至创造的？这才实现了由"含义"到"意义"的认识上的飞跃，达到了"视界交融"和新视界的产生，也就是知识的增长、思想能力的提高、文化层次的上升。所以，这里便涉及客观存在（书）与接受主体（人）两者各自的文化品位的问题，涉及两者的对接融洽、互相作用，涉及一种机遇，也可叫一种"缘"，就叫"书缘"吧。说到"书缘"，便又涉及时代、历史、社会等客观时势，涉及社会价值取向、社会总体心态以及家庭、学校、朋友的影响等。这就是社会文化选择机制了。

我们今天的社会风尚、集体价值取向，又在形成怎样的接受意识和"接受屏幕"呢？这是值得我们认真思索的。

中江兆民的遗言

中江兆民患了喉癌，医生告知还能活一年半左右。他于是来到海边，一边治疗，一边写作。但他不是写哀伤的回忆，也不是撰大部头论著，而是通过三份报纸保持同社会的联系，以思想札记的形式，写作思想、文化、社会批判，其中也有"纯"学术文化的论述。他的文字透着深沉的热情，但融进了日本文风特有的那种畅达流丽的丰采，又时而流露西方式的幽默，一颗关怀人世、寄情社会、忧时忧国的挚诚流贯其中，却又针砭时弊，不留情面。可谓文如流水情似蜜，玫瑰花里含着刺。读之令人赏心悦目，益智醒神。这就是堪称世界名著的《一年有半·续一年有半》。——大概因为他得到两年多近三年的缓期"执行"，故有"续一年有半"。

中江兆民写此书时，正值20世纪初，日本在明治维新取得成功之后经济发展、社会进步，在资本主义化的道路上迅猛前进。但同时问题丛生，社会景象呈现斑斑污痕，人们在思想道德方面也出现式微沉沦之态。病中的中江兆民虽然不久于人世，却对人世寄予热切的关怀，因此，对于这一切持严峻的批判态度，笔锋含情，而又以笔刺向社会肌肤。他在第一章简略叙述自己的病情与生活之后，就转入对时势的抨击与评议。他首先指出，日本当时已进入以"重商主义"来发展资本主义的时代。很快他就转入批判，直言不讳地写道："这个社会是多么虚伪啊！"并指出："教育事业，主要应该从根本上加以改革。"他从实务上说，是以教育为武器来对付社会的虚伪。接着，他又从务虚方面，也就是从理论上毫不客气地指出："我们日本从古到现在，一直没有哲学。"没有哲学便怎样呢？他说："茫茫然不懂得宇宙和人生的道理"，"没有哲学的人民，不论做什么事情，都没有深沉和远大的抱负，而不免流于浅薄"。他说，"日本人极其明白事理，很会顺应时代的必然趋势前进，绝对不抱顽固保守的态度"，但是，却存在"浮躁轻薄的重大病根"。中江兆民在这里，"从抽象上升到具体"，既从思想品格上去寻找到现实生活中的病根，又从现实社会的病象中提到思想理论上来诊治。

他在提出这个思想、文化之"纲"的前提下，猛烈地抨击时势世情，痛切地指出：

> 日本人相继沉沦到了腐化的境地，这是令人叹息的！

他在分析这个沉沦的历史时指出，明治维新之后，经济发展，生活西化，"于是生活水平陡然提高，人人都希望追求超过自己的经济力量以上的娱乐，千方百计想得到它。"这样一来，官吏们受贿以养肥自己；工商人士钻营奔走，牟取暴利；武士阶层"忽然做了大官"，就"好像放射出去的箭一样，急切地趋向骄奢淫逸"。这些人，煽起了城市的"荒淫和糜烂的风气，成为日本吃喝玩乐的样板"。

对于上述问题的解决途径，中江兆民仍然从思想、理想、文化视角切入，他说，从现在起，各个阶级的人，都应该稍稍加强自己的品德修养，以求适合理义的标准。

这可以视为中江兆民的临终遗言了。从历史的观点来看，这是他对日本民族的忠告；从现实的观点来说，也可看作"世界性遗言"吧。现今之世，多少发展中国家，在追求现代化的过程中，发生着与当年日本所发生的同样的情形和问题，即使是发达国家不也苦于社会的靡费沉沦和"腐化"吗？

想当年，中江兆民在病危之中，引用孔子的话"朝闻道夕死可矣"，表示要以"道"诫世。他的遗愿可以说是实现了。立言立德者，死而不亡。

末了，我还想说一点。中江兆民在写书时，喉癌的病痛每天都在发作，但他冒着酷暑笔耕不辍。他激愤地说，大概是自己"对于社会的各个阶级，都不遗余力地加以唾骂，所以也许老天爷厌恶"，遣癌痛来折磨他，并"毁约"提前来索命吧。但是，中江兆民却真正是爱国爱民的。记得俄国思想家车尔尼雪夫斯基说过，沙皇俄国是"可怜的民族，奴隶的民族，上上下下都是奴隶"。列宁在评论车尔尼雪夫斯基时，认为这是"本着对民族真正的热爱说的话"。中江兆民其实亦如此。

中国人"忍"的学问

近日翻阅周作人的《苦竹杂记》，发现里面夹了一张小纸条，上面写了如下一段话：

> 知堂这篇说忍之读书杂记倒是好的，比他的那些文抄公式的札记读来令人沉闷，要好得多。其论忍也，义分儒、道、释三家，却有深意焉。可写一文。'93，最后一日。

时过两周年，当时想写点什么，现在一点也记不起来了。不过，由这纸条和"批语"，倒使我想来谈一谈中国人"忍"的学问。

周作人的感想是由唐朝诗人、有"小杜"之称的杜牧的一句诗引发的，杜诗说："忍过来堪喜。"周作人说，小杜是个风流才子，潇洒飘逸，原来他也讲究忍，并不是只顾自己痛快的。其实，小杜并不一定真能忍，只不过，中国士子向来的文化心态，总是重视忍的。这是一种很深厚的民族文化积淀，甚至可以说是成了一种民族集体无意识了。只不过最近几十年，运动不断、斗争频繁，而且以"斗争哲学"为最高理论与人生原则，把"忍"字批了个不亦乐乎，导致了一些人好争斗狠的不良心态，动不动就发生口角、斗殴以至杀人。

周作人概括说，中国文化中的儒、道、释三家，虽然文化品格不一样，但倡导"忍"的精神却是一致的，不过，各家的动机和目的并不一样。释家讲"生忍"与"法忍"，对"瞋骂打害"皆能忍，对"瞋恚患忧愁疑淫欲骄慢"也都能忍，面儿是很广的。其目的在于成佛作祖。道家讲忍，"安莫安于忍辱"，其目的在于"苟全性命于乱世"。我们也许可以说，释道两家之讲忍，皆在出世。儒家的忍之精义何在呢？周作人说，"《论语》上的'小不忍则乱大谋'似乎可以为代表"，是以忍为手段来达到一种目的。什么目的呢？自然是入世，所谓"修身齐家治国平天下"。越王勾践忍辱负重，最后复仇复国；汉代韩信，忍得"胯下之辱"而终于成就大业。这些都是儒家忍而得天下成业绩的著名例证。吕居仁的《官箴》中说："忍之一字，众妙之门，当官处事，尤是先务。"寻常百姓中也流传着"宰相肚里好撑船"的谚语。这儒家的"忍"，竟是一种为官做宦的要诀了。想想也是不错，当官要能忍才能顺利，要是对上对下动不动就发脾气，还有不坏事、不被弄下台来的？至少是升迁维艰了。所以周作人一面说"儒家的忍自然较为可取"，一面又承认，到了末流就是"钻洞以求富贵"了，这就是无人格、无操守，拿原则做交易了。现在似乎不乏此种人。

最近读王元化先生《清园夜读》又发现，原来曾国藩曾想着写一部《挺经》，不过未曾问世，但向其弟子传授过。李鸿章即其一。他说："我老师（国藩）的秘传心法，有十九条挺经。这真是精通造化，守身用世的宝诀。"李讲了一个例子。有一位老人，请了贵客，派儿子上街买菜去，老半天不见回来。老人就到村口去看看，只见儿子挑着担子，在田塍上同一个挑着京货担子的汉子对峙着，谁也不肯让谁一步。老翁上前劝说道："老哥，我儿子矮小，他若下水，就湿了担子里的食物。你就让一步吧。"那汉子说："我的担里都是京广贵货，若着了水，便一文不值。"老翁见如此，便说："既然如此，我老头儿就下了水田。你老哥把担子搁在我头顶上，湿不着，你就从我儿子身边岔过去，我再把担子奉还。你看如何？"老人说着就脱鞋解袜。那汉子过意不去，就自己下了水田。"他只挺了一挺，一场竞争就此消解。"李鸿章说，这是挺经中开宗明义第一条。所以人们评说，曾国藩的挺经，"具有将欲取之必姑予之之义。"（《清园夜读·曾国藩著挺经》，海天出版社，1993）

曾国藩是很会做官的。不过，这挺经又似乎并非全是旨在升官。这种挺式的忍让，又兼有谦抑守身以正确处理人际关系和社会矛盾之意了。而上升到哲学高度来说，就是要想得到什么，就要姑且给予一些，宁可付出一些。这自然也可以用于当官的目的，但又不限于此，在生活中的各个方面都是可以用的。在这里，"忍"的含义就不仅是忍气吞声、忍辱负重、忍让退避了，而是一种文化修养、"文化气度"了。

元代的许名奎、吴亮合编的《劝忍百箴》和《忍经》，其"忍"的含义就更为广泛了，已经远远超出了忍辱、忍气、忍侮、忍欺这些"你来我挡"的"如何对待来犯"的文化框架了。看《劝忍百箴》中有"色之忍""酒之忍""乐之忍""权之忍""势之忍""富之忍""谤之忍""诌之忍",便可知这"忍"是既有抵制一切不良诱惑的一面,又有抗衡一切艰难的一面,其理论架构和文化价值是一种广博宏阔深邃豁达的修养。这差不多又可以熔儒、释、道于一炉了。

这倒真是一种具有奥义的学问,既含哲理之终极意义,又有处世为人之道的现实价值。试想,如果凡上举百事皆能忍得,不是可以有操守、有道德、有修养、有理想、有抱负、有追求,成为一种高尚的人、脱离了低级趣味的人了么?

难怪有人说,在亚洲"四小龙"的起飞过程中,"忍"与"勤"的性格起了重要作用,而且,如果将之融入工业伦理,那么是可以帮助现代化的发展的。

读者的诞生

"读者的诞生"是法国结构主义著名学者罗兰·巴特给出的一个著名的命题。这意思很明显,就是说"读者"不是天生的、自然的,不是捧起书来读就是"阅读活动",不是读着书的人(即有读书行为的人)就是读者。用他的学术话语来说,读者必须工作,也就是说,要阅读、解读、注释、思考、想象、生发、创造。这就叫作"意义的产生有赖于读者的工作"。

这里便涉及一系列阐述学和接受美学的有意味的命题。按照这两个学科的学术命题来说,作者(比如一位作家或一位学者)写完了一本书,实际上只完成了一半,另一半要由读者来完成;作者所完成的只是书的"含义",而书的"意义"则要由读者以作者所给予的"含义"为基础来完成和实现。这一说法,其实并不是什么故弄玄虚的理论游戏,而是实际状况的理论升华。我们不是常说,"一千个人就有一千个哈姆雷特"吗？《红楼梦》人皆读之，但读出来的"意义"则古今中外，男女老少，作家、文人、学生、商人、农夫大不相同，虽然"含义"（曹雪芹所给予的）只有一个。《三国演义》也是各色人等都爱读，但对刘备、关羽、张飞、曹操、诸葛亮、周瑜等各有各的"意义"。当然，从"含义"到"意义"以至这"意义"的层级的不同，是与读者的工作程度、工作水平分不开的。

读者的这种"阅读活动"——"工作"，又与另一种情况密不可分，这就是所谓"阅读障碍"。第一，书本内容（学术话语所说的"本文"）的"含义"是潜在的、隐蔽的，有深度的本文更是潜隐得很深。第二，好的作品，有本领的作家又总是使本文"含义"的多重性、多义性潜隐待发掘。第三，语言自身的多义性、潜隐性、隐喻性、生成性以及它所包含的民族文化积淀、社会生活的历史意蕴和凝结，还有由这些产生的民族集体无意识和原型意象，就使"含义"具有多重的、深层的、潜隐很深的意蕴，可供发掘。比如"杨柳""长亭"，松、竹、梅、兰、菊，"江南""塞北"等词语，以及"曹操""关云长""杨贵妃"等人名，对于中国人所理解的"意义"，是一个欧洲人或美国人无论如何也搞不懂、弄不透的。反之亦然。比如日本俳句大家松尾巴蕉有一首杰出的俳句：

> 晚钟透过如云的樱花悠悠飘来，是来自上野还是浅草？
> （Hana no kumo Kane wa Veno Ka Askusaka.）

仅仅两句，且不说用日语读音时那种音韵意蕴和音乐美，已经变样以至失去，便是那樱花同日本人的生活、文化、心态的关联性和渗透内心的审美韵味，樱花同武士的内在关联与文化互渗，"晚钟"的民族文化积淀，以至上野、浅草两地同日本人的关系，仅举数端，就是一个中国人所体察不透的，即使是"日本通"也参不透其中的韵味。第四，作品本文还往往有作者本人也不知道、未曾意识到的"含义"和"意义"。莎士比亚绝想不到莎学中浩如烟海的对于他的剧作的众多意义的解读，歌德、曹雪芹、鲁迅也如此，《易经》《老子》等更是如此。第五，更有意思的是，正如英国著名学者兼作家戴维·洛奇所说，一方面，"我们给予最高评价的作品，并不轻易显露其含义"；而另一方面，作品有时又会有与创作主体的意图背道而驰的派生的各种意义，以至

"作者只能从他的读者那里获悉那些隐秘的含义"（《小世界·导言》）。如此种种，都是阅读障碍，也都是在阅读活动中要做的工作。只有进行了这些工作，进行了这些排除障碍的工作，才能成为一个真正的读者；也只有这样的读者，才能收获最佳的读书效果。

罗兰·巴特说得挺绝也挺逗的，他说："读者的诞生，必须以作者的死亡为代价。"读者诞生了，障碍被克服了，书的本文从"含义"取得了"意义"，作者被解读了，注释了，消化了，接受了，他也就"死亡了"——这本书被读透了。但更深的意味是，作者已经停止工作了，无所作为了，一切工作都是读者在阅读中去进行了。在这里，"上帝"不是作者，而是读者了。

读者的诞生，至此并未完结。因为我们在这里还只说到事情的一面，即来自作者和本文的障碍，还没有涉及来自我们自身的、妨碍自己成为读者的障碍。

贝尔纳说过："学习中最大的障碍不是未知的东西，而是已知的东西。"这又牵涉到阐释学和接受美学中的一些命题。按这两门学科的命题来说，读者在读一本书之前，都存在一种阅读定式，这是由读书人以前的生活经历、知识储备、文化素质以及趣味、认知风格所决定的，这就是所谓"期待视野"和"接受屏幕"，它们决定了读书人的接受力度、深度、内涵和依据书的"含义"而创获的"意义"。我们大家在生活中自然都会有这种体验，拿过一本书来，我们就自觉不自觉地心中生起一种"期待"：想从中了解什么、得到什么，而我们的生活—知识—趣味的准备，则形成一个屏幕，就像一台电视机的频道一样，"张开来"接受。在读书的过程中，也会像电视机一样，有的频道能接受很好或较好，有些就出花点、晃动、不清晰，而有的就收不到。这里，"读者的诞生"，或者说你要成为一个"真正的读者"，就要具备两点：（一）接受的"频道"；（二）要进行工作。只是单纯地"看"书，还不能成为一个读者。

这里，我想起清代的徐增在他的《而庵诗集》中说的一番话。他说，诗有好坏的等级差别，读诗的人也是有高下之别的，有如站在山顶、山中间和山脚下三种境界，"中间境界人论上境界人之诗，或有影子；至若下境界人论上境界人之诗，直未梦见也。"这话很有道理，什么水平的人读书，只能领会到什么水平，他的"期待视野"和"接受屏幕"以及阅读的"工作水平"，都限制、决定了他的接受水平。

那么，一个人处于什么境界就永远是什么境界，不能提高了吗？好像徐增所说的总是在梦中似的见不到比自己高的境界了？当然不是这样。如果我们真正在阅读中"工作"了，成为真正的读者了——"读者诞生"了，那么，我们就会从本文的"含义"中体会、理解、吸收一些新的东西，又会在学习和创获中，从"含义"到"意义"，添加一些新的东西。事情是这样的：如果书的本文"含义"同我的水平，同我的"前理解""前知识"即"接受屏幕"完全同等，那么我一无所获；如果太高深难测，为我的前述各类水平所不及，我就会像徐增所说站在山脚下看山顶上的本文，"直未梦见也"，自然也无所获；但如果略高于我，或高于我而不是隔层眺望，那么我就能有所前进、有所提高，产生新的接受定式。这就是阐释学和接受美学都说到的"视界融合"了。书读得多了，读书中"工作"认真而又水平高，这种"视界融合"多了，就不断地提高，文化学术水平也就水涨船高地提高了，"接受屏幕"也是高水平的了。

关键在于阅读的经常和"读者的诞生"。这就是中国古书所说，读书有三种：下智者为"以眼读"，中智者为"以心读"，上智者为"以神读"。以眼读，如过眼烟云，过而即逝；以心读是学而且思；以神读则是心领神会，自己全神贯注又能得书之本文的精髓，这就是高层次的、有效益的读者了。

阅读活动：开掘与释放

——"阅读"三议之一

阅读活动，并非一件简单易行的事情。记得一位伟人说过，读书最容易，比杀猪还简单。猪还会跑，而书就只会躺在你面前，任你摆布，没有什么反抗行为。这是一种比喻，不过设喻的目的，仅限于说明"做事"的难易。如若放在"阅读—接受"即接受学的范围来考察，那么，

"阅读"可就并非易事了，而是一种广泛、深刻、复杂、双向互动的思想、文化活动。所谓"清风不识字，何故乱翻书"，那只是"翻书"行为，而不是阅读活动。

产生于20世纪60年代的联邦德国而至今不仅风靡国际学术界，而且仍在发展的接受美学，有两位创立学派的学者：汉斯·罗伯特·尧斯和沃尔夫冈·伊瑟尔。前者侧重于接受美学的宏观构架的创立，在学术风格上破旧立新、大刀阔斧；而后者则喜爱具体精致的理论建设，视点聚焦，精研细察，更偏于微观研究。他的《阅读活动——审美反应理论》一书20多万字（汉译字数），厚厚一本书讲的全是阅读活动。如此看来，阅读岂是简单易行之事？

我至今清楚地记得阅读这本论述"阅读活动"的专著时，自己一方面全神贯注，另一方面又神思飞扬的情景。翻开这本被我勾画得红蓝夹杂、批语绵密的书，见到最后一页的空白处写着："1992年11月23日下午5时读毕，时在海因里希·伯尔之家，周遭寂静之极"。看到这一点记事，思绪飘移，仍然激动于"在德国读德国著作"时，读这本最喜爱的书时的欢悦心情。如果要一言以蔽之，我的总体感受是：它在我面前打开了一扇大门，这是阅读的大门，也就是学习—掌握—启动知识、学术、文化、思想的大门。这里，我不打算过细地介绍这本深奥的理论著述，而只是借它引一个头，来讨论阅读活动。

在《阅读活动》这本书的启示下，我领会到，书籍作为阅读对象，人作为阅读者，在阅读活动中"相遇"，便发生一种相生相克的双向、互动、创获的活动过程。其基本内涵是：开掘与释放。读书人在阅读中，去开掘书中的知识与思想宝藏。在开掘中，书籍则释放它的珠玉珍玩之光泽与芳香。这是人们所熟知的。但人们往往忽略了另一个"逆向"过程，即书籍以其思想、知识、情感、智慧之"锨"，开掘读书人的情感与理性世界；而读书人则在书籍的开掘下，释放自身潜在的知、情、意的能量。也许可以说，这一"逆向"过程，是阅读活动中更重要、更有意味、更带创获性的过程和内涵。所谓"读书之乐乐无穷"，其真谛更在于此。我至今未能忘怀在风沙蔽日、鸡鸣荒寒的农村插队十年生活中，偷读种种所谓"封资修"著作时，头脑、精神、意志、智能被分别持续深入开掘、而后被启动而释放的情景。我后来的几部关于鲁迅的著述，其资料、思想"感应"，以至灵感与顿悟，大都得之于此时或者滥觞于此时。也难忘60多万字的《创作心理学》，在写作时全凭五六年中的读书札记的导引，那正是书和人的双向开掘与释放的记录。

当然，这种开掘与释放不是凭空产生的。它决定于阅读活动中的专注、思考、询问和怀疑，以及钻进书本中的开采和离开书本时的反思。向着书，又离开书走向自身，以"书籍之器"开"自身之矿"。可得意中之果，亦可获意外之益。这一"开矿"程序，大体是：对书籍从字、词、句到整体话语的解读，而后到精神实质的把握，再到神韵气质的领悟，这是开掘，使书中所含蕴的知识、思想、情感、意蕴得以释放。这第一阶段的"释放"，便是对于自身潜能的开掘，继而是使自身各种能力释放。自然，这种"开掘"和"释放"，是既同所读书的内涵具有对应性，又具有反应性的。然而，又常常发生非对应性的"越轨的""不接轨"的开掘和释放，只是得到了阅读对象的"知识粒子""思想火花"的激发而已。比如，读的是史学著作，却得到文艺学方面的启发；念的是佛经，得到的却是心理学的收获，等等。所以，读书活动中，书籍与读者之间的"开掘释放"过程，并不总是"种豆得豆，种瓜得瓜"的，常常给人意外的读书之乐和分外的读书获得。这也启示人们"开卷有益"，而不应有过于狭隘的读书观，"独上高楼，望尽天涯路"。在书的世界里，茫然无所措，然而读书在人，成事也在人：要做阅读活动中的主人，主动地进行双向、双相的"开掘释放"的努力，所获定能更多，甚至事半功倍。

成为"读者"：接受与效应

——"阅读"三议之二

"读者"，在接受学和诠释学的范畴中，是一个含义深广的命题和概念。按此命题，当我们打开一本书来读时，就出现了两个"世界"的对垒，也可以说是两个"视界"的对视。一方面是"书的世界和视界"，这是作者的观念、见解、理论、情感、意志，一个感情的和理性的世界和视界，以理论的、叙述的、文学的和艺术的形态出现；另一方面，是读书人的"原有的世界和视界"，这由其知识素养、理论水平、艺术修养和审美趣味所构成，这被称为"前理解状态"，它形成一种对面前所读之书的"期待视野"，也构成其自身的"接受屏幕"。阅读的过程，就是这两个世界和视界的交汇融合。读书人要以自己的知、情、意所构成的心态，去解读、破译、诠释、发挥、拓展书的世界和视界，并且要在这个过程中作出自己的判断和选择，然后决定取舍：接受什么和扬弃什么。这时，书中原有的"含义"，经过读书人的"在原料基础上的加工"，形成了既根据"含义"又不完全同于"含义"而增加了读者自己的东西的"意义"。只有在这个意义上，在读书人进行了"工作""加工"之后，读书之人才成为真正的"读者"。这就是世界著名的结构主义学家和语言学家罗兰·巴特所说的"读者的诞生"。

罗兰·巴特甚至说得有点惊世骇俗："读者的诞生，就是作者的死亡。"不过，这话的真实含义在于：第一，要成为读者，就要在读书时用力、用心、用功，去理解、开掘、诠释、生发、创获，而不能只跟着书本跑，当作者的影子和附庸，不敢越雷池一步，甚至只会囫囵吞枣、生吞活剥；第二，读了一句一段、一页一章一部书之后，要抓住原书的"含义"，来做自己的工作；第三，合上书本，还要再细细地深入地思索，得出自己的结论，把接受的部分接受下来，把扬弃的部分扬弃掉，把需要"改造"（局部添加、订正、修补、改正等）的改造之，把要发挥的发挥出来。这时，读者诞生了，作者也就"死亡"了——他的"工作"已完成和停止，是已诞生的读者在工作了。这些在接受学上就叫作"视界融合"。这种融合，就是读者的接受和提高。在这个基础上，读书人的"前理解状态""接受屏幕"都变化了，提高了，发展了。这就是读书之得。

当我读到上述西方接受学、诠释学以至语言学的这些论述时，常常想起我们固有的传统文化中有关读书的论述，虽然不是采取西方学术话语和叙述范式这样的逻辑推断、条分缕析、论证周详的论述风格，而是三言两语、警句格言、点到为止的范式和话语，但"此中有真意"，而且与西方学术文化"灵犀相通"，交相辉映。比如，孔子所说的"学而不思则罔"，庄子所说的"得鱼而忘筌，得意而忘言"，古训所说的"尽信书不如无书"，读书三境界（即眼读、心读、神读），等等，不是都含着前述西方理论的真谛吗？

综合东西方关于"阅读活动"的共同论述和教诲，我们可以说，读书要主动去"成为读者"，这才是真正的阅读，才能真正"接受"，取得读书之效。

然而，阅读活动并非到"成为读者"就结束了，"工作"也并未停止。还要由接受而产生效应并且实现从"含义"到"意义"，再加以自己独特的前理解状态进行发酵、提高、发展，创获新的东西，这样才能产生创造性的效应。

回顾我写《创作心理学》的过程，前半部分的工作，全在接受几十本和更多篇有关心理学、创造学、艺术学、文化学、社会学、思维科学、脑科学以及文艺理论论著的各种"含义"，走进它们的"世界和视界"，去"取宝采矿"和探险，"成为读者"；后半部分做"读者工作"，解读、诠释、生发、创获，形成自己所期望的效应。我至今珍爱那些读书笔记，其中记下了我在与书本"视界融合"之后所产生的不少感想、意见、观点、想法、理论生长点，等等。这是成为"读者"的一种难忘的体验。

朱熹在《四书章句集注》中说："程子曰：'今人不会读书。如读《论语》，未读时是此等人，读了后又只是此等人，便是不曾读。'"这就是未曾成为"读者"，可为读书者戒。

成为"读者"是一种真正的读书之乐，而且可以获得超过读书之乐以上的欢乐。

冲破阅读的樊笼

—— "阅读"三议之三

在一、二两议中，作的是"进入阅读"的文章，而在这第三议里，要说的是冲破阅读的樊笼。这不是翻案，而是做完了正题做反题。

所谓"阅读的樊笼"从何而来呢？它为什么会产生呢？

说起"樊笼"的比喻，我是从庄子的话中受到启示而提出来的。庄子说："得鱼而忘筌"，"得意而忘言"。意思是说，领会、接受了对方说话的意思，便忘记了（抛弃了）原来具体的话语，就像渔夫捕到了鱼，就不必去顾网鱼的竹笼子一样。陶渊明用诗的语言说"此中有真意，欲辨已忘言"，也含有这样的意思。这就是说，"语言是存在的家园"，著作者是靠语言才把他的意思、事实、情感、意志、理想、诠释等统统装载进去了，好像把"事物"（即著作具有的内涵）安置在他创设的一个"家园"之中了。这是一方面，但是，另一方面，语言这个外壳，又只是一种"外在的""表现性"的东西，我们在打破这个外壳走进著作者所创设的家园之后，就该去领会、解读、诠释以至接受家园里的一切风光，而把那装裹它的外壳（即语言）也就是"樊笼"抛弃掉；否则，你的阅读，就是只记住词句，只了解表面意义，而不能得其神韵了，也就是听不到弦外之音，看不到象外之景，得不到题外之旨了。《红楼梦》的作者说"满纸荒唐言""谁解其中味?"，就表现了他的担心，也提出了他的期望，希望后世的读者不要只看见他满纸的荒唐之言，而不能解读、不能诠释、不能接受这荒唐之言背后的味。——什么味呢？滋味、意味、韵味等。这也就是告诉人们，要走出阅读的樊笼，勿太受语言外壳的限制。

说到这里，我想起现代语言学关于语言性质的分析与界定。比如，语言的原生义、派生义与多义性，语言的生成性、语言的象征性，语言在不同语境中的意义变换，语言在不同结构中的意义生发，如此等等，都表现了语言的外壳中所蕴含的种种非表面意义而具有的内在的、潜存的、隐蔽的含义，以及因其他条件不同所导致和产生的新的含义。所以，你如果不冲破这既是"家园"又是"樊笼"的语言，你的阅读就难说是真的阅读，而是读不懂，或只懂其"言"，只得其"筌"，而未得其"意"，只看懂了表面话语而未"解其中味"。

著作的这种"樊笼"性质，还与著作者往往不直接说出内在的意思，而使之具有许多隐在的内涵、弦外的意蕴有关。非浅白、富韵味、经咀嚼、难体认，这又正是一部具层次、有深度的著作的品性。而且，一部著作，是作者创获的一个"新的世界"，是"第二自然"，其中又会有在创造过程中、在结构形成后所产生的种种新意，有的甚至不是作者原先所意识到的，更有作者自己也不曾认识到的。这里就更有多重的"樊笼"性，妨碍了读者的领会，要求冲破它，才能得其意、解其味。

樊笼，还来自读书者自身。贝尔纳说："学习中最大的障碍不是未知的东西，而是已知的东西。"这已知的东西来自两个方面：一是历史上的接受所形成的框框，即以前对一部著作的一切解读与诠释，形成了一种理解框架、接受定式，这就是一种樊笼，一方面它们启发了你的理解，另一方面它们又限定了你的理解，成为新的理解的樊笼；二是共时性的水平接受，即当时的公众理解模式，也规定了你的理解意向、接受意识，又形成一重樊笼。这是就"外在樊笼"而言的。内在樊笼，即来自读书人自身的内在原因。每个人读任何一本书之前，都有一种自身文化素养、知识结构、情趣规定所形成的理解基础和接受状态，也就是海德格尔所说的"三前"："前有"（预先有的文化习惯）、"前识"（预先有的概念系统）和"前设"（预先有的假设）。这当然都是一种阅读资本，拥有什么样的"三前"就能读懂什么样的著作；但它同时何尝不是一种障碍、一种樊笼呢？它束缚、限制、规定了你的阅读性质、范围、理解程度和接受效应。这个樊笼，也是需要突破的，只有这样才能不断前进。也就是说，不要死抠词句，不要止于理解它的表面意义，也不能死记硬背词语，而要掌握它的精神实质。此外，还要进一步了解作者的生平思想，以及作品产生的历史、社会、文化环境，掌握作者的叙述范式、艺术风格、文化风格，这是"解其味"的基础。我们也许可以说，这就是"读书之功在书外"，即了解"书外"之种种。这就是冲破樊笼。前述的阅读工作做好了，做透了，"三前"状况即已改变，再读作品、著作时所得就会多，因为已冲破自己的樊笼了。我们读书，成为真正的读者，就是这么前进的。

我常常处于一种阅读的苦闷之中，也就是一种被囚于自己的"三前"樊笼中的苦闷。有些书，读起来似懂非懂；有些书，读了别人的诠释，仍然不能一下子弄懂为什么可以这样诠释，其"味"何以如此，或者是知其然不知其所以然。如果偶然有知其然亦知其所以然，或者更由自己直接解读而得其真意，解了其中之味，那么我便感受到一种冲破樊笼的愉悦，也得到一种高层次的读书之乐了。

来自东瀛的珍贵"书"礼

近日收到日本鲁迅研究家丸尾常喜教授的新著中译本《"人"与"鬼"的纠葛——鲁迅小说论析》（秦弓译，1995，人民文学出版社版）。丸尾先生是日本东京大学东洋文化研究所所长，我在1993年访日时与他相识。记得那是一个显得炎热的初秋的下午，我们在东京大学晤面。他的前任、东大著名教授、日本老一代鲁迅学家丸上升先生也在座，我们进行了热烈友好的学术交谈。会后，还蒙丸上升先生在教授餐厅以素淡而丰盛的西餐招待。此景此情，记忆犹新。1993年，丸尾先生曾寄赠他的日文原著《鲁迅："人""鬼"の葛藤》，使我非常高兴。可惜因文种之隔，我只能望书兴叹。现在收到了中译本，是多么高兴。这是来自东瀛友好之邦最珍贵的礼物了。

1994年，还收到过东京女子大学教授、日本鲁迅学家伊藤虎丸先生寄赠的新著《鲁迅创造社与日本文学》（北京大学出版社），同样是来自友好异邦的珍贵礼物。伊藤先生也是我1993年访日时相识的，难忘在东京女大那优雅清静校园里的会见。

这两部著作使我联想很多。在日本，鲁迅研究之广之深之细，是在国际鲁研界、学术界首屈一指的，在不少方面可以说是中国所不及的；至于其研究著作出版之多、版本装帧之美观精致，则更是中国所不及的。仅我在访日时得到和以后收到的赠书就不下20种。这不免使身处"出书难"、学术著作出版更难的中国的我们感慨万端。回想我主编的《鲁迅：在中日文化交流的坐标上》一书，还是得到日本国际交流基金的巨额资助才得以出版的，这也同样令人慨叹。

但我以为最为珍贵的是日本学者们研究鲁迅的特殊视角，以及由此而来的对于鲁迅的思想、著作和艺术的新的开掘、新的解读和新的诠释。这表现了同在东亚文化圈（汉字文化圈）中而又有自身独特文化构成的日本民族对鲁迅的特殊的接受，这也一般地反映了"日本文化"对于"中华文化的民族文化文本（鲁迅著作）"的独特接受。这种诠释和接受，既丰富了鲁迅形象，为鲁迅研究增添了内涵，而且体现了对中国文化的一般性深入探究，同时又启发我们更深入、更寻求新的视角去诠释鲁迅。这种民族文化交流是很有价值的。它不是仅限于学术界、文化界，而是通过出版界、学人活动、学术普及化，会泛化和深入及于大众文化层，从而加强彼此间的了解。这可以说正是学术研究的"世俗意义"。

丸尾先生提出的"鲁迅：'人'与'鬼'的纠葛"这一命题，就是既宽泛又深刻的。粗分之有两重意义：一是鲁迅的精神世界即创作世界中，有一个"人"与"鬼神"的纠葛情结。"活无常""女吊""目连戏""死"等，都写到了、描述了鬼的世界，鲁迅小说中的人物也有不少涉及这个鬼的世界。它是阴森恐怖的，但鬼中又有可亲可爱可怜可悯的鬼魂。在这个鬼魂世界中，实际上反映了人世间的种种生活与形象、欢乐与苦涩、不平和公正。另一种"人"与"鬼"的纠葛，则是更广义的，这就是"生活"于活着的人们心中的亡灵、沉淀在人们精神世界中的传统文化的病根。鲁迅笔下的各种人物，心灵中都有这种"鬼"在作祟。比如阿Q的身上，就有国民性中的前后"亡灵"的纠缠和世俗文化中"鬼"——孤魂野鬼——的作祟。而鲁迅也就是通过这种描绘和刻画，揭示了中国国民性中的亡灵、鬼魂的纠缠，以及"打鬼""逐鬼""去邪"的强烈愿望和实现之道。这正是鲁迅的深刻之处。今天人们的身上，不是还有着这种"人"和"鬼"的纠葛吗？在生活中，不是连世俗的鬼魂世界都又活跃着修坟盖庙求神拜佛迷信愚妄等活动吗？而在我们的魂灵中，不也仍然存在传统的"人"与"鬼"的纠葛吗？

丸尾常喜先生揭示了鲁迅作品和人物中的这重纠葛，就是对鲁迅的一种新诠释，它对于我们很有启发意义。感谢他赠给我这珍贵的物质的和精神的礼物。

这里，我还要补述一下伊藤虎丸先生的论文集《鲁迅创造社与日本文学》。这本书同样有一连串新的解读与诠释，它更侧重于整体文化现象、文学思潮的剖析。比如，他在解释鲁迅与尼采上，提出日本接受的尼采不完全同于尼采自身，而鲁迅接受的"日本对尼采的接受"，其"尼采"又更不同于"日本描述与揭示的尼采"，他是"鲁迅尼采"。这一论点是深入实际之后得出的学术结晶，不仅于鲁迅研究，而且于一般文化的跨国界、跨文化沟通之研究，也是富有意义的。

关于崇高

崇高自在地存在于自然界和人类社会，而人类又从中发现了它，并在意识、观念、思想中反映了它，在各类艺术作品中表现了它。人类在长期的历史发展中，不断地从客观到主观，又从主观到客观，接触、接受、吸取、习得、理解、掌握、表现、提高自己心中这一美好的感情、理性、观念。

自然界中，自然地存在崇高。矗立的高山峻岭、浩瀚的大海、奔腾的江河、广袤的森林原野，都以其巨大、广阔、高耸、巍峨而显其崇高，引起人们的崇高感。康德把"粗野的自然"如汪洋大海、崇山峻岭称为"数学上的崇高"。这是最自然状态、最原始的"自在崇高"。自然现象也是一种崇高，康德称为"力学的崇高"。对此，康德有很有意味的描述，其实也是一种论证：

　　粗犷的、威胁着人的陡峭悬崖，密布苍穹、挟带闪电的乌云，带来巨大毁灭力量的火山，席卷一切、摧毁一切的狂飙，涛呼潮啸、汹涌澎湃的无边无际的汪洋，以及长江大河投下来的巨瀑，还有其他诸如此类的东西，它们那巨大的威力使得我们抗拒的力量相形见绌、微不足道。但是，只要我们处于安全之境，那么，它们的面目愈是狰狞可怕，就对我们愈是具有吸引力。我们欣然把它们称为崇高，远远地超出了庸俗的平凡，并在我们的心里面发现了另外一种完全不同的抵抗力量，它使我们有勇气和自然这种看来好像是全能的力量进行较量。（康德《判断力批判》）

在这里，康德不仅描述了自然现象的一种崇高的客观表现和人类在这种自然现象面前所产生的"由客观到主观"的崇高感受，而且描述和论证了在怎样的条件下，人类的主观世界如何在客观现象面前产生"由主观到客观"的崇高感应——一种审美效应，一种来自自然现象和自我感应的内在的、内心的崇高精神，一种内心力量。

这是来自自然的崇高感。它在远古时代，在原始人类的生活和观念中就产生了，以后，由自在到自为，由"自然"到自觉，由模糊到明确，由客观受体到主观运用，作为人类的集体无意识，作为一种文化潜意识，一代代积淀下来，成为人类可贵的一种审美意识和社会、道德、生存意识。这种人类的自然史、心态史、文化史，是不能、不应该也不可能否认和否定的。

我们每一个人的心中，都继承着这种人类、民族的集体无意识和远古的文化积淀，但我们心里还有别的记忆和文化传承。我曾经在庐山含鄱口领略烟雾缭绕中庐山的巍峨和鄱阳湖的浩渺；在泰山体验"一览众山小"的"高踞泰山"的英雄气概；还曾在镜泊湖看"高山出平湖"而感叹自然伟力的雄奇；在太行山脚下仰望造山运动的伟绩；更在八千米高空，透过万里晴空，俯瞰加拿大万山起伏、森林覆盖、目不及四周边际的无垠空间、无限宇宙。面对这些，人类特别是个体的渺小感油然而生，但胸襟开阔、视野悠远、心境豁达之感也冉冉升起，而客观的、自然的禀赋和主观的、自身的崇高感，来自自然的力量感受和来自内心的力量萌发同时产生。我想，这就是康德所说的，崇高是反省判断。"崇高的快乐"，"它先经历着生命力受到暂时的阻遏的感觉，然后立刻继之以生命力更为强烈的迸发。"（康德《判断力批判》）因此崇高的快感，崇高的审美效应，不是"游戏的感情"，不是魅力的吸引，而是惊叹、崇敬，它"涉及理性的观念"。康德在这里论述了"崇高感"的主观性。虽然他表现了主观唯心主义的美学思想，但是，他的论证中所揭示的美的主观因素及其作用，还是正确的、有益的，具有启迪意义。他论证了人产生崇高感的心路历程，以及在整个历程中人的主观作用。

这样，自然的崇高美、崇高存在，就从"自然"进入社会范畴、人的意识领域。崇高的社会性，因之向人类走来。

我依然清晰记得，在 1958 年读车尔尼雪夫斯基《美是生活》时的强烈感受和心灵震动。生活里存在美，生活应该美，人应该为个人的和群体、社会的美而奋斗。同时，也感受到他对"崇高"的赞扬。他从自己的"美是生活""生活美高于艺术美"的立场出发，阐述了与康德不同的"崇高观"。他不是如康德所论，认为崇高只能在人的心灵中找到，而是肯定"美与崇高其实就存在于自然与人生中"，"任何东西，如果是比我们拿来跟它比较的事物更伟大的，那就是崇高的"。但同时，他又指出，这种崇高的感受"也要配合人的主观看法"，甚至说，要把美与伟大的东西，把崇高"对人本身以及对其理解的关系提到第一位"。这就既肯定了客观生活中的崇高的存在，又强调了人的主观看法——感受——第一位的作用。人类正是在发现客观-自然的崇高，以及自身对崇高的感受和看法的长期历史过程中，培育了崇高感、对崇高的认识和敬重，从而使自身崇高起来。

人类的这种崇高感、崇高精神，在历史发展、社会进步中又得到进一步的发展。在社会生活中，在人类与自然的斗争中，在人类社会善与恶的斗争中，在人类进步的历史上文明与野蛮的斗争中，产生了许许多多英雄豪杰、志士仁人，他们的崇高行为、崇高精神、崇高形象光照史册，辉映着人类历史篇章，丰富了人类的情感世界和理性世界，鼓舞人类"踏着铁蒺藜前进"。崇高，是照亮人类历史和心灵的火炬。狄德罗在论及"天才"时，说到了崇高。他说："如果它（天才）感到最高度的英雄激情，例如感到自己具有一颗伟大心灵的藐视一切危险的信心，例如发展到忘我境地的爱国心，它就产生崇高。"（狄德罗《天才》）文学艺术自古以来对于这种自然和人类自身的崇高形象给予了充分的和激情的表现。从原始歌舞到希腊悲剧，从中国的关汉卿到英国的莎士比亚，从远古岩画到文艺复兴时期达·芬奇、米开朗琪罗的杰作，从中国的伟大诗人屈原到法国现代作家罗曼·罗兰，等等，人类杰出的文学艺术家和他们的作品都歌颂了崇高，创造了崇高形象。文学艺术因此也使自己成就崇高、成为崇高。歌颂崇高和成为崇高的文学艺术作品，不仅给人类以审美的愉悦，而且净化人类灵魂，塑造人类灵魂，从而推动历史前进。当然，文学艺术并不是仅仅歌颂崇高，具有崇高的品性，它还有优美、讽刺等其他许多审美品质，它们同样为人类所喜爱。

诚然，历史上曾经出现过伪崇高，我们曾经被欺骗过。那些伪君子、假革命，不仅伪装崇高、伪造崇高，以此欺骗了世人，而且他们给真正的崇高抹黑，打倒它们，还"踏上一只脚"。他们混淆黑白、颠倒是非，以非崇高为崇高，以卑劣无耻为崇高。但是，所有这些都不是崇高之罪，那只是反崇高者给崇高抹上的黑影和污秽。我们不能因为反对伪崇高，而抛弃崇高；也不能因为不相信伪崇高，而至不相信真正的崇高，甚至否认崇高的存在。文学艺术作品当然不会仅仅以其表现了崇高（甚至是廉价的崇高）而成为佳作，但也绝不会因为嘲笑、讥讽、亵渎崇高而成为优秀。有些作家、艺术家可以不表现崇高，这是他们的自由和权利；但是他们绝不可以去嘲笑、讥讽表现崇高者，他们同样没有这个自由和权利。而且，就一个民族、一个国家以至整个人类来说，其文学艺术不可以不表现崇高、没有崇高。人类不能没有崇高。

在迅速世俗化、商品化的社会现实中，固然出现了一些非崇高、反崇高和卑鄙龌龊的现象；但是，仍然不乏崇高，仍然有许多崇高的人和事出现，从全国范围来看几乎每天都有。

崇高永在。

现代寓言：现实的世界与艺术的世界

—— 读韶华《新聊斋夜话——寓言、故事、笑话、幽默小品集粹》

韶华同志近年来不仅长、中、短篇小说联袂而出，而且寓言创作也同时丰收。这不仅关系个人的创作思维与创作心理，而且具有它的时代条件和文化语境的深厚背景。关于后者，我在阅读过程中，首先想到的便是这种大背景的作用和韶华对于它的回应：这是一位有社会责任感和艺术敏感的作家对于社会、时代的要求所做出的回答。因此，我首先从这方面的感想入手来谈我的接受效应。

一

寓言与神话具有思维和艺术上的血缘关系。虽然现代寓言已经没有了原始神话的那种"迷信"因素，但它们在思维方式、思维元素和思维品质上是相通的。马克思曾经论证了神话产生的原始时代的人类生活背景和文化环境，因此也合理地指出在新的历史条件下，神话必然消失，"作为希腊人的幻想，因而也是作为希腊（艺术）基础的这个对于自然界和社会关系的看法，在自动纺织机、铁路、火车头和电报的存在之下有可能吗？"（马克思《〈政治经济学批判〉导言》）然而，马克思却仍然肯定了神话的永恒魅力。这就是原始人的天然纯真、与自然一体、与万物同俦、天马行空的幻想和视接万里的想象，而这一切都构成了艺术的强有力的因素和魅力的源泉。它把人类的童年时代的美丽和天真保存下来了。因此，在思维科学和文化人类学范畴内，都把原始思维（神话思维、野性思维）视为人类独有和独立存在的一种思维形态、思维方式，而与后起的逻辑思维平行发展。我们可以说，在艺术（形象思维）之中，始终"遗留"着神话思维的"基因"。也许，这就是人称作家艺术家葆有"赤子之心"的原因。

然而，神话思维并不只是如此作为远古遗痕、"遗传因子"、思维习惯、民族记忆、集体无意识而存在于现代人类的思维之中；而且，现代生活条件下，现代派艺术、文化、美学之中，又更生成了"现代神话"，具有了"神话再现"的新潮。远在19世纪初，"浪漫主义者重新发现这个被遗弃的天地"（指神话）（恩斯特·卡西尔《神话思维》）。到20世纪，无论是现实主义还是现代主义的小说作品中，都出现了神话因素，尤其像普鲁斯特、托马斯·曼、卡夫卡以至加西亚·马尔克斯这些大家笔下更是如此，以至造成了20世纪"再神话化"之风的崛起。此风之起，可以追溯的因素有很多。我们为了本文的论述旨意仅指出两点：（一）现实生活的荒诞和它的"现代性"过于背弃传统，引起人们（作家、艺术家）对神话"荒诞不经"的再欣赏和对于纯真远古神话传说的追忆；（二）对于神话的那些艺术表现手法和审美因素的再运用。

　　寓言作为与神话具有思维和艺术上的"血缘"关系的一种语言艺术形态，借这种"再神话化"的东风，也自然会掀起一种创作之潮。其根由，我认为与前述两条原因有关。不过，一般地说，它作为中篇、短篇小说中寓言因素的情况更多一些，而作为以独立成篇的寓言形式出现的情况则较少一些。此中原因很多，这里且不细究。

　　正是在这种情况下，韶华同志从20世纪60年代就开始了他的寓言创作，虽因此而遭厄遇挫，却乐此不疲，在新时期仍创作不衰，且越写越来劲，取得了可喜的成就。这不是没有原因的。

　　从创作思潮来讲，韶华正是"乘现代神话再造之风"而展翅。叶·莫·梅列金斯基在他的名著《神话的诗学》中，在讨论西方文学和文化领域的"再神话化"时，指出了"20世纪的神话主义与当代社会情势的关系"，也指出了神话思维所具有的"一定的逻辑的特殊性和心理的特殊性"的作用，以及作为一种古老的形态，是一种象征"语言"，"借助于这种语言，人们对世界、社会以及其自身加以模拟、分类和阐释"。这揭示了"神话再造"之风的思维与艺术的内涵和韵致。韶华乘此风而创作与神话血肉相通、精神相连的寓言，是如何与此风相连，我未见到他明确的阐述，但他的一些创作谈，却透露出了他的创作心理、艺术思维同这种新世纪艺术新风的关联。他明确地说："回想起来，我以前写的短篇小说，大多有寓言的味道（有评论家说我的短篇小说，是寓言式的）。"（《新聊斋夜话——寓言、故事、笑话、幽默小品集粹·

自序》，以下简称《新聊斋夜话》和《自序》）又说："我把寓言和故事合起来了——寓言中有故事，故事中有寓言。"（《自序》）这说得很明白：是自觉地运用寓言因素与寓言手法的，也就是运用寓言——"神话化"——的思维形态、逻辑规范和艺术手法。这与现代神话的"再造"和"再神话化"的艺术新血脉是相通的。他还说：

> 写寓言，需要极大的夸张、荒诞、变形、想象力、浪漫主义色彩。有时夸张到不合理（但合哲理）的程度，还需要幽默感、哲理性、趣味性，发人深思，令人品味；琢磨出一种人生的、社会的道理来。
>
> ——《新聊斋夜话·自序》

这段自白表明了他是具有明确意识来运用神话——寓言——的艺术思维与艺术手法的。其特征就是神幻性、想象性、象征性、情绪性、强烈性，升华、结晶等。而韶华之偏爱寓言，正是对这种艺术思维与手法喜爱的表现。

这些情况所表明的深层意味和文化底蕴是：韶华之创作寓言，并非"一时兴起"，并非偶一为之，也不是一般的游戏之作，而是一位作家在创作心理上的发展、在艺术思维上的升华，也是在思想—艺术上与中国的—世界的艺术思潮沟通的表现。而且，从中也就体现了这种"幽默""荒谬""笑话""故事"的严肃性、现实性与艺术性。总之，蕴含了它们的思想的、艺术的与社会的价值与意义。

二

韶华不无自豪感地讲："我是一个有责任感的作家，写作总有所寄托，从来不去'玩文学'。"（《自序》）这种明白的申说，是严肃的，甚至是感人的，——至少我很赞许这一自白并欲表示我的敬意。这种责任感和寄托，对于今天的作家来说显得特别珍贵。作家是个体劳动者，艺术的创造绝对需要个人的独创性。但作家的创作活动却绝不仅仅是一种个人行为。他的人和作品都是社会的产物。无论他如何"躲避""告别""独存""自我表现"，都仍然是一种社会存在的表现，其作品只要拿去发表，就是一种社会事物、社会活动，就会有社会效应。作家有责任感和寄托，就是自觉地以自己的作品来完成一种社会工作，也就是获得意义和价值。

在韶华的寓言作品中，凝聚了当代社会生活及其变迁、"当代社会情势关系"，特别是当代社会心态，发出时代的声音，伴随历史的脚步，弹奏出20世纪80至90年代中国人情感和理性世界的心曲。不过，这一切都以"神话的再造"——"寓言化"——的形态出现。《新聊斋夜话》第一卷"新聊斋夜话"，是连续性寓言故事，它以双重叙事构造成型，也是双重叙事式讲故事。在第一叙述层面上，是现实生活中的几个人：于太智与于太愚一对孪生兄弟，邻居总工程师郑天以（人称"天川总"）和他的儿子胜三，他们互相之间讲故事；第二叙述层面则是他们讲的故事，其中活动着种种"人物"（有古人和今人、家猪和野猪、悟空和八戒等）。前者是生活的底蕴和生活的动因，后者是生活的回声和生活的结晶。读者在第一层面上"阅读"到今天的现实生活，而在第二层面上则"阅读"到非现实的生活，但看到"现实"的楔入"非现实"，看到"动物"所体现的"人物"、"古人"所体现的"今人"、"故事"所反映的"生活"。而在"阅读"第二层面的故事之后，又必然在思索中和感应中回到现实，从"动物界"回到"人世间"，从"古代"返回"现代"。因此，韶华的寓言，从动力到源泉，从寄托到归宿，都是现实的、生活的、社会的。他的现实生活艺术化（寓言化）而成为艺术世界了，而他的艺术世界里也反映着现实世界。

第二卷至第八卷（分别命名为"共生篇""哲理篇""幽默篇""人生篇""生命篇""精神篇""巧言篇"）的单篇寓言，以单一叙述层面来讲述故事，但每篇都有一个隐在的、潜存的"第一叙述层面"在，它就是生活层面的动力源和材料源。这里也都仍然是生活在发出它的声音。他在《寓言写作的现身说法》中同样直白地声明："我是1962年开始写寓言的，当时在生活中有许多感受，形成了对生活的一些看法。我的作品不仅不'淡化'主题，（而且）从来是'强化'主题的。我赞成'文以载道'。对生活、对社会如果没有话说，干吗要去无病呻吟呢？这些对生活、对社会要说的话，就是我作品的主题思想。"那些今人、古人、动物的故事，以及故事中人物所说的话，就是作者对生活的观察、体验之后所要说的话。而他的寓言，也就是与社会、与生活的一种对话。他评判生活或批判、揭示某些社会不良现象与落后心态。他来自生活，又走向生活。

取自生活和影响生活。

这是生活的艺术。

三

艺术来自生活并不一定就具有生命力。"生活→艺术"并不是像图式或数学公式一样地从一端走向另一端，形成结果，而是"生活$\xrightarrow{酶化}$"艺术"。这"酶"就是作家的思想和情感以及特有的心理（即"创作心理"），亦即具有直觉、灵感、想象、幻觉、变形、创造等。因此，1800年最先提出创作新神话的纲领的弗·施莱格尔提出："神话凭借象征描述为幻想和爱所笼罩的周围世界；它主要不是从感知的世界出发，而是从心灵深处出发。"（转引自《神话的诗学》，第321页）恩斯特·卡西尔在他的《神话思维》中则把"神话意识"定性为"精神结构的一种独立模式"，这"模式"不同于科学的认知模式，他指出："使神话有别于经验-科学知识的，并非这些范畴的性质，而是它们的样式。"他还引证谢林的观点指出："生活不仅仅是主观的，也不单是客观的，而正是处于两者之间的界线上；生活是主客观之间的中立区。"（以上见《神话思维》，第4、7、67页）这里，指出了神话意识这种人类的特殊精神结构模式，是立于经验-科学知识的模式之外的，而"生活"则是立于"主观"与"客观"之间的，即"客观$\xrightarrow{生活}$（生活）主观"，"生活"成为主观的加工（酶化）对象。韶华寓言创作的成功，正在于这一使"生活"处于主观与客观之间的"酶化"工作的成功。他说："我写作一般过程是：先体验、观察、思索生活，有了对生活的体验、观察、思索，形成了对生活的看法，然后去编织故事、塑造形象。简单说来是：生活——思想——形象。"（《寓言写作的现身说法》）这就是"[客观]生活→主观[思想]"，使"生活"处于主观与客观之间的中立区。

我们不妨从他的"关于作品的自述"中来逆推这种创作过程及其性质。譬如，"有感于有些人爱听奉承话，喜欢溜、捧、吹、拍，结果是自己吃亏上当，我写了《蛇吃青蛙》《狐狸攀亲》《狼拜山猫》；有感于有些人不喜欢听不同意见，我写了《猫头鹰、喜鹊、乌鸦》；有感于有些人做官当老爷，我写了《干涸的河流》；有感于有些人忽视客观规律，我写了《黄猫孵卵》（卵石）"。这里，"有感于"的，都是来自生活的，是他对生活的观察、体验、思索和评断，然后，经过"艺术地酶化"，运用直觉、想象、灵感，编织故事、塑造形象，而赋予蛇、青蛙、山猫、狐狸、狼、猫头鹰、喜鹊、乌鸦以及河流和卵石等以"人性"和"生命"，它们成为一种载体、一种寄托的依附之物。这是把生活变形了：生活的事实变成了一种幻想的故事，人变成了动物，人的社会关系及其形式被简化为一种"单一"的、纯化的、象征的"事件"，但蕴含着一种哲理，它是人生体验的结晶。这里所说的"哲理"和"结晶"虽然在作家的创作自述和评论者的揭示中，成为了一种理论、逻辑思维的结论，但它们在作品中是蕴含于故事的叙述之中的，特别是生存于一种艺术构造之中的，因此是引人兴趣、启人思绪的，是具有艺术魅力的。这个魅力的秘密所在，就是恩·卡西尔所说的"整个物质世界掩蔽在神话思维和神话幻想之中"，"在神话与历史之间找不出明确的逻辑分界，所有历史的思考，都渗透并且必须渗透神话因素"（《神话思维》序言及正文第7页）。这就是前面说到的神话、寓言共同具有的幻想性、象征性、情绪性、强烈性、夸张性与幽默、情趣等艺术因素，它们使历史、逻辑、理论具有了吸引人的魅力和可接受性。

四

韶华创作寓言起自20世纪60年代初期，而"文化大革命"以后达到盛产期，正如他自己所说，因为这以后"我的感受就更多了"。在这以后的新时期，他又有连续性寓言《新聊斋夜话》之作以及其他寓言作品问世。这反映了他的思维和艺术感受的触角，敏锐地去感受生活并给以回应。他以小说家之身，在仍然连续创作出版多部长、中、短篇小说集以外，感到一种创作的冲动，来不及将体验和感受熔铸在长篇故事的构造和人物典型之中，便灵便地、及时地运用寓言这一形式。因此，除了大多数于1978—1979年新时期的作品之外，又有了大量的及时反映新时期的新寓言作品。前者，有讽刺"忽左忽右的风派人物的"《风筝和雄鹰》，有促使"满足于最低生活水平的"保守人们醒悟的《院中的老母鸡》，也有歌颂"敢于破除陈规旧律"精神的《烧鬼》，还有阐明"没有竞争就要退化"的《猪的变迁》，等等。我们从这些"主题单"中，就可以看出这些作品是如何从社会心态、时代气质、思维问题的切入口进入主题，"创造题材"（编织动物的故事等），以特殊逻辑和艺术形态反映了社会前进的足迹。至于《新聊斋夜话》中的连续故事，则是"系统地"反映了改革开放进程中各种社会热点、"舆论聚焦"性的问题。这同样形成了一幅幅反映社会变化、时代前进的"心态史"的漫画系列。从这里我们可以看到两个方面的成果：（一）文学作品对于社会生活从特殊角度和以特殊艺术形态的特殊反映；（二）作家在"反映"中所作出的反应——他的人生体验、社会观察和哲理思索。这样，我们就不仅"看见了"生活的面貌，而且窥见了它的底蕴，并且获得一种新的理解与感受。这原因在于，作品具有它的题外之旨、弦外之音、象外之意。故事情节构成之后，具有了自己"额外的含义"；形象描出之后，具有了"超象"内涵。在《终生苦恼的人》中，那个终生追逐"奖"直至逐一得到而又追求诺贝尔文学奖的永不满足的作家，使人想到的岂止是作家呢？不是一切人都可以之为镜吗？对那个不安于默默耕耘而得以变蚂蚱、变麻雀、变苍鹰最后变成猎枪而终至成为躺卧床下的废铁棍，想当蚯蚓也当不成了的"蚯蚓幻想家"（《蚯蚓猎枪》），我们所得的启发又岂止是"勿幻想"而已呢？"茶学会"查主席以三级龙井不如的茶叶冒充最佳茶叶而受到名人作家的交口称赞（《茶友们》），令人所思的面是很广的。而动物界的是是非非（《动物界的是是非非》）也不仅使人想起"人界"，而且产生关于"是非观"的深入的思索。

这就是作家在寓言中运用了属于神话思维中的原型意象和象征手法的收获。梅列金斯基指出，神话象征具有一种文学符号性。这种性质使得它的"意象"具有更大的涵盖空间和联想天地，这也就是接受美学中所说的"空白""空筐结构""未定点"，它能给予接受者以广阔的审美感受。

神话和寓言都具有民族记忆、集体无意识的性质。在这方面，韶华不仅"借用"了中国传统中的原型意象，而且显出他的巧思妙构的是"借取之又反其意而用之"。"杞人忧天"是尽人皆知的，而在《续杞人忧天》中我们看到，从第一代杞人到其第七十四代孙是如何一代又一代"有原因"地忧天的，这是"续用"；在《伯乐相骡》中我们看到了可笑的威逼伯乐"鉴定"其为"千里马"的"骡子"，这形象使我们忍俊不禁，不由得想起生活中的一些人，而在传统意象运用上这属于"变相"；在《千里马踢伯乐》中，伯乐连连遭踢，让人心有痛楚地联想起生活中的类同现象，这在意象的运用上则是对传统的"反用"。这种借取而又变形，既使人勾起民族记忆，又令人从"改变原意却装进了新的生活内容、新的思想和人生体验"而生意外和新鲜感，于是得到双重的审美愉悦。

韶华在其寓言作品中，还运用了其他文学传统形象（如阿Q、孔乙己等），并赋予了新意，而得出新的意象和新的审美特质。

这是韶华寓言的美学构成的一些特质。这是韶华寓言创作的成功之处。

五

韶华在《自序》中有一段自述，发人深思：

> 现在写寓言就其写作中的心境和"竞技状态"而言，真有点"玩"的意思了。我以为"玩"出来的作品，比"挤"出来的作品，是要好一些的，况且……现在用电脑写作，"玩电脑"和"玩"文学结合起来，半年之内竟然"玩"出了一百来篇寓言、故事、笑话、幽默小品。快哉！

这就是一位作家关于创作生涯中的高峰体验（或称"顶峰经验"）的描述。人的行为，特别是创造行为，其最佳境界就是进入"游戏状态"，但这不是说把"工作"当作"儿戏"，而是说工作进入一种像参与游戏一样投入、欢快、自然、熟练、顺当、忘乎所以，排除了一切杂念和恐惧、忧心与愁绪。这就是心理学上的"高峰体验"境界。韶华寓言的产生及成就，正是这种最佳创作状态的结果。这种创作状态的产生可不是无根由的。它是对生活的熟悉、了解，内心对生活的品味和体验，心理汁液对生活的酶化，以及直觉和灵感的飞扬。我在拙著《创作心理学》中曾论述"创作心态'十佳'"，其第十佳即"顶峰经验"。这种心理状态和境界，威廉·詹姆斯称为"神秘经验"，弗洛伊德则称为"大洋般的感受"。总之，正如我在书中所描述的，"从心理学角度来说，顶峰经验是人的心理全面处于最佳状态的时候，一切心理机制都在最佳状态中运行并发挥作用，一切心理障碍都不存在或被排除了、克服了。在这种状态下进行创作的作家，心情舒畅，思维清晰，文思泉涌，下笔如有神。自然，这时的创作效果是最好的。"韶华的自述，使我的论述得到了作家实践的印证，也愿这些论述能补充他的感受。

难怪韶华自称他在写作寓言时是"找到了自己"。这说的是在创作中，对象、题材同自我完全契合了，是内在的关系（不是外在的关系），是作家自身（包括其创作心理）在题材中自然地实现。这是最佳创作状态；但这种"自然状态"却不是自然形成的，而是作家观察生活、思考生活并获得自己独特的体验和感受之后形成的。我每与韶华交谈，他总是讲述许多故事——来自生活的故事，并且讲述他的感受，他的剖析，他对于人生、世情、社会的体验。这都是他的"前创作状态"。当他带着这种"状态"进入具体创作阶段，用自己独有的创作心理之"汁"去酶化素材时，他就进入那种属于"顶峰经验"的自然状态了；他就不仅"找到了自己"，而且实现了自己。但这个"自己"不是纯个体的，而是社会的、时代的、生活的以及艺术的"素材"融会而成的"社会的、集体的、时代的'个体'"。

我认为，韶华的创作体验和经验具有一般的意义，对于当代作家具有启发意义。

六

如果要我谈一点不足之处，我想说，有些寓言还嫌直白了一些，再留些"余地"（就是英加登说的"未定点"），读起来更有想象的天地，而艺术上的韵致也许会更佳。此外，语言叙述还可以再简练些。

"我们头上的星空"

1994年为东北大学博士生讲课，我自拟了一个题目《世纪之交：科技文化与社会发展之新发展、新格局》。为了备课，翻阅或查找一些资料，重温有关著作，发现中外古代哲人、诗人、艺术家常常喜爱注目一种"东西"，这就是"我们头上的星空"。李白与"明月"是不可分的，"床前明月光，疑是地上霜"的千古名句妇孺皆悉，此外还有许多与"月"有关的佳句，有位日本学者论李白诗，就以"明月与酒"为题概括之；杜甫在"乾坤万里眼"的总体观照下，也常常写到"月亮"，如"中天悬明月，令严夜寂寥""今夜鄜州月，闺中只独看"等；苏轼的名句"明月几时有，把酒问青天"，千古流传；李商隐咏嫦娥的诗句"碧海青天夜夜心"，令人遐想联翩。在西方，哲学家言及"星空"的也不少。不过，与中国诗人的"神思飞扬""情系长天"的文人情怀不同，他们惯于作哲理的玄思妙想，更具哲学精神。古希腊哲学家泰勒斯喜欢仰望星空是出了名的，并且因为注目星空失足跌进土坑而被人嘲笑，成为有名的"哲学故事"。德国哲学家康德更有关于星空的哲学名言：

> 有两种东西，我们愈时常、愈反复加以思索，它们就会给人心灌注时时在翻新、有加无已的赞叹和敬畏，头上的星空和内心的道德法则。

贝多芬52岁时在自己的手册中写道："我们心中的道德律，我们头顶上的星空。康德！！！"这表现了他对哲人的"玄言妙语"的喜爱和深思。贝多芬的交响曲蕴含哲理的深沉和伦理的清音，正与康德的启迪有关。他的确喜欢仰天望长空，观星览月。荷兰哲学家斯宾诺莎拒收丰厚的遗产和馈赠，终身靠磨眼镜片为生。而德国革命诗人海涅说，我们这些后人都是用斯宾诺莎的"镜片来观察世界的"。这也同用哲人之眼来望星空有关。

我认为，"我们头上的星空"和"望星空"，都具有象征的意蕴，是一种哲人的严谨的悬想对象和深思行为，也是诗人的一种浪漫的追思目标和想象行为，都是一种暂时离开现实、超越现实，做形而上思考和追索的"有意味的宇宙与生命之思"。他们因此而能为人们留下哲理论著、诗词佳构、音乐名篇。

购得1993年印行的黑格尔的第11版中译本《小逻辑》，心甚喜悦。列宁的重要哲学著作《黑格尔〈逻辑学〉一书摘要》就是以《大逻辑》为主，参读这本哲学名著写出来的。特别有趣的是，列宁评价这本书是"最唯心论的著作"，但却又"是最少的唯心论，最多的唯物论"。列宁说这是"矛盾着，然而是事实！"还记得王元化先生说过，他在处境艰难的年代，曾经一再读这部《小逻辑》。我此番重读，注意到书的三篇序言之后是黑格尔任柏林大学哲学讲席时的"开讲辞"。开讲不久，他就说了一段话，也含有"望星空"之意：

> 世界精神太忙碌于现实，太驰骛于外界，而不遑回到内心，转回自身，以徜徉自怡于自己原有的家园中。

的确，如果太忙碌于现实，太执着于实在、实惠，太热衷于金钱、享乐与物欲，生活得太外在、太物化、太近视了，"不遑回到内心，转回自身"反省、反思、反观，做暂时脱离物质的、超越现实的、展望明天的、"旁视"他人的，甚至是"为他人做嫁衣裳"的思索，那就不免使人太世俗化而至庸俗化，以致腐化了。

我们头上的星空！我们心中的道德律！

仰望星空吧，反观自心吧，稍作一点哲人的深思和诗人的神思吧。

因此，我在我的讲稿的第一段写下了这样的题目："1. 讲一点哲学（引言）"，并引用了杜甫诗句为首句：

"乾坤万里眼，时序百年心。"

读书原非等闲事

生来爱读书，也读了几十年的书，但是，似乎到了近几年才渐渐悟得，还没有真正了解读书三昧。如果说有了一定的进步和收获，也只能说是窥见了它的门径，但还没有真的入门，更不要说深入堂奥了。

说起读书，似乎是个再简单不过的事情；拿过书来打开一读就是了，只要是读懂了，不就可以了吗？其实，问起究竟来，这个"懂"字并不简单，而且，在这个"懂"字前，还有一个对"阅读"的理解问题。可以说，不懂得什么是哲学意义上的"阅读"，就不会懂得什么叫读书，也就读不好、读不懂书。我明白这一点，是20世纪80年代接触到接受美学以后的事。再后来，读了沃尔夫冈·伊瑟尔的《阅读活动

——审美反应理论》和赫施的《解释的有效性》之后，才有了进一步的理解。在一段岁月中，先后读法国的罗兰·巴特、德国的海德格尔以及我国当代学者王元化、我国古人的论述，虽然并不都是直接论述阅读活动的，但却都涉及其义，融合汇一，逐渐窥见其中三昧，而且感到在总体精神上古今中外是一致的，只是现代理论形态更系统化、逻辑化、理论化，超越了感性体认的主观状态。

我至今难忘阅读《阅读活动——审美反应理论》一书时的激动心情。伊瑟尔以德国学者那种深邃细密逻辑严谨的风范，把阅读活动纳入人的认知、智能、审美、创造的总体活动框架中，以三编八章的篇幅深透地探讨了"阅读"，真是论述得透彻深入、广泛周全。当然，其主要论旨是接受美学的理论建设，但其中的主要命题和精神，均可作为一般原则而指导阅读。他把阅读活动定性为本文（书本）同主体（读者）的双向交互作用的过程，在这个过程中，读者要完成两步创造性的工作，这就是：（一）了解原作（本文）的内在"召唤性空框结构"，即由作者创生的原文的意义；（二）在此基础上挖掘、解释原作的潜在意义，并加以自己的"填充"、发挥、想象而二次创生意义。这就不是一般地解读书中原有的（包括潜在的）内涵，而是要主动地发挥创造性去创获新的超出原作含义的意义。这就不是死读书、读死书了。伊瑟尔吸取了茵伽登关于本文的"意义三层次"说，即语音层→意义单元层→再现事物的客体层。茵伽登称这迭次深入的读者的活动为"被动阅读"和"主动阅读"。这一引用，点明了"二度意义生成"的具体过程和内容。我们读书应如剥笋，剥开"语音层"进入"意义单元层"再进入"再现客体层"，如此发挥主动性、创造性，不仅获得所读之书的弦外之音、题外之旨、意外之义，而且输入了从原著引起又经自己加入的"二度创作"产生的意义。

这种阅读的升华过程，用赫施的论述来说，就是由"含义"到"意义"；原文具有一定的含义，读者受它启发，启动自己的内在知识积累，产生出意义。这是赫施在《解释的有效性》一书中立论的基点。

在思索这种"阅读现象学"的问题时，我不禁常常想起海德格尔的话：什么叫思想？就是"令"你自己去"思想"。"真正的'学习'"就是要"跟着这些大思想家一起去'思想'"。也就是说，一要自己动脑子，二要跟着人家的思想（名词）去思想（动词）。只有这样，才是真正的读书，读书也才有所获。这又涉及海氏所说的"三前"了。即"前有"（预先有的文化习惯）、"前识"（预先有的概念系统）和"前设"（预先有的假设）。这"三前"决定了你的阅读水平和成效，但也可以预计到每一次认真的阅读都会改善、充实、提高自己的"三前"，从而使阅读水涨船高，成为一种高层次读书。

在这方面，罗兰·巴特说得更绝，很表现了他的法国思想文化"怪才"的特点，他提出"成为读者"的命题，并且说"读者的诞生，就是作者的死亡"。他这倒也不是危言耸听，从他作为结构主义者的立场来说，本不在把"意义"赋予对象，而是要了解"意义"是如何产生的。所以他说，"读者不是消费者，而是本文的生产者。"他强调，我们阅读时要进行"工作"（这在巴特来说有很深广的内涵），使自己成为读者。——这一点常令我自省：我是只在读书、是个读书的人而已，还是一个真正的读者呢？

读王元化先生关于新儒学的开宗大师熊十力的回忆文章，其中说到体认熊先生所揭示的"分析与综合，踏实与凌空"四者兼顾"诚为读书要诠"，又说熊氏治学原则是"根柢无易其固，而裁断必出于己"，这使我觉得是从读书的本体论和方法论上给出了定论，其精神同上述德法现代学派之所论是一致的，而又在方法上、目标上给我们指明了门径。这就是，分析综合融会贯通，既踏实读通原文而不改其意，又能凌空飞扬如庄子所言"心如泉涌，意若飘风"，诸端裁断都出于自己的思想。

赫拉克利特说："不要过于匆忙地阅读……赫拉克利特的著作。这是一条崎岖难行的道路，没有阳光，四处昏暗。但是，如果你能找到正确的门径，这条路将把你引向阳光更光辉的境界。"我悟得了那三昧的存在，窥见了那个门径：但是，尚未达到那个境界，只是仍在探索的路上。

从经验世界向精神世界的升华

1994年，从多种渠道、以多种方式得到了一大批新出版的书：有从京沪杭苏等处出版社和书店邮购的，有得自各种会议的，还有友人赠送的，等等。不断地翻阅这批书的前言、后记、序跋、译者弁言，浏览大体内容、重要章节、感兴趣而即欲一读的段落，便感到一种由衷的喜悦。一种眼界打开、思路疏通、理性深化、情感飞升的畅快，使人感到从经验世界向精神世界的升华。

掩卷沉思，我将这一批古今中外的，涉及历史、哲学、美学、艺术、文学、社会学、文化学以及有关现代化、社会发展战略诸多学科和课题研究的书概括为三个方面，这就是：对过去的反思、对未来的展望和对今天的探索。不过，这三维世界的展开和深入，明里暗里、自觉不自觉地都是立足于对目前人类所面对的现实问题究其渊源之所在、症结之所在和答案之所在的。

从斯宾格勒撰著和出版于20世纪初的《西方的没落》，到20世纪70年代出版的丹尼尔·贝尔的《资本主义文化矛盾》，都对以工业革命和科技发达为特征的20世纪人类社会发展与文化性质进行了百年反思。我在1994年购得的《法兰克福学派史》和《后现代科学——科学魅力的再现》，一个以批判理论为宗旨并吸取了马克思主义理论营养的学派，对工业社会、科技统治下人的精神世界和社会的精神层面的戕害进行深刻批判；另一个则站在"后现代"的高度总结了科学技术负面效应的控制和魅力的重返，特别是自然、人类精神、生灵的魅力恢复，即具有自然赋予的生气、灵气以至神秘性。"建设性的后现代主义"，这是《后现代科学——科学魅力的再现》的主旨，也是医治现代和未来的人类在高科技面前所遭受重创的药方。在这两本书里，都能体察到在"历史—现代—未来"三维视野观照下对人类文化过去、现在的创伤和过错的反思与对未来的"纠偏"的思索。与此相联系和统属同一文化范畴的，还有马尔库塞的《单向度的人——发达工业社会意识形态研究》和本雅明的《发达资本主义时代的抒情诗人》。这两位作者同属法兰克福学派且为其中的佼佼者，他们对发达工业社会即资本主义社会作了深入独到的分析和批判，实际上也对20世纪人类文化进行了深入独到的研究，为人类社会、文化的发展探索道路。李凯尔特的《文化科学和自然科学》和C. P. 斯诺的《两种文化》，从人类文化整体的角度提出了科技文化与人文文化分裂的弊害和救治之道。迪尔凯姆的名著《社会学方法的准则》与弗洛姆的《健全的社会》，是老一辈和后一辈两代社会学家对人类社会的精湛研究之作，同样探索的是人类社会-文化的历史、现状与发展方向。舒尔曼的《科技文明与人类未来》则是从总体上观照，从历史上予以反思，抓住科技文明的特征和伟力，来探索人类未来的走向。奈斯比特的《亚洲大趋势》、托夫勒的《第四次浪潮》，把目光聚焦于亚洲以至中国，预测世界经济的走向是"太平洋世纪""从西方走向东方""亚洲模式""中国将成为东方巨龙"。还有两本专门讨论中国现代化问题的著作：一本是美国吉尔伯特·罗兹曼主编的《中国的现代化》，从前面所说的"三维视角"，全面、系统、综合地探讨了中国现代化问题，令我特别感兴趣的是，该书提出了中国传统文化并不是先天同现代化对立的观点；另一本是已故北大教授、研究现代化理论与实践颇有建树的罗荣渠先生的《现代化新论》，从世界到中国、从理论到实践的架构中透析了中国现代化的问题。还有几本有关科学理论的书，其中有被称为"有史以来最杰出的科学家之一"的史蒂芬·霍金的《时间简史——从大爆炸到黑洞》以及他的讲演录，是反映自然科学前沿的理论，是当代"人类新的认知图景"的组成部分之一，足可打开人们的视野和思维空间；而我国大科学家钱学森先生的《人体科学与现代科学技术纵横谈》则既有科学前沿问题探讨，又有关于中国科技-思维-社会发展问题的灼见，我特别喜读他的有关人体科学（包括气功与特异功能）和思维科学的论述。此外，还有民国学术论丛、现代西方文艺理论论丛等学术、文学、艺术理论的译著，在许多专业领域里启人思路与孕育心智。

在这种集中翻阅浏览的过程中，我阅读着，思考着，提问着，回答着，便逐渐酝酿出常在思索却隐约模糊而如今逐渐明晰起来的几个概念或"思之结点"，这便是：（一）人类在20世纪中，以科学技术为龙头实现工业化和建立现代文化，取得了伟大的成就；（二）带来了许多问题，谓之"三个'三'"，即社会生活中价值取向上的"三大倾斜"（在"物质／精神"中重物质、在"科技／人文"中重科技、在"个体／群体"中重个体）、"三大家园"（即自然、社会、人心三个家园）的破坏和"三大关系"（自然、社会、人类）的紧张；（三）21世纪面对的课题就是调整人类的文化方向；（四）世界更趋一体化，真正的世界史形成了，因此无论问题本身还是它的解决，都在于一种世界性、整体性、综合性的整合方案和道路；（五）人类对"现代性"的反思导致现代化道路与模式的重新构造，由此引起东西方文化的分别反思与比较，整合、创新思路的寻求与探索；（六）这些问题或课题，都与我国现代化事业深刻关联。

海德格尔把"学术的对象"和"思想的事情"分开，而更重视后者。他认为，"思"可以使被认为死去了的文化复活，那种"激情的思"产生于"人生在世"这一事实，并且"反思支配一切存在者的存在的意义"。在这里，读书—解析—思索，就不仅从经验世界走向精神世界，而且通过对"存在的意义"的"激情的思"，又再次返回现实，而且是更清醒、更深入、更贴近的"介入"了。

过去有人把读书比作任别人在自己的脑子里跑马。如果这用来比喻我在1994年那次"狂翻滥读"，那么可真要成为脑际混乱如一片被"群马"践踏的荒原了。不过，我由此倒想起另一个比喻，这就是接受美学中的"视界融合"。每本书都有作者各自的"视界"，我则有我自己的"视界"，两"界"相遇，从阅读主体来说，是合之者留、不合者则去，达到某种程度的融合，而我之"视界"却又由此而拓展、丰富、深化和升华。这就是思想学术文化之增益与长进了。近一个月的翻读，古今中外、"历史—现实—未来"，多维、多元、多时空、多"视界"的阐释、论述、探讨、批判、预测、推断，使我立足于所寄身的现实社会生活与文化语境，又从经验世界进入书本世界，并由此而升腾、升华与结晶出思维的"粒子"，去构造一个认知的、理性的、情感的、道德的与审美的"理性-情感"认知架构，从而体验到本雅明所说的对"外在世界"的"张望"，经过内化，营造了自己的一种"室内"（我则喜欢称之为"文化后院"），由此而使"外部世界"还原为"内部世界"，并建立一个

"内在世界"，它既从"公共场所"退回到"室内"，却又在更高、更深以至更贴近、更超脱的层次上和状态中返回到"外部世界"。在这种精神历程中，我不仅感到实在、有意义、丰富，而且体验到愉悦，体察到生存的特有韵味以至一种审美的情致。

子恺漫画润华年

读《书斋》上孙郁的文章《漫话丰子恺》，勾起我遥远而美丽的回忆。半个多世纪的时光已经流逝而去，但是那深印在记忆底层的美丽的往事刻痕，当抹去世事的尘垢而显现出来时，仍然那么使人心头充满温馨，使老年人已逝的童心再颤动一回。然而，这不是无意味的回首，更不是感伤的晚情，而是怦然而动情系往昔却所思甚多的"过去"在今天的"存活"，是海德格尔所说的包含着过去和未来的"时间"的"在场"。

少年时代，我曾在南方酷热的夏夜，在书房挥汗临摹子恺漫画。我当时以至现在，最喜爱也最为深层地接受因而也是最受影响的，还是丰子恺那些以中国古典诗词为题的写意漫画。我至今还记得那些画题"月上柳梢头，人约黄昏后""过尽千帆皆不是，斜晖脉脉水悠悠""红了樱桃，绿了芭蕉"；也至今还记得那用流利跌宕柔美飘逸之笔触，用简洁的轮廓和优雅的构图，所表现的那种诗情画意——杨柳、飞燕、流水、山峦、白帆、明月、女人，以及这一切所构成的美的韵味和意境。它是典型的中国式的，但它又不是国画，它的构图、造型、笔致又融进西洋绘画的技巧与精神。犹记时当年少，作为初中学生，既神游于这种优美的画图，又沉浸于那些优美诗句，而在正处艺术觉醒与人生觉醒初期的稚子之心中，子恺漫画勾起了我的美的沉醉痴迷，而又养育了我对美的迷离恍惚的理解和诚挚热忱的追求。至今追忆，我从中学到了中国的古文诗词、中国的画。但更主要的是，启发了一个追求人生艺术的少年的审美意识和道德良知。有日本学者品评李白诗歌，提出"月光与酒"；而有人认为"杨柳"与"燕子"是子恺漫画的精粹，并戏以"丰柳燕"称之。的确，子恺这些诗词漫画中，皆有柳或燕——那柳是细丝儿长，柔柔的，飘曳的，婀娜多姿，迎风掠水；而燕子都是简笔涂出的"飞剪"，那种南国风韵的植物与飞鸟，连接着蕴含了无数的江南山水风物和它们所构成的美。丰子恺从中国江南风物（也可以说是大自然）中提取了柳与燕，又融进了美的创造，作为他的心灵与精神的象征和"有意味的形式"。这是他独有的创造。他又以这一创造给予了世人以美与真与善。

丰子恺把自己的漫画分为四个时期：描写古诗句时期、描写儿童时期、描写社会相时期、描写自然相时期。按照他的这种分期，我接受的主要是第一期作品。不过，他也说，这四个时期，"又交互错综，不能判然划界"。确实如此。古诗句中便含着自然相与社会相，而社会相则是渗入了各时期的画中的。

子恺的有些漫画给我的印象很深，深到在心上留下了印痕，并转化为人生行为。我至今不忘的是两幅：一幅是《读书之乐乐无穷，瑶琴一曲来熏风》，书房、风琴、窗前、飘起的幔帘、弹琴的少女，这是读书之前的预奏或读书之后的休憩，读书之乐得到充分的表现。读到这诗句与画幅，对读书之乐所引起的悬想与寄意是深沉与广袤的。还有一幅是在《战时中学生》杂志上看到的，应是20世纪40年代中期，时值抗日战争时期，杂志扉页赫然出现一幅彩色漫画：一盆鲜花盛开，一位少女提壶洒水浇花，题目是《努力爱春华》。那个年代，那个年岁，读到这样的画、这样的诗，读者的期待视野和画家的审美理想，是何等契合、何等交融。而这种充分的"视界融合"所能引起的心灵的真与善与美的启迪之深沉，是可以想见的。也许，这两幅漫画所给予我的，较之"古诗句时期"的作品要更多、更深吧。我在此后的人生颠簸中，常常追忆怀想起这两幅漫画。不过，我为之心驰神往的却仍然是那些古诗句漫画，因为它更美、更自然、更清纯，更发自艺术家的心灵，也更契入接受者的心灵。我是这样地留恋它们，以至我还临摹了两幅《红了樱桃绿了芭蕉》和《好花时节不闲身》。

子恺漫画润华年。然而，又岂止是华年呢?!

《波阳历代名人传记》序

　　鲁迅在20世纪初，为其早年所辑录的《会稽郡故书杂集》作序，言及其动因，乃有感于"禹勾践之遗迹故在"，而"士女敖嬉，睥睨而过，殆将无所眷念"，故收集故籍，或记载古会稽人物事迹，或历述古会稽山川地理、名胜传说，以书中"贤俊之名，言行之迹，风土之美"，"用遗邦人，庶几供其景行，不忘于故"，其用心有深意焉。盖爱国主义之心意、民族意识之蕴涵、文化精神之承继，必始于寓于体现于乡土之情、乡土之爱。其爱也，凝固于对山川灵秀、地理名胜之迹，而尤其重在对古人俊贤志士文化精神之承传接续、人格品性之认同发扬。

　　吾乡波阳，本古番阳，其郡县之设与古会稽同，远在秦代即已成规模。自秦而汉，至晋、隋、唐、宋、元、明、清，以殆近现代，代有才人出，各领风骚于不同历史时期，光照史册。秦番君吴芮，立汉有功，册封长沙，嗣后有雷义、虞溥继起，后陶侃之精神流传后世。有宋一代，洪氏父子，志士文人，著述传后世，影响遍国中；又有白石道人姜夔，诗词曲乐，遗响百世。后元、明、清季，代有优秀之士继出。及近现代，或革命志士，或宿儒政要，或文人学者，前后相继，其历史业绩、精神品格、人文学识，均不独光照青史、荣被乡土，且遗传后世，为人楷模。然当今之世，后生学子，或懵然无所知，或知之不多，先人遗迹所在多毁，对山川名胜贤俊先儒之种种旧址、著述、塑像，亦有"士女敖嬉，睥睨而过"之情景，或竟数典忘祖而不知所由来。此皆令人惊诧忧心慨然而叹者也。故，波阳有识之士倡议规划，撰写出版《波阳历代名人传记》，实有重大文化价值与现实意义，正可以"用遗邦人，庶几供其景行，不忘于故"。

　　此书之出，犹有二事，可予揭示。其一，处此市场经济发展之时，商潮汹涌，物欲横流，人们的价值观念、道德规范、行为准则、理想信仰皆有所失有所偏。今辑古人之高行逸志，传先辈之人文精神，正是以优秀文化传统与之对话，用以抑制抵御消极面蔓延之流毒，振乡土之情志，扬民族良知懿德之传统，有利于社会主义精神文明建设。其二，当此世纪之末，人类文化正处于转型重构之期，科技发达，人类享其福利，而负面效应荼毒自然、社会、心灵，故人文精神亟须倡导。而西方现代文化之进程弊害纷呈，提出"现代化反思"与"现代性是否出了问题?"此题之出，即意味着对传统破坏过多过重，故有审慎对待传统、不抛弃一切传统之呼声，亦有"回眸古老智慧""眼光转向东方"之议。凡此种种，均说明继承优秀传统以利现代化实现之重要，"传统／现代"实可有条件地沟通统一，而不是永恒对立。基于此，叙先人高行逸志，扬乡土优秀传统，正合此现代课题与当今旨趣。

文化本经济之养育系统，文化乃明日之经济。20世纪下半季、第二次世界大战之后，经济重振与起飞之国家与地区，皆以文化教育置于战略地位，故得成功，斯为实证。今以古人文化血脉来育后辈精神品性，正可以文化促经济之发展。

希望本书之编撰出版，能在以上几方面起教化建设之作用。

希望本书之撰写，既索求古籍逸文，掌握充分资料，又对材料给予新的解释；既寻索古意，又生发新旨，以期并非独发思古之幽情，而是立足现实，古为今用。

希望本书出版之后，能受到读者尤其是青年读者的欢迎。希望他们认真阅读，汲取教益。

1998年初冬，我赴南昌参加会议，得间隙回故里。县政协诸同志来访，告以此著之拟议，并嘱作序。自知本非作序之妥恰人选，且素不擅此道，然乡人盛情，却之不恭，乡里之事，不应推脱。乃勉力应命，归来命笔，略申鄙见如上，尚乞方家指正。权为序。

我失存的书为哈佛大学图书馆收藏

"那是你的著作，请签名"

甫到美国，就在一份刊物上读到一篇"人物专栏"的文章《他让燕京图书馆发光发亮——吴文津依依不舍挥别哈佛》。读后引起诸多追忆与默想。吴文津先生是哈佛大学燕京图书馆的第二任馆长（第一任馆长是1928年创建燕京图书馆的裘开明博士）。他自1969年上任，在馆长的岗位上辛勤耕耘了32年。32个春秋，事业发展，成就辉煌，截至1997年，他使燕京图书馆的藏书量增加了一倍多，成为全美藏书最丰富的大学图书馆，在东亚图书的收藏上仅次于美国国会图书馆。截至1996年6月，共藏书近90万册、期刊1.4万种、报纸715份，此外还有缩微胶卷54 460份，缩影单片15 547份。馆里现在正在进行两项在文化学术建设上极有意义的工作：一件是由版本学家沈津负责制作中文善本书志（计有善本书1400种，其中孤本约180种、禁书77种），整理完毕后将由上海图书馆印行；另一件是由云南博物馆协助，由朱宝田先生编撰、整理即将失传成为无人能辨识的"天书"的中国纳西族象形文经典分类、原件及解释说明。此外，还在进行一项巨大工程——《"文革"书目》，其中包括1966—1976年中、英、日文书籍、专著、报章、杂志等以及红卫兵原始材料的相关文件，仅目录就有500多页。不久前，继任馆长已经到职，他是华裔图书馆专家郑炯明先生。吴文津离职，哈佛大学校长鲁登斯坦（Neil Rudentine）向他颁发了表奖状，并为他举行了退休宴。

说起哈佛大学燕京图书馆，我就追忆起1990年的哈佛访学之行。当时，主人安排我参观访问哈佛大学东亚研究中心图书馆和哈佛大学燕京图书馆。那天下午，当我来到燕京图书馆时，接待人员便递给我一张打印的卡片，很有礼貌地说："这是本馆收藏的你的著作。"我接过一看，首先映入眼帘的书名竟是《这不是私人的事情》。这是1955年我为北京出版社主编并收集了我的几篇作品的小品文集。这本书不仅我自己早已失存，而且遗失在我荒芜的记忆之中。不意在30多年后，竟在大洋彼岸的大学图书馆里发现了它。而且，这里竟能列出一份我的著作目录（这在国内任何一个图书馆里大概都不会有的）。据接待人员介绍，馆藏东亚语种图书70多万册，其中中文图书40多万册，其次是日文书。当我们走到一个为我而打开的活动书架跟前时，接待人员指着一本精装的《鲁迅评传》说："那是你的著作，请签名。"我说："这恐怕不是我写的那本，因为我的《鲁迅评传》没有出精装本。"接待人员笑着说："这是我们为你精装起来的。"她抽出来，要我签名，并说："馆藏图书有作者签名，是很有意义的。"我愉快地签了名，留下一个纪念。

综合以上"近况"和"追忆"，我想到的有几点：（一）哈佛大学燕京图书馆，在收藏图书上是真正广收博取的，不是那么狭隘、近视或奉行实用主义，这是一种文化建设的眼光和胸怀；（二）他们不仅收藏书，而且爱书，尊重作者、尊重书；（三）不是"死藏书，藏死书"，而是整理、研究，尽量发挥书的作用，"图书馆不止要来藏书，更要让人觉得好用，吸引人来使用"；（四）"专家治馆"，三任馆长都是图书馆学专家，而且都是极具事业心的，从中可以看出他们在"业务部门"选用人时看重"业务"和"志向"；（五）馆长是相当稳定的，第一、二任馆长都干了30多年，70年历史的老图书馆，连现任馆长在内，才三易其人。

"胡适口述自传"

在美国，可以说有一个"'东亚图书馆'系"。事实上，美国的确有一个东亚图书馆协会的文化组织，足见这类图书馆之多，也足见美方对于东亚诸国研究之重视。在这个"系"中，首屈一指的自然是国会图书馆的东亚语文图书部，亚军则是哈佛大学燕京图书馆，此外还有著名的哥伦比亚大学东亚图书馆、华盛顿大学东亚图书馆。哈佛大学东亚研究中心图书馆和加利福尼亚大学伯克利分校中国研究中心图书馆，中文图书的收藏也都很丰富。这几家著名的东亚图书馆和中文图书馆，我都有幸去参观访问过，并得到他们馈赠的书籍，我也曾赠送书籍给他们；有的，还有一些联系。

记得在华盛顿大学东亚图书馆访问时，负责人在一台电脑前问我："要不要试验？"我问："做什么试验？"他说："查阅一下你的论著的收藏情况。"我笑而同意。管理员打出我的名字，屏幕上在我的名字下立即出现两行字："非传记资料／著作目录。"随后便是我的著作和论文的要目。每部著作都记载着8项内容，如《鲁迅评传》就载明出版者、发行者、初版或再版、有无参考文献及插图等。工作人员印出一份送我做纪念。哥伦比亚大学东亚图书馆的范围更大于华盛顿大学的，它的名气也更大。胡适在20世纪50年代蛰居美国时，便曾在他母校的这个图书馆里"当了几年闲差"。这个图书馆拥有胡适、顾维钧等中国著名学人、外交家的口述录音自传或回忆录，都是十分珍贵的文化学术历史资料。《胡适口述自传》经唐德刚教授译注在中国大陆和台湾分别出版，都很受重视。我对这个图书馆还有两个突出印象：一是中国方志著作收集之全备，中国许多偏僻小县的县志，在这儿竟也收藏着；二是"文化大革命"资料收藏颇全，记得是红色精装的一套书，占了一个大书架的两排。这些图书馆对书籍资料收集之全备、广泛、深入，表现出了一种全面、深入、细致了解与把握研究对象的胸怀和气魄。这对于政府的决策、社会各界了解"对方"的科技、经济、教育、文化等方面的资讯，都是很有用处的；这些实用方面的目的和价值，自然是重视东亚语言书籍、资料的重要目的，但是，对于似乎"于实无补"或者是"遥远之水"的学术文化目的的重视，同样是在注意之中，并付诸实践的。前面所说"收罗"之广、对中国"文化大革命"资料的重视、对纳西族象形文字的研究等，都是实证。这样一种文化胸怀和文化眼光，是值得我们重视的。

图书馆：文化基地

美国的公立、私立图书馆十分发达、可谓到处都有。在大学来讲，哈佛大学竟有图书馆百个之多；在大的市区有规模庞大的公立图书馆，每个社区也都有自己的图书馆。

如此重视图书馆，是因为这里不仅是传播知识的场所、读书休息的地方，而且是寻查各种经济社会发展资料的信息库；从这里可以得到各种有关资讯，从而开阔眼界、启发思路、激发灵感；它对经济与社会发展的作用是看不见的，然而是巨大的。同时，它作为文化的"基地"也向广大读者供应古今中外的文化知识，从而加强民族的精神文化建设。

图书馆事业的发展自然要有资金的投入，美国的各种图书馆除了其所属机构的正常投入之外，还有广泛的社会投资渠道；图书馆负责人筹措社会资金，是一项重要的工作。

我们现在图书馆事业之落后，是非常突出的。这种落后实际上成为抑制、减缓经济与社会发展的一种消极力量，成为文化建设与精神现代化的"空洞"。在这方面，资金投入不足当然是一个重要原因，有必要争取改善；同时，如何争取社会投资，也是一个值得研究的方面。我们有不少利润丰厚的国有公司、财大气粗的私营企业以及个体户大款，争取他们的资金投入，不仅有利于图书馆事业的发展，进而推动经济与社会发展，而且发达的图书馆事业对改善社会人文环境的助益，既有利于他们继续"发财"，又直接有利于他们在投资文化、支持文化中取得一种文化情怀与文化热情，从而充实他们自身的物质生活与精神生活。利在数方，何乐不为？我们的图书馆工作者，如何学习美国的同行，花力气向社会筹资来发展自身的事业，是很值得思考的。这比向借阅者事事收费得一点"蝇头小利"，甚至是"损不足以补有余"，要好得多。

四十年风雨纸上痕

四十年风雨飘摇，像薄纸一片任风吹雨淋，"鬼蛇"诬名，曾染沧桑岁月的风霜，曾经边塞流徙的摧折，"沉舟侧畔千帆过，病树前头万木春"。这处境和心境，是艰难而凄怆的。然而却有以"沉舟"与"病树"之身，"阅尽人间春色"之感；特别能以戴"罪"负"咎"之身，在社会最底层，以平民百姓之身与心，了解中国社会、时代、历史，阅读人生、人性、生命，体味文学、艺术、美。有一种超脱与超越、无碍与无求之意境。叔本华说过这样意思的话：如果说人生前四十年是"正文"，那么后三十年就是"注释"。而我则前五十年是"正文"，风雨载途艰困甚；后二十年的"注释"，是"正文"的结晶与升华：它们一起成为我后二十年所有论著诠释体系的潜在社会生活内涵和文化意识。这就是我的四卷本文集之所记录的了。

维特根斯坦在晚年曾说："只有在生命之流中文字才有意义。"鲁迅的文字总处在"生命之流中"，而我在艰难颠沛的生命之流中读鲁迅的文字时，我才更懂得他的真义。我流落塞外边陲，蜗居于仅有十二户人家的深山小村中，从春到秋，与农民一起耕耘劳作，心灵同大地一样荒凉时，一部残破的《鲁迅全集》成为我唯一的"阅读文本"。平生第一次真正贴近大地、贴近社会和百姓，以及鲁迅常常说的"中国的人生"来解读鲁迅：他以睿智之眼所作的"知人论世"，他如何解读中国、世界、历史、社会、人生，解读人类尤其是中国人的情感世界与理性世界。我复以"我对'鲁迅之眼的解读'的解读"之眼来解读上述一切，尤其是那时的"当前的中国"。我更解读鲁迅如何做人特别是教我们如何做人。这时，正是在这时，也只有在这时我感到，我在现实中是"非其时"，而在深沉解读上却乃"正其时"的"鲁迅研究"，才得以超越20世纪50年代的"自我"和"研究"。如斯者十年，直到新时期到来。以后，我的相继问世的十部鲁迅研究论著，不能不蕴含着我这十年思想历程的"斑斑血痕"，不能不蕴含着我的"自身情怀"的倾诉，以及我同"鲁迅文本"的心灵的对话；也有我对鲁迅"如何做人"和"教我们如何做人"的领悟。

在创作心理研究中，也同样融进了我的人生体验，蕴含了我"前五十年人生"的"正文"与"注释"的内涵。在《创作心理学》中，我使用了自己创立的一系列命题和范畴，如"人生三觉醒""创作十魔""创作心态'十佳'"等，而这些"我的理论命题"就都融进了"我的人生体验"。例如"人生三觉醒"中关于每个人在其一生中，会由于社会、生活、自我的变化，而产生一再的"人生与艺术的再觉醒"，便是例证。我也从自己的经历和人生轨迹中体察到：生活经历形成了作家创作心理构造中特殊的心理素质、情结、原型意象、灵感类型，这一切便产生作品的特性与艺术素质。这使我从心理的深层次来探索作家的创造，借此既可以探索作家创造的规律，又可以帮助读者由此途径更深地理解作品。书中关于"蚌病成珠"（即痛苦不幸的经历），往往成为作家创作成功的因素和特点的规律性现象的论述；关于我国"五七'右派'作家"苦痛艰辛经历与创作成就的"对应关系"，是对"种下的是跳蚤，收获的却是龙种"的论述，也都凝聚了我的人生体验与艺术感受，也探讨了作家创作心理的形成和发展过程、构造体系和动力系统、作用机制、作家在创作时的功能发挥等。当然，这种"生活经历"的矿藏，还必须有"理论熔炉"之火的冶炼，才能成为学术的产品。我多年在文化学、文化人类学、文学理论、心理学和艺术心理学、社会学、创造学、传记学等方面的跋涉，给了我以点燃"理论之火"的燃料，这也就给《创作心理学》灌输了多种学术文化内涵。

《历史的灯影》原是一篇散文的题目，用来作为书名，后因散文都抽去，使这名目没有着落了。不过，作为学术文化论集，都是论述探讨"历史"（昨天的人事便可称为历史）的，用它来总括其意，亦无不可。这一集包含文学研究与理论批评、鲁迅研究、文化与社会等方面的文章。其中，那些可统称为文化社会学的一批文章，都是我从"文化与社会"的视角，对于当代现代化问题的思索和探讨。其中心的意思，概括起来就是：我们现在仍然遇到来自传统文化与人的素质的慢变因素对现代化进程的阻滞。因为先进的制度、体制、管理方法、现代经验等都是"躯壳"，只有具有现代文化装备、现代文化心理结构的人，才能赋予它们生命。否则，传统的人传统的文化，都会是一种阻力和销蚀力都很大的"软垫"，使现代的东西减弱以至失去功能。这些思索的一得之见，也蕴含着我生命行程的深深的感受。

四十年风雨纸上痕，我的"存在"的五十年"正文"、二十年"注释"呈现给读者，但愿能提供一点历史的、社会的映照和"缩影"，还有一些对文化的思索与人文关怀。

《鲁迅学导论》自序

《鲁迅学导论》终于脱稿并将问世，我感到分外轻松和欣慰。近20年来的愿望终于实现了。自从1981年我提出创建鲁迅学的建议以后，便时常思考这方面的问题，也撰写过有关鲁迅学的文章，有的是关于某一时期鲁迅研究进展状况和问题的概述，有的是理论方面的探讨，还曾经几次列出撰写《鲁迅学概论》的计划和提纲，打算动笔，但都因为种种原因而搁浅了。然而，这个撰写鲁迅学论著的心愿，却成为一个"学术肌愿"和"文化情结"纠结在心头，不能得偿和消解。直到2000年才真正静下心来，全力撰写，直至完成。难忘2000年夏季，在几十年未有的酷暑中艰难写作的情景和一段段艰苦"推进"的艰辛。长夜静思，清晨临窗，梦中灵感，遐思偶得，全身心投入，逐日进展，辛苦中也有欣慰与甜蜜。这样，总算完成了一件多年的心愿。

一

当然，我并不把这件工作只看作个人的事情。这更是鲁迅研究本身，以至中国现代文学、中国现代文化研究的需要；也是一个"学术的既成事实"等待"物质实现"的需要。鲁迅研究经过几近一个世纪的发展、建设，需要并且已经由"研究"而提升、结晶、概括化、理论化，成为一种理论构造，成为一门学科了。这已经是一个既成事实，不管承认与否，都是存在的。但是，既成的事实，却需要科学的梳理和提高，使之成为学科的形态来"自我实现"。鲁迅学的学科著作的撰写，就是这种"实现"。大凡一个新学科的形成，都需要经过资料层次、理论层次、结构层次这样既延续发展，又同时存在的三个层面、三个界域。鲁迅研究在几十年的发展中，已经经历了并且存在着这样三个层面、三个界域。它们等待和呼唤人们去做一件现成的工作，完成一件水到渠成的学术事业——撰写一部鲁迅学的专著。这正是完成一件重要的工作和学术事业。

鲁迅研究同鲁迅学，在学术领域和学术内涵上是一致的、相同的。但是，鲁迅研究在内容上，更丰富、更多样、更实际、更具体、更微观；而鲁迅学则是在鲁迅研究的实际的、具体的、实证的基础上，在大量鲁迅研究的材料基础上，进行概括、上升、提炼、结晶，做了去粗取精、由表及里的工作，有了规律性、理论性的总结，因此更宏观、更精练、更集中、更抽象，也更具归纳性、概括性、理论性。鲁迅研究的成果，是鲁迅学的学术、文化源泉，是它的立足之本、发展之基；鲁迅学是在鲁迅研究的肥土沃壤中生长的学术乔木与花朵。鲁迅学使鲁迅研究已有的素材更提高、更规范，构成形而上的、理论形态的学术成果。它不仅具有鲁迅研究本身、涉及鲁迅自身的规律性的、理论的意义和价值，而且其中一部分还具有一般性的、艺术的、美学的、文化的意义和价值。这些概括性、规律性、理论性的学术成果，使鲁迅研究在经过提炼、升华、结晶、抽象化、概括化、理论化之后成为鲁迅学，就具有了一个"物化"的学科形态，这对于推动鲁迅研究、指导鲁迅研究、总结鲁迅研究成果，对于广大读者解读、接受鲁迅，对于从中学到大专院校的鲁迅教学和现代文学课程的讲授，都是很有必要、很有益处的。

作家研究很多，是否都需要并可以形成一个学科呢？这取决于作家本身的条件，即他的生平业绩的社会、历史、文化价值和贡献的大小，他的思想、作品的内涵和蕴藏的广泛深厚程度。并不是所有的研究，特别是人物、作家研究，都应该且可以成为一门学科，不能说"某某研究=某某学"。只有像鲁迅这样的伟大作家、思想家、民族英雄、文化大师，才能以其生平业绩的巨大历史、文化贡献，他对民族发展的伟大价值和意义，以及对他的研究历史的长久不衰、研究成果的累积厚重，成果的规律性、思想性、理论性和哲学、美学成就等，各方面都达到了应有的水准，达到了其他同类研究达不到的层次，才能成为一门独立的学科。

鲁迅学还有它的更广泛、深刻而重大的意义。由于鲁迅在中国现代文学、现代文化史上的地位，鲁迅是作为"中国现代作家第一人"、"中国现代文学之父"和中国现代文化大师而存在，他是中国现代无可争议、无可替代甚至无可比肩的伟大作家、文化大师、人格典范，因此对于他的研究，就不仅关涉他自己，而且涉及中国现代文学、现代文化、涉及中国文化现代性的创获历程和现代化进程，也从一个特定的角度涉及中国现代革命、中国现代社会的发展进程。这种"涉及"，不是狭窄的、一般性的、肤浅层次的，而是广泛的、重大的、深刻的。中国近代史尤其是现代史上的重大历史关节与事件，鲁迅都参与了，并且走在前列，身处斗争旋涡中，这些在他的作品中也有重要的、深刻的、独到的反映。这样，鲁迅学就由"鲁迅"这一具体的、个人的领域，进入中国社会、革命、思想、文化的广泛的领域。这一点，没有其他任何中国现代作家能够与鲁迅相比；也没有对任何一位其他中国现代作家的研究，能够形成这样的规模、这样的深度，具有这样的意义。这些更表明了鲁迅学的意义与价值。

这是我对于鲁迅学的一个基本认识。基于以上的认识，我勉力写了这本《鲁迅学导论》，以为鲁迅学建设发展的引玉之砖。

二

在长达几十年的时间里，在全国范围内，以至世界主要国家中，都有众多的鲁迅研究者热情地、认真地从事研究工作，有更多的人阅读和接受鲁迅，这不是有什么人强迫他们这样做，也是强迫不了的。这充分反映了鲁迅的力量、价值和魅力。这也是鲁迅学存在、发展的原因、理由和意义。20世纪90年代以来，新版《鲁迅全集》的出版和一再重印，鲁迅作品的各种性质的全编（如小说、散文、杂文全编）、各种性质的选集，各种按不同主题、专题的汇编（如鲁迅书话、鲁迅学术随笔之类），等等，纷纷由从南到北的众多出版社出版，不论连续出版还是重复出版，都有销路。这种情况，不是反映了读者的需要吗？不是反映了读书界对鲁迅的广泛的、新时期的新的接受吗？这种情况，是决不会发生在一个"只有三流水平"而又"已经过时"的作家身上的。这一点不是很值得人们细细思考吗？还有一点也很重要：许多人阅读、接受鲁迅，是侧重于从文学到思想、从艺术到精神、从作品到人格的"接受途径、路线"的，是怀着学习、崇敬、爱戴的心情的，而不是一般的阅读、接受，也不仅仅是文学阅读、欣赏。这是因为，同时也证明，鲁迅不仅是伟大的作家、思想家，而且是民族的文化大师、精神导师、人格典范。

三

如果从20世纪50年代开始发表鲁迅研究的文章算起，到现在，我对于鲁迅的研究，已经40多年了；如果从70年代末出版第一部鲁迅研究的著作算起，到2001年也已经20多年了。学习和研究鲁迅，对于我来说，远不仅是一种研究课题的选择，而是一种人生选择、文化方向的选择。很难忘记，在历经多次苦难的生活中，鲁迅在心灵上、精神上的支撑作用，尤其是鲁迅精神、鲁迅人格的浸渍、滋润与导引。即使是苦痛无诉时，一声"寄意寒星荃不察，我以我血荐轩辕"的吟诵，以至"躲进小楼成一统，管他冬夏与春秋"的慨叹，也是精神上的提升、心灵上的安抚、情绪上的鼓舞，因而成为日常生活中的常课。至于对鲁迅某些重要著作的阅读，鲁迅作品、鲁迅思想、鲁迅性格与人格的滋养，理解和透过"鲁迅视界对世界、社会、人生的观察、分析、批判"即"鲁迅的知人论世"，来认识理解世界、社会、人生，来知人论世，那种文化的消解与解脱、思想的惊醒与开豁，以及精神的振奋与沉潜，那确实是一种心路历程的开辟和命运的庄严选择。因此，我研究鲁迅，是几十年来人生道路的选择。研究的论著，质量和观点的高低正误姑且不论，它却是我几十年风雨坎坷的经历，以至几十年对于社会生活、民族命运、人类生存的种种境况的亲身体验和思索凝聚而成的思想、情感的结晶，是几十年文学、文化阅读所形成的"接受屏幕"和艺术-思想的情结。《鲁迅学导论》虽是一本理论性的著述，但也不免潜存着这种性质。记得1990年在德国访学时，一位德国教授、鲁迅著作的德译者、汉学家对我说："某某先生（他指的是一位美籍华人教授、鲁迅研究家）说你很保守。"后来，1993年我访学日本，在同著名汉学家、鲁迅研究家竹内实先生晤谈时，对他说起那次"德国谈话"，我说："不知'保守'之说何所指？"竹内先生略为沉思说："大概是指你带着崇敬研究鲁迅吧。"他停一停又说："其实，以崇敬的心情研究鲁迅，也并不错。"我感谢竹内先生的解释，特别是他的理解的态度。而且，我觉得对于中国鲁迅研究者比较普遍存在的这种"鲁迅研究心情"，日本学者是比较能够接受和理解的，日本学者的鲁迅研究也有这种情况存在，虽然同中国学者的心情不完全相同。这在他们的许多鲁迅研究著作中表现出来了。我在日本访学期间从接触到的许多位日本鲁迅研究家的身上，也亲切地感受到这一点。对于没有中国一代知识分子那种艰难痛苦经历的人们来说，对于没有经历过现代中国内忧外患的人们来说，对于未曾感受到在这种社会、人生境况中鲁迅的意义和作用的人们来说，包括那些距离这一切比较遥远的现在的年轻人，确实难以充分理解这种带有崇敬心情和自身情怀的鲁迅研究和鲁迅研究中的这种"文化情结"。——其实，从社会、历史、文化的发展来看，就是这种"研究情怀和情结"本身，也是可以解读和研究的。

四

最近几年，曾先后读到几篇"鲁迅研究'圈外'"学者涉及鲁迅的文章，很是感动，也受到启迪，引起许多感想。他们不是从专门的"鲁迅研究视角"来谈鲁迅，也不是把鲁迅只作为作家来谈鲁迅，而是从一种广泛的、民族的、历史的、社会的、文化的视角谈鲁迅。同时，他们又都是以当前的现实为背景，联系到现实的、社会的和个人的状况来谈的。因此，颇有见地和启发意义。

朱学勤教授在《想起了鲁迅、胡适与钱穆》一文（载《作品》1996年第1期）中首先动情地写道："80年代结束，所有搅动起来的东西开始沉淀下来。这时逐渐对鲁迅发生回归，发生亲近。"他还特别指出："此时回归，可以说是出自切肤之痛，痛彻心肺之后的理解。"他接着谈到鲁迅的文风时指出，他原先以为这是"个性使然"，后来才明白是"那样的现实逼出了那样的文风"，"是那样的时代需要那样的文风"。然后，朱先生深刻地指出：

> 如果没有产生鲁迅及其文风，黑暗的年代除了黑暗，将增加一个罪恶，那就是虚假。他正是以那样的文风忠实反映了那个时代的黑暗。反过来，现在读林语堂，读梁实秋，你还能想象就在如此隽永清淡的文字边上，发生过"三一八"血案，有过"民国以来最黑暗的一天"？当然，在那样的心境中，鲁迅也消耗了自己。他是做不出钱锺书那样的学问了。

接下来，朱先生更进一步深沉而痛切地写下了这样坦诚而真挚的自责与反思：

我怀念鲁迅，有对我自己的厌恶，常有一种苟活幸存的耻辱。日常生活降落的尘埃，每天都在有效地覆盖着这些耻辱，越积越厚，足以使你遗忘它们的存在。只有读到鲁迅，才会想到文字的基本功能是挽救一个民族的记忆，才能医治自己的耻辱遗忘症，使自己贴着地面步行，不敢在云端舞蹈。

朱先生由此而进入对于鲁迅思想-性格、鲁迅精神的论述。他写道：

在鲁迅的精神世界里，通常是文人用以吟花赏月的地方，他填上的几乎是老农一般的固执。他是被这块土地咬住不放，还是他咬住这块土地不放，已经无关紧要。要紧的是，他出自中国文人，却可能是唯一一个没有被中国文人传统腐蚀的人。这是一件平淡的事，却值得惊奇。

朱先生作为中国思想史的专家，把鲁迅和鲁迅精神放在"历史的具体环境和语境"中来考察和论述，方显出鲁迅的突出个性和真意义、真价值。而且，也说明了鲁迅、鲁迅精神在今天的现实中的意义和价值。使我深受感动的是，朱先生贯注于学理论证和深刻见地中的那份真挚的感情和坦诚的精神。

还有一篇文章，是李书磊教授的《读鲁心史》（收入《杂览主义》，中央编译出版社，1996年）。文章写到对鲁迅的一个基本认识与评价：鲁迅是"真正的诗人"，他具有"一种人所不及的大心力和大情怀"。然后，论及对鲁迅前后期杂文的独到见解。他说：

过去我最喜欢的是《热风》和《坟》，喜欢那种对于中国文化猛烈而庄严的批判乃至宣判；而对于后来那些卷入具体事的笔战文章却略有微词，认为它们不免有些琐碎和不值得。这次阅读印象则恰恰反过来，觉得那些笔战才更有人气和烟火气，才更真实因而也更深刻，反是那些面对整个文化作战的文章相比之下稍嫌浮泛了。一个大抱负者如鲁迅能不惜一身卷入身边的人事之中，在最日常、最细微的事件中为自己的信仰而斗争，不嫌弃敌人的渺小，这才真正称得上是得道之人，这里我甚至觉得有几分禅机。唯其如此，鲁迅的全部作品才成为一部活的大书。

在这段简明扼要的评议中，李先生用对比的方式，以"现实"为坐标，又从鲁迅的"大心力和大情怀"同"身边人事、日常细微事件"的关系以及同后者斗争的意义与价值立论，充分肯定了鲁迅后期杂文的价值，这实际上也是对鲁迅的一种总体肯定，是在全面的意义上论证了鲁迅的意义与价值。最后，李先生从思想方法、认识论的角度作结，写道：

> 一个伟大的人最与常人相似的地方往往也正是他与常人相区别的地方，只是相似往往被人认为相同；所以对鲁迅的论战文章人们至今还保持着挥之不去的偏见。

最近，我又读到钟敬文老先生发表的一篇文章《不废胸头一像高》（载《中华读书周报》，2000年4月5日）。钟老先生作为中国民间文学、民俗学的元老和老一代著名学者，从他的学术视角论定鲁迅："鲁迅既是优秀的短篇小说家，又是卓越的文学史家——包括小说史和汉文学史；既是有成就的文献学者，又是可以信赖的翻译家；既是杰出的民间文艺家，又是木刻艺术的鉴赏者和提倡者……"然后，他对鲁迅作出了如此全面评价：

> 在如此多样的贡献之上，是大量战斗杂感文（一般称为杂文）的作者，成为无与伦比的社会、文化批评家。他这方面的著作，尖锐地揭露了社会的丑恶、民族的脓疮，使正气升腾，道义矗立。
>
> 鲁迅，决不是什么一般的作家、学者，他是一位刚毅的战士，是中华民族的脊梁和精魂！
>
> 鲁迅，是中国历史上少有的魁杰，也是世界上不多见的文化英雄！

文章最后就总体上如何认识鲁迅、对待鲁迅，这样写道：

> 对于评论像鲁迅这样的文化巨人特别是文化斗士，首先——或主要应该看到他那不可企及的地方，看到他对当时乃至于未来的巨大作用——使凶残、顽劣者畏惧，使懦弱、受苦的人振奋。我是说要着眼于他的大处、要处！至于其他一些次要的事情，有着这样那

样的缺点、失误，那就应该看得轻淡些——自然可以也应该作出恰如其分的评论，以为后人的鉴戒。但不要轻重无别，乃至于轻重倒置而已。

所有以上几位学者的论述，不仅是客观的、公正的、实事求是的，而且更重要也更有意义的是，他们在认识论、方法论上，在知人论世的态度上，为人们提供了科学的精神，提供了认识问题、讨论问题的正确方式、方法。我体会，有几点可以提出来：（一）把鲁迅放在他所处的时代环境、文化语境中来考察和认识、评论，而不应该把他从"时代—环境—语境"中抽象出来，或者把他放到今天的"时代—环境—语境"中来要求他、评论他；（二）对鲁迅的作品，也要持同样的态度，应用同样的方法，不要把艺术之花拔离它所生长的土壤来鉴赏、来评论、来要求；（三）鲁迅的成就是多方面的，贡献也是多方面的，他是一位"多元文化构造"的文化斗士、文化巨人、文化英雄，但不是世界上并不存在的"完人"，因此，需要充分认识他在与弥天黑暗的殊死斗争中，所需要和形成的性格、人格、风格以及文风，以至由此产生和带来的缺点、弱点、失误，也因此，对于鲁迅的认识、评论就要"着眼于他的大处，要处"，而不要"轻重无别，乃至于轻重倒置"；（四）只有如此，才能既不无视他的"大处，要处"，又不忽略他的"环境所逼出和带来的缺点、弱点、失误"和一般的、个人的、个性的、"纯"主观原因的缺点、弱点、失误；（五）秉持这种观点与态度，即使对于争议较多、评价不一的鲁迅后期杂文，以及其他一些问题、"公案"，也可以具有一种比较客观的、科学的、实事求是的观念、态度和方法。

我以为，这些方面都是对于鲁迅学的建立和发展具有指导意义的。这些对于鲁迅的总体评价，对于鲁迅成就、贡献的评价，对于鲁迅的个性特征，以及这一切所具有的民族性意义与价值，以至对于我们今天的意义与价值的论证，都是鲁迅学立论的基础和核心；而其知人论世的方法论意义，也是鲁迅学研究的指导。

五

《鲁迅学导论》的撰写，以及就它的内容性质而言，作为我的第十本鲁迅研究专著，应是我前20多年以至40多年研究工作的一个总结性著作。而就鲁迅学学科建设的范围来说，《鲁迅学导论》更是对我自己在这一主题范围内研究的直接总结。回首过去几十年的时光，回顾走过来的路程，心情颇为复杂，有无从说起、欲说还休之慨。"老矣真惭愧，回首望云中"。时光易逝，岁月流逝，值此年过古稀之际，需要做一个结束。逝者已矣，来者若何？如仍有著述，应该具有新的觉醒和新的面貌。

最后，我还要借此机会，对中国社会科学出版社慨然接受出版这本探讨性的著作，表示衷心的感谢；同时，也要向辽宁省委宣传部几位领导张锡林、余献朝、焦利同志和姚一风、林建宇同志，辽宁日报的孙刚同志，表达我深深的、诚挚的、衷心的感谢，感谢他们在本书出版过程中所给予的热情而真诚的关怀和具体的帮助。还有辽宁社会科学规划办公室的门泉东、张翼同志，也给予了诚恳、热情的关心与帮助，这里一并表示深深的谢意。

"反思"真义究如何

反思，黑格尔这一具有深刻含义的哲学术语和命题，现在的使用频率很高，已经成为日常用语了。它的意思也等同于"好好想一想""总结经验教训"了。这并非坏事，它使我们的日常语言又多了一个词汇，尤其因此而思想上有了深度，其表现力和意韵也不完全等同于它的"同义词"。不过，其本义的"降低"毕竟是一种"文化损失"，所以应该在保留日常的、"通俗"的用法的同时申明本意真义，以挽回"损失"。

据我所知，"反思"的广泛使用并流行，是在20世纪70年代末那个"反思的年代"中。那时的"言说'反思'"和"接受反应"基本一致，且其边缘化理解同"原初使用"差距不太大。现在，时过境迁，历史内涵和现实激情都付逝水时光，"反思"的词性内蕴就越来越简单化了，其文化、哲学的本义降低以至消泯。

"反思"一词，黑格尔在他的重要著作《大逻辑》《小逻辑》中使用很多；但列宁曾说，黑格尔论反思的种类性"非常晦涩"，并认为译作"反思"不合适。《小逻辑》的中译者贺麟也感到"此词很费解"，难于翻译，最后才决定译作"反思"。不过，实践证明，这样的译法，其字义与内涵都很确切，已经"归化"中土了。实际上，黑格尔在《小逻辑》中对"反思"作了具体的规定和明确的诠释，他有时把"反思"作"后思"解释并等同使用。他说，反思"意指跟随在事实后面的反复思考"。这个意思同我们现在习惯的理解倒是颇相合的。但黑格尔对"反思"更重要、更深刻、更有意韵的诠释是："反思以思想的本身为内容，力求思想自觉其为思想。"这就是说，反思，不是一般的"事后"思考问题、一般的总结经验，而是以"思想"为思考的对象和内容，是把"事情""问题""经验教训"提到思想的层面上来思考，也是提高"思考"本身的思想性；而且，还要力求做到使"思想"自觉到是在思想（动词）"思想"。这样就要抛去事实表现形象、浮在历史之"流"上的泡沫，深入其本质，并且把一切都提到"思想"的高度与深度来回顾、思考和总结。黑格尔还把"反思"纳入人们认识真理的三种方式、三个层面之中。他认为，在"感性、知性、理性"三者中，反思相当于"知性"认识阶段和层面。在这里，他又指出，这种运用"反思""认识真理的方法"就是"用思想的关系来规定真理"。这样，反思就又在"思想"的层面上增加了一层意义和"任务"：把"事情""事实"纳入一种"思想的关系"中来思考。以思想为对象，将"思想"自觉为"思想"来思和想，用思想的关系来规定真理，这就是"反思"的全部真意了。如果我们除了日常用语的理解和使用之外，还从这样的高度和深度来理解和使用"反思"，我们就会在思想上和理论上前进一步，提高一步。

历史远梦的追忆与思索

20世纪初，鲁迅在日本留学时撰写《摩罗诗力说》，探求中国文化新生之途。文前引尼采句："嗟我昆弟，新生之作，新泉之涌于深渊，其非远矣。"传统是一个永恒的宝库，有取之不尽的思想文化资源。现代化的过程，不是全盘否弃传统、消灭传统，而是要使传统向现代创造性地转换。20世纪人们重大反思之一就是"对现代性的反思"；而在"过度现代"中，要适度地向传统回归，则是反思的积极成果之一。为了"创造性地转换"，就需要更了解传统、深入研究传统，再作现代性解读与诠释。中国传统文化更是无穷的宝库、不竭的源泉，值得我们研习深究。这里是几则读书笔记，追忆历史远梦，思索今日课题。难免有误，期就教于方家。

秦时明月汉时光，梦断西域忆长安

回首远古，尤其是秦汉期间，中国人何等宽宏大量，何等热情奔放，怀着理想和自信走向外域，传播文化。这是一种民族的辉煌、一种历史的激情，也是一种人类文化的奉献。秦时的明月汉时的光芒，通过西域少数民族，通过安息，到达中亚和西亚，又通过这里到达欧西，直达西端的罗马。如果从一种抽象的比拟来说，如此长途跋涉，如此广阔空间的播撒，作为一种文化，如果没有充足的底气，是势难贯彻始终而必中途飘散或夭折的，或者为接受者、传播者所淘洗殆尽，一无所剩，于是便委弃于历史的暗角而销声匿迹了。然而，中国文化在远古时期向外域传播时，情况却与此相反。这一点很充分地证明，中华文化在远古，特别是到了秦统一、汉扩展的时代，已经发展得相当成熟，达到相当的高度，具有众多重大的、稳定了的发明创造。只有这样，才能具有那么强盛的力量和远涉异域犹放光彩的气魄。

中华文化在这一时期，在相对孤立的大陆上的广大地域中，逐渐交流、渗透、融会了在这片广袤土地上的各种区域性文化，合成了一个综合性文化整体，完全靠着自己的智慧和努力，创造了高度发展的物质文化和精神文化，成为当时人类文化的高峰而居于最前列。正是因为这样，它才有那么强大的吸引力。

在这个时期，中华文化除了向东和东北方向（即朝鲜、日本等地）发展外，在西北和西南也积极地发展，开辟了陆上丝绸之路和海上丝绸之路。这两条物资和文化的通道成为既传播中华文化于西域，又吸收西域文化于中土的畅达的通道。为了培育这条文化的黄金通道，中国人付出了巨大的代价。想想张骞长期艰难的跋涉和在外羁留时间之久长，想想班超等战将艰苦卓绝的战斗，就可以想见古代中国人的激情和耐力，其中蕴含着一种巨大的文化理想。在这里，战争、探险与和亲成为文化传播的强有力的杠杆。战争除了直接的和间接的接触（战斗和非战斗以及媾和）通过武器这一中介而发生的一系列文化交流之外，在西域，战争还推动了民族的大迁徙，其中包括大月氏长达几十年至200年跋涉千万里之遥的民族迁徙，以及匈奴更大规模、更大成就的迁徙。这种民族大迁徙成为文化的"成建制"的、系统的、整体的播迁。至于探险，则是部分地有意识和部分附带地传播文化，但它却为下一步的文化传播开辟了新地域，建立了新基地，寻找到新对象。张骞之功绩就是这样的。

和亲，则是一个特殊的文化传播方式，是一个更为有计划、有准备、有组织，并且长期居留以后又定期来往的文化传播方式。那些和亲的公主们做出了个人的巨大牺牲，却为历史、民族、文化做出了巨大贡献。

在古老的丝绸之路上，行走过多少商旅的驼足，奔驰过多少剽悍的战马，过往了多少浩荡的民族迁徙的队列，滴下过多少中华女性思乡念亲的眼泪。这里竟都蕴含着丰厚的文化内涵。至今还使我们回想起秦时的明月、汉时的光芒，想起彼时的长安、彼时的西域，以及彼时的中华民族的文化辉煌。

在这个历史之路、文化之路上，主要传播到西方去的是丝绸。跟随丝绸一起传播的，则有从植桑养蚕到抽丝织绸制衣，加之一系列生产技术，以及具有中华文化特色的生活观念、审美观念以至生活方式，形成了一种可称为"丝绸文化"的传播。这也就是典型的中华文化的传播。

所谓"丝绸文化"的传播，更重要而有意义的是跟随丝绸原料及制品的传播带去了中华文化精神，带去了这种文化精神中的柔和、纯情、淡雅、飘逸的一面之表现，这是中华文化远播的一个重要方面。

特别要指出的是，儒家文化在这一时期就被西方人士注意，在他们的记载中描述了中国的情景：重道德、重人格，宽厚仁慈，这正是对儒文化的描述和赞扬。

丝绸之路如今已成荒漠，人迹难至，鸟兽亦稀。唯有残存的断垣破垒，作为历史的遗迹，勾起人们往昔的遐思。历史的发展，世界的发展，人类文化的发展，促使中国人改变了方向，向着东南海域发展，而文化的交流也改变了方向。遗留下西北成为历史的、文化的后院。中国的大西北也成为落后的地区而失去了昔日文化的辉煌。而地球的那边，中亚和西亚也同样失去了昔日的荣光。这一切不能不令人感发历史的浩叹。

证之以往的历史，"三十年河东，三十年河西"，也许有一天，中国的西北和中亚与西亚，会重振雄风，恢复辉煌吧。不过，目前还看不到这种转变的历史契机的出现。也许，历史不一定这样"循环"，而会以另一种形态和另一种风貌来重现昔日文化构成的内涵。（当我在1989年写这段文字时，情况的确如文中所说，"还看不到转变的历史契机"；但是现在我们国家已经发出了"开发大西北"的号令，并且，大西北的大地上已经响起了"开发"的巨响，发达地区的力量也已经开向大西北了。古老丝绸之路重放光芒的时日，已经开始了；昔日辉煌，将要重现。2000年9月3日补写）

盛唐气象

"盛唐气象"这个词语很好地表达了中国唐代在文化上的发展状况，而且显示了一种时代氛围和文化气势。不过，需要详加论列。特别是，除了做内部的描述之外，还需要把唐代纳入世界史的范围来评价，拿来做比较世界史和比较文化史的研究，也要把唐代文化纳入世界文化史的范畴来评价。这种从内到外，越出国界的讨论，可以加深我们对"盛唐气象"的认识和感受。

回首唐时，气象万千。在内部它继承前代，远越前汉，近承魏晋。汉是中国文化第一次集大成和高度成熟的时期，硕果累累；魏晋一代，前承两汉、外迎佛宗、内兴建安，成为"文学觉醒的时代"（鲁迅语）、理论总结的时代，佛教经典，"三曹"（曹操、曹丕、曹植）诗文，一时之盛，流传后世；典论论文，《文心雕龙》，总结历代，承前启后。唐代接替秦汉魏晋南北朝和隋代，遗产丰富，前代思想学术文化资料浩繁，外来文化新颖而别开生面，时势兴会、盛世繁华，文化复得深厚丰富基因，于是达到中国古代文化的新高峰。唐诗作为时代之音，记录、反映了这个文化盛大繁荣时代的盛况和它在文化上所达到的高度。它达到了一个新的集大成的中华文化硕果，放射着永照史册的光辉，令后世之人一经亲自感受，就激动不已。

在盛唐一代，中国与外域的交通大大超过以前，海陆通道有七条之多，向东南、向东、向西亚并通过西亚走向欧西。这七条通道，一方面是将中华物产和中华文化输向域外，另一方面则是将外域文化引向中土。

这样三个方面（即继承而集大成、吸收外域文化而予以发展、向外传播以嘉惠世界），成为唐代盛世文化上的鲜明而突出的特点。诚如外国学者所言，唐代的中国已经是世界的中心，唐代文化是当时人类文化的顶峰。

特别值得注意的是，在唐代达到人类文化顶峰这个时期，一方面，世界文化也许是第一次一体化的时代，——当然，这种一体化还是在主要精神上、主要领域的大致的一体化，但各地区人们在文化上的认同性比过去大大增强了；另一方面，则是其他几大文明正出现衰落的趋势，而在以后的历史年代里更出现了断裂。这两个方面与其他文化相比，更衬托出中国的唐代文化达到高峰，出现走向世界趋势的意义和作用。这更反衬出唐代中华文化之成熟、坚强、宽宏的气宇和精神，以及其存在并继续发展的意义。

有唐一代，尤其是盛唐时，中国能不自满、不保守，大胆地吸收外来文化，其于印度佛教之东来广播，就是这种态度的表现。这种气魄也应是盛唐气象之一种表现。

处在这样的时代，中国是充满自信力的，是坚强的，也是宽宏的，敢于大胆地吸收外来的文化，就像勇于慷慨地输出文化一样。鲁迅在论及唐之勇于吸收外来文化时说道：

汉唐虽然也有边患，但魄力究竟雄大，人民具有不至于为异族奴隶的自信心，或者竟毫未想到，凡取用外来事物的时候，就如将彼俘来一样，自由驱使，绝不介怀。(《坟·看镜有感》)

唐人这种魄力雄大、自信心强的气概，突出地表现在对佛教的吸取上。这种吸收，已经由以前的通过月氏、于阗和龟兹的"二传"，而至自己引来，甚至冒万苦而求法——如唐三藏之入天竺；而且，取来了"佛经"，还有组织地翻译出来。汤用彤在《隋唐佛教史稿》(中华书局，1982年版)中指出，佛教从西域传入中国，约在西汉之末，势盛于东亚之初。"自陈至隋，我国之佛学，遂大成"，而"隋唐佛教，因或可称为极盛时期也"(第1页)。这种极盛期当然不是偶然的，也不是自然而然地达到的。这同人的主观努力、主动性、积极性和文化动力分不开。汤用彤特别指出："势力之消长，除士大夫之态度外，亦因帝王之好恶。"他列举了唐朝几代帝王所起的重大作用：

> 隋炀帝之尊智者大师，唐太宗、高宗之敬玄奘三藏，武后之于神秀，明皇之于金刚智，肃宗之于神会，代宗之于不空，佛教最有名之宗派均因之而兴起。

汤用彤还指出，佛教之衰落，也由于帝王之相反的态度，如"开元之禁令，三阶教由之而亡，有会昌之法难，我国佛教其后遂衰"。这从反面证明了人的主观态度，特别是九五之尊者所能起到的推动或阻碍之巨大作用。

佛教文化传入中国，全面地引起了中国文化的变革与发展，推动了中国文化的前进。而佛教之中国化，天台宗特别是禅宗之创立与发展，又都显示了佛教文化原生态对中国文化发展之刺激推动作用，以及中国文化在接受过程中对外来文化的接受、过滤、选择、改造的伟力、智慧和灵性。此之谓盛唐气象。而盛唐气象，亦即中国文化气象之具体表现。

从盛唐气象我们感受到，一个民族在某一历史时代，能否以开放的精神、宏大的气魄、宽容的态度去吸收外来文化，并以其为激发力、推动力，为新灵感的来源，而从事自身传统文化的改进、变革、发展和创造，这一点至关重要。所谓盛世，乃有此眼光与魄力，而至取得民族勃兴、文化发展的佳果。

西域大漠与东南海疆

中国西部是一片广阔的领域，其广大远远超过东南开发地区。这里是辽阔的草原和荒漠，曾经是众多异族驰骋的天地。他们在历代不胜枚举地入侵中原。战争与和平不断地交替。在战斗、和亲、通商、入贡、遣使、入番等不同的纷争与交流的形式中，进行着广泛深刻的文化交流。在汉、唐两代，大量吸收了西域异族文化，它们至今已经融入了中华民族大文化的血肉之中，"不分彼此"。同时，中华文化又凭借着这些民族，凭借以上各种交往形式输出传播，由中国的西域（在中国版图之内）传向西亚、中亚、南亚次大陆，直至阿拉伯，以至欧西。西域，这是一个远古以来就是宝贵丰饶、辽阔无垠的地区，又是一个战乱频仍、边患祸乱之地，但同时又是中华文化向之吸取营养以发展自身文化的异质文化之源，也是中华文化凭以向西传播之桥梁中介。西域对于中国，对于中华民族是重要的、有功的。古人诗云："春风不度玉门关"，但文化的新风却历来从西域吹来。葡萄海马、胡琴三弦、胡服骑射、霓裳羽衣、温汤疗疾之属，方面广泛，所在多有。

这是古代的状况。

越是进入近代、现代，西域、西部地区就越是荒凉，越是落后，越是穷困。"大漠孤烟直，长河落日圆"。丝绸古道，至今荒僻不知究底；楼兰古国，唯遗残垣断壁。西域长久地被人遗忘，长久地成为人们畏去之地。昔日的热闹繁忙，一去不返。

但是，西部地区的地下藏着无尽的宝藏，广阔的地域可供进行各种宏伟的建设。伟大的人力资源也有待开发。

这一切不仅具有可能性，而且具有必要性。

西部的落后与蜕化，是一种历史的落后。历史的发展使人在这个地区的统治和经营退化了，于是也引起自然的蜕化：沙漠荒原的扩大和绿色草原的沙化，以及城市与乡村的退化，留下绮梦在往昔。一个敦煌，道尽了这种历史的沧桑。因此，人的努力、人的进军、人的进化，就可以抵御这种历史的退化，减少、缩小、限制以至消灭由此而来的自然的蜕化。如果把地下宝藏用现代"掘藏技术"武装起来，提供人们大量的财富，来再经营西部、发展西部，西部就会再次繁荣，再显辉煌。那时，它就不只是自身繁荣，而且将带来中国的整体繁荣；不仅它自身的繁荣就具有这种效应（全国不必向它提供投资），而且它还会促进、帮助、支援全国的繁荣。这一繁荣也会是中国文化的再度繁荣。那时，西部将同往昔的西域一样，成为通道、中介，将中华文化向西亚、中亚、西方再度传播，而且也从此渠道吸收这些地区的文化，再度帮助中华文化发展和繁荣。

现代西部"丝绸之路"将比古代"丝绸之路"更加辉煌。

沙漠将会退让，绿洲将会扩大。文化的沙漠也将蜕变，文化的绿洲也将会昌盛。那时，西部文化的地下宝藏会从"地下"跑出来，会受到人们的重视、理解，重新解读阐释，并进行"现代化处理"与"现代化运用"，西部文化将再度发光，而且增光添彩于整个中国文化。

东南海疆则同西域的情况大不相同。在古代，由于海域辽阔，海岸线绵长，由于距离"海那边"的土地过于遥远，而又囿于古代航行技术的不足，除了一衣带水的日本，海上距离既近，又有朝鲜半岛为跳板，所以海外联系通畅之外，同其他国家则不免疏于往来。在长久的历史时段中，西域繁忙热闹，而东南相比之下却寂寞冷清。望洋兴叹，"西望长安"。

但是，随着中国自身的发展、人类航海技术的发展、"海外"诸国的发展，这种东南海疆相对寂寞的局面逐渐改变。到明代而发生大转折，以后则是人家从海上来叩开、轰开中国的海上大门。这样，东南海疆就逐渐繁忙热闹起来了。但是，情况同西域大有不同。在这里，不是中华文化向外广泛持久悠远地传播，而是，一方面有从海上向外传播，另一方面也有从海上来的内传，而后者的趋势则越来越强，被动的局面越来越严重。从近世以来，东南海疆逐渐升位，西域则在以前的蜕化基础上更日甚一日地颓废，而至荒漠阻隔、黄沙蔽日，堵塞了昔日商旅不绝的古道，荒废了往年文化交流的通道，而真正"春风难度玉门关"了。东南沿海则成了先进的、开放的、开发的地区，"风从海上来"，先进的技术、现代的科学、时新的产品以至一切舶来品，均从东南海上来。

看来，在相当长的时期内，仍然是东南海疆得风气之先，走在文化交流前列，而西域和西路通道有待开发和复兴。这段时间也许将会是比较长的。但是，人们的积极性和努力程度，特别是人们正确的、符合历史需要的发展政策，将会起很大的作用，而决定于时间的长短。

瞩目西域，这已经是一个迫切的课题了。

中华文化："半个世界"

这是一个符合实际的提法，在当时，在唐代。中华文化覆盖了"半个世界"，而且走在世界文化的最前列。东北囊括日本列岛和朝鲜半岛入于东亚文化圈—中华文化圈中；西南则入于东南半岛而纳越南北部入于中华文化圈；东南则"乘桴浮于海"而传播中华文化于东南亚诸岛国和南亚次大陆，与印度古文明交汇；西部则荦荦大者，波及中亚、西亚，远步地中海。这还不是"中华文化：'半个世界'"吗？

这是唐朝文化的鼎盛时期。这也是中华文化的鼎盛时期。

然而，这"半个世界"后来却衰落了。中华文化的故国衰落了，中华文化也衰落了，它一直等待着一次复兴。可以自慰的是，它具有一种顽强的生命力，它没有同其他三个古老文明一样断裂，而是亘古今而存，延续下来了，这就证明这一文化的内在价值，证明它的核心部分有足可演进变革的内涵和素质。不过，它究竟失去了过去的荣光和威势，其中有可予总结和反思之处。

我们至少可以从两个方面切入，进行思考。

这种文化的衰落，同中国长期停滞在封建帝制和农业社会阶段关系至大。它抑制了工业生产的发展，压制了生产力的提高，阻滞了社会分工的发展，这些便抑制了整个社会的发展。把这种情况纳入世界历史的范畴，就能看出一种窘境。因为在同一时期，欧洲发生了生产工具的变革、生产的变革，以至引发了工业革命，出现了资本主义生产，整个社会都发生了革命性变化，而与此伴行的是文艺复兴运动席卷欧洲，启蒙运动震撼欧洲。以科学文化、技术文化为先锋，引发了整个文化的转型和重构。与之相对比，中华文化却落后了，不仅不能推动自身社会的前进和发展，而且抑制着社会、文化的发展。同时，又故步自封，顽拒固守地对待已经走入先进地位的欧西文化，夜郎自大，不思进取。在开始吸收一些西方文化时，又是变用不变体，或者是"外耶内儒"（如明之徐光启），或者是"中体西用（如清之张之洞），终究未能有根本性的变革。

另一点，则是文化自身的缺陷所造成的结果。前已论及，我们的传统文化中技术以至科学的内涵是一个缺陷。李泽厚认为，中国文化为四大实用文化，这就是兵、农、医、艺（首先是技艺）。它们都很实用，但是都缺乏生产性。"艺"之一项固然是技术的，但始终限于手工业，精于艺事，向"艺"的方向发展更相当突出，所以艺术水平无与伦比、精巧雅致，然而生产力水平却难能提高。这不能不从文化领域，从思维惯性方面抑制了生产工具的改进、变革，从而也抑制了生产的发展和变革。产业革命终未发生。社会也就不能不艰难地、保守地停留在农业、手工业生产囊括整个社会生产领域的封建农业社会了。

回顾历史，展望未来，在中华文化从传统向现代化转化中，我们似可从这两方面来思谋改进发展之道。

援儒入佛与引"禅"入"武"

文化的传播与接受，常如大诗人之作，时有"越轨之笔"。诸如"援儒入佛"、"引禅入'武'"（即将禅宗之文化精神化之入武士道文化），便是这种"越轨"。儒学本是一种入世之学，孔老夫子凄凄惶惶、碌碌道途、风餐露宿、风尘仆仆，为的是什么？求用于王公，期献力于治世，老先生甚至下决心如果吾道不得行于华土，便"乘桴浮于海"，求行道于海外。这是何等的执着于入世、治世、助世呢？然而佛家宗旨，却是一个超然出世、脱离红尘，双手合掌"阿弥陀佛"，和妻子儿女、人间尘世整个儿道一声"再见"，而寄托全在天上来世。然而，却又可以在后世的文化发展中，见到这种"援儒入佛"。

这里透露的是，异质别相之两种文化，出世、入世各不相同，但在根底上有一种互相认同之处，不过表现方式却是不同的，这是其一；其二，两种文化之间，固然有相同、相近、相连之处而至相吸互补，但是，也常常会有一种相抵触、相矛盾而又相吸互补者，这就是一种"对抗性联系"，或称相对抗而互补。

儒与佛，虽然入世、出世各不同，但是关怀人世，图有益于人间，则相同。不过，一个是要圣人治世，一个是要普度众生。这是基点上的文化认同。至于支点上、具体问题上，自然更可以将可用之文化因子、可用之言论议题拿过来，借而用之、改而用之、化而用之，据其"躯壳"去其"精神"变而用之。这是一种文化借力、文化利用，实质上也可以说是一种文化交流、文化融会。对于彼此之发展，都是有益的。

当然，在中国的儒学和中国化了的佛学中，更有一种非宗教化的固有传统和传统文化精神，因而少有那种宗教性的门户之见、偏执之情，不至于产生彼此的顽强排斥，更不至于出现宗教战争。

援儒入佛，就这样成了一种彼此的文化推动力。佛中有了儒学的精神，和尚也是儒生，高僧即是鸿儒，既精研经卷又饱学儒典，既弘扬佛法也传授儒学。儒学中也有了佛子精灵。"达则兼济天下，穷则独善其身。"独善之时，常常不是"隐居田园"，就是入寺访仙，"带发念佛"，求心灵之解脱，亦修学问之精深。甚至于一些通达的士大夫，身居要律，也仍然访名山大刹、交高僧名师，或者也读经参禅，以佛入儒，亦得其所哉。

这种文化的互渗与互济，确实使儒、佛两家都得到了发展，使彼此都得到了文化支援。

至于日本武士之习禅，更是获得了文化的装备和精神的武器，而且，这是精良的文化装备和武器。

武士忠勇好斗、持强浴血，勇猛可嘉，但是内心需要一种底气——一种文化的底气；凭此，勇猛之精神才有所依恃、有所追求。他们从日本贵族这一竞争与战斗的对手中，不易获得更有利的文化利器，而一旦遇见禅宗的文化精神，便获得一种文化底气了，既可凭以支撑内在精神，又可借以与贵族抗衡。武士轻生死，是其阶级任务借以完成的重要观念，而此点同禅宗之齐生死，在根本上取得认同之基点，虽然各自的归宿与寄托是不同的。当然，从根本上说，武士缺乏禅气，是不能或难于彻底理解禅的，他们实在是"处在禅之外"。所以，武士不会去参禅，武士中也出不了禅师。但是，低文化阶级的武士从高文化的禅宗那里借取一些文化精神、提取一点文化武器来装备自己，以利战斗和生存，却是可以的、有益的，事实上也是成功的。

中国出世的禅宗，帮助了日本争世的武士建立自己的精神世界，这也是文化交流中一种十分有趣的现象。

素王与儒教王朝的今与昔

李氏朝鲜时代，在朝鲜半岛，在历史时期上，大体上相等于中国的明与清两个朝代，绵亘500多年。在这"千年王朝"之半的时代里，朝鲜王朝所学的就是中国的儒学，以及以此为核心的中国其他文化。这种学习是全面的、系统的，从典章制度、教育文化、诗书礼乐，到民情风俗、衣食住行、文学艺术，率皆如此。而且，这种学习起自皇家之倡导与带头，终于平民之习得和奉行，学得主动、学得积极、学得热情，也觉得自觉、踏实、实在。而且，他们的这种学习，是比较集中、比较及时的。所谓集中，重在宋明儒学，皆可为"时学"了，而非中国之古文化，非汉儒之属；更有及时者，即当时中土正在盛行朱子学、阳明之学，他们都是在"不几年间"就搬上半岛，输入生活了。还有一点，他们的政治制度这"上"一头和"民间习俗"这"下"一头，也都是从中国的儒学中获得它的理论依据和支撑，获得它的意识形态规范和情志世界。据此，乃有尊孔老夫子为素王和尊朝鲜为"儒教的王朝"之说。就这一点来说，朝鲜是远胜于日本之于中国和日本之于儒学的。在五百年光阴中，儒学就这样深入于朝鲜君王臣民之心灵、半岛社会之肌体。

五百年之后呢？这里不必做历史的概说，只笼而言之、统而言之，是多有变换的，尤其是尔后的日本统治和最近半个世纪之经济发展、社会变化，是巨大、广泛而深刻的。不过，儒学的风貌却仍然相当浓厚地存在：在社会生活表面习俗和形象上，在人民思想情感的习惯和行为上，都表现了这一点。此处难究其深因缘由，但有可说者二：（一）日本统治时期，日本也是儒风犹存的，破坏者有之，但保留遗存者亦有之；（二）近半个世纪以来，在韩国则大量地保留了儒学的遗旨。

亚洲经济增长"四小龙"之一的韩国，儒学精神作为思想资源、社会意识保证和现代化的杠杆，在某些方面的被改塑继承和自然的功能发挥，对其经济、社会发展起到了积极作用。这一点，现在纵不能说是普遍认同了的结论，但大家都肯定了这方面的事实。至于如何作价值评估和理论论证，则各有不同说法。作为同在一个半岛的朝鲜来说，近半个世纪以来，对于儒学的有意的作为"文化遗存"而加以改造、变换，因而收到不同的效果，这是另一方面的事实。由此而反观我们自身，近半个世纪以来亦复如此，且有过之而无不及。直至曾经有过评法批儒的猛烈的运动之火，焚烧儒学以至一切传统文化。这作为五四运动批孔的消极方面的继承、恶性发展和异化，不仅当时的恶果昭彰，就是今天，也仍然是严惩的后遗症在作祟为患。

而摆在面前的严重而令人浩叹的事实是：韩国的经济发展水平在东北亚居于前列，也远超出它过去的文化的宗主国。而经济之外的文化的事实也正是，在那里，社会的礼仪、人际关系的道德规范、人伦的尊老敬贤、对家教的重视和一般地对教育的重视，如此等等，是都较之曾经是其宗主国的国度为高的。

这自然应当引起我们的深思，要想一想、研究一下：他们的成功是否以及如何从儒学获得了现代利益？而我们又如何因失去文化传统而遭到惩罚？今天应当如何对待儒学？应当如何从儒学中取得今天实现现代化的传统智慧、思想资源和文化滋养？这样做，是会有好处的。

温故而知新，读史可鉴今。卷起历史的图卷，抚今追昔、抚昔思今，我们不仅感受到昔日的荣光，而且引起了今天的思索，这也是写史、读史的好处之一种表现吧。

明清实学的兴起和它所透露的历史信息

我们从史实中看到，从明代中叶到清代中叶，绵亘300多年，一个与儒学疏离且进而分离出来的一个独立学派（即实学）出现了，发展了，并且"成为主导的社会思潮"。这个学派，针对着理学末流的"空谈心性"，提出了对立的思想纲领和核心理论——"由虚返实""崇实黜虚"。他们在这理论指导下，提倡"崇实"，提倡实学、实习、实用。这股实学的清风，吹进了哲学、史学、考据学、文学和科学技术的诸多领域。这股清风还越洋飘飞，到了朝鲜，到了日本，对这两个国家产生了深刻的影响。在李氏朝鲜也兴起了实学。这里有对实学的两种概括。一个是：（一）批判精神；（二）经济思想；（三）科学精神；（四）启蒙意识（葛晋荣）。另一种概括则是：（一）对实用的关心；（二）批判的精神；（三）实证的方法；（四）开放的态度（柳承国）。将这两个概括综合起来就是：批判的精神，实用的目的，实证的方法，启蒙的意识，开放的态度。

面对这样一个体系性的理论–方法–目的的理论构架，我们不是很清楚地看到实学的精神实质、时代特征和发展趋向了吗？这是什么呢？这就是新的生产力的发展、新的社会结构的形成、科学技术的广泛的生产与生活应用，如此等等。这也就是资本主义的发展和社会近代化的进程。

此中透露了甚为重要的学术、文化、社会、历史的信息。这就又回到我们前面所提及并讨论过的，中国（以至东方除日本之外的汉文化圈中的诸国家）在自己的社会内部，也会并且已经产生近代化、资本主义发展的社会因素，它会并且已经引导着社会向这一途程迈进。只是后来因外国侵略打断、阻遏了这个发展进程，使之曲折地发展了。这又一次证实了我们前面论及的中国近代史发展的"两条线"的确是存在的。

这种实学学派的产生以及在社会发展中的作用，绝不是偶然的，不是无源之水。首先，它重实践、重实际、重实用，它重天文、历学、算术、医药之学，以及农耕技艺和工商之术，一方面是这方面的"实"在社会实际中实实在在地发展了的反映，另一方面，作为一种学术、思想、文化，它又是这种实际发展的总结、理论结晶，从而又推动实际的发展。同时，作为一个学派，它从儒学中脱颖而出，既反对其空谈心性，又指出其"利用"与"厚生"的思想以为理论前提与理论资源，循儒学而与之抗衡，取儒学而与之流离，向着崇实去，从而成了一个适应社会发展实际与潮流的新学派。

读史至此，我们既觉得欣喜，为的是300年间有了这样规模和广度、深度的实学发展，且影响及于海外；同时，我们又不免扼腕感叹，为的是这个"实在"的线索被阻遏了，未能自然地去发展自己。在以后的岁月中，它受阻、遭欺、被压，未能很好地发展，从而历史便走了曲折的道路，有了以后我们看到的形态。

但是，我们确实再次看到了那条出自中国社会实际和历史发展的重要线索。

东亚文化圈：昔日之辉煌、今日之荣光

东亚文化圈，具有悠久历史的辉煌记录，直到近代才渐渐失去了它的光芒。这一东方文化圈，以中国文化为母体和母题，朝鲜文化、日本文化、越南文化又各有自己的共性中的特性和特异光彩，给人类文化的发展做出了自己的无可替代的贡献。这一文化圈，以两项文化母题和文化因素为其突出的特征，这就是汉字文化和儒文化。汉字以其特有的象形的、表意的符号体系，与其他文字相区别，而具有自己的特异与特长的文化功能。儒文化又不单纯是孔学，而是融进道家文化和佛教文化、以儒文化为核心和主体的"三合一"的文化。它们在古代曾经长期发挥其作用，促成了"千年繁荣"，使这一文化圈中各个民族和国家的物质文明和精神文明得到高度发展。不过，在最近一二百年中，它却衰落

了，式微了。于是人们得出一个结论，或者说形成了一种印象，认为儒文化精神已经过时了，它不适应现代科技的发展，不适应现代工业商业的发展，也不适应资本主义的发展。人们对其持批判甚至彻底否定的态度，包括中国的五四运动那样的全民族性的、全面系统的批判在内，也包括日本明治维新那样的民族革新运动在内。中国在五四运动中，举起了"打倒孔家店"的旗帜和批孔、批儒的纲领；日本则提出和实施了"脱亚入欧"和"文明开化"的口号和政策。两者的锋芒所向，都是以儒学为根基的传统文化。这两个运动和改革，都带来了民族的发展与进步，带来了现代化运动，其成就是很显著的。尤其是日本的成就，使岛国成为东亚首屈一指的经济发达的国家，其文化上的发展也令人刮目。这更进一步加深了人们的印象，似乎马克斯·韦伯那种代表性的论证，即儒家文化精神不利于资本主义的发展和工商业的发达，是完全正确的。

然而，新的历史事实却给人一种新的印象和新的思索，启示人们去得出新的结论。这一新的事实就是，中国香港、中国台湾、韩国和新加坡所谓"四个小老虎"即四个新兴工业区令世界瞩目的巨大经济成就。人们注意到，这"四个小老虎"恰恰都与儒文化关系密切，渊源甚深。前面"三虎"中，前两个本就是中国本土，韩国则是东亚文化圈固有的成员，新加坡也与中华文化、汉字文化有重要的、密切的关系。如果不是从区域划分着眼，而以居民数量来观察，那么在这里生活的60%以上的居民是以汉文化为其根源的华人和华裔，他们保留了大量的汉文化。他们作为文化群体，可以算作属于东亚文化圈中。这样一种新的事实，便引起了人们对于儒文化的重新评价的兴趣和要求。有的论者认为，儒文化是并不与现代化矛盾的，是完全适应工业化、现代化发展之需要的。事情是否如此呢？

不错，四个新兴工业区都属于东亚文化圈或部分属于东亚文化圈。前者为中国台湾、中国香港、韩国，后者为新加坡。而中国台湾、中国香港是自然的儒家文化根基；韩国在与朝鲜分立之后的几十年间，保留儒文化较朝鲜更为突出；新加坡的华人华裔中保留的中国传统文化，在某些领域较之中国国内的居民还要多。但是，这是否就可以说，"四个小老虎"就是凭儒学起家的呢？是否就可以说儒学是完全适合工业发展和现代化进程的需要呢？

事实是，无论是中国台湾、中国香港，还是韩国与新加坡，在第二次世界大战之后，对以美国为代表的西方文化进行了大量的输入，尤其是科技文化、现代工业生产、企业管理和商业运营等的文化蕴含的输入，都是西方文化体系的、工业文化体系的、充满西方文化精神的。它们的大量输入，形成了一股强大的文化力量，占领了大量文化领域，而且已经同社会的统治阶层、统治力量结合，因而潜入和占领了主流文化的位置，在经济、社会发展中发挥了重要作用。这种情况的发生，一方面是这些地区的经济发展所带来的必然结果，另一方面又成为经济发展的动力。这就打破了儒家文化大一统的天下，纵不是平分秋色，也是各自在不同领域占有不同高下优劣的地位。同时，还不能不看到，两种类型的文化同处于一个社会肌体之中，装备着同一个社区的人群并为他们所共享，就势必发生"同体（社会肌体和人类个体）相渗"的现象和作用，从而发生儒家文化中渗入、融进了现代文化、西方文化、科技文化；同样的情形也发生在西方文化之中。这样，在这些地区就已经不是单纯的儒家文化了。

这种情况，不仅不是证明儒家文化可以不经改变、不经适应过程、单纯自身发挥作用，就可以适合现代化需要、适应现代工业发展的需要，而且恰好证明了儒家文化必须经过适应性改变，从内涵到形态都要有一番改变，才能适合形势的需要。

当然，反过来也证明了一点，即儒学是不可抛弃、不必抛弃的，它不是如马克斯·韦伯所说，完全地、根本地不适应工业化、现代化需要的，而是可以一方面吸收新的、异体的文化因素，改变自身的内涵与形态；另一方面又与外来的、新的、异域异体的文化相合相融，组成新的"文化共同体"，来为社会与经济的发展、社会的现代化服务起到动力、推力、基础力的作用。

这里，我们还必须补充说明，在这四个国家和地区中，中国台湾受资本主义、东亚工业最发达的国家日本殖民统治了近半个世纪，在第二次世界大战后又同日本一直保持着密切的经济、政治关系；中国香港则一直在老牌的资本主义和工业化国家英国的殖民统治之下，它还是一个国际化、商业化的岛屿和港口结合的地区；新加坡也长期处于英国的管辖之下，又是一个海禁敞开的国家。这些都使它们不可能保持一个封闭的、古老的、传统的"纯"儒家文化，而获得经济、社会的发展，创造现代的经济奇迹。

韩国学者黄秉泰在其所著《儒学与现代化》中指出，儒学是中、日、韩三国的共同思想财富，然而在这三个国家中，儒学都未能产生导向现代化的精神动力和取向。这自然是对的。从儒学的总体精神和价值取向上，从儒学的学术品格中，的确是不可能产生导向现代化的思想上的动力和技术上的支援的。不过，又正如黄秉泰所指出的那样，当西方现代化浪潮袭来时，接受挑战的三国儒学都不得不作出回应。当然，在觉醒之后，在以教育为战略举措而开始向现代化进军时，韩国的儒学自然也是作了适应性变革的。如果原封不动，显然就不会有进入"四个小老虎"之列的荣耀了。

至于中国在五四运动之后，在"打倒孔家店"的狂浪巨涛的冲击之后，儒学固然未曾做到像日本那样的适应性变革，但毕竟发生了很大的变化，科学与民主之风曾经炽盛，也在国家生活中起到了一定的作用。中华人民共和国成立后的几十年中，儒学一直处于被批判的地位，但是受到的"政治审判"盖过真正的文化批判，所以改变了，抛弃了，但真正是阴魂不散，积极的作用未能很好发挥，而消极的作用却在暗地里或公开作祟。

因此，结论只能是：儒家文化不可能原封不动地以古老传统的方式来适应工业化、现代化的需要。但是，儒家文化又是可以做到这一点的，甚至在某些方面它有优于西方文化之处：第一，需要有新的工业文化、科技文化、商业文化，有西方文化来补充、合作、互渗互融；第二，儒家文化需要作现代改造和现代处理、现代解读和诠释。同时，在这里，我们还要补充一点，即在西方发达国家进入后工业文化、后现代文化的时代，由于人类文化的重构和转型，由于对"现代性"进行反思，人们在这一过程中，发现了中国文化、东方文化中含有补现代文化之罅、纠现代文化之偏、救现代文化之急的内涵，主要是其文化精神、观念世界的内涵，受到重视或研究的兴趣。这也是西方文化发展极致之时所产生的一种"回首东方"的文化现象。当然，这里受到注目的又不是"单纯的儒学"，而是自古以来就存在的"儒道释三合一"而以儒学为基核的中国文化。

这一切历史和现实的事实启迪我们思考，在中国目前全力奔赴现代化目标时，如何对待传统文化、西方文化、文化的现代化和人们的精神世界的建设等问题。总题目就是，如何来实现中国文化从传统向现代的转化。

关于日本文化对外来文化的创造性接受

美国著名的历史学家、"日本通"埃德温·赖肖尔，在由他担任美国驻日大使期间（1961—1966）所发表的论文和谈话汇编而成的著作《近代日本新观》中，对日本作了几点非常有意思然而深刻中肯的描述。他说，日本是一个孤悬于海上、"处于孤立于世界之外的地位"的国家，是一个"孤立的日本"；日本国民"对于从艺术和审美上表征事物比从学术上表征事物显出更大的关心和能力"；日本"英雄不多"，"特有的政治方式不是英雄统治"；等等。同时，他还着重指出，日本又是"一个实验室"，因为它不得不通过移植外国文化来发展、建设自己的文化。而在这一方面，日本值得称道和学习的特点和优点是：

> 日本由于孤立，同与它差不多大小的国家比较，反而创造出更多的固有文化。实际上，对于日本历史怀有特别关心的是这样一点，即首先借用外国技术、制度和文化，然后同化它，使其变形，继之在此基础上创造出新的独自的制度和文化特质。这一过程在日本历史中被认为是最光彩的一页。[①]

这段论述是很正确的，也是深刻的，的确道出了日本国民性的特点和优点、日本文化的特点和优点。日本不得不向外去借取技术、制度和文化，就远古到近代明治维新以前这一段历史时期来说，几乎可以说是绝大部分从中国输入、借取，而且这种借取是全方位的、系统的、深入的。这一事实，我们从本书所介绍的史实中，从日本自己的历史记载中可以看得很分明。不过，日本民族的能力和智慧，其高超之处就在于，可以大规模和细微地借取中国文化，但却不为其同化，而是同化了那个被借取的对象，他们在接受过程中和接受之后的运用中，先是变形，依据自身的需要、自身的条件、自身的能力加以改制、重塑，然后创造出一个既有"借取的因素和灵感"又有"自身的特征和灵性"的新的文化创造物，成了一个本民族的新的东西。这是日本民族的特点，是他们的

[①]　赖肖尔：《近代日本新观》，生活·读书·新知三联书店，1992，第6—9页。

智能。就是凭借这一特长，他们以孤立岛国之势而能创造自身的文化，并且比条件相类似的国家创造了更多的自身的固有文化。

关于这一点，我在1993年秋访问日本时，看到了很突出的表现。比如瓷器器皿，日本最早从中国传入，但岛上缺乏釉土，于是他们就用细陶土代替，然后在造型上又不受中国形置的拘束，而做了许多变形的、造型美观的器皿，许多盆、碟、碗、勺等形状小巧玲珑。以后，中国又学日本制造了这种器皿。再后来日本也有了釉土，就造出了美丽的东洋瓷。日本在基督教传来的初期，极力反对它，想出一种办法来"测试"谁人入了西洋教：他们做了一块踏板，上面雕塑了圣母像，如果谁敢于去踩，就证明不是天主教徒。就是这种雕像，那圣母在精神气质上显出一种东方人气质、一种观音气质。我也曾见到圣母的主体塑像，也是颇有观音气质，具有一种沉静的、幽雅的东方女性的特点。这是日本的创造。此外，我在日本书法、日本山水画以及浮世绘、日本的寺庙建筑等方面，也都看到了这种变形、改塑、创新的业绩。

日本在明治维新之后，大规模地、系统地、热情洋溢地学习西方，输入西方文化，就像以前学习中国文化一样。学习的方式和结果，也是同样的。日本没有西化，虽然从西餐、洋服、牛奶、咖啡到科学、技术、文化等方面，都比中国洋化程度要高，但是并没有西化，而是将西方文化融进了过去"汉化"程度较多的本体文化之中，从而实现了向现代文化的转化。

日本方面的著作中，也曾这样指出：

> 经过悠久的历史年代，日本产生了优异的民族文化。这个文化有许多方面是日本人从自己国内的渊源和灵感之中培育而成的；其他方面来自亚洲大陆，在近代来自西方，并按日本人趣味精炼之后，成为日本文化内在的要素的。[①]

的确如此，许多方面是来自其自身的渊源和灵感，其他则来自亚洲大陆（中国）、来自西方。这里，不是一种数量概念和比例，而是质量，是体与用之关系的揭示。主体、根基、气质、形态，都是自身的渊

---

① 参见《文化的变异——现代文化人类学通论》，C. 恩伯、M. 恩伯合著，杜彬彬译，刘钦审校，辽宁人民出版社，1998，第43-48页。

源、自身的条件、自身的灵感、自身的创造，只有其他方面才是借取的、吸收的、输入的外来文化。这是一种既大胆吸收（而不是拒斥）又勇敢创造（而不是被吞没、同化），既从外域输入又自力更生的智慧之举、创造之举。这一点，正是日本民族的成功之道、发展之路，值得其他民族效法。

文化在发展中的变异

无论是中华文化自身，还是东亚文化圈，或是这一文化圈中的成员的日本文化、朝鲜文化，都在不断的变迁之中。当然，变中有不变，变又有其特定的轨迹。我们这里要谈的是作为接受中华文化熏染、影响，而形成自身文化模式的日本文化和朝鲜文化的变迁轨迹。有一种现象很值得我们注意，这就是日本文化和朝鲜文化同受中华文化的塑造而成型，但各有其特异之处。而在两者之文化中，保留了大量的中国唐代文化模式，或称中华文化在唐代的模式。在它们那儿，当文化在唐代形成比较稳定的模式之后，这种"唐式文化"范式，在许多方面，其基本形态（包括服饰、食、住、行为规范等众多方面）都仍然保留旧时模样，直至现代仍有大量的遗存。但是在中国，历经宋元明三朝，以至"五四"以后，中华人民共和国成立以来，变化甚大，以至"唐时遗风"难窥其貌了。这使人纳闷，为何"源头之水"变了，而属于"流"的部分反倒变得更少、保留得更多？

首先的和基本的原因，我们可以推定，中华文化在中国是"源头""原生态"，而在朝鲜、日本则是"支流""次生态"。一种文化模式，在它的源头，在原生态的环境中，依据它所萌生的、植根的社会土壤，即它所要适应的环境的变化，必然要发生变化，这是一种自然趋势，势所必然。然而，在其"支流"，在"次生态"中，社会条件不同、环境不同，从异国传来的文化只是嫁接在原生本土文化的根基之上，间接地同社会条件发生关联，因此可以说是"悬浮"于社会环境的土壤之上的，中间悬隔一层本民族的"文化底层"。这样，当社会条件、环境形势发生变化之时，一切作用都对本土文化发生，改变其状态内涵，而对"悬浮于上"的外域异质文化，则作用力、影响力较小或无影响，因为它们不是"血肉相连"的关系。但更重要的是，外来的中华文化在此落地生根之后，既失其原生土质，就相对稳定（也可说是相对凝固）了。在文化形态上，它已经是"古典化"的、停滞的了。

所以，当中国唐代成为过往，宋元来到，儒学本身发生很大变化，道家、儒教也发生变异，儒道释三者之间的关系也发生变化。至明、清，又更因社会状况的变化，外加吸取西洋文化，甚至东洋文化的回返影响，中华文化历经近千年的演变，天地流变，文化异态，同唐时的中华文化大不相同了。而在日本和朝鲜，古典化了、凝固化了的中国唐代传来的成熟形态的文化，失去变化的根基，悬浮于上，外在地接受它被移植其上的本土文化的变异，被本土居民奉为经典供奉着，在某些领域、某些方面（如服饰、饮食、居住等）保留着古典形态，而在其他领域（如观念世界、情感世界、价值体系等）却发生了大的变异，而不复"唐时模样"了。

习俗分适应性的和非适应性的两类，非适应性的习俗会逐渐消亡。文化是整合的，构成文化的诸要素不是简单地随机拼凑，在大多数情况下是相互适应或和谐一致的。这两个条件的结合，决定了文化总是变迁的[①]。中国社会在唐代安史之乱后，就经历了大的战乱、动乱，社会文化的各个系统（包含习俗）都发生了大的变化，包含南北的交流、他民族对汉民族的统治等，变迁巨大、变动率高。相对而言，日本情况不同。但更重要的是，在日本，其革新往往是以汉文化为目的和范本，而唐以后，两国的文化交流较以前之大批、持续派遣留学生、留学僧差得很多，而唐文化又在那里居于古典范式的不可轻易更改的地位。特别是，日本在改革时期，即使是明治维新那样的以学习西方为主要目的，以"脱亚入欧"为口号的革新运动，也注意到保存那些适应性习俗、适应性文化因素和特质，不排除它们于文化整合的体系之外。

这里，就有着人们主观决策上，正确处理传统与现代、革新与保存、批判与吸收等这些既对立又统一的历史、社会、文化课题的问题了。应当肯定，日本从唐以至现代，对这些问题的处置是有可取的经验的。而现在，我们则不能不思考一些重要的课题。一方面，我们正在毫不顾惜地、不加分辨地抛弃一切传统，以为凡新的皆好，凡传统的皆坏；另一方面，既囫囵吞枣式地吸取、照搬外来文化，无论欧、美、

---

① 参见《文化的变异——现代史化人类学通论》，C. 恩伯、M. 恩伯合著，杜彬彬译，刘钦审校，辽宁人民出版社，1998，第43—48页。

日，又"跟着别人屁股后头跑"，邯郸学步式地尾随而去，以致连别人走过的弯路我们也再走一遍，别人吃过的苦头我们也跟着去吃。而这些本来后续者是可以避免的。同时，还有对外来文化，尤其是现代科技文化的误读和对接错位的问题，却又反映了骨子里冥顽不化的落后魂灵在作祟。

所有这些，都是我们在现代化过程中值得思索、值得注意解决的问题。

关于"文化磨合"问题

这是日本著名学者竹内实先生提出来的一个文化学的概念。我以为很有意义，能够很好地表示两种文化接触和融会过程中一个阶段的文化性质和内涵，所以现在借来使用。1995年6月10日，竹内实与二藤尊夫先生，作为北京日本学研究中心的主任与副主任，应东北大学文法学院之邀来讲学。讲学之余，某日，他们与辽宁社会科学院的学者们会晤。会晤中，竹内与二藤先生先后作了简短的讲话。竹内先生在讲话中谈到中日文化的交流问题。他说，在北京街头见到有的汽车在背后挂一牌子，上写"磨合"二字。经询问，得知其意是汽车修理过程中，换了一个部件，在安装之后，为了使这一部件与其他部件达到完全互相适应的良好状态，便在运行中使之摩擦、调整，达到整合。这便是磨合。竹内实先生说，他从中受到启发，便用来标示两种异质文化在接触时，由摩擦到整合的过程。我听了很受启发，觉得这是一个带有普遍意义的文化命题。

说到中华文化向海外传播，便有这样的一个磨合过程。也许我们可以说，第一，在这两种文化的磨合过程中，每个民族的智慧、努力程度、磨合方式等，都会起到很大的作用。第二，有的民族在磨合过程之后取得成功，达到目的，使外来的异质文化在磨合之后成为自身文化的一个有机的组成部分，从而使民族文化得到发展；而有的也许就收获平平，或者将外来文化作为"异物"而排斥了。这对本民族文化来说，便是一种损失。

如果从这一立论点来回顾历史，我们便会感到，日本民族在接受中国文化方面，是做得很成功的。而在明治维新以后接受西洋文化，又同样是成功的。

他们的成功，除了其他因素之外，可以说，突出的原因便是这种"文化磨合"工作的成功。

一般来说，这种磨合的过程，大体有这样一些阶段：首先是两种文化的接触；然后是接受方对被接受文化的审视、过滤、选择；再后来是应用，这便是"结合"；在应用的过程中，就进行两者的磨合了。进入正式的磨合过程之后，便发生两方面的情况：一方面是接受方文化以本身之定式去规范对方，"删""削""改"；另一方面则是外来文化对接受方同样的"动作"和过程，这大概就是磨合的内涵了。经过这样两方面的"抵抗""战斗""改造""迁就"，达到磨合的结果：二者契合，成为一体。

在这种磨合过程中，会发生两种"主观能动性"的作用：一是自然流程式的，在大众之中、在日常生活中、在民间的自动磨合，这大都是在世俗的、日常的生活中（如衣、食、住、行等），在民间礼仪、习俗等方面；二是有意识、有目的、有计划地进行的，这一般会是在官方的推行下实现，或在文化学术界引导、宣传、实行，两者都是"推向民间"的。这种"政府行为""学术宣导"的内涵，既有世俗生活、日常礼仪、民间习俗，也会有精英文化，而后者则更被注重和更起到教化作用。

这一切情形，我们在历朝历代中华文化向朝鲜半岛和日本列岛的传播中，都可以看到十分鲜明而突出的例证。

唐德刚论"胡适学"

胡适与鲁迅，在海峡两岸曾分别遭到猛烈的批判，其著作遭到严厉禁锢。——中国大陆批判胡适的狂飙，曾席卷全国文化界；中国台湾有因读鲁迅而坐牢者。但近几年来，两岸情况都有了明显改变。鲁迅的著作和语录在台湾已出版不少，间亦有研究文章出现。在大陆，胡适著作出版了许多种，胡适传记也有多部问世，研究胡适的论著就更多了，几成"胡适热"；但是，"胡适学"的提法，却还未见到。

然而，我1994年访美时，却见到台湾旅美学者唐德刚教授关于"胡适学"的较详细论述。唐先生是20世纪50年代胡适赋闲纽约时期的朋友和学生，是著名的《胡适口述自传》的采录和整理者。他应该是颇具资格来讨论这个问题的人。唐氏文字向来幽默风趣，没有一般学术论著的沉闷气息。关于"胡适学"的主体内涵，他用友善的戏谑说法叫作"胡适的'大方向'与'小框框'"。所谓"大方向"，是指胡适一直信奉"以至柔克至刚"。唐先生写道：

> 胡先生告诉我，中国传统中他最信服的是老子……他的思想成熟期，是康乃尔大学时代，某天早晨他在校园的铁索桥上，俯视绮色佳大峡谷，见到山谷被水冲刷成溪的迹象，而对老子以至柔克至刚顿有所悟。

> 事实上胡适的思想也就是山峡中的流水，它迂回，它旋绕，它停滞，它钻隙……不论经过何种阻扰，它永远地流下去。溪流冲石，千年万年，岩石总会销蚀成一个大峡谷来。……这便是胡适的大方向：一个潮流的大方向；中国前途的大方向。

唐先生还指出，胡适喜欢南宋诗人杨万里《桂源铺》的绝句："万山不许一溪奔，拦得溪声日夜喧。到得前头山脚尽，堂堂溪水出前村。"他指出，这首诗可以说是胡适有信心的"夫子自况"，并且"也是胡适思想终能风靡全国的道理"。

所谓"小框框"则是，"……如禁读文言、毁灭方块字等，未免是胆大妄为。至于他的什么'大胆假设，小心求证'的治学方法，也只是拾乾嘉之余慧为社会科学前期的辅助技术而已，谈不到什么真正的'治学方法'。不过这些都是无关宏旨的小框框，瑕不掩瑜。"

至于"胡适学"的具体内容，大概是唐先生所说的胡适的"九项全能学人"中的"九项"，可以概括为：哲学思想，政治思想，历史观点，文学思想，哲学史观点，文学史观点，考据学，红学的艺术性，红学的人民性。唐说，这"九项"，正是当年中国批判胡适时，由中国科学院和中国作协所定的九个方面，即九个"批判靶的"吧。他曾以此征求胡适的意见，问他是否要添上一个"胡适对佛教禅宗的偏见"，凑足十项。胡适大笑，表示反对，说："九项!九项!"此外，唐氏还列举了"四个大方面"，加上这"九项"，共为"五大方面"。四个大方面是：（一）学术性的原始贡献；（二）启蒙性的文化挂钩；（三）我国时贤的社会作用；（四）宗师形象与"不立文字"。也许，"胡适学"的大框架，就是这"五个方面"；而"九项全能"，则是具体内涵。

按我的理解，唐氏所说"胡适的大方向"，确实把握了胡适的文化方向和基本品格。这种"以至柔克至刚"的性格、行为基本准则，同胡适的自由主义思想，倒是合拍的、精神一致的。观察胡适一生行事，确实"柔"得可以。即以其婚姻大事而言，他虽然国内、国外皆曾有真挚的爱情产生，并彼此终身不渝，但他却能"柔"得彻底，终身委曲求全，厮守一个目不识丁的小脚妻子。但是，另一方面，他的"柔"中，又潜存着坚持不懈、贯彻到底的精神。他一生坚持自由主义，坚持学术研究，坚持"但开风气不为师"的精神，都表现了他的"柔中之至刚"。

至于几个研究范畴，还是可以讨论的。因为，所谓"九项全能"之说，出自当年批判胡适运动中中科院与中国作协提出的着重批判的几个方面。那时的那种归纳，实非出自严密、科学的考虑，而是出于批判的需要和"教育一大片"的考虑，以及对各有关单位撰写文章的分工来考虑的。以此作为"胡适学"的科学体系和学科架构，是不适用的。说在这几个方面胡适有突出的研究和成果，是可以的，但是，科学地分析，其中有重复，故可归并；而另一方面，又有一些重大的方面遗漏了。

另外，吴大猷先生则提出了"胡适的四个方面"，它们是：（一）新文学的倡议推进；（二）西方治学精神；（三）以理性论政，不阿谀、不畏势，维持个人的自由自尊、道德勇气，影响社会至大；（四）他的学术著作等。这几个方面，都是胡适的突出之处、重要之处。不过，以此论贡献则可，论其"学"之体系则不足，遗漏之处甚多。

究竟"胡适学"的内涵架构如何确定，自可讨论；但唐、吴二位先生所提，很可以供研究胡适者参考。我们对于他们列举"方面"时的评价性定语，自可持不同的甚至相反的看法，或作不同的阐释；但是，这样几个方面，作为研究视域和研究命题、研究范畴，还是有意义的。

以胡适在五四时期的巨大贡献和重要作用，以他在中国20世纪前半纪的影响和作用，以他的著作之丰厚和领域之广阔、研究他的论著（包括批判他的论著）之众多，以及根据研究他对于研究中国文化现代性创获和中国现代文化之建立、发展的意义、价值，都可以肯定"胡适学"建立的意义。不过，这是一项学术建设工作，需要在资料基础上进行梳理、提炼、升华、结晶，进行"研究的研究"，进行学科性的规范工作。

关于"胡适学"

自从中国恢复对胡适研究以来，陆续出版了胡适的许多著作：有的是旧书重印，有的是新编的各种学术著作的汇编或单册；胡适的传记出版了若干种，除了国内学者撰写的外，还有翻译外国学者所写的和胡适口述自传；关于胡适的回忆录也出了许多种；关于胡适的婚姻恋爱接连出版，固然反映了出版社、书商的生意经，但也在一个方面反映了读者对胡适的兴趣。国内在研究胡适方面开风气之先的，以我的阅读范围来说，当首推中国社会科学院研究员耿云志的《胡适研究论稿》（四川人民出版社，1985年版）。这是20世纪50年代批判胡适之后，国内学坛第一次对胡适认真、求实的研究。这本书不仅在当时以其勇敢、大胆地正面论述和肯定胡适而为人们所注意，而且以其严谨的学风和扎实的内容而为人们所重视。中外人士所写的胡适传记中，中国学者撰写的，我所见到的就有三部，即易竹贤、白吉庵、沈卫威的同名著作（《胡适传》），分别由湖北人民出版社、湖南教育出版社、河南大学出版社先后于1987年和1988年出版；朱文华的《胡适评传》，则由重庆出版社于1988年出版。传记中读来使人兴味盎然的是唐德刚译注的《胡适口述自传》（华东师范大学出版社，1993年版）。唐氏以掌握大量活材料，而又文采斐然、生动活泼的注释，使这本自传既有重要的史料价值和学术价值，又很有可读性。外国学者所写的传记中，美国贾祖麟（Jerome B.Grieder）的《胡适之评传》（南海出版公司，1992年版），把胡适纳入中国和世界范围来考察，以"研究在他推动下，中国思想上对现今世界的反映"为宗旨，视野更为开阔；他的另一译名《胡适与中国的文艺复兴——中国革命中的自由主义（1917—1937）》（江苏人民出版社1995年版）的著作，更加具体地标示了作者的研究宗旨。

读到这些著作，想想近半个世纪以前中国大陆势如排山倒海的批判胡适运动，想想当年胡适其人、胡适思想犹如"洪水猛兽"，好似"麻风病人"，真令人感慨无限。这里所反映的不仅是政治形势的变化、思想文化禁锢的解除，而且说明整个民族文化的沟通、交流和国家与民族整体文化语境的变化，以及新的文化语境的形成。这是从五四后期的分裂，到20世纪40年代终结时的"彻底决裂"、成为敌我矛盾，到现在大约半个世纪后，民族文化的可喜的整合。这是有利于民族团结、民族文化发展，以及中国文化现代性创获和现代文化的创造与建设的。

通过胡适著作的大量出版和广泛发行，通过胡适传记的问世和对他的介绍、回忆的出版，特别是用新的观点对胡适进行阐释、研究论著的发表，人们发现一个新的胡适出现在面前。一个自由主义者胡适，一个开明的、现代的、在学术文化上有巨大贡献的学者胡适，出现在面前。不能抹杀他有过的政治上的歧见、文化学术上的不同意见，就同不该抹杀他在中国现代文化学术发展史上的贡献一样。但是，这些问题的存在，并不影响对胡适的整体评价，更不该影响对他的研究。

一

研究胡适的意义何在？

这同他在五四时期的巨大作用和影响，同他在文学革命中的巨大作用和影响分不开，同他在中国现代文学、学术、文化、教育、出版、研究事业等方面的巨大作用和影响分不开，也同他与他的同时代人中那些叱咤风云、思想文化领空的灿烂群星的合作、斗争关系分不开。我们可以说，不研究胡适，就不可能研究中国现代文化史，不可能研究中国文化现代化的过程，不可能研究中国现代思想、学术、文化、教育的发展和状况，就像不能不研究李大钊、陈独秀、鲁迅、周作人一样。

那么，建立"胡适学"的必要性和可能性又如何呢？

首先，建立一门以某一人物为研究对象并冠其名为学科名的新学科，主要看这一人物自身的内涵丰富程度如何，代表性如何，影响面多大，影响力如何。详细地分析，大体有五个方面：一是是否具备可供研究的丰富材料，而且这些材料足可形成几个研究范畴，并能形成体系；二是他的活动范围、建树范围（包括创作、科学研究、学术著作等）是否具有互相联系、渗透、结合的几个方面，它们又形成了有机的整体，形成了一个完整的"学术文化'球体'"，而且对它们的研究足可形成一系列研究领域，而这些领域又彼此有分有合、有区别又相统一，是一个整体的各个分体；三是这个"学术文化'球体'"是否与其他"学术文化'球体'"具有广泛的联系，并成为整个时代、民族的"学术文化'球体'"有机的、重要的组成部分；四是这个人物和他的"学术文化'球体'"以及他的整个活动，是否具有广泛、深入、持久的影响力和辐射力；五是他的活动、事业、学术研究、创作等是否具有时代的、全民族的、文化的代表性。

如果说上述一切还只是偏重于"数量"方面，那么，自然还有质量问题。这就是，他的这些活动、研究工作、创作等的成就，是否高质量的，走在当时学术文化界的前列的，是"民族的代表作""时代的代表作"；它们的内涵是不是丰富的、深刻的，文化含量很高的；它们是否影响了一代学人，并持续数代，影响力不衰，源远流长，绵延不绝。

此外，形成一门以个人名号命名的新学科，还要求这个被研究者具有吸引人、影响人、教育人的突出学术品格和个人魅力。

二

就以上所列的几个领域来说，胡适可以说是都具备了的。这是成立学科的基础。胡适具备这个基础。以胡适在五四运动中首举义旗，第一个提出《文学改良刍议》之首功及其影响；以胡适在整个五四时期多方面的积极活动、出色工作和广泛影响；以他尽毕生精力从事研究和著述，在广泛的学术文化领域里取得了丰厚的成果，并影响深远；以他在思想、文化、教育、政治等领域里的广泛深刻的影响；以他在这些领域里普遍的"但开风气不为师"的导师作用和影响，以及一代又一代莘莘学子、学士文人在他的影响、引导下成长；以他一方面在整理、研究、阐释中国古典学术文化遗产方面的突出成绩和导师作用，另一方面对于西方文化的介绍、引进、吸收方面的引导作用和工作实绩；还有，以胡适与他的同时代人中的前驱者们一起，在文化运动中冲锋陷阵、披荆斩棘、所向披靡、成绩辉煌的贡献和至今犹存的影响；再有，以胡适对广大的一代又一代青年学子、同时代学者以及广泛的文化学术界人士的影响和吸引力；以他对五四时期成长起来的一代学人的影响、提携和尽心尽力的帮助，以及他在这些活动、事业中所表现出来的热忱、真挚和人格魅力，如此等等。以这一切，胡适足可以他的实绩和魅力，构成一门学科的研究对象。胡适晚年的弟子、秘书胡颂平编撰的《胡适之先生年谱长编初稿》（台湾联经出版事业公司1984年版）洋洋大观，充分记录、反映了胡适一生的活动、事业与著作。仅此一书，也就够说明胡适的丰富了。而胡适早年的学生兼秘书罗尔纲所著的《师门五年记·胡适琐记》（生活·读书·新知三联书店1995年版）和胡颂平编写的《胡适之先生晚年谈话录》（中国友谊出版公司1993年版），对于胡适的学者风范和人格魅力都作了细致有趣的描写；从早年到晚年，各自反映了胡适的面貌。这样的简单记叙，也就足够使人感受到胡适的文化品格和人格魅力了。

当然，学科主体具备条件是基础，但是，在这个基础上"建筑学科实体"，还需要具备建筑材料——"研究的材料"。这就是说，要有大量的研究学科主体的材料，才能建筑学科体系。对胡适的研究由来久矣。20世纪20—30年代，就已经有许多人写了许多"我的朋友胡适之"的文章，以后的研究材料就更多了。尤其是在60年代胡适突然逝世后，中国台湾出版了大批研究胡适的著作，对他的生活-事业-学术档案进行了很好的整理，出版了数量可观的资料。近几年，中国大陆在这方面的工作也成绩可观。此外，中国香港地区和欧美国家，还有许多研究胡适的论著。这些研究资料和研究论著，有把胡适作为五四的开路先锋来研究的，有把他作为一代学术大师来研究的，有把他作为中国现代第一位自由主义思想家和学者来研究的，有的研究他的文学创作，有的研究他的浩瀚的学术著作，有的研究他的曲折变化而又思想、风格一以贯之的丰富生平，有的研究他的某一个专业和研究领域（如哲学与哲学史、中国小说史、禅学、《水经注》等）。这些研究论著、研究资料，便是建立胡适学很好的"材料基础"。这些研究形成了一个又一个研究领域、研究板块，足可构成一门独立学科。

我们还可以和应该从另一方面来探讨胡适学建立的可能性，这就是它的"周边研究"和"支援研究"。这里包含好几个方面。由"近"及"远"来说，首先是与胡适的研究领域接缘、交叉的研究，可以支援胡适研究，而胡适研究又可以支援这些研究。比如，中国现代文学史研究、中国哲学与哲学史研究、中国现代文化研究、五四运动史研究、中国佛学研究与禅宗研究、中国小说史研究等，都与胡适研究具有"血缘关系""边缘效应"，可以互相支持、推动、帮助。又如，胡适的同时代人研究，如陈独秀研究、鲁迅研究等，也有同样的效应。往远里说，中国现代哲学、文学、教育、古典小说、诗歌、学术史等的研究，也都同胡适研究具有同样的关系、同样的"相互效应"。

这样，胡适研究的意义与价值（也就是必要性）同时显现出来。从上述状况可以看出，研究胡适，就是研究中国现代文化史、中国现代文学史、中国哲学和哲学史等。

大凡一个新兴学科的建立，都要经历三个阶段、层面：资料阶段、层面，理论阶段、层面，结构阶段、层面。就第一阶段、层面来说，胡适研究是已经充分地具备了，研究者拥有巨大丰富的资料源、资料库，凭此可以进行有关胡适的广泛、细致、深入、多层面的研究。就理论阶段-层面来说，也可以说是具备条件的。因为几十年来，对于胡适的研究不断地在提炼、升华、结晶，抽象出一定的概括性的、理论性意见、总结、概念、理论。这就是胡适研究的理论概括、理论资源、理论基础。至于结构层面，就要靠在建设胡适学的过程中，有意识地去梳理、整合、"编制"了。这种将已有的资料、理论在一个既定的学科架构的规划下加以排比、分析、综合，形成一种构造，"结构成型"，成为一种"学科结构"，是在有了明确的建立学科的目的之后，由一部分具有"学科意识"的人去有计划地完成的。如果建立胡适学的酝酿、探讨能为学界接受，这一工作就会有也应该有有心人去做。

现在，我们可以进一步来探讨胡适学的学术构造。它的学术领域、学术板块列举起来，大概有这样几个方面：

作为胡适学的构成主体，胡适生平自然是首先要研究的主体-主题。胡适的一生，经历丰富而又波澜起伏、曲折逶迤，活动面和影响面都很广泛，而且同中国现代历史与文化的发展紧密结合，同中国现代的社会变动、阶级斗争、民族战争以及思想文化的斗争发展密不可分；但是，又有"万变不离其宗"的"一以贯之"者，这就是思想上的自由主义和事业上的学术研究。在这方面，有两点可以一说：其一，胡适的"生平事迹"，发现、挖掘得已经差不多了，除了零星的补充，大约不会再发现什么重大材料，这同鲁迅研究中的这方面的状况类同；其二，对他的生平所作所为，会有也可以和应该有不同的看法、理解、评断。这只会加深对胡适的认识、解读、诠释，而不会有坏处。

传记研究，是传统的研究范畴和研究方式之一。胡适学也是如此。

胡适与五四运动。这应该是胡适研究即胡适学最具特点的一个方面，也是研究、评价胡适最重要的一个方面。胡适之为胡适，与他和五四运动的关系分不开。

胡适思想研究。胡适不能称为出色的思想家。他的思想不深刻，他的著作也不以提供了某种原创思想、深刻分析或闪射思想光芒著称。但作为著名的杰出学者，作为哲学史家，他的著作中总是涉及思想史、思想状况和思想问题；他不能不讨论思想。因此，他的思想的各方面，他所涉及的思想史、思想问题和在研究中他所表现出来的思想，都是可以研究、应该研究的。

胡适学术著作研究，是胡适一生最重要的方面，他的一生是学者的一生、研究学术的一生。他的学术著作浩繁，涉及方面很广，可供研究的东西很多。因此，这一学术研究领域、学术板块，当是胡适学的重中之重。

胡适的文学创作研究。胡适同时是一位作家，他写诗，写散文，写剧本。虽然他的创作在中国现代文学史上不是出色篇章，但其开风气之先的意义与作用，他的影响，是不可抹杀的，是功不可没的。

胡适与他的同时代人研究。胡适交游广泛，政治界、文化界、教育界、文艺界、出版界以至社会各界他都有接触，尤其文化界、教育界交往更多。他之所交，多是名流精英。他们共同创造了一个时代、一个时代的文化语境，他们共同为创获中国文化的现代性而奋斗。在这方面可以研究和应该研究的方面很多、主题很多，领域十分广泛。其所关涉，正是中国文化现代化的进程。

胡适研究之研究，包括外国的胡适研究之研究。浩繁的胡适研究论著，不仅提供了这一研究的基础，而且提出了这一要求。

胡适研究的文献学研究。胡适著作的版本繁多，反映了胡适个人命运的变化，也反映了时代、社会的变化以及中国文化的变化。

当然，这些还只是胡适研究的主要领域、主要学术板块，是构成胡适学的基础，但还不是胡适学理论构造的学科形态。——这需要在对胡适研究进行了"研究之研究"以后，经过理论性的思考、概括、提炼，才能形成。

往事回首记新痕

——重读《列宁印象记》

近日整理书籍，偶然发现一本旧书，是三联书店1954年出版的《列宁印象记》，繁体字竖排，定价3300元（币制改革前的定价），可见其书之老旧了。而且，全书仅有4万多字，实实在在一本小册子。然而，它对于我却具有"不可忘却的纪念"的意义。书的扉页上，有我写于20世纪90年代初的记事：

> 这是，也许是，50年代购书中仅有的至今犹存的极少几本书之一——一本值得纪念的书。记得当年读它，主要是想从中吸收列宁对文学艺术的观点、对传统文化的观点，其所得至今记忆犹新。而最重要的，则是关于"潜心研究"的话了。那，影响了我一辈子。1991年3月21日，记。

这话说起来就长了。

我曾经遭受两次书灾（1957年和"文化大革命"时），都是扫地出门，片瓦无存；但有极少数书（如马、恩、列、斯、毛文集，《鲁迅全集》）未被洗劫，留了下来。这本由德国共产党创始人之一、国际妇女运动第一代领袖克拉拉·蔡特金写的对列宁的访谈录，自然属于这种红书类，也就幸存在我的"劫后余灰"中了。当然，它也是我珍藏着、有意留作纪念的书。

至今犹记得，1958年，我已经"倒下"，离职劳动。一个春日的深夜，我在一天极度繁重的劳动和深感极度疲惫的时候，于夜深人静、万籁俱寂中，孤灯独坐，读书消愁。这是我当时唯一的，但也是强有力的文化消解，借古今哲人、学者、作家、艺术家的思想文化果实，来充实自己荒芜的心田和濒临精神危机的内心世界。不过，虽然此时处于几可谓灭顶之灾的当口，而我犹懵然无所知，还在"有计划地读书"。第一位的是读马克思、恩格斯著作；第二位是读太平天国书籍，盖那时还在酝酿创作《忠王传》电影文学剧本；再其次就是读美学著作——这在后来我称为"在生平最不美好的时候，寻求美和研究美"。这天晚上读的却是"外围著作"，就是一本小册子——蔡特金写的访谈录《列宁印象记》。读到第34页，出现了蔡特金询问列宁对于当时犯了错误的德共领导人之一的保罗·李维的意见。列宁批评了蔡特金为李维辩护，然后说道，李维因犯错误而受到批判和处分是完全应该的，李维必须"暂时脱离政治生活"，但这就像俄国革命者当年在沙皇时代接受放逐和囚禁一样，"那可以成为一个潜心研究和自我了解的时期"。"潜心研究"这句话，正如我后来在一篇文章中所说，像电闪雷击一般击中了我的心。我称之为"四字箴言"，我从中确立了自己今后的生活道路和生存方式，找到并开辟了度过精神危机和"走向内心"的精神生活的广阔空间。这也是一种适合于我的身份，但也是我向来志趣所在的生存方式。

在此后的几十年里，我并未能真正脱离政治旋涡，因为我究竟未能脱离文化界，过一种非文化的生活，而"文化界"在那个时代一直被认为是"资产阶级占领了"的"黑窝"，同时又是"无产阶级必须占领的阵地"。因此我也就命中注定地身在旋涡中几遭批判，直到"文化大革命"中被遣送边荒，"就地消化"。虽然如此，但我仍然是在"潜心研究"这个"四字箴言"的引导下，走着一条在"旋涡"边缘求有益于己也企望有益于世的"研究之路"，包括在塞外边地插队10年的时光。感谢这"四字箴言"，在我自己"生活与精神同等贫困"的10年中，我虽然已经扫地出门、书籍无多，但凭借旗文化馆图书室，我阅读了包括《资本论》在内的一批理论书籍，更有一大批"封资修毒草"。由此我得以读书观世，在"革文化之命"的时代和最缺少文化的地方，得以汲取文化的精魂，靠文化来拯救和养育自身，并寻觅文化的精灵。

就这样，几十年光阴流逝，我由一个非常政治化的"党的新闻工作者"，逐步演变为一个学术–文化化的研究工作者了。一本书、一句话，能够这样影响一个人的思想生活，影响一个人的一生，不免令人惊叹，也觉得有点不可思议。虽然这事发生在我自己身上，也是如此感受。不过，这也是"风云际会"，主观与客观合一了，契合了，才会产生这样的结果。读书之益处和效果大率如此。这也就是接受美学中说的"视界融合"的意境了。

确实，40多年来，"潜心研究"是我生存的心灵依凭，它至今仍然被我奉为圭臬，是我精神世界、精神生活的优游空间，一种适合自己的存在方式；但是，究竟"潜心"如何，"研究"又怎样，真是"难言矣哉"!我常常想，也切身感受到，一个人认识到什么、决定如何去做，同做到了什么和做得怎么样是两回事，是可以有距离的。这一点是我至今想起来，就觉得汗颜而深深愧悔的。至于"自我了解"，则是永恒的课题，"昧于知己"和"缺乏自知之明"不是仍然时常发生在自己身上吗？

此外，这次重读还有意外的收获。比如，在如何对待传统的问题上，列宁的这番话仍是值得我们今天深思的。他说："为什么只是因为它'旧'，就要蔑视真正的美，永远抛弃它，不把它当作进一步发展的出发点呢？为什么只因为那是'新'的，就要当作供人信奉的神一样来崇拜新的东西呢？那是荒谬的，绝顶荒谬的。"而且，这段话语中，将"新"代之以"洋"，在今天我们的社会上（包括学术界）也是适用的。还有，列宁批评当时流行于苏联的"杯水主义"的话，也很实在而深刻。对于今天的有些人（也许是不少人）不是仍然具有启发意义吗？

这或许就是"温故知新"之意吧。

中华文化：世界性辉煌的回映

——评《中华文化在海外的传播》

　　向来讨论中华文化的论著，都偏重于外来文化在中国的传播历史，或者着重在中外文化的交流方面。至于中华文化在海外的传播，则更多地限于地区性的介绍，例如在日本、在欧洲的传播等，或者限于断代（如某朝某代），或者限于事项（如"四大发明"之外传等）。像《中华文化在海外的传播》这样，全方位、自古至今、全面系统地记述中华文化在海外之传播，以一种"全面开花"的姿态出现的撰述，纵不能说是第一、唯一的，却也是不多见的一种。这种立意就是很有意义的，足可使读者全面系统地了解中华文化在海外的传播概况，包括在亚、欧、非、美四大洲的传播和从古至今的传播。

　　著者在完成这一著述规划方面，是做得比较好的。就其全面性而言，固然有四大洲的史实的收集与记述，特别是还有对于中华文化在非洲和美洲的记述，这是很可贵的；在这种"全面"中，单立"海外华人世界"一章，也是颇有眼力的，这种传播是"定位定点"的，是全面而深入的。这种从文化传播视角来进行的对华侨史的描述，可谓独辟蹊径。然而，在全面之中又是有重点的，例如对于中华文化在日本的传播和在欧洲的传播重点突出，在事项上则突出了"四大发明"在海外的传播。在系统性方面，在区域的系统性之外，在历时性的系统方面，除了从远古到近代的循序记叙之外，更专写一章"世界：对中华文化的'再发现'"，把现代中华文化向海外传播予以突出介绍，这也是很有意义的。这不仅是一种中华文化的历史性辉煌的"回映"，使我们看到民族文化的悠久历史和昔日的荣光，而且反映了现代人类文化格局中，中华悠久文化与海外各异域文化的彼此"回应"。这就使克罗齐所说的"任何历史都是现代史"的论断得到一种印证；我们对于民族文化昔日辉煌的"回映"，既是立足于今天，又并非停留在"从今天回顾过去"，而是仍"从过去到今天"更趋向未来。这种"回应"是"今天的回应"。

当然，中华文化向海外传播，并非一种偶然的现象，也不是一般的文化现象，而是有其深厚根基和在世界史上具有重大意义的现象。这一论题确立和内蕴揭示，表现为著者在第一章开宗明义之前，既概略地论述了"中华民族的文化创造"，又论述了"中华文化圈"，在以后的篇章中更论述了中华文化之西传对于欧洲启蒙运动的作用和"四大发明"在海外播扬对人类文化发展的特殊贡献。在这些篇章中，就显示了这部以史的形态出现的著作，更显露了理论的风骨，也就表明了著者以文化哲学学者的"本行"写史著的特长了。

一本成功的著作，除了整体立意、架构和全程论述的成功之外，总还有特显其采的章节，像一种艺术品之有其"艺术眼"一样。该书的这种"眼"，既显示在对中华文化"向大洋彼岸传达文化信息"的记述，从慧深和尚的传说到现代文化的信息皆予勾画；也显示在对于中华文化向日本的全面输送，从文字因缘到儒、道、释三教并传，到学术艺术之全面影响，皆予记述，并对"沉浸在日本人生活中的中华文化因素"予以揭示；还显示于对海外华人世界中中华文化力量的褒扬：万千流落异邦的中华赤子，落地生根之后，科技生光、艺苑星烁，商界出巨子，政坛生人杰。

纵观全书，使人感到，过去在论述中国文化的特征时，常常责以"封闭性""保守性"，又常常以其如何引进了外来文化而获发展演进，而论证其借力外域文化以发展自身。这些论述固然有道理，符合历史事实，但是又不免失之偏颇。该书之史实证明，中华文化并非天生、永远地保守、封闭，它曾经长时期广泛传播于海外，不仅彰显其生命力于外邦异域，而且体现出其文化内蕴中开拓与开放的精神气质。因此，在长时段历史时期中，在广泛的范围中，它除了吸取外来文化的营养，同时也给世界各区域的文化以丰厚的营养。封闭、保守、落后是统治者的主观决策表现，是政策的性质，而不是中华文化自身的本质。

从这些方面看，该书对于消除民族自卑心理、增强民族自信心，以及对于了解中国文化的本质，都是有益的。

前已述及，该书作为一本史的著述，由于著者的专业特长，在一些章节中又显出理论的色彩而突破了史的范畴。这突出地表现在第十一章中。著者在描述了20世纪世界对中华文化的"再发现"和中华文化的当代开放姿态之后，重点论述了东亚奇迹与儒家文化精神、西方人对《易经》的新解释、禅宗与西方文化等几个问题。著者指出，新儒学的发展，肯定了儒学对经济增长起到的推动作用，但有"文化决定论"的倾向，不过却推动了儒家文化在海外更广泛的传播；《易经》作为中国智慧一大奇观，"正在成为全人类的共同财富"；禅已渗透于西方广泛的学术文化领域，"成为西方人自己的心灵创作和表现"了。而《孙子兵法》在海外的影响已经超越军事领域，进入经济理论、企业经营和商业竞争之中了。至于中国科技史海外研究热，则反映这一新起的西方研究中国的显学，正在同当代西方高科技结合，而"古树发新枝"了。所有这些概略简要的论述，都颇有见地，使该书越出史的介绍和转述，而形成其"理论归宿"和"学术文化之'眼'"，从而提高和增强了该书的学术水平和学术价值。

（《中华文化在海外的传播》，武斌著，辽宁教育出版社出版）

（原载《辽宁日报》1996年9月25日）

至诚之音见心性

——吴天才诗集《鲁迅赞》序

这并非一般的诗集。这是马来亚大学吴天才教授集中歌颂赞美他心中的缪斯和英雄的赞歌集。接受者从这里不仅窥见一位大师的伟岸身影，而且感受到一位崇敬大师者的挚意真情，从而这个接受世界就是"客体"与"主体"的融汇、情感与理智的凝集。作者吴天才教授，既以诗人的热情，又以学人的思想，来抒写他对鲁迅的崇敬与爱戴、认识与理解；既以中华民族子孙的中华文化魂，又以海外赤子的羁旅异乡情，来倾诉他的情思与怀念，从而使接受者既感动于他的爱国深情，又受益于他的思想意蕴。

我非常喜爱他的诗《有一个人——纪念鲁迅逝世18周年》。写这首诗的时候，鲁迅离开人世已经18年，而作者来到人间也恰好十八载。这个巧合的时间，使人对诗作之产生和诗作之意义，都油然而生一种深切的感受。更何况这首诗写得真挚而深沉，抒写了一位风华正茂、出生海外的中华民族子孙，在人生征途起跑处和奋飞时，对文化大师鲁迅的纪念、深思与寄托。他写道：

> 有一个人
> 在我的生活中
> 是一根精神支柱
> 遇上困难与挫折
> 他给我浑身奋力

这是他的诗，然而也是他的心、他的志、他的爱。这一切构筑了他精神上的支柱，这支柱支撑了他整个的生活与心灵世界。在这里，我们既感受到鲁迅的伟大影响，也看见了诗人自己的心性。于是，这"精神支柱"又被一再设喻："有一个人／在我的生命中／是一盏长明灯"；"有一个人／在我的心中／是灿烂的太阳"；他既照亮"我长夜里崎岖的荆途"，又"给我无比的热力"和"无量的光芒"。正因如此，诗人最后写道：

> 有一个人
> 只要他的英灵
> 永远和我同在
> 我将克服一切障碍
> 我将战胜牛鬼蛇神

我喜爱这首诗，不仅因为它真挚而深沉地写了诗人的一颗心，而且这心与"我心"相通。我未曾用诗人的这些语句来写出自己的心声，然而我的心中曾有过这些话语活跃。在我的生活道路上，鲁迅的身影和形象正起着诗人在这里写出的作用。我说过，鲁迅是我"精神上的绿洲"。我曾在思想与生活都同我被遣送寄居的处所一样荒凉贫瘠的时候，依凭着鲁迅这片精神上的绿洲，而未曾式微沦落，却寄望未来瞩目民族光明前途。（参见拙作《鲁迅评传》）这正可以凭天才先生的"谱式"即"有一个人／在我的心中……"来吟诵咏唱。时间兮不倒流，历史兮难违逆，但这个赞颂鲁迅的"谱式"具有一般符码意义，可以随时代、社会、历史、文化、个体之发展而代入不同的内涵与心迹。

我以为这情景不仅仅限于诗人吴天才，也不限于一个读者的我，而是可以属于更多的人的。这群体容纳得下以前几代，以至今后无数代人，也可以容纳海内外众多的人。

这是鲁迅的伟大之处，又是诗人唱出的群体心声。

"望着您的塑像／我永不寂寞"，这是又一首赞歌，写在纪念鲁迅逝世四十周年。作者时值中年盛期，已是一位学有所成的作家与学者了。他说，每当颓然时，每当沮丧、遇到挫折、面对敌人以至感到寂寞时，他都会想起鲁迅，凝望他的塑像，从而奋起、振作、抗击和搏斗。"今夜，大地很阒寂／我对着璀璨的灯光／看到扑火的小青虫／了解到生命真谛／是奉献，为全人类的事业……"这是因鲁迅的存在而不致寂寞的心的真谛。那寂寞与否不是浮泛的心境情绪，而是具有博大内涵的人生境界。这里照见的同样不仅有鲁迅的伟大存在，而且有崇敬者在对他的光芒亲炙中所获得的力量和达到的人生体验。这体验也是众多热烈的爱国者、热情的探求者、严肃的作家与学人所共有的。

我们看到，诗人在纪念鲁迅逝世的日子里，总是萌生"鲁迅与我"的感受，从青春年少到哀乐中年均如此。这也许可以说是他的一种人生感受"母题"。这"母题"本身就具有深厚的文化含义和严肃的人生体味。而他在不同年岁时所写的不同感受，都是有感而发，因而是有新意的，反映的是一己的体验，而所产生的反应却是社会性的接受。这说明他的心与读者的心相通。我们也看到，作者每到鲁迅的纪念地——上海的、北京的、日本的，书房和住地，塑像和纪念物，都产生心的撼动和情的波澜，发而为文，成为纪念性、赞颂性的诗篇。他对鲁迅的道德、文章、战斗风范、工作精神都赞叹不已，高山仰止，景之仰之。其情可感，其义启人。

作者对于鲁迅的这种丰厚深挚的感情，植根于对鲁迅的思想、人格、贡献、价值的充分认识与理解的泥土之中。在他的诗篇中，用诗的语言与叙述方式所抒写的对鲁迅的认识与理解，都是深刻的、亲切的，透着一种独特的感受。

那一年

风雨交加

日月无光

您擎着火炬

迈步走进

历史的红色拱门

为中国人民

照亮了最光辉的民族的一页

（《民族魂——纪念鲁迅逝世二十周年》）

　　这种形象的描述，蕴含着一种深沉的意义，表明了鲁迅的贡献与价值。

　　"当年，点燃了／五四的战火后／您扛着倔强的／大纛／大义凛然地／在'新文苑'奋战"（《民族魂》）；"您的笔是最锋利的／时时投枪击中反动文人的要害／您的精湛的思想／引导亿万受欺压的奴隶前进／您的伟大精神／激励弱小民族的奋力反抗／您的著作遍布全世界／为人类留下宝贵的文化遗产"（同上）；"他把生命／交给苦难的土地／然后满怀着／爱国的激情／毅然决然地／走进／荆棘的门槛"（《永恒——纪念鲁迅逝世十八周年》）；"因为您／枣树永不离开神州大地／白杨永远坚守泱泱国土／地火永在炽热地燃烧／龙之传人永不绝望"（《鲁迅先生，我们永远怀念您——纪念鲁迅逝世四十五周年》）；"您的笑声／永远那么洪亮亲切／您的形象／永远那么庄严崇高／你的呕心沥血的大作／永远留在人类的史册里／您的英名／永远那么芳香"（《纪念鲁迅有感》）这一首首诗符，是颂词赞诗，又是一篇篇短小精悍的评论和阐释。它们用情感的风帆，载着理性的内涵，引人进入认识理解鲁迅世界的大海中。情与理的结合，动人心又启人思，在情感世界与理性世界都使人前进与提高。品味着他的这些诗句，既思鲁迅，又见作者，而且细察这些诗句的意义世界，会感到它的分量，感到加深了对鲁迅的认识与理解。那么，这种纪念，就远超出私人抒情的界限，而进入公众的接受领域，具有了社会的教育意义和一般的文化意义。

因为您

中国的脊梁永不折断

中国的火种永不灭绝

中国的土地不再哭泣

中国人不再悲伤唏嘘

　　　　　（《鲁迅先生，我们永远纪念您》，1981年）

　　在这里，爱中国同爱鲁迅的心，炽热地交融在一起，同样于情中蕴含对鲁迅的价值和意义的理解与评估。这是诗，又是评论，可感亦复可读。

　　我特别喜爱《悼鲁迅》（1962年）这首短诗。它意蕴深沉，立意新巧：

一

悄悄地

您睡着了

却惊醒了

神州大地上

亿万人的

噩梦

二

静静地

您远去了

留下璀璨的

思想结晶

像无声处的惊雷

震醒了

愚弱国民

麻木的

精神

　　这不仅评价了鲁迅的价值，而且指出了他的永恒的意义。这意义属于人民，属于民族。这虽然是为纪念鲁迅的"死"而作，但却深刻而恰当地指出了他的"永生"的意义。这里的诗情是同义理融汇的，自然而质朴。

诗是情感的产物，是抒情的；但情里必须有思、有义理，否则无骨骼。吴天才先生的这些诗，以情感为血肉，包裹着思想与义理之骨，留给读者以隽永深邃的感受。

集子中还有为数不多的古体诗。这里的母题似偏重于概括鲁迅文章的总体意义，歌颂鲁迅的永恒价值。"狂人日记振聋聩，阿Q愚氓警世人；野草秋夜罩中州，常捶简篇心眼亮"（《读鲁迅》，1959年）概述了鲁迅著作的社会的、历史的、文化的意义。"一逝韶华二十载，身灭人亡灵犹在"（《纪念鲁迅逝世廿一周年》）、"古今帝王今安在，惟有鲁翁万世芳"（《读鲁迅》）美词深意，概括了鲁迅不朽的价值真谛。

从这些诗篇的创作轨迹中，我们同时看到吴天才先生自己前行的足迹。他心中怀着鲁迅的伟大形象，以鲁迅为楷模，踏着荆棘永不寂寞，向着祖国、向着人类、向着文化，在鲁迅这盏长明灯的光芒照耀下不断前行。从年方十八的青年学生，进入学有所成、奉献社会的壮年时期，再到成为诗人、作家、学者的中年鼎盛期，他循着鲁迅的脚印，在鲁迅精神感召下，走着他的人生旅途与创造生涯。他成功了，他奉献了。他对文化事业做出了自己的贡献。他以鲁迅为旗帜，以鲁迅为中介，在南国亚热带的土地上，播种中国文化和培育青年人才，又沟通中外文化，促进海内外交流。

我对他的这份感情、这种热忱、这些成就和这一贡献，怀着尊敬，也很感谢。我以能有这样一位国外"同行与同好"而感到欣慰与自豪。我们应当学习他，工作得更好，对鲁迅研究得更深与更具热忱。

我更深感荣幸，能在拜读了吴天才先生的诗集之后，写下自己的感受与认识，献给这本诗集，献给吴先生并由此奉献给马来西亚以至东南亚诸国华文文学界的朋友和广大华文读者。

吴先生以这本诗集来纪念鲁迅诞生110周年，这是很有意义的。海外清音，南国佳声，传达了海洋深处的鲁迅世界的接受者、崇敬者、研究者的共同心意。海风吹来这心声与挚意，使海内的人们也感到温暖和激动。鲁迅不朽，鲁迅的世界不朽，鲁迅的知音遍天下。我曾在美国、法国和德国，都亲切地同那些海外鲁迅知音交谈过，交流过彼此的心得。今天又有幸读到来自南亚之邦的鲁迅知音的诗篇，并承作者之盛情与雅意，为他的诗集出版赘语若干，这是我在既惭愧又荣幸之余更甚感欣慰的。我把这看作我今年以至一生中可纪念的一件事。

愿海风带去我美好的祝愿、诚挚的问候和深切的感谢！

1991年7月4日于北戴河

按：

马来亚大学吴天才教授以其所创作的《鲁迅赞》诗集，来纪念鲁迅诞辰110周年，这是很有意义的。这里，本专栏首篇发表我国著名鲁研专家彭定安同志的这篇序文，同样是很有纪念意义的。

(《锦州师院学报（哲学社会科学版）》1991年第4期)

欧洲：文心艺思观照下的身影

——牟心海著《欧罗巴游思录》序

一

牟心海同志于遍访欧洲大陆八国之后，撰写了《欧罗巴游思录》（春风文艺出版社出版）一书，嘱我作序。我且勉力为之。

读过全书，我仿佛跟随心海，由德而法，由法而比、荷、奥、匈，更东向而入乌克兰与俄罗斯。这里有欧洲大陆的旖旎风光；那繁华的城市现代景象，那小城镇的秀丽整洁幽静和洋溢着的文化气氛，那绿满遍野蓝天青山包围的农村，都以一种清丽爽目的景象呈现出来；那闪着多民族色彩的民间艺术，那艺术连接着传统与现代，装扮和活跃着人们的生活，也都跃然纸上；还有那同歌德、席勒、贝多芬、莫扎特、施特劳斯、雨果、巴尔扎克、卡夫卡、果戈理、马雅可夫斯基等作家艺术家相关联的遗址、遗物、人物、故事，增人见识而又撩人思绪。欧洲，充满了名都大邑、风景胜地、历史名城，它们不少进入了游思录中。我们都随着作者的笔迹思绪，悠然掠过，在增广见识的同时，又不免时时在"历史"面前停步，在艺术面前流连，在现实面前思索。——游而且思，正是这本游记散文的特色和价值所在。

作者眼中和笔下的欧洲，是一个文心艺思观照下的欧洲。他按照他的游踪所至，循序写来，一国又一国，走进每一个国度，他像翻开一页画册、一页史册、一页诗册。在每一国的游思录之前，开篇都有几行简洁明快而又富有沉思与诗意的"引言"。比如德国在这样的引言之下向你走来："阿尔卑斯山挺胸而立，高耸欧罗巴大地默语千言，诉说着内心的情动。抱着夏季的火热，怀着春天的温情，却用严寒的面容看望世界。流淌着母亲的乳汁，哺育民族的后代，培养出独特的民族性格。太阳与月亮在头顶交替，你送走变换的季风，聆听宇宙的惊鸣。"

这些描述、这些思索和这里寄寓的话语，是主体同客体的结合，是文心艺思同欧洲文明结合而产生的话语。它启人思，益人智，动人情。

作者的文心艺思当然不仅表现在这些短小隽永的引言上，而且流泻于他所遇见的景观人事上。他在海德堡偶见歌德塑像（它在树荫下沉思），于是作者留下与塑像合影的纪念，并生发关于歌德的种种遐思逸想，最后说："在德国理解歌德的文学形象有另一种体味，而歌德在我们心中的形象更加鲜明。"（《欧罗巴游思录·歌德坐在树荫下》）这是身历其境者的感受，也是一位诗人的心得。《走进历史的影子》是一篇有代表意义之作，因为它涵盖了本书属于总体性的一种意蕴：现实常常在历史的影子中，而人们又总是愿意从这种影子中去照见现代，又发现历史的传统灵感，这里既有欧洲现代人的，也有作者的一份立足现代的沉重的历史感。这篇文章中所记的德国农村的多类博物馆和它所展示的历史内涵、风情习俗、传统艺术，在欧洲其他国家也有类同而又具有民族特色的表现。这说明是一个共同性的欧洲现代、历史文化母题。

此外，还有许多这样的文心艺思的记述，如对荷兰国花、16世纪时由中国西藏经西亚传入荷兰的郁金香的记述，关于作家卡夫卡为写作而放弃爱情的感叹，关于巴顿与贝多芬的《月光曲》《第九交响乐》的记叙，在乌克兰果戈理故乡的联想，等等，都把读者引入现场，欣赏风光文物，纪念逝去的历史和历史上的作家艺术家。

二

作品中还有不少观察与感受，对于我们安排自己的发展与生活，富有启发意义。我读后感觉印象深刻的是，欧洲各国人民，是那样地看重自己的民族的历史、看重文化传统和文化，在生活中时时能够看见对民族、历史、文化的尊重，注意保留和让它们在自己的日常生活中发生作用，成为生活的有机部分，而且成为补现代化之缺失、整合失去平衡的现代人心灵的历史砝码和文化芳香。我们在文集中见到多处记载，一个小小的村镇，一万多人口，却拥有一个或多个博物馆（博物馆的类型多种多样），它们收藏了和展示着民族的、地区的劳动与生活的情景。这是历史与文化与现实生活的融汇，在多方面启迪人和养育人。我们还在多处看到，欧洲各国民族多么重视和喜爱他们的民间艺术，他们在生活中时常表演和欣赏这种艺术，时常参与这种民间的文化艺术活动。这会改变我们一种观念，似乎每个欧陆国家，到处都是甚至只有现代、后现代艺术了。人类的生存中，总是活跃着多种多样、多元、多时代的艺术，而不会"单打一"。倒是我们自己，许多民间民族的艺术，包括那些民族艺术瑰宝，已经和正在失传了。

作者游历所及的，有各国首都和大城市，也有众多乡村和小镇。比利时首都布鲁塞尔，有"小巴黎"之称，有欧洲首都之称，是比利时第一大工业中心，但人口仅有15万。在那里，以及在其他几个首都和大城市，保留了那么多文化古迹，建设了那么多文化胜迹，显示出文化的光彩。这也是很值得我们注意和学习的。

三

在总体上，这本游记散文采取了一种淡墨画、小夜曲的风格，没有用那种宏大的视野和笔致来从大到小地扫描，而是从具体到一般，从个别到整体，以小见大，从一枝一叶到树木森林，是一种优雅的、沉静的、散淡的风格。好些由小见大的感触，带着对于社会、人生、文化、艺术的体察和思索、品味和申述，然而却都用语不多，各具特色，不故作高深，而有深意。诗人的气质和话语，蕴含在淡雅中和那流丽的文字之中。

（原载《文艺报》1996年10月11日）

读书生活的有益指导

——关于《阅读活动——审美反应理论》

在这本关于"阅读活动"的专门著作的扉页上，有我写的两段记事，其一为：

> 1991年11月18日返沈前，独坐室内，很有兴味地翻读昨日傍晚匆匆赶去王府井新华书店所购的几本书，此其一。此种"阅读活动"，为生平一大快事，知识获增长之益，身心得休养之息……
>
> 读书不为稻粱谋，读书亦不为名利累，只是一种有意味的阅读活动，人生快事，身心解脱。1991-11-18于北京社科宾馆301室

另一段则写于德国作家海因里希·伯尔的乡间写作别墅，文为：

> 今日读书至此，得见题词，匆匆一年矣。忆斯时因故心绪不宁，然于读书中解脱。不意今年此时又读此书，又获愉悦。这本书和我自身的命运皆有意味哉。1992-11-21于德国

这两段书扉记事，反映了这本专论阅读活动的书，如何使我在阅读它的"阅读活动"中得到了读书而使烦忧消逝、身心解脱的愉悦。这是"阅读活动"的一种深层的文化与人生意义。但该书之旨，仍更有深意在。它告诉我们如何阅读，因而成为一种高层次的读书指导了。

该书作者沃尔夫冈·伊瑟尔是接受美学的两位创始人之一，有"欧洲大陆最重要的文艺理论家之一"的美誉，因撰著《阅读活动》一书而跻身20世纪思想家的行列。

伊瑟尔在《阅读活动》中提出了一系列审美反应理论，也是接受美学的理论命题，都是富有创见、启人思路的。他的基本思想是：人们在

阅读活动中，人与书、阅读者和本文，是一种双向互动关系，在阅读过程中通过这种双向互动的作用，发生一系列效应和结果。他指出，"文本"的意义既是潜在的，又不是全部由作者所给予的。的确，作者总是对"文本"想要给予什么，这应是具有确定意义的；但是，由于语言的独立作用和意义，语言的不同组织结构，以及两者结合之后所产生的总体效应和意义（这里一共是三项），于是，文本就具有了更多的、多重的、超出作者所给予的意义。（比如，对同一句话，几乎可以说每一个人的理解都是不一样的，这是其一；其二，在不同的语境中，同样的一句话，其意义也是不同的。）此外，再加上文本的"空白点""空筐结构"，意义就又多一层，即读者在阅读中又多一个想象、创造的层面，而每个读者的想象和创造是不相同的。

因此，读者在阅读活动中，又会领会、解读、诠释，从而创造出新的意义。这样，一书之作，一文之作，其意义便来自四个"源泉"而不是唯一一个源泉即作者和本文。

我特别感兴趣的是，伊瑟尔提出的"本文是一个召唤性的空筐结构"和阅读是解析和释放本文的潜在效能。在这一对范畴中，"作者—本文"、"读者—解析"和"阅读—创造"这三个方面，它们之间的有机结构和它们彼此间的互动互创互生性，都包含在其内了。

该书的意义，不仅在于是一种审美反应理论，而且是一种日常阅读活动—读书生活的有益指导。

读书，并不像过去有的文艺理论家所言，乃"让别人在自己的头脑中跑马"，而是既有这一面，又有另一面，即阅读者的头脑也在"本文"中跑马——不仅跑马，而且创造。

《阅读活动》是一本理论深邃、思想丰厚的书，其理论命题之多、名词术语之多、含义之丰厚，都是令人读之既振奋而又感到一种"吃力"——"吃力而愉快"——的体验。而我以为这就是读书之一乐。

（原载《辽宁日报》1996年3月27日）

历史的回声与现实的应答

——读《血泪的回忆》

他们，是年近百岁华诞的寿星，年过古稀或年近花甲的老人，或已届知命之年，共同回忆那历史上难忘的一页"九一八"。由这些曾经经历了"九一八"苦难与耻辱的人所写的回忆文章，其可读性和真实性是不言而喻的。

这是有关东北大地数千万同胞一夕之间沦为寇仇之奴的血泪回忆，这里有沉痛、苦难、悲伤和仇恨，有历史的反思和现实的思考。口述历史，向来为我国治史者所重视。因此，这些亲历者的真实回忆，具有很高的史学价值。

不过，这些饱含血泪的文字，不仅具有历史的意义，而且有现实的价值。这是一批仍然活着的亲身经历过这场巨大历史事变的人们所忆、所记、所感。历史，在这里并不只是已逝的过去。张学良将军当年的几位高级部属的回忆，道出了已逝的过去的历史深沉的背景和悲痛；那些来自当年的平民百姓而又是幼小孩童的追思，则论述了那至今仍然刺痛人心的悲惨与苦难；那些当年北大营的守卫者，诉说"九一八"之夜在敌人炮火轰击中不能还以枪炮的迎击而只能奔涌悲愤的眼泪，至今充满了悔与恨；那些当年白山黑水间活跃着的抗日义勇军战士的缅怀追忆，既有抗敌战斗的豪情，又有历史的反思；尤其感人的是"九一八"事变时刚出生的那些东北幼童的回忆，他们都痛苦地道出了内心的悲愤：生下来就没有了祖国，就被迫当了亡国奴！

这些篇章，不只是历史的教材，而且是寓教于文的散文；不仅因为作者中不乏著名的作家、编辑，而且因为文章具有真情，又经过若干文字加工。编辑出版此书是辽宁省散文学会和辽宁少年儿童出版社一件有意义的工作成果。历史都是现代人以现代意识所写的对于过去的重述。

我们今天来追叙和重述60年前的"九一八"，就是站在今天的高度来回顾昨天，就是站在时代的峰顶来俯瞰历史。我们不仅看到了昨天，而且看到了今天和明天。今天已经远远超过了昨天，明天将比今天更好。

至今仍然健在的张学良将军，在沉默半个多世纪之后，重新面对世界发言，语重心长，高瞻远瞩。将军之言集中在两点：昨天心在抗日，今天日本勿再侵略；昨天深受侵略，今天仍要警惕。这本《血泪的回忆》，好似将军之言为历史的与现实的注脚。

回忆之文既是历史的回声，又是对历史回声的现实的应答。历史的回声在说，落后就会挨打。现实应答在说，我们正在实现社会主义现代化，建设一个强大的富足的社会主义的现代中国！

（原载《光明日报》1991年9月19日）

志坛群星：感人的精神、巨大的贡献

——读《当代中国志坛群星集》

读罢《当代中国志坛群星集》（邵长兴主编，中州古籍出版社出版），对30余位方志人物的工作精神、学术品德、历史功绩与社会贡献，以及对他们的事业在民族文化积淀中的作用深感敬佩，并产生诸多联想。这30余位志坛亮星不仅闪耀着他们各自独特的光亮，而且，他们作为全国10万修志大军的代表人物，以自身之光映照、折射出我国志坛的事业成就、历史与文化贡献。

这部60多万字的文集，通过对30多位志坛亮星的感人事迹的描述，从不同的侧面，反映了从20世纪80年代初开始，在新的历史条件下形成的新的修志体系与格局，即党委领导、政府支持、编委会具体组织实施的省、市、县三级修志；反映了在这个大格局中，有10万修志大军遍布全国，经过共同努力、辛勤劳动甚至呕心沥血，撰写出版了1000多种志书，正在编写和计划编写的共6000多种。其社会价值、历史意义、文化成就，都是应该充分肯定的。作为社会档案、文献资料和历史记载，这些志书可以满足各种用途之需求，可以作为了解国情、地情、民情的可靠资料，同时也是公众读物，在整体上是民族文化积淀的载体。

该书还反映了志坛群星们深沉的热情、艰辛的劳动、认真的精神和他们的创业功绩，以及他们的史识与史德。他们具有高度的社会责任感和历史使命感。其中，有90岁高龄的老学者傅振伦，有年过七旬的老教授来新夏，他们以各自的渊博的学识、精湛的专业知识、对中国方志学的研究成就，成为修志工作的指导者、人才培育者；还有一大批从一线退居二线又走上修志第一线的老领导、老干部和从其他岗位上转到志坛的广大干部，如河南的邵文杰与杨静琦、辽宁的苏长春与邵长兴，他们不仅作为地区方志纂修的领导者、组织者发挥作用，而且由于素有学养而又以高度责任感刻苦钻研，成为方志专家。这些志坛群星身上所表现出来的精神品德，不仅在方志纂修上具有意义，而且值得其他各方面的人共同学习。他们兢兢业业、认真负责、刻苦钻研，特别是那种深入实际、掌握史料、实事求是、一丝不苟的精神，尤其是甘于坐冷板凳和为他人做嫁衣的精神，都是值得人们学习的。而这一点，正反映了这本文集的价值。

《当代中国志坛群星集》一书还反映了全国10万修志大军的人才结构，这就是总体上的老中青三结合和个体上的、"内在的"三结合，即许多人是一身二任以至一身而三任的。那些老学者、老教授既是学术上的带头人和指导者，又是修志工作的组织者，同时也参与了一些志书的编审工作。前面提及的一些省市地方志部门的领导者、组织者，由于长期钻研，学问长进，也成为方志专家，并具体参与一些志书的纂修。这些不仅是一种知识结构、人才结构的反映，而且是他们的一种可贵精神的反映，是热爱本职工作、敬业研修和高度责任感的表现。这一点也是值得普遍学习的。

基于这几点，我以为，《当代中国志坛群星集》不仅在反映我国新的修志事业和方志学成就这一点上是有意义的，而且在提供具有普遍学习样板的意义上也是有价值的。

（原载《辽宁日报》1996年11月27日）

从《满族研究》公开发行所想到的

辽宁省民族研究所主办的《满族研究》，从1989年第1期起公开发行，这是值得祝贺的。

毋庸讳言，我们在民族研究上是落后的，落后于民族发展的需要，也落后于社会科学和其他科学的发展。而由于种种原因，满族研究更成为民族研究中的薄弱环节。党的十一届三中全会以来，社会科学事业发生了巨大而深刻的变化。民族学在社会科学发展新浪潮中，也成为飞跃的浪花。在这个总的背景下，满族研究取得了一些可喜的成果。

满族是一个历史悠久、勤劳、勇敢的民族，在我国历史上占有重要地位，对中华民族的发展做出了重大的贡献。在长期历史发展过程中，满族人民创造了丰富多彩的文化。在中华民族光辉灿烂的文化宝库中，在我们今天的社会生活、社会心理、审美意识中，都融汇着满族的独特贡献。旗袍至今仍是具有很高审美价值、广受欢迎的妇女服装。今天发掘出来的许多满族的艺术——绘画、剪纸、舞蹈、音乐等，仍然具有吸引人的艺术魅力。周恩来同志曾多次指出，满族是一个有本领的民族，是值得佩服的。

历史的成就不仅照亮着过去，而且必然延续到今天。历史绝不会全部变成僵死的化石。无论是历史还是现实，无论是物质文明还是精神文明，满族都留给我们、提供给我们可以研究、应该研究的丰富宝藏。

克罗齐说过，任何古代史都是现代史。我们从现代看古代，又由古代研究到现代。现代意识是历史研究中的重要意识。在这一点上，满族历史的研究也是我们所必需的。这种科学的文化功能，并不只是对于现代生活具有远效应、钝反应，也不只是一种"纯"文化的效益，它同样具有现实性效应和社会效益。

民族研究具有很强的吸引力、集结力。一大批亲缘学科、交叉学科，聚集于民族学周围，渗透于民族学之中，成为民族学发育、生长的乳汁。我们至少可以列举出这样一些学科：政治学、经济学、历史学、民俗学、语言学、社会学、心理学、人类学、考古学、文化学、哲学、美学、比较文学与比较文化。这里涉及自然科学与社会科学两大科学，也涉及众多社会科学学科和边缘学科、交叉学科、综合学科。

同时，民族学也具有很强的辐射力。它会将自己的研究成果向上述各个学科辐射，有利于这些学科的发展与建设。

满族研究作为民族学的一个组成部分，自然也同样具有这样的集结力和辐射力。满族研究的发展，对于民族学乃至社会科学总体，是能够做出自己的贡献的。

满族的丰富的历史宝藏和值得重视的现实作用，对我们具有很大的诱惑力。这是科学研究的宝藏，我们能够从中取得应有的成果。问题在于，我们要去发掘并长期坚持研究，要组织力量，要有相应的投资，要建设相应的研究机构，要大家同心协力来工作。工作要有领导、有组织、有计划、有步骤、有分工地进行。

谨以此奉献给满族研究和《满族研究》。

（原载《满族研究》1987年第1期）

有信使风骨　无冬烘气息

——《宋代城市风情》简评

这是一本具有文学风韵的城市文化史著作。它截取有宋一代之历史区段，基本上以民俗文化为断层，描述和评议这一选题，对于了解我国传统文化、了解中国人传统文化心态、了解中国城市发展史以至了解中国市民文化以及开封、杭州城市史，均有一定的意义。

作者在完成这一课题主旨时，选取了12个专题，亦即12个"生活领域"，予以描述与阐释。其中有习见的（如婚俗、饮食诸项），也有不多见者（如"消防队""吴儿'弄潮'"等），由此构成一幅既有共性又有特色的"文化风情"与"城市风貌"的画图。更可取的是，作者在叙史述事中，几乎事事有出处、句句含征引（往往一篇之作，引证史书杂说著作十多种），据史立论，言之有据，无推演测断之词，具有信史风骨；然而又无冬烘气息，而是掌握史料、消化吸收后，出以己言，并非摘引。作者以"彼分我合，彼合我分"的方法，多方搜集资料，又按照分类进行梳理融汇，形成较完整的材料，有主旨、有层次，多方面地加以叙述和阐释，颇见功力。例如"最早的'消防队'""教虫蚁·骑射术""吴儿'弄潮'"，都比较显著地表现了这种功力。

在完成主题的过程中，作者对各专题的内容都作了比较详细准确的记述，特别注意到对其发展轨迹的勾稽。例如关于"相扑"的演变、"弄潮者"的发展、食文化的发展等，均是如此。而且，更进一步点明其历史、经济与文化背景，如关于信鸽、教虫蚁、消防队等均是如此。关于"教虫蚁"作者指出："在城市中，特别是那些百无聊赖的贵族，养教'虫蚁'成风，其意就在于能悟会人性的'虫蚁'可以作为他们一种娱乐的方式。"后面又指出："文人编撰这样的一个'斗鸡报应'的故事，无疑是借助了市民们普遍热爱'教虫蚁'的感情，为这个时代特有的这一城市文化观念叫好。"

这种评议都是颇有见地的。全书十二篇中，有关各主题的记述均为此种夹叙夹议，较为成功，亦具学术价值。

书中各篇叙事状物，朴实简明，清顺畅达，颇有笔记小说风味，然而又不落窠臼。

我国类似著述尚不多，作者此种努力是有价值的。书中对有关问题的评议，尚可展开一些；有些地方，有言不尽意之憾；个别地方引用小说资料为主证，尚可推敲。

（原载《书刊导报》1988年3月17日）

老枝新花显生机

——喜读《艺坛拾萃·张望版画选（一）》

每天拆读来自各处的信件书报，是生活中的快事与慰藉。今天，从书信堆中一个"旧封新用"的大封筒中竟抽出了一本素雅淡妆的新画册，赫然而见作者题签赠阅的《艺坛拾萃·张望版画选（一）》，心中大喜。张望乃我国第一代新兴木刻家，20世纪30年代鲁迅在上海呕心沥血培植战斗的新兴木刻时，他是及门弟子，以后又从上海到延安、重庆、哈尔滨，用木刻为革命服务半个多世纪。作为硕果仅存的不多几位老版画家之一，如今真该为他出一本作品选集，以为纪念。于是我欣然展开画册，想看一看张望同志那些我熟悉的和不熟悉的旧作，温故知新，而且让画幅牵起记忆与思绪，暂时回到那令人魂牵梦萦的往昔岁月与生活。

然而，旧作仅有四幅，三幅为30年代之作，一幅为40年代之作，其余12幅竟都是新作。而且新作之中又全是80年代新产品，其中1989年的作品就占了9幅，为新作中之近作。睹此，我不禁肃然起敬。艺坛老将，壮心不已，以年过古稀之身与心，而能保持这样旺盛的创作力，令人感佩。况且，这9幅新近的作品，既不显衰弱式微之貌，又不见赶时髦却又不适应之态，依然是布局沉稳庄重、黑白对比强烈，雕镂有力、意趣凝练，与30年代的《沪郊一瞥》（1931）、《饿儿》（1932）的艺术风格一脉相承，除了笔力老练周到之外，竟看不出半个多世纪的时空间隔。

我尤其喜爱《双马图》（1988）和《仿鲁迅选编［英］比亚兹莱作"阿赛王故事"》（1989）两幅。初读之下，拍案叫绝。《双马图》中，二马交颈而立于画幅正中，横贯前方，背后为广阔的草原，构图洗练，画面简洁，黑白相间，对比强烈。配诗亦妙："苗鲜育骏骊，碧野无边际。问驹何所思？春风促亲昵。"这首诗我认为是张望同志诗作中之上乘。诗画相配，情趣盎然。《仿鲁迅选编［英］比亚兹莱作"阿赛王故事"》，仿比亚兹莱颇到家，黑白分明，线条细腻，力与美结合，令人赏心悦目。那立于水中的裸女，抑郁神伤，所思邈远；一叶白帆，引人遐想。这里有另一种生机——一种更深沉、更执着、更纠缠而难言说的生机。

艺术贵在生机气韵。我不敢妄评艺事，但我深为感动于这种具有象外之景、言外之意、旨外之趣，而又充满生气的作品。我从中感受到艺术家的一颗跳跃的心和活跃着的思绪。他在挥刀雕刻时，想象，思索，追求，忆念，便在作品中凝聚灌注了一种动人的气韵。这不会是一时的感触，而是数十年人生经历、战斗生涯、文化积淀、艺术经验的综合发挥。我不敢评技艺之高下，但我感动于这种老而弥坚的生机。我亦垂垂老矣。我并不是"不知老之将至"而欲作豪言壮语，但也不叹惋韶华已逝暮年无为，还想有新的创获。"黄昏岁月夕阳心，犹自奋励写新意。"看了张望同志的新作，感受到其中老枝新花的盎然生机，而更触发激动。我想，这也可视为艺术作品的一种社会功效的显现吧。

张望同志是我的师辈又兼益友。读其新作，感奋不已，写此以为答谢并表仰慕之心。

（原载《辽宁日报》1990年2月17日）

《美之实施——青年美育读本》序

这本著作，具有以下几个特点：

（一）它把美学、美育、美的实践三者结合起来阐释和论述，而不限于三者的某一个方面。

（二）它把关于美与美育的理论阐述同关于美的实践的通俗宣讲结合起来，从而也就把理论与实际、普及与提高结合起来了。

（三）它的作者们都是大专、中专、职高的教师，他们都在学校讲过这方面的课程，这是他们授课实践的结晶、教学工作的理论体现。

（四）他们还在中专、职高、技术学校和大专的几个班级做过调查，在社会上也做过问卷调查，了解过读者对象的需要和在这方面的预备条件、"期待视野"。

（五）它由涵盖上述诸方面的有关章节组成了一个比较完备的体系，其大体为：1. 绪论，主要是美学概说与美育概说；2. 通过学用美学原理来实施美育；3. 通过艺术欣赏来实施美育；4. 通过艺术美、现实美的创造来实施美育；5. 美育天地宽广，造就一代新人。在这个涵盖甚广的述说中，讲授美学与美育的一般性理论，也把艺术欣赏纳入其中，又把美同生活、同对人的培养结合起来阐释。这样一个体系是可取的。

上述这些特点，使这本著作成为一种新颖别致的书。它不同于一般的美学理论著述，也不同于一般的通俗美学书籍，还不同于一般讲述美育的书。因此，它适合于更广泛的读者面的需要，可作为美育教科书。

这本书的整体框架，立足于这样的核心观点：

（一）美学是研究在创造过程中美的创造与人的自我成长、自我确证的学科；

（二）劳动是美的根源，它的产生同创造也是紧密相连的；

（三）美的本质是，在创造世界过程中人的自我确证、自我实现。由此可见，它所持的美学观点和理论构建，是把美同人的劳动、人的发展、人的创造以及人的自我确证、自我实现联系在一起的。这里努力坚持的是马克思主义的基本观点。

我很赞同把美同人的创造、人的主观能动性因而也就是同人的劳动（在它的最广泛的意义上）紧密结合起来思考和研究。把美的实施和美育建立在这一理论基石上，我以为是颇富启迪意义的。

这里，关于创造，我还想借题发挥多说几句。创造也是人特定的才能，是人类智慧之花。与其说人是使用工具的动物，不如说人是能够创造的万物之灵。创造也是人生的瑰宝。人生因为能够创造和取得创造的成果而具有真实的价值、充实的意义。创造未必总会带来金钱、荣誉和地位，虽然它往往同这些相连，但创造定能给人以幸福。个体由于具有创造才能和创造成果而对集体、人群以至全人类具有永恒的价值。融入大我与历史的小我，由此而不朽。因此，创造，同时也就是美。真正的创造即是一种美，而美也必须是创造性的。人因为进行创造和取得了创造成果而进入美的世界。正是在这个意义上，我很赞同该书将美同创造联系起来的主旨。

我们处在美学研究领域中普及与提高两项内容都在发展的时代，多年来这方面的建树在我国学术文化史上是空前的。我们也处在一个创造美、产生美、需要美的时代。人们在自觉和不自觉的意识状态中追求美。我们需要传输，期于此中产生美的自觉意识、自觉行为与自觉创造。在这个意义上，这也是一本适应时需之作。

我们对于人的培养，重要的内涵之一就是使他们具有健康的审美心理、崇高的审美理想，懂得爱美、维护美，为生活的美、人的美而奋斗。为此，就要传播、讲授关于美的知识、美的学问，要消除"美盲"。这一工作至少应该从幼儿园做起。然而，美育却至今仍是我们最缺乏的一课，学校教育和社会教育都是如此。不仅美育是缺门课、冷门课，而且与之相关的美术、音乐、体育等课程，也在中小学教育中未能受到应有的重视。这是我们待解决的急迫课题。期望此书之出版，能对此起到一定的积极作用。

该书主编李良玉同志钻研美学有年，艰苦备尝，未曾气馁，今已取得成果多项，此书即其一。他的治学精神令人感佩，他的所获令人欣喜。

著者和编者都要我在该书前面说几句话。这使我甚感荣幸，然亦愧赧。略抒所感如上，权为序。

1991年6月23日

（《美之实施——青年美育读本》，辽宁大学出版社1991年6月第1版）

《东北文学通览》序

《东北文学通览》的编写与出版，是一件具有多重意义的事，因此也是一件可喜可贺的事。

记得20世纪70年代末，东北三省社科院文学所的同志和有关同志在沈阳聚会，讨论编写《东北现代文学史》。我以地主的身份，主持了这个三省协作的第一次会议。大家一个共同的感觉是，这是文学研究工作中的一项空白，我们东北三省的文学研究工作者义不容辞、责无旁贷，应当勇敢地、积极地来填补这项空白。时光流逝，倏忽已是十几年过去了。《东北现代文学史》这部书，经过三省几十位文学研究工作者的共同努力，已经出版好几年了，一项文学研究方面的空白已经填补，为进一步深入研究打下了基础。现在，溯历史而上，追寻更久远和古老的文学源流与文化之根，一部《东北文学通览》，经过许多研究工作者的努力，也编撰出来了。这次，则是由辽沈地区的研究者们来完成的。这又一次填补了一项研究工作的空白。其重要意义自不待言。

这部书，从远古到现代以至当代，对东北地区的文学源流、文学现象、文学流派、文学创作和文学理论的发展，作了一番简明扼要的、古今轻重有别的鸟瞰式的描述。这在目前来说还是首次。这对于人们了解东北地区的文学面貌、文学发展轨迹，特别是了解它的特点，是很有作用的。我相信人们会对这部书产生兴趣，也相信它对于大专院校、教师进修院校的教学工作能够起到很好的作用。

东北地区地域辽阔，在地形地貌、风光景观、物产资源、地缘关系等方面，都具有大不同于关内区域的突出特点，由此也带来了风土人情、生活方式、文化性质的特征，并反映在文学艺术的创作之中。这个地区的历史，也是特色独具的。它曾经是诸多少数民族繁衍生息之地和一面互补共荣一面攻坚挞伐的征战之域；它曾经是入主中原、统治全中国二三百年之久的满族的发祥地和文化故土；它曾经是清代流人的流放服刑之地，又是鲁直移民开拓谋生之域。在近现代，它有过抗日义勇军的光辉而短暂的历史，有过抗日联军的艰苦卓绝的斗争史，也有过甲午战争、日俄战争的痛史，有过屈辱而又进行不屈斗争的十四年沦陷史，更有过接续着延安传统、开辟了全国文运的东北解放区文艺运动史。如此等等，其特色风貌，反映于文学运动和文学创作之中，是突出的、特殊的、丰富的、繁荣的，具有特殊的文化质地和审美特性，为关内诸地区所没有。然而，这些却不甚为人们所了解。因此，《东北文学通览》之撰写出版，对于"让全国认识东北"，让"东北人更加了解自己"都是很有意义的；从另一方面说，对于东北人宣传东北，也是很有意义的。因此，以其为乡土教材——"解决我省乡土文学教材的迫切需要"，这是该书编撰者的主要立意之所在。应当说，他们很好地实现了自己的计划。

关于地域文学或以地域命名的文学流派之划分及入选作家、作品，往往涉及一个问题，即以作家之籍贯划分，还是以作品内容之区域性划分。该书则以两者兼顾的方式来解决这一问题，看来是合适的。以东北文学来说，流人文学一项，恰可谓两者兼而有之。因为"流人"原籍本非关东大地，但他虽说"获罪"被遣送，出关定居，"籍贯"一项在本质意义上已经改变，应算是"东北佬"了，而他们的子孙则早已是"东北佬"了。他们之入东北文学史，殆无疑义。在现当代，又有另一种情形。华山、刘白羽、金河、达理、阿红、晓风，皆非东北人士，但由于他们久居东北，创作生涯在居住东北期间度过，或创作之"高峰期"或"辉煌期"在东北，所以入史，这也是合理的。钱钟书在《谈艺录》中论及诗之江西派时曾说，入籍江西诗派者，非皆赣人，以其作品之审美特征、艺术风格类同，故而归入。又说，唐诗多神韵，宋诗重义理，是艺术风格之别，而不仅关乎时代之差。所以他说，宋人可以写唐诗，唐时也就有宋诗之初创，这种以艺术风格为划分流派和"文学区域之归属"的根本标准，是很正确的。因此，该书据此理而入选作家及其作品，是正确的。

该书在编写上，着眼于地域乡土风情，作家的特殊审美感应和特质性反映，作品之艺术特质，不求"全"而求"特"，并且注意鉴赏性，而又使这种鉴赏性具有多层面、多角度的展开，因而具备了相当的学术性。此外，又将比较研究作为研究构思之一，等等。这都是带有一定创新意义的、具有学术价值的。

我曾经参与了东北现代文学研究和史书之筹划与编写工作，这次又有幸而略事与闻《东北文学通览》之编撰并遵嘱为之写序，甚以为荣。

序无足观，只有本书展现的东北文学的历史潮流和历史与现实的风貌，是值得了解的，请一读。

（《东北文学通览》，辽宁大学出版社1994年1月第1版）

述说辽河与辽河的诉说

河流同人类的生存和文化分不开。人类总是沿着河流繁衍和创造自身的物质世界与精神世界，因此文学也总是要描写河流和沿河流域的生活。辽河在中国版图上是第七大河，这已足够说明它的"地理位置"和"文化地位"了。而辽河流经的区域，正是关东大地的东南部地区，上接内蒙古的西拉木伦河，流过广大富饶的松辽平原。这是长城外边的重要地区。这又说明了辽河及其流域重要的历史地位与社会地位。当代的辽河区域，在经济、政治、文化等方面也具有重要的地位。为这条河流写一种传记性文学作品，自然是必要的、有意义的。

荒原采取了他自己更为常用也更有突出成就的报告文学这一文学样式来写辽河，他的这一选择是有特点和现实意义的。他可以在"报告"这一叙述范式中，广泛地、绵延纠结或者辐射散发地，一笔扫过或深掘细钻地，去展开历史、社会、民俗、文化、艺术的画面，去记述和描画城乡各界各业的诸多阶层和人物，去诉说自己的情感的波动、思维的起伏、理性的沉思。我颇有兴味地阅读了这部书的许多篇章，也对全书作了一番扫描。其中有许多我熟悉和不熟悉的生活、人物和知识，也有许多我想了解的事物。在阅读中，远古的历史、今天的现实，皆来到面前；民间的传说、典籍的记载，均流泻于笔下；各业的状况、人物的命运，都呈现在纸上。这里有历史、社会、文化、民族的状况，有各种有趣的知识和传闻，有民俗的情趣，有人生的悲欢，也有历史的兴衰之迹。荒原在叙述中采取了一种诉说的、思索的、探究的情感态度与理性态度，这就为他的作品增加了主体的色彩和文化的含量。他的叙述语言也足与之相契合，是一种不同于新闻体裁和一般文学的，以凝聚思索、倾注情感、增添色彩的长句段构造的文学话语的叙事。这些构成了这本人文地理式的报告文学作品，具有了集文学性、新闻性、知识性、社会性、历史性、时代性和可读性于一体的文化品性。

在这本报告文学作品中，历史始终是一个背景、一个叙述框架的支撑体系，在"前面"的是作者立足于现实的主体叙述和由历史中"走过来"的今天现实生活中的人和事。这种历史与现实的结合，构成一种"文化层"的叠合，增添了读者的兴趣，也引人思索，使作品的内容厚实起来。我常常想把一本曾经轰动中国、使连载它的《大公报》销量增加的报告文学作品，即著名记者范长江在20世纪30年代写的《中国的西北角》，推荐给今天的人们。他也是立足于现实，纵横交错地写了社会的政治、经济、文化等的历史和现状。我至今偶然翻阅，也会产生一种深深的历史感和今昔幻变的情绪。那落后和愚昧是令人慨叹的，但那古朴风貌又透出多少历史、文化的沉甸甸的意味。我想，若干年后，或者像《中国的西北角》之于今天一样，相距"当年"半个多世纪以上，这本《辽河屐旅》在后人的眼里也会掀开一道历史的帷幕，令人慨叹："辽河两岸，原来曾经是这个样子！"从而引发一些思绪。

从这里也许就可以看到它的历史文献、社会档案性的价值。这是在文学之内，又是在文学之外的。

（原载《沈阳日报》1996年8月6日）

中国现代化：社会学的思考与解析

——评赵子祥《变迁中的困惑与解脱——一种社会学思想解析》

"现代性是不是出了问题？"这是国际学术界提出的一个令人困惑和引发思考与研究的问题和课题。回答是：对问题的提出普遍认同而答案众说纷纭。众多答案中不仅蕴含着各自的道理和理论以及解决之道，而且都葆有汇向"终极"的各自的"真理粒子"，而为人们所阅读与汲取。这不仅是人文学术之旅程，而且是推动人类现代化事业优化前进的学理指导。社会学作为一门学科，越来越发挥"发展指导"和"问题解析"的作用而服务人类社会，并壮大自己的学术身躯。这是20世纪中期以来，社会学成为社会科学重点学科之一的重要方面与原因，也是它越来越受到重视的原因。

赵子祥近著《变迁中的困惑与解脱——一种社会学思想解析》是上述社会学学术进展中出现的一本具有学术价值的著作。这本著作不是以提出自己的一个学术体系为要旨，而是具有自己的学术眼光与价值取向的"理论综合性"与"综合理论性"著作。它的学术特色、优长与价值也正在于此。因为它提供了纷纭答案中的某几个学派的代表观点与理论，"弱水三千我取一瓢饮"，取舍之间显示了著者的学术眼光与学术功力，也为读者提出了解决问题的思路与方法。赵子祥多年来先后出版、发表了多种社会学专著与论文。现在，他在"现在时"的学术观点和理论造诣观照下，将这些著作、论文的精华部分、"理论—观点粒子"汇集起来，按章节编纂，使"过去时"成为"现在时"，使"旧论"成为新著，既保留"旧著"中的"理论粒子"与"学术生命力"，又在引论、转述、摘取与评析中，吸取新的学术成果，展示新的思考与解析，从而使这本著作具有了比较恢宏的学术视野和界域，引介并评析了多个重要学派的学术观点与理论，又提出了自己的见解，加以解说与发挥，为我们提出了思考、解析一般的尤其是中国的现代化进程中，诸多"必然性问题单子"中主要问题的基础理论、解决思路与研究方法。

作为一部社会学著作，其学术品格与水准，当以既具理论价值又能与社会实践结合为上乘。赵著正是如此。它的理论含量与价值在于，它对于社会学基本理论做了综合评述。这种评述经过对理论资源的梳理，有选择、有重点、有评论，简明扼要，思路明了，观点鲜明，表现了著者自己的理论立场和学养。第一编"社会学基本理论研究"以三章篇幅，评介了西方社会学思想，评述了中国社会学发展历程，还提出了社会学基础理论研究中的几个问题。这可以看作社会学基本理论的简要教材，具有广泛的阅读价值。对于有兴趣研究社会问题、现代化问题的人们，也是可供选择的最佳读物之一。而在其余章节中，也都有理论介绍与评析，以为研究与解决问题的理论依据。

社会学直接以社会为研究对象，对社会和社会中的问题总会作出敏感的反应，作出理论的回应并剖析原因、提出解决思路。现在，社会发展与现代化问题，又成为社会学关注并给予帮助的一个重大领域。该书以敏锐的视觉和正确的选择，从"社会学学术视域与问题目录"中，选出"社会问题"与"社会发展"两大系统，分别以"问题社会学研究"与"发展社会学研究"为题，以两编的篇幅予以介绍和评述。这种学术选择是正确的、有益的，而所做的介绍、评述也是具有明晰度、深度和学术性的。在社会问题部分，所论婚姻家庭、青少年及其犯罪、老人与老年问题、农村问题、城市问题、人口问题、医疗行为与精神疾病问题、生活方式问题、大众传播问题和社会犯罪问题等，都是现代化过程中的重大困扰并影响社会发展、生活质量的重点问题，也是社会学研究的重点课题。该书对这些问题的提出及产生的原因、性质、消极影响和解决思路，都条分缕析，选择重要学派、学者的重要著作、理论、观点，做了评述性的介绍。这些都是我们目前普遍关注、加紧研究并在理论与实践上需要指导的。该书正适应了这种社会需求，为广大读者、实际工作者提供了理论指导、思考路数和解决问题的方法。比如在青少年犯罪问题上，从青年文化与社会变迁角度做了深层次的挖掘剖析，进行了文化变迁对青年的影响、青年次文化的形成与作用、犯罪次文化与冲突次文化等文化视角和层次的研究和剖析，并且提出了"从深处解决问题"的思路与方案。还有从发展社会学观点，提出人口与经济发展关系的"两方面依据"，即既促进经济发展又妨碍经济发展，从而预防了单纯地以节制生育来普遍解决人口问题的弊端。

该书更重要的价值还在于把中国现代化问题放在重要位置，给予社会学的研究与探讨。每个国家、民族在现代化进程中都会必然地出现种种"现代化症候"，而且是带着民族传统、民族文化特征的，因此其解决方法也不能是万应灵药式，而必须是在普遍原理、共同方案基础上的特殊的、变异的应用。中国改革来自文化方面的助力与阻力同在。人的现代化与传统文化的现代性转换，显得尤其重要。这是中国文明古国与文化传统深厚所决定的。为此，著者在正确分析中国现代化历史背景和层次之后分析指出，人的现代化对于中国现代化的突出重要意义，中国人思想行为层次的现代化最艰难；并列举了来自四个方面的思想文化障碍：缺乏创新精神，盲目优越感与有害自卑心理，对现代和现代化认识不足，旧的习惯势力的束缚。这都是颇为富有启发性的。此外，还有市场经济与现代化问题研究。其中，提出市场经济是中国现代化的必然取向，以及市场经济下的社会结构与社会分层化、文化整合、政治发展等问题，也都是富有启发意义和指导实践的价值的。

（《变迁中的困惑与解脱——一种社会学思想解析》，赵子祥著，辽海出版社2003年12月第1版）

（原载《中国图书评论》2004年第8期）

明霞夕照笔更健

——读叔弓文集《岁暮回望》有感

叔弓同志年届七五，老当益壮，精神矍铄，思维敏捷。他近期收集散作，聚为文集，实在是一件可赞可贺之事。他邀我作序，以我们多年交往之谊，我自当应命；但我仍踟躇以为僭越，不敢冒昧。然而，盛情难却，却之不恭，我只得勉力为之。

我与叔弓同志相识于颇为特殊的时候和特殊的场合。1979年初，进行右派改正工作。这件工作的最后一个环节是大会宣布改正决定。叔弓同志当时任职于辽宁日报社并直接负责此事，故报社的这种大会由他主持召开，改正名单亦由他郑重宣布。我就在这次大会上第一次见到他，并与之相识。当时，我才从久居的农村回到城里，正所谓"乡巴佬进城"，而头上的隐形帽子犹在，虽无余悸，但存猥琐。因此，对这个大会和主持此项关乎自身命运转折的生平大事的领导，我既心存感激，又情觉亲切。可以说，这种感受和情感，一直在我心中留存，觉得是一份美好的回忆。此后，我一直在辽宁社会科学院工作，叔弓则又由辽宁日报社转省台办主持工作，我们同时都兼职省政协，时相往还。再后来，我们都离休后，又共同参与省世界民族文化交流促进会的活动，时常一起开会或参加活动。在长期接触中，感到叔弓同志性情开朗活泼、思维敏捷、为人谦和，我们相处甚欢。由于这些缘由，所以我前面说，应命为叔弓文集作序，我既感荣幸，又觉僭越。

此次欣闻他出版文集，颇感振奋。我手捧原稿，面对三四十万字复印件，浏览一过，除赞佩之外，顿生感想数端。叔弓同志少年入伍参加革命，因此只能读完小学，中学仅读百日即辍学，其知识和学问都是在繁忙工作之余习得的，文章技能是在实践中增长的，直至成熟与获得成功。这里，一个是学习之努力、刻苦、坚持不懈，令人敬佩；一个是学习之成效，实在可观。捧读华章，无论是运思谋篇、引经据典、征用史实，还是遣词造句、叙述描绘、取譬象征，均章法循矩、出语有据、生动活泼，或得体式之精要，或符文章之法则，或显技巧之运作，在在中律，彰显才华，颇富训练有素、经过科班教诲的根底。不知者，完全想不到是自学成才的文人。这两点，我以为很表现了叔弓过人的聪明才智。类似他的经历者，在我们这般年纪的人中，在革命队伍中所在多有；但是，在写作上，在"文章之盛事"上，能够取得他这样的成就者却为数不多。

我在浏览概要和有选择地细读重要篇章时，时常发现谋篇结构之得体，词语运用之精当，思想表达之清晰准确，不禁赞叹。当然，此均属形式表现之精巧，更重要的是内涵与意义之存在。行文至此，我想从

明霞夕照笔更健

"社会-历史叙事"方面略谈些许感受。我向来把整体的"社会-历史叙事"称为大叙事，即整个社会的各类文字表现文本均入其中。而这类大叙事，我又将其分为两大类。凡出诸专业作家的作品，均属"作家-专业叙事"；而出诸非专业作家笔下的，则一律称为"公众叙事"。这两类叙事，有叙事主体的职业与作品属性的不同，但绝没有品位高低之区别。我自己虽然列名作家行列，但究竟以学术研究为主业、为职志，所以凡属于文学性作品，无论散文、剧本或其他体裁者，均列为公众叙事。新时期以来，由于思想解放，"双百"方针的贯彻，个人表达欲得以生发，社会公众叙事日渐发达。其中，产生许多有意义、有价值、有成就的作品。我每每有所接触，常常感到这类作品有实事求是之意，无哗众取宠之心，往往能够真实地反映历史、社会、现实的风貌，给读者以知识与思想-认识的启迪，使人感到比之不少专业叙事的虚构编撰、矫揉造作要更真实而有意义。

读叔弓之作，我感到就是这种颇有意义的公众叙事。其内容颇为丰富。而且，他曾经长期在公安部门工作，后又在对台工作部门担任领导职务，由于工作的需要和条件的方便，在这方面作品中有不少颇有分量，具有难得资讯，又具有可读性的作品，如关于香港回归的，特别是关于日本战犯的成功改造的，还有关于公安战线的先进事迹的，等等，都是难能可贵、别人难于写出的作品。而且，这些作品作为历史记录、社会档案、人物记事，都很有历史的与社会的价值。此外，还有游记、随笔、论说文等，也都是游历记事、思想阐发的可读作品。特别要提到的是其中的回忆录，虽然属于"个体叙事-私人叙事"，但是，从一己的和家庭的经历中反映了社会的、历史的、环境的状貌。从他的家世、幼年与少年时期的回忆中，反映了辽东半岛附属岛屿上的历史与文化面貌，不仅读来颇有兴味，而且提供了真实并饶有趣味的社会文化变迁史，而具有前面所说的社会档案、历史记录、文化映象的价值。私人写作的意义于此也显示出来，成为一种社会-文化阅读文本。

该文集所收的文字，有四分之三作于1996—2005年的十年间，即大多数是离休后的老年时期所作。这真正是老有所为了。而且，还应该说到，叔弓同志除该文集之外，还有《中国改造日本战犯始末》等专著问世，可谓著作丰硕，而其中的重头之作也是离休后的产品。

满目霞光夕照明！

趁叔弓文集出版之际，略述读后感如上，权为序。

2007 年 2 月 26 日

《王建中文集》序①

　　建中同志整理论著准备出版文集，并索序于我。我不揣浅陋，欣然接受这项任务。这有几方面的原因。其一，我是积极主张并敦促建中出版文集的人之一，他既接受建议来出版文集，邀我写序，我怎能谢绝呢？其二，我们长期合作——既有工作上的合作，又有学术研究上的合作，还有共同培养研究生和教学的合作。这样多方面长时期的合作伙伴，他出文集我写序，简直有点责无旁贷的意思。其三，我们的友谊持续了二三十年，为他的文集说几句话也是应该的。这样，我欣然接受写序的任务，就是自然而然的了。

　　我主张建中应该出版自己的文集，因为他的文学研究和文学评论方面的论著为数不少，足可成集；而为了纪念，为了总结，也应该把论著集中起来，形成规模，献给社会，留给后人。同时，我还认为，在他的研究和评论文字中，既反映了中国现代文学研究的一般状态和成绩，也反映了辽宁文坛的发展与成果，特别是还具体反映了一些作家的创作与成就，——这，就不仅仅是他个人的事情了。这么说来，我以为建中文集的出版，就不仅是他自己的业绩总结，是个人的私事，而且含有"公事"的意义。

　　虽然我一向以为建中的研究成果为数不少，但是，初读他的文集上下卷的目录，洋洋洒洒，篇幅浩大，我仍然不禁为之惊讶。我自认对于建中的学术研究状况是比较了解的，但是，读过他文集的目录，我这个

---

① 原文载于《理论探索与文学研究：王建中文集》，社会科学文献出版社，2012。

"自诩"不能不被打破了。我发现，仅从目录就可以看出三点重要的内容：第一，他的学术成果相当丰厚，相当突出；第二，这些成果，在社会科学院这样的专业学术研究机构里，只用研究员这一职称的要求来比，他的成果之丰厚难说居于首位，但居于最前列是毫无问题的；第三，他的这些成果，有相当大部分是在退休后取得的。仅就这样三点来说，我觉得就是成绩突出、成果丰富、令人敬佩的。这证明，他几十年来勤奋敬业，孜孜矻矻，乐此不疲，对于学术研究有一种献身精神，有一种文化追求。勤于耕耘，始有丰获。这一点，是值得人们学习的。我想起最近这三十年所经历的人和事。确实有些科研人员，聪明才智是有的；但是，未能贯注于学术研究，而是旁骛杂取，最后不免羞赧于学术成果缺乏；也有的人，疏于学习与研究，最后难免"两手空空"。而建中同志却从孜孜敬业中，获得了丰硕的学术成果，从而也收获了有意义、有价值的人生。

这些不过是就文集目录来说的"题外话"。如果进一步、从深层次就本体－本题来说，可以言说的就更多了。建中研究的专业方向是中国现代文学和当代文学兼及文学评论。在这些方面，他的突出表现、突出成果是什么呢？在大学文科教学中，中国现代文学是重点课程之一，而在讲授和研究中，约定俗成地形成了一种"格局"和"排名"，这就是"鲁、郭、茅、巴、老、曹"，即鲁迅、郭沫若、茅盾、巴金、老舍、曹禺。建中于这六位中国现代文学的"扛鼎作家"，都作了认真的研究，并有丰硕的成果。其中，对鲁迅、茅盾用力更多。此外，他对早期（20世纪30年代）成名的作家，如冰心、冯雪峰、萧三、叶紫、巴人、丁玲、周立波等；对东北作家群，从"二萧"（萧军、萧红）、端木蕻良、骆宾基到马加，以至田贲；对于赵树理以及解放区文学，他都进行了研究，并有论著问世。其中，特别是丁玲研究，颇为突出。他的这些研究形成了一个系列、一种格局，这些研究成果所形成的"系列""格局"描绘、抒写、记叙、论述了中国现代文学的发展脉络、文学成就及其社会、历史、文化的内涵与作用。这些成果，对于大学文科教学、中文系师生的讲授与学习，都是有益的资料；对于一般文学爱好者，也是很好的学习材料。它们可以汇入"中国现当代文学研究"的学术文献总库和积淀之中。由于这种"中国现代文学－作家研究系列－格局"的形成，建中的论著系列，实际上构成一幅具有他个人特色的、中国现代文学发展史的描述轮廓，把它们排列起来，可以看作"中国现代文学史"的一种个人描述雏形。

作为辽宁社会科学院文学研究所所长，建中对辽宁当代作家倾注了他的热情和关注，多有所研究和评论。他研究和论述的辽宁当代作家有里扬、牟心海、刘文玉、李云德、萨仁图娅等，还有业余作家如王瑞起、周莹等。而且，他与这些作家中的许多人成为朋友，他们之间"以文会友"的交往还比较多，有的（如里扬、刘文玉等）更是往来密切，切磋作品、文事交流和私人交往比较频繁，他给予他们的协作以及必要的帮助比较多。这是他的工作成绩，也是他的学术成果。

建中对于现代文学和作家的研究，注重将其放在一定的时代背景和文化语境中来进行。我以为这是坚持历史唯物主义的表现，是一种重要和良好的研究指导思想。同时，他对于文学作品的分析，很注意艺术形象和典型人物分析，触及他们的性格特征和思想渊源、时代特色。这些也是从历史唯物主义出发的。面对时兴的一些研究套路和评论文字，这种研究好像比较传统，有的"先锋派"可能讥为"落后"。但我不这样看。我以为，这种基本上属于"历史—社会研究"或"历史—社会评论"的研究，仍然是文学研究以至一般社会科学研究的正宗，它的核心价值观和立足点是科学的。因此，其学术价值也是应该肯定的。这部文集中的文章，应该说基本上都是这种应该肯定的研究格局，它的学术文化价值也就蕴含于其中。而那些装腔作势、食洋不化、引经据典却不知所云的所谓"现代""先锋""时髦"的研究和评论，却只会昙花一现，消逝于时代与历史的浪潮中。

建中写了不少当代文学作品评论。他的这些作品有几个特点：一是充满感情。这一点，对于评论来说是很重要、很有价值的。如果缺乏感情，没有真情，就难免敷衍了事，文章也缺乏感染力。建中的评论都是表现出对于作品、对于作家的内在感情的。二是内容充实、言之有物。所述论点和所作评论都举出种种材料、事实来予以说明。言必有据，不事空谈。三是评论均具有理论依据和理论背景，这便增加了评论的厚重程度和理论色彩。

不仅注重文品，而且注重人品，评文亦评人，这也是建中文学研究和文学评论中一个显著的特点。这表明，他在阅读、研习、衡量文字的时候，就注意人品，注意发掘文章背后的作者及其在作品中的体现。这种研究态度和方向，使得他的研究文章不仅于文学方面，而且于做人方面，都具有了益智和教诲的作用。我还以为，这也反映了建中自己的为人，在他自身的修养中，也是注重文品与人品的结合的。——他为人方面的诚恳、朴实、善与人处、肯帮助人等品格，在同事和朋友们这次为他而写的回忆文章中有一致的反映。

值得特别提出的还有，建中这么多的研究成果，有相当大的部分是在退休以后取得的。而且，这些离岗后的成果，在研究范围上比以前拓展了，更广阔了，数量也相当大，其质量（包括思想的深度、理论见解的独到与深入以及文气的增长等）都比以前更胜一筹。这是我在陆续读到他退休后所写的论著时很突出的感觉。我为此深感欣慰和高兴。这是很令人敬佩的。他不仅是"退而不休"，也不仅是老有所为，而且是老骥伏枥、壮心不已，并奋蹄前行，有所创新和发展。这使得他的人生和学术生涯更具有深沉的意义和价值，值得人们敬重和学习。

还有一点是在文集中没有也无法反映的，但它并不是不重要的。这就是建中在学术研究和撰写论著之外，作为文学研究所所长，在组织和推动辽宁文学研究和关注辽宁文学现象方面所做的工作、所起的作用及其贡献。这些在朋友们的回忆、纪念文章中多有反映，但论著本身则没有这样的作用。然而，这些却和他的论著是联系着的，是文品背后的人品的根基和反映。

我为建中文集的出版而高兴，犹如我自己获得了成绩一样，写下以上一些感想式的文字，权为序，以表祝贺之忱及学习之意。

读《文化市场：结构·功能·管理》

我很高兴地看到《文化市场：结构·功能·管理》这一书稿。它全面地、系统地论述了文化市场的几个主要问题。这在目前是很需要的一部著作。仅就我所见，它大概还是这方面的一部开创性专著。

1988年，抚顺市社会科学联合会的同志就同我谈到这样一部书的写作规划。作为同行，我很赞成这一科研课题；作为一个文化工作者，我也企盼有这样一部著作问世，以应工作之急需。因此，我除表赞同之外，并且应他们的热情邀约，同意接受任务，做一点他们需要我做的力所能及的工作。不过，事实上由于我的工作状况不允许，我并未出任何力量，除了一种空疏的赞同之外。

今天，当我看到这部专著的稿子时，确实很兴奋。第一是感到抚顺的同行们工作勤奋踏实，经过一年的努力以较快的速度完成了他们的研究计划。第二，研究成果是比较好的，它不仅全面、系统地论述了文化市场的几个基本问题，而且这种论述是在掌握了较充分材料的基础上进行的，也是经过研讨而形成的，因此内容充实，态度也是严谨的。第三，在这里我还想强调一点，就是他们的研究工作的开创性。文化市场问题引起人们的注意已非一日；文化行政部门、工商管理部门以及治安工作部门，不仅早已注意及此，而且做了许多工作，他们也搞过调查研究，写过工作报告或政策建议之类的材料。这当然都是文化市场问题的一种研究工作和研究成果。不过，由于工作性质的原因，这些难免都是就事论事性的，就局部问题、具体事情立论的，未能系统、全面地论述，也不能展开讨论。但是，我们面前的这部专著，却是在这些工作的共同成果的基础上前进一步、提高一步了，它展开来论述，全面、系统地进行讨论，这对于满足目前社会的需要来说是有益的。它可以成为与这一工作有关的很多部门从业人员的一本参考著作。

去年，当这本书的写作计划确定之时，文化市场问题虽然引起了社会的注意，但是，其重视程度还远远没有达到今天的高度。经过目前一个时期"扫黄"和除"六害"的卓有成效的工作，文化市场的问题引起了全社会的广泛关注。在这种形势下，人们越来越需要了解文化市场问题，也想要更多更广更深地了解与之有关的问题。因此，这本著作对于当前的读书界来说，也就显得特别需要了。我作为一个社会科学工作者，由此还想到另外一方面的问题。也是"三句话不离本行"吧，我想到的是社会科学研究问题。我曾经说过，能否为和是否愿意为实际服务，这是社会科学生死存亡的问题。当然，这里的"服务"，包括直接的和间接的、直线的和"曲线"的、短期的和长期的、实际功效与文化功效等多方面；但是，必须有服务意识和服务功效，却是根本的、重要的。有人颇不以为然，也轻视鄙薄服务，以为这就不是科学，也没有学问；但我仍坚持此点，并且以为持上述看法本身，倒确实是不科学和没学问的。古今中外大学问家、哲人学者，都是"为人生"的，一颗心总是关注着人民，关怀着民族与文化。这是一种最深沉的服务观。

正是在这个意义上，我赞同这本书的研究与写作，也赞赏这本书的问世。我以为它体现了一种正确的研究方向。

我还要借此机会，表达我对中共抚顺市委和抚顺市政府的领导同志的敬意。他们一直重视社会科学，关怀、支持、指导、帮助、引导社会科学研究机构和人员循着以马克思主义为指导、以为实际服务特别是为地方两个文明建设服务的方向去工作、去发展，有的领导同志还亲自牵头，承担具体课题，从事实际研究。这本《文化市场：结构·功能·管理》课题的完成和取得的较好成果，是在这种领导重视和总体背景下取得的。就像许多新生事物和开创性工作一样，这本书既然是首开风气之先的论著，决不会是十全十美的，不可避免地会有缺欠之处、不周到不准确之处，并难免会有失误。这不仅是可以理解的，也该是可以谅解而允许在以后的接续研究中加以补正的吧。

比如，就我仅仅是在浏览一过未及仔细学习的基础上引起的感觉来说，我以为书中关于文化市场的构成部分，基本上限于"外部结构"，而未就"内涵结构"来进行剖析；作为"文化市场"来说，未从文化接受方面来更多地探讨群众的接受意识、"期待视野"、消费欲求和消费心理，也未从市场角度去探索"买方"的需求及其性质、内涵、变迁轨迹。此外，更可注意的是，对社会主义文化市场，对社会主义文化市场与社会主义精神文明建设的关系也论述得不够充分；等等。这些，也许都是该书可在今后加以改进之处吧。

说了以上一些话，只是表达我对从事这一课题研究和该书写作的同行们的敬意和谢忱而已，不仅别无深意，而且于科研与该书也未必有用。我为此颇感愧疚。

（《文化市场：结构·功能·管理》，辽宁人民出版社1989年12月版）

鲁迅作《关于中国的两三件事》鉴赏

关于中国的两三件事

一　关于中国的火

希腊人所用的火，听说是在一直先前，普洛美修斯从天上偷来的，但中国的却和它不同，是燧人氏自家所发见[①]——或者该说是发明罢。因为并非偷儿，所以拴在山上，给老雕去啄的灾难是免掉了，然而也没有普洛美修斯那样的被传扬，被崇拜。

中国也有火神的。但那可不是燧人氏，而是随意放火的莫名其妙的东西。

自从燧人氏发见，或者发明了火以来，能够很有味的吃火锅，点起灯来，夜里也可以工作了，但是，真如先哲之所谓"有一利必有一弊"罢，同时也开始了火灾，故意点上火，烧掉那有巢氏所发明的巢的了不起的人物也出现了。

和善的燧人氏是该被忘却的。即使伤了食，这回是属于神农氏的领域了，所以那神农氏，至今还被人们所记得。至于火灾，虽然不知道那发明家究竟是什么人，但祖师总归是有的，于是没法，只好漫称之曰火神，而献以敬畏。看他的画像，是红面孔，红胡须，不过祭祀的时候，却须避去一切红色的东西，而代之以绿色。他大约像西班牙的牛一样，一看见红色，便会亢奋起来，做出一种可怕的行动的。他因此受着崇祀。在中国，这样的恶神还很多。

然而，在人世间，倒似乎因了他们而热闹。赛会也只有火神的，燧

---

①发见，即发现。

人氏的却没有。倘有火灾，则被灾的和邻近的没有被灾的人们，都要祭火神，以表感谢之意。被了灾还要来表感谢之意，虽然未免有些出于意外，但若不祭，据说是第二回还会烧，所以还是感谢了的安全。而且也不但对于火神，就是对于人，有时也一样的这么办，我想，大约也是礼仪的一种罢。

其实，放火，是很可怕的，然而比起烧饭来，却也许更有趣。外国的事情我不知道，若在中国，则无论查检怎样的历史，总寻不出烧饭和点灯的人们的列传来。在社会上，即使怎样的善于烧饭，善于点灯，也毫没有成为名人的希望。然而秦始皇一烧书，至今还俨然做着名人，至于引为希特拉烧书事件的先例。假使希特拉太太善于开电灯，烤面包罢，那么，要在历史上寻一点先例，恐怕可就难了。但是，幸而那样的事，是不会哄动一世的。

烧掉房子的事，据宋人的笔记说，是开始于蒙古人的。因为他们住着帐篷，不知道住房子，所以就一路的放火。然而，这是诳话。蒙古人中，懂得汉文的很少，所以不来更正的。其实，秦的末年就有着放火的名人项羽在，一烧阿房宫，便天下闻名，至今还会在戏台上出现，连在日本也很有名。然而，在未烧以前的阿房宫里每天点灯的人们，又有谁知道他们的名姓呢？

现在是爆裂弹呀，烧夷弹呀之类的东西已经做出，加以飞机也很进步，如果要做名人，就更加容易了。而且如果放火比先前放得大，那么，那人就也更加受尊敬，从远处看去，恰如救世主一样，而那火光，便令人以为是光明。

二 关于中国的王道

在前年，曾经拜读过中里介山氏的大作《给支那及支那国民的信》。只记得那里面说，周汉都有着侵略者的资质。而支那人都讴歌他，欢迎他了。连对于朔北的元和清，也加以讴歌了。只要那侵略，有着安定国家之力，保护民生之实，那便是支那人民所渴望的王道，于是对于支那人的执迷不悟之点，愤慨得非常。

那"信"，在满洲出版的杂志上，是被译载了的，但因为未曾输入中国，所以像是回信的东西，至今一篇也没有见。只在去年的上海报上所载的胡适博士的谈话里，有的说，"只有一个方法可以征服中国，即彻底停止侵略，反过来征服中国民族的心。"不消说，那不过是偶然的，但也有些令人觉得好像是对于那信的答复。

征服中国民族的心，这是胡适博士给中国之所谓王道所下的定义，然而我想，他自己恐怕也未必相信自己的话的罢。在中国，其实是彻底的未曾有过王道，"有历史癖和考据癖"的胡博士，该是不至于不知道的。

不错，中国也有过讴歌了元和清的人们，但那是感谢火神之类，并非连心也全被征服了的证据。如果给与一个暗示，说是倘不讴歌，便将更加虐待，那么，即使加以或一程度的虐待，也还可以使人们来讴歌。四五年前，我曾经加盟于一个要求自由的团体，而那时的上海教育局长陈德征氏勃然大怒道，在三民主义的统治之下，还觉得不满么？那可连现在所给与着的一点自由也要收起了。而且，真的是收起了的。每当感到比先前更不自由的时候，我一面佩服着陈氏的精通王道的学识，一面有时也不免想，真该是讴歌三民主义的。然而，现在是已经太晚了。

在中国的王道，看去虽然好像是和霸道对立的东西，其实却是兄弟，这之前和之后，一定要有霸道跑来的。人民之所讴歌，就为了希望霸道的减轻，或者不更加重的缘故。

汉的高祖，据历史家说，是龙种，但其实是无赖出身，说是侵略者，恐怕有些不对的。至于周的武王，则以征伐之名入中国，加以和殷似乎连民族也不同，用现代的话来说，那可是侵略者。然而那时的民众的声音，现在已经没有留存了。孔子和孟子确曾大大的宣传过那王道，但先生们不但是周朝的臣民而已，并且周游历国，有所活动，所以恐怕是为了想做官也难说。说得好看一点，就是因为要"行道"，倘做了官，于行道就较为便当，而要做官，则不如称赞周朝之为便当的。然而，看起别的记载来，却虽是那王道的祖师而且专家的周朝，当讨伐之初，也有伯夷和叔齐扣马而谏，非拖开不可；纣的军队也加反抗，非使他们的血流到漂杵不可。接着是殷民又造了反，虽然特别称之曰"顽民"，从王道天下的人民中除开，但总之，似乎究竟有了一种什么破绽似的。好个王道，只消一个顽民，便将它弄得毫无根据了。

儒士和方士，是中国特产的名物。方士的最高理想是仙道，儒士的便是王道。但可惜的是这两件在中国终于都没有。据长久的历史上的事实所证明，则倘说先前曾有真的王道者，是妄言，说现在还有者，是新药。孟子生于周季，所以以谈霸道为羞，倘使生于今日，则跟着人类的智识范围的展开，怕要羞谈王道的罢。

三 关于中国的监狱

我想，人们是的确由事实而从新省悟，而事情又由此发生变化的。从宋朝到清朝的末年，许多年间，专以代圣贤立言的"制艺"这一种烦难的文章取士，到得和法国打了败仗，这才省悟了这方法的错误。于是派留学生到西洋，并设兵器制造局，作为那改正的手段。省悟到这还不够，是在和日本打了败仗之后，这回是竭力开起学校来。于是学生们年年大闹了。从清朝倒掉，国民党掌握政权的时候起，才又省悟了这错误，作为那改正的手段的，是除了大造监狱之外，什么也没有了。

在中国，国粹式的监狱，是早已各处都有的，到清末，就也造了一点西洋式，即所谓文明式的监狱。那是为了示给旅行到此的外国人而建造，应该与为了和外国人好互相应酬，特地派出去，学些文明人的礼节的留学生，属于同一种类的。托了这福，犯人的待遇也还好，给洗澡，也给一定分量的饭吃，所以倒是颇为幸福的地方。但是，就在两三礼拜前，政府因为要行仁政了，还发过一个不准克扣囚粮的命令。从此以后，可更加幸福了。

至于旧式的监狱，则因为好像是取法于佛教的地狱的，所以不但禁锢犯人，此外还有给他吃苦的职掌。挤取金钱，使犯人的家属穷到透顶的职掌，有时也会兼带的。但大家都以为应该。如果有谁反对罢，那就等于替犯人说话，便要受恶党的嫌疑。然而文明是出奇的进步了，所以去年也有了提倡每年该放犯人回家一趟，给以解决性欲的机会的，颇是人道主义气味之说的官吏。其实，他也并非对于犯人的性欲，特别表着同情，不过因为总不愁竟会实行的，所以也就高声嚷一下，以见自己的作为官吏的存在。然而舆论颇为沸腾了。有一位批评家，还以为这么一来，大家便要不怕牢监，高高兴兴的进去了，很为世道人心愤慨了一下。受了所谓圣贤之教那么久，竟还没有那位官吏的圆滑，固然也令人觉得诚实可靠，然而他的意见，是以为对于犯人，非加虐待不可，却也因此可见了。

从别一条路想，监狱确也并非没有不像以"安全第一"为标语的人们的理想乡的地方。火灾极少，偷儿不来，土匪也一定不来抢。即使打仗，也决没有以监狱为目标，施行轰炸的傻子；即使革命，有释放囚犯的例，而加以屠戮的是没有的。当福建独立之初，虽有说是释放犯人，而一到外面，和他们自己意见不同的人们倒反而失踪了的谣言，然而这样的例子，以前是未曾有过的。总而言之，似乎也并非很坏的处所。只要准带家眷，则即使不是现在似的大水，饥荒，战争，恐怖的时候，请求搬进去住的人们，也未必一定没有的。于是虐待就成为必不可少了。

牛兰夫妇，作为赤化宣传者而关在南京的监狱里，也绝食了三四回了，可是什么效力也没有。这是因为他不知道中国的监狱的精神的缘故。有一位官员诧异的说过：他自己不吃，和别人有什么关系呢？岂但和仁政并无关系而已呢，省些食料，倒是于监狱有益的。甘地的把戏，倘不挑选兴行场，就毫无成效了。

然而，在这样的近于完美的监狱里，却还剩着一种缺点。至今为止，对于思想上的事，都没有很留心。为要弥补这缺点，是在近来新发明的叫作"反省院"的特种监狱里，施着教育。我还没有到那里面去反省过，所以并不知道详情，但要而言之，好像是将三民主义时时讲给犯人听，使他反省着自己的错误。听人说，此外还得做排击共产主义的论文。如果不肯做，或者不能做，那自然，非终身反省不可了，而做得不够格，也还是非反省到死则不可。现在是进去的也有，出来的也有，因为听说还得添造反省院，可见还是进去的多了。考完放出的良民，偶尔也可以遇见，但仿佛大抵是萎靡不振，恐怕是在反省和毕业论文上，将力气使尽了罢。那前途，是在没有希望这一面的。

（《鲁迅全集》第6卷《且介亭杂文》）

这是鲁迅诸种类型杂文中的一种：散文型杂文。其特点是行文如行云流水，清顺畅快流丽，娓娓而言，侃侃而谈；但它又不是"纯散文"。它的主旨是知人论世、评议时事，因此在叙事述史、谈古说今中又寓深意。因此，这种散文型杂文，一方面是柔中有刚、绵中有刺，有言外之意、弦外之音、题外之旨；另一方面，又幽默、诙谐，庄谐融合，隽永深邃，读起来特别经咀嚼，耐人寻味，很有深厚的审美价值。

这篇杂文不仅具有如上特点，而且由于它是应日本人之邀为日本《改造》杂志而写，且用日文写成以后回译成中文，主旨又是讥刺抨击日本侵略者的，所以，既具有日本散文的悠游飘洒、清新徐缓之姿，又更为隐含曲折，寓意于叙事状物中，读来更是引人入胜，思之又觉如嚼橄榄，爽口沁心，回味无穷。

全文分三节。先谈中国的火。先述希腊神话中的普罗米修斯①窃火和中国燧人氏发明火，由此引到中国的"随意放火的莫名其妙的东西"之火神受尊崇：人们敬他是中国人敬火神之类，所以人们是害怕灾祸，并非真心。接着，指出那些扔爆裂弹、烧夷弹的人也是如此：放火者只是"从远处看，像是救世主一样"，那烧杀的火光，也只是"令人以为是光明"。这便隐晦曲折地点出了日本侵略者正在中国干的烧杀掠夺行为的实质和在人们心中的真正观感。

第二节说的是王道。这是日本人正在宣传的，并且有了伪满洲国这个"王道乐土"的标本。"前年"有一个日本人中里介山写了一封致中国人的信，既说中国连元、清等侵略者都讴歌过，足见欢迎王道；又"愤慨"中国现在不买日本人的王道的账。"去年"中国有胡适博士的谈话，说是日本只有"征服中国民族的心"，也就是施行王道，才"可以征服中国"。里应外合，都打出了王道这个招牌。这是一种逻辑。但鲁迅于述史叙事中却奔向另一个结论：中国曾经讴歌元、讴歌清，"那是感谢火神之类，并非连心也被征服了的证据"。历史昭昭，"在中国，其实是彻底的未曾有过王道"，"倘说先前曾有真的王道，是妄言，说现在还有者，是新药"。

第三节是说中国的监狱。从国粹式、西洋式说到反省院。它的特点是除残暴与惩罚还"施着教育"，令听讲三民主义、"做排击共产主义的论文"。"学"好的可以出去，否则"就非反省到死不可"。实际上，还在添造反省院，足见进多出少，已出来的又丧尽气力，萎靡不振。

这里分别讲三件事，并不连贯，然而思想内容却一脉相承，且层层深入，表现出如此行进顺序和逻辑演进：（一）中国"敬火神"——日本的烧掠是火神式的放火；（二）中国讴歌元和清是"敬火神之类"——中国未曾有过王道——中国民族的心未曾被征服过；（三）反

---

① 普罗米修斯，即鲁迅文中所说的"普洛美修斯"。——编者注

省院是为了"心的征服"——中国民族的心越"征"越不服——虽是"教育"的王道也不能奏效。妄言与新药，都无济于事。

正是在收录了这篇杂文的《且介亭文集》的"序言"中，鲁迅说这集子里虽然"不敢说是诗史"，但"其中有着时代的眉目"。我们从这篇广泛纷繁的叙事与言议中确实看见了20世纪30年代中期，中国民族危亡日甚一日、日本侵略步步进逼，人民群起抗争，民族有了新的觉醒，抗日反帝高潮行将到来的"时代的眉目"。而且这篇杂文同时还用历史和时事、思想和言论唤起民众，抨击敌人。这些正是鲁迅这篇杂文"为今天而抗争"的现实价值。

但它不止于此。它还具有文化价值，这表现在几个方面：一是它的艺术上的成就，具有一般的审美的、文化的价值；二是其中不少议论和思想虽然时过境迁，仍然具有启发人的意义，比如关于中国人敬火神之类的社会性质与意义，关于中国从未有过王道，关于民族的心未曾也不能被征服，便都具有长久的思想价值，我们至今读了仍然可以吸取营养；三是通篇文章富有知识性，历史、民俗、中国人的文化-心理性格（至少是在敬神上的特殊文化心态）等，都具有一般的文化意义，不仅给人以知识，而且予人以启迪。

同鲁迅的那种匕首式抨击、驳论式杂文不同，这篇杂文在风格和语言上还有其特点。在风格上，它的主旨隐含在曲折的叙事述史之中，它的许多芒刺包裹在这种讲述历史掌故、民间传说、神话故事等引人的知识与故事之中，使文章具有一种委婉引人的韵致。在语言上的特点，是与这种风格相一致且为其组成部分的。这种语言是一种双指向、双声部的语言。叙述者（作者）在总体上，是同一个对话者进行一场旨意与思想上尖锐对立，而在驳议上又故意委婉曲折却不失锋芒的辩论。关于火的辩论主题是"讴歌了侵略者"，关于王道的主题是它是否存在，关于监狱的主题是民族的心是否可以征服。在整个叙议过程中，我们始终看见一个隐在对话者在申述他的道理，而作者并没有直接简单地驳论，而是讲史叙事。他引导着走向另一个结论，从另一种声音走向另一个指向。这正是巴赫金在关于陀思妥耶夫斯基的诗学论证中指出的第三种类型话言：包容他人话语的语言（双声语）。这是鲁迅杂文的一个艺术特色和艺术创造。他在这一类型的其他杂文中也使用过这种双声语。这成为他的睿智和艺术魅力之所在的"幽默艺术构建"的重要因素。

（载王景山主编《鲁迅名作鉴赏辞典》，中国和平出版社1991年9月第一版）

鲁迅原作《拿破仑与隋那》鉴赏

拿破仑与隋那

我认识一个医生，忙的，但也常受病家的攻击，有一回，自解自叹道：要得称赞，最好是杀人，你把拿破仑和隋那（Edward Jenner，1749—1823）去比比看……

我想，这是真的。拿破仑的战绩，和我们什么相干呢，我们却总敬服他的英雄。甚而至于自己的祖宗做了蒙古人的奴隶，我们却还恭维成吉思；从现在的白字眼睛看来，黄人已经是劣种了，我们却还夸耀希特拉。

因为他们三个，都是杀人不眨眼的大灾星。

但我们看看自己的臂膊，大抵总有几个疤，这就是种过牛痘的痕迹，是使我们脱离了天花的危症的。自从有这种牛痘法以来，在世界上真不知救活了多少孩子，——虽然有些人大起来也还是去给英雄们做炮灰，但我们有谁记得这发明者隋那的名字呢？

杀人者在毁坏世界，救人者在修补它，而炮灰资格的诸公，却总在恭维杀人者。

这看法倘不改变，我想，世界是还要毁坏，人们也还要吃苦的。

十一月六日。

（《鲁迅全集》第6卷《且介亭杂文》）

这是鲁迅杂文中"匕首型杂文"的代表作。它所使用的艺术手法是：把两个尖锐对立的事物、人事放到一起，来鲜明地揭示其本质。这就是作品的思想主旨在矛盾对立中，尖锐、鲜明、难于移易地表现出来，好像在一块雪白的木板上，将一黑点牢牢地钉在上面。这样，也就使文章本身具有泼辣的、震悚的、令人难忘的艺术力量。这正是鲁迅杂文的匕首作用的突出显现。这种杂文常常是篇幅短小的，从几十字到几百字，长的也只有千字左右。

拿破仑，由于他在欧洲历史上的所作所为，已经作为一种侵略、杀人、放火的暴君的典型广为人知。隋那，则是一个并非一般的救人者的形象。他发明的牛痘接种，挽救了千百万个被一种最普遍、最难防、几乎是人人不可免的危险传染病——天花——所伤害和威胁的幼小生命。现在，鲁迅在这篇杂文中，把这样两个尖锐对立的典型撮合到一起来了，在题目上就显示了这种尖锐的对立，而且意义也就不言自明了。于是我们很想读下去。看作者在这个题目下作出什么文章来，我们能从中得到什么样的启发？

文章以一位医生——治病救人者——的感叹说起。是他，提出了这个问题：你把拿破仑和隋那去比比看！于是，作者接过这个题目谈下去。但他并不止于拿破仑；他由拿破仑连及中国人熟悉的成吉思汗，再提到当时正在以杀人魔王为世人所恨和怕的希特勒。他指出，因为这三个人，"都是杀人不眨眼的大灾星"，所以"我们总敬服他的英雄"。

接着，便笔锋转到隋那。试看我们每人的臂膊上，都留有种过牛痘的疤痕，由此可知隋那"在世上真不知救活了多少孩子"，然而，"我们有谁记得这发明者隋那的名字呢？"

两相对比，结论是什么呢？

只能是："杀人者在毁坏世界，救人者在修补它。"这是完全合乎上述尖锐而鲜明地对比着的事实的。然而还不止于此，还有一点是我们一般人未曾见到的，这就是，那些只能被杀人者驱赶着去充当炮灰的人们，却总在恭维破坏世界的杀人者。这就更深一层地揭示了事情的不幸实质：不仅一个在破坏、一个在补救，而且那遭屠杀和被用来屠杀同类的人们，却在恭维杀人者。这就使文章不仅止于揭露、抨击杀人者，而且更进一步揭示症结，惊醒世人，促他们觉悟了。

最后，更由此前进一步，指出这种糊涂而有害的看法必须改变，否则"世界是还要毁坏，人们也还要吃苦的"。

文章之犀利泼辣，是名副其实的匕首。以最常见的现象，揭不易想到之深理，而且话语不多，层层进展，逐步深入，逻辑性如同磁力似的吸引人，而思想则像针砭似的刺醒人。

鲁迅在1930年9月1日，曾有诗赠他的一位亲戚、医生冯蕙熹。诗云："杀人有将，救人为医，杀了大半，救其孑遗。小补之哉，呜呼噫嘻!"诗中对当时杀人如麻的反动派进行抨击，对医生的救其孑遗发出感叹，并且指出这只是小补。4年后有《拿破仑与隋那》之作，思想更深入和提高了，已经由一般的感叹进到惊起世人，使他们改变看法并起来行动了。

此文作于1934年11月6日，中国正处于大灾难中，世界亦战云翻滚，反动势力正日益咄咄逼人，而中华民族的反帝救亡斗争也已经日益酝酿，正日渐走向高潮。正处斯时，鲁迅此文，就像一声发自民族深层的斗争号角，引人谛听与思索。

（载王景山主编《鲁迅名作鉴赏辞典》，中国和平出版社1991年9月第一版）

家庭的"文化遗传"

书籍，这是这一代对另一代在精神上的遗训，这是行将就木的老人对刚刚开始独立生活的年轻人的忠告，这是行将下岗的人对前来接替他的人的命令。

〔俄〕赫尔岑

一

人的生理家庭遗传决定于生物的遗传密码，人的文化家庭"遗传"

则决定于家庭的文化构成。这构成是多方面的，不过有两项可算重要因素：一是父母及家庭成员的文化素养；二是家庭藏书的多寡与性质。

第一项，是每天以至每时，以实际的行为表现，以表率的形态和潜移默化的方式塑造着子女后辈的心灵和性格。

第二项，则以"或然率"的形态和客观演化的方式，影响着人的成长。

二

鲁迅有位叔祖，颇多别人所无的藏书，其中《山海经》便是一种。少年鲁迅甚欲得之，虽未借到，但后由保姆购得送给他。于是，图文并茂、想象丰富、奇闻逸事为他勾画了一幅幻想的世界，启迪了他的艺术心性，从此他锐意搜读并影画"带图的书"。

胡适9岁时偶然在族叔家看到一本《水浒传》的残本，读而爱之。"这一本破书……忽然在我的儿童生活史上打开了一个新鲜的世界。"（胡适《四十自述》）从此他便搜求小说阅读，《三国演义》《红楼梦》《儒林外史》《秋雨夜灯录》等都从家庭成员中借得了，阅读了。这成为胡适在五四运动中提倡白话文、以后研究中国古典小说的滥觞。

屠格涅夫小时候家里的一位老仆人是他的"先生"，常从家里的藏书里找出书来，到花园读给他听，使他入迷。这应是屠格涅夫走上文学大师之路的最初的起步。

这样的故事还有很多。它们共同讲述一种人才成长的轨迹：家庭文化构成的一个重要组成部分——藏书——对于一个人在幼年和少年时代所能起到的具有决定性意义的作用。

三

但这不是完全被动的。接受是一个双向互动的过程。有客观的图书存在，但若接受者不去读，或者读而不接受，或者接受而无感应，则仍然不能起到应有的作用。

然而，这又不是完全自然而然的。可以启发，可以启动，可以培养。鲁迅叔祖介绍《山海经》，胡适家人借给《水浒传》，屠格涅夫家的老仆人为之朗读，都属于这种工作。

有心的双亲，应该和可以寻找到这种启动的闸门。

赫尔岑对书籍所作的界定"这一代对另一代在精神上的遗训"有两方面的意义：一是指著书人在书中写到的一切，是他对于另一代人的精神遗训；二是指购书者以书作为对后代的遗训。这也就使书成为一种"文化遗传"的符号了。

五

当然，书有各种各样，有好有坏。坏书不必说，就是好书，也有一个合适不合适的问题。这就需要恰当的选择。选择就要问对象，也就是要使书籍符合家庭成员（子女等）的需要，符合他的爱好、情趣与追求。

不过，这也不是绝对的、凝固的。"性相近，习相远"。爱好、情趣和追求都是可以加以引导、逐步改变的。

生理的遗传密码，人还不能掌握；但是，家庭的文化遗传却是可以用人力建设的。

（原载《妇女》1996年第2期）

八十至九十年代鲁迅新解读的检阅与总结

——评陕版"鲁迅研究书系"

陕西现在以"鲁迅研究出版重镇"显示其学术文化之英姿于当代中国出版界、学术界，尤其是鲁迅研究界。继陕西人民出版社推出20余种著作"鲁迅研究丛书"之后，陕西人民教育出版社又在20世纪90年代以一次推出16部论著之雄姿，出版了"鲁迅研究书系"。"丛书""书系"交相辉映，显示了出版界与学术界的壮观景象之一。

"鲁迅研究书系"之出版，尤其令人感动、令人深思。近年来对鲁迅的认识和态度，显现出一种两极现象：一方面是新一轮重读鲁迅的风气产生，鲁迅著作（包括全集）由多家出版社以各种形式出版，既反映了读书界的需要和重读之状况，又推动这一阅读状况的发展。而同时，鲁迅研究更广泛、更深入、更多方面、更提高地发展，使鲁迅学在"实践—理论—结构"这三个学科形成的基础层面上，都得到了发展。另一方面，少数人所做出的对鲁迅的攻讦和污蔑，也以新的形态花样翻新而出之。陕版"书系"之出，正是以"学术方队"之姿，同后一种状况的学术文化对话。而这种对话，远不只是具有"鲁迅学学科"上的意义，而是具有显现的和潜在的，对于中国现代文化发展和当代文化现代化建设的选择学的、总结性的和启后性的意义。因为，对待作为中国现代文化大师的鲁迅的态度，正反映了一种文化方向、文化路线和文化选择。"书系"的推出，越出了学科建设的范围，而正如有人所提出的，是一次宏大的学术文化进军。对这套书之出版和主编者、出版者在这方面的贡献，应当予以充分肯定。

　　鲁迅研究发展的八十多年历史，恰好每十年一个周期，各有一次重读和诠释的发展。80年代以来，又经历了一次质的飞跃。90年代的又一轮重读与新释，更有了承前启后的发展。"书系"之出版，正是对这一跨越80—90年代的鲁迅学新发展、新提高的一次集中的检阅和深度的总结。这有几个方面的表现。

　　第一，学术领域宽泛，开辟了鲁迅研究的新视角、新领域、新路径。这又有两方面的表现：一是以"宽"拓广；二是"深"见广。前者以在文化、哲学、宗教学、心理学、文学史学等广泛的学术领域的深入研究，大大拓宽了鲁迅研究的学术领域；后者集中深入地从历史、文化、创作心理、艺术观念等学科角度去研究鲁迅的各类文本（包括小说、散文、杂文、散文诗等）、艺术典型（包括阿Q和杂文中的典型等）、创作心理、宗教观、价值观等，题目聚焦而视野宽广。

　　第二，鲁迅研究的主题学的发展与提高。这是一个颇值得重视的方面。这里既有新主题的开拓，又有老主题的深入。前者如郑欣淼的鲁迅与世界几大宗教的研究、阎庆生的鲁迅创作心理研究、高旭东的鲁迅与英国文学等，都带有填补空白，因而具有开辟新领域的价值；后者如林非的鲁迅小说研究、袁良骏的鲁迅杂文研究、张梦阳的阿Q新论、卢今的呐喊论，都在老主题的新发掘上，以其总体的、综合的、比较的研究领域的展开和论题的集中深入挖掘，而有了新论证、新发展、新提高。两者均显示了90年代的鲁迅新诠释提高了的学术风貌。

这种主题学的拓展和深入，特别具有发展和提高的意义。作者们不仅是确立了一个具有新旨深意的主题，而且在宏观与微观、拓展与深入、综合与比较的结合研究上，通过精到的论证，得出了一系列新的结论，也使研究达到新的高度与深度。林非通过将鲁迅小说与他同时代人和外国作家的同类小说的多品类广泛多种的比较，得出了鲁迅的《孔乙己》《药》《明天》等作品达到了"在整个世界的短篇小说创作发展道路上，也提供了一份结构艺术范本"的可信结论。还有关于鲁迅小说创作最早运用现代主义手法，而"在现代主义描写的手法下，依旧蕴藏着一条现实主义河流"的准确评价。张梦阳在全面系统研究总结了几十年阿Q研究史之后，提出了阿Q是一个"精神典型"的新结论，并展开了关于民族精神现象学和阿Q的精神典型与具象统一性的论述。还有黄健的关于鲁迅立足于"传统/现代的双重选择"上，焦点是寻求人的解放（其重点则是人的精神的自由与解放）的总论旨。王乾坤多方论证了他的新颖独到的总结论——鲁迅"把世界的本体……看作无限发展之链与中间环节的对立统一"，"所以从不在有限之外追求无限，片面之外追求完满"，"'一切都是中间物'……是他用自己的方式对世界本体的描述"。

第三，"书系"诸作在方法论上的意义和价值，也是值得特别注意的。林非所提出的宏观研究与微观研究的结合，实际上贯穿于大部分论著之中，是一个共识俱用的方法。这体现了把"鲁迅世界"同包括"世界文化"和"文化世界"在内的广阔的"外部世界"相连，将前者纳入后者之中，又使后者成为前者的背景和底衬，实际上是一个"世界的鲁迅"的论证与描述。这无论是在讨论鲁迅的文化观、价值观、艺术观、创作心理等"宏大题旨"时，还是在探究鲁迅的小说创作、散文诗创作、杂文创作、阿Q的典型创造的"具体论旨"时，都是如此。因此，诸多著作也同时表现出一种宏阔视野下的综合研究的多面性、系统性。比较研究，从比较方法的应用到"正宗"比较文学研究的探讨，都见之于多数著作。林非通过广泛的中外比较研究，论证了鲁迅小说在中国现代小说史上以及在"世界小说之林"中的地位；王富仁进行了鲁迅与梁启超、茅盾、郁达夫的比较研究；袁良骏进行了鲁迅散文（杂文）同中国现代众多著名杂文作家的广泛比较研究；至于闵抗生、高旭东，更是作了专门的比较文学研究，包括平行研究和影响研究在内。

所有以上主题学和方法论研究上的成就，都不仅具有"本体"的意义，而且具有"一般"的意义，标志着研究水平的提高和深入，又开启着今后研究的发展。这正是"书系"的学术价值的又一方面。

被有的评论者称为"学术方队"的"书系"作者队伍的构成，也显示了特点并标志了90年代鲁迅研究学术队伍的特征。当年"鲁迅研究丛书"之问世，以"第一代鲁迅研究家"为主体；而现在的"书系"则以少数60岁上下的第二代鲁迅研究家引领，而以第三、第四代研究家为主体。第三代研究家显示了丰厚的实力和扎实的成果，第四代研究家则显示出新一代的勃发英姿和学术锐进之气势。这预示了鲁迅研究下一轮发展的良好势头。

这里还要特别指出的是，"书系"是一个文化建设的壮举。而由于鲁迅学是中国现代文化文本的主体部分，因此，这种以在世界视野观照下、以宏观微观相结合而展开的对鲁迅文本综合的、整体的、比较的、深入的，涉及哲学、美学、文学、艺术、历史、文化的研究，就成为总结"五四"以来的文化现代化运动和中国当代文化现代化课题的，有学术文化意义的研究。它的历史的和现实的、艺术的和文化的意义，都是弥足珍贵、值得重视的。

最后，还不得不提及，这些研究家都同鲁迅具有深厚的文化的、心灵的渊源。他们或在少年时代或在大学里，或在生活中或在学习中，"结识"了鲁迅，便心灵感应、情感投入、理性寄托，心仪鲁迅的思想与学术、事业与人格，崇敬他对中国人精神世界之再造、对中国人灵魂重塑的文化奉献。林非说："鲁迅的小说，可以说在很大程度上影响了我一生的道路。"而张梦阳在他的《阿Q新论·后记》中关于"三次炼狱"的感人泪下的诉说，更道出了"鲁迅研究完全楔入了他的生存方式之中"。这是他们做出成绩的心之根由、情之所系。

（原载《中国图书评论》1997年第7期）

一代巾帼启后昆

承章岩同志赠我《战火中的青春——部分抗日女战士的经历》（辽宁人民出版社1998年版）一书，开卷就见到许多知名的或熟知的老领导、老同志的名字，引起阅读的兴趣。这是51位女革命者，在老年离休生活中，握笔为文，写下回忆青春年华的文章。作者中最年轻的也已年过古稀，而年长者则已届耄耋之年。白发忆华年，青春熠光华。她们提供了一幅历史画卷。时值30年代末期，从"一二·九"运动后抗日高潮来到，及至1937、1938年，卢沟桥烽火燃起，抗日战争全面展开，当此国家民族生死存亡、抗争奋战之时，千千万万爱国知青，从大江南北以至海外奔赴延安和各个抗日根据地，投身战火，奉献青春。她们之中，不少人具有富裕甚至豪门望族的家庭背景，多数出身于小康人家，大多数正在大中学校读书，不少人家乡距战火甚远。她们本可以过安静的求学生活，却投笔从戎，迎着炮火而进。这是一种人生选择、一种生活态度，一种人生观、价值观的表现。当我读到51位大姐的这种战斗经历时，追忆往昔甚为感动，反观今天感慨良多。

以时下社会心态测之，或者会有人说，"这都是过去的事了。今日何日？市场经济、初级阶段，发财致富，发展个人。战争既已烟消云散，奉献国家民族之说无须再提。"更有甚者，或有人会对这种革命选择不以为然。不是有"顽主"作家，调侃世间一切正义、崇高、理想吗？正因如此，51位白发巾帼回忆战火中的青春，正是与时下一些"实惠主义至上，国家民族可以不顾"社会心态的一种有意义而强有力的对话。作为社会的人，作为马克思所说其本质是"社会关系的总和"的人，从一出世，实际上就为社会所"养育"，一切虽然仰赖父母家庭的供给，但都离不开社会这个大家园。因此，要求具有国家民族观念，始终面对一种社会责任。只有每个社会成员都有这样一份"社会觉醒"，社会才能迅速顺畅地发展进步。当年战火纷飞，前辈们选择投笔从戎、献身民族、牺牲个人的人生选择与道路。现在实现现代化目标，也要既发展、保护个人利益，又保证社会发展、国家富强，而且只有有了后者才能保住前者。因此，人要有国家民族观念、社会责任感。在具体的选择上，大不相同；但在总体精神上，是一致的、同样的。

以前辈的崇高精神启迪后辈，这正是本书的教育意义、社会价值之所在。

（原载《辽宁日报》1999年6月24日）

唐诗魅力的现代展现

徐放先生以诗人的诗心与气质，注释翻译了这部《新诗翻译〈唐诗三百首〉》（辽海出版社出版）。他早年就读东北大学中文系，又多年研究古典诗词，阅历、学养、思辨与才情皆备，古典、现代、释义与诗意咸通。条件充足、驾轻就熟，其译文之信、达、雅，其古体翻新之作的诗意，使唐诗的魅力得到现代展现，是可想而知、理所应当的。

古诗今译之难，难在理解原诗要透，更难在把握全诗的要领所在、诗意底蕴和诗情所系。没有前者，无以为"信"；缺乏后者，何能达雅？尤其诗情一项，更为重要。无诗情诗意，白水一杯，只是用白话把诗的内容说出来，味同嚼蜡。细细品味徐放先生所译唐诗，是用现代语言和结构，体现出原作的诗情诗意。他的译诗本身，就是一首新诗。杜甫的《天末怀李白》，情感真挚深沉，思绪辽远透彻，将诗意融化于天地历史人事之间。直译便无意趣。徐译便是用白话演绎表达原诗的意象与境界。诗的后半首"文章憎命达，魑魅喜人过。应共冤魂语，投诗赠汨罗。"译为："文章和穷困结缘／最讨厌的是飞黄腾达，那些吃人的鬼怪／最喜欢别人的过错。／呵／我在默想着／你一定会同屈原那个冤魂／一起共语，／抒写他的诗篇／投赠他自沉的地方——汨罗！"这里有解析、发挥、增添，但不离原意、依遵原诗，又用现代语言重构了诗作，传达了诗意。这正是接受美学上的从"含义"到"意义"的跃进和创获。

我以为，更难的是那些"明白如话"的古体诗，如何再用白话来译出。而徐先生却译得很好。李白的《静夜思》人人皆知，一读就懂，如何译法？徐译为：

床前洒满了月光，
使人怀疑是地上落了一片秋霜。
举起头，我望明月，
低下头，竟思念起自己的故乡。

这里，诗意是原来的，语句、音步、节奏、韵律，是用现代语言和语言架构来重构的，成为一首古意新诗。

那些长诗，如李白的《蜀道难》《将进酒》，杜甫的《兵车行》《丽人行》，白居易的《长恨歌》《琵琶行》，是颇难处理的。但徐译则以恢宏的气势、庞大的结构，一以贯之，用现代语言构筑了一首首新诗长篇。律诗、绝句之中，李商隐之作是最难译得好的。但一曲《锦瑟》，用白话译得同样情意绵绵、情思缕缕、意境深远。现代语言的表达，别有一番意韵。最后那两句，释意与表达都是很好的：

呵
多少悲怆的往事
不只在今天
才成为遥远的记忆，
就是在当时
我也已经感到了
深深的惆怅和无限的茫然！

中国古典诗歌的内涵和特征，是世界文学之林中少有的，它的想象、意象、象征、隐喻、反讽，裹藏于语言的和谐与韵律的协调之中。那审美结构中的"空筐结构"和"未定点"，留给读者以想象与心理投射的广阔天地。用新诗体来演绎它，就要求在某种程度上，体现这种境界。徐译唐诗，尽可能来经营这种"古代—现代"的转换，追求译诗的这种境界。唐诗的魅力，不仅从古至今地流传，而且远播于异国他邦；但它对现代读者，毕竟还有词语、典故、史实等方面的阻塞，有诗意和审美方面的障碍。徐放先生的译诗，为沟通古今隔阂，为展示唐诗的魅力，付出了辛劳。这是为普及古典文学、传统文化，培养现代读者的审美能力和情趣的一种有益的贡献。

（原载《人民日报海外版》1999年10月18日）

不可忘记的年代

——读韶华著《说假话年代》

丹纳在《艺术哲学》中提出，一个国家、一个民族，在一个时代，"精神方面也有它的气候"。这种"精神气候"，成为社会的风气、心态和行为准则，甚至是文学创作与文学批评"气质"的决定性因素之一。曾经有一个时期，"说假话"在我们这里大行其道，成为主要的精神气候、社会情势，迫使人们说假话、办假事，是一个"说假话年代"。这对于一个民族来说是可悲的，在物质上和精神上的损失都很大。著名作家韶华的近著报告文学《说假话年代》，即以亲身经历，真实生动地记述和描绘了这个年代，忆昔思今，贯穿了从1958年"大跃进"到"文化大革命"结束近20年。

作者以亲身经历，有细节、有情节、有过程、有感受地"报告"给我们，使历史再一次"呈现"，使我们又在历史中"生活"一次。正如法国年鉴派历史学家所说，"历史"是活着的人，为了活着的人，使死去的人和事重新活一次。然而，对历史的重温，是为了反思。尤其是作者还写到了他熟悉的、曾经在他领导下工作过的张志新，因为实事求是，敢于抵挡历史的狂潮恶浪，终被残酷杀害的事件。面对严酷的血的史实，我们不能不再思三思。

值得注意的是，说假话这一虚伪的品性和心理，会像病菌一样侵入民族的肌体，会遗传后代，危害后世。作者在"引言"和"书后的思索"中，都说到了现实生活中说假话、办假事的状况。"现在的假话，远远不像1958年那样'高指标'压出来的'吹大牛'，而是和做假事结合起来了"。"目前的市场上、社会上，假烟、假酒、假药、假材料、假新闻、假报告、假产值、假统计、假赢利、假亏损、假破产、假工程、假小康、假典型、假文凭、假学历、假达标、假广告……真是满口假话、满地假事"。面对这种社会状况，《说假话年代》的价值凸显出来：它是用"历史"来同"现实"对话，希望以那"说假话年代"的教训，提醒当世的人们。

作者慨乎言之："一个敢于面对真实的民族，才是一个强大的民族、勇敢的民族、成熟的民族。"

中华民族应该有力量战胜这个"说假话病菌"的侵蚀与危害。

（原载《光明日报》1999年10月2日）

勤奋博学　成就卓著

——祝贺五卷本《向峰文集》出版

我衷心祝贺向峰五卷本文集出版。

我把《向峰文集》通读了一下，虽然其中有些文章我早就看过，但我还是总体上翻阅一下。我和向峰有几十年的友谊，一定要表示我衷心祝贺的心情。

我和向峰相交达半个世纪，但我们是君子之交淡如水，平时个人私事交往甚少，会上交流很多。每年他总有一两次到我家里坐一坐。我们学术交往、思想交往、知识交往是很多的，我从他身上学到很多东西。

昨天晚上我看文集，还有今天听到大家的发言，我一直在想意大利文艺复兴时一位哲人说过的一句话，一个人早晨出发，傍晚走到了，就应该感到满足。我想，向峰尚未接近人生的傍晚，他走到了，更应该感到满足。作为他的老朋友，我也因此感到很欣慰。

另外，我还想到一个问题，五卷书是他印刷的文本，此外还有两个文本。这两个文本在某种程度上，它的价值和意义超过这个印刷文本。一个是他的言行文本，以我和他的接触，我觉得他为人耿直、坦诚、率真。我们多次参加一些评奖会，开一些研讨会，他都是要言不烦；但是坦率真诚，能够很直率地说出自己的意见来，我应该承认自己有时做不到这一点。而且他的发言都是言而有据，这个"据"就是有根基、有根据，表现了他的博学与见识。这个文本的可读性，在一定程度上超过印刷文本。

再有就是，他作为一位教授，培养了很多学生，有些学生很有出息。我觉得如果向峰没有写这些著作，就是培养了这些学生，他的一生也是有价值的、有意义的。我作为他的同行，我就没有他这个文本。为此，我感到缺憾。

从这三个文本来讲，我觉得向峰的成就是很可观的。钱钟书讲过要进入文化积淀，我觉得向峰的这三个文本都可以进入辽宁的、全国的文化积淀。一个人的一生如果有这么多东西能进入民族的或者区域的文化积淀的，是可敬的，也是值得欣慰的。

还有就是他的诗。他的诗很有诗意，充闾在序言中所列举的那几首诗，在看法上我都是同意的。他的古体诗确实写得很好。

向峰的学问血肉丰满。他的主干是美学、文艺学。这两方面他都达到了很高的成就，而且造诣很深。我也搞美学研究，但我对中国古典美学的研究很不够，而向峰在这方面做出了贡献，这是他的学问主干，很强健。

血肉丰满有两个方面，他除了美学的论著之外，还有一些欣赏性的、文学批评方面的文章，这些文章也是学有根底的。还有就是新诗歌和散文的创作，他的新诗写得也不错，是可读的。现在新诗可读的很少。

再有他的勤奋和博学。他很勤奋。他对中国古典美学的研究是在20世纪80年代开始的，经过他的刻苦努力，终于拿下来了，取得了可观的成就。他的博学是很突出的。我认为，知识丰富不等于博学，博学是有学问、有学识，有学问而且有见解，这才是博学。

我为自己有向峰这样的老朋友而感到荣幸。

老庄美学的现代阐释

——读王向峰主编《老庄美学新论》

每个民族都因为生产、生活的条件不同，生存的自然环境不同，以及他们对这一切客观条件的反映与反应不同，而产生不同的文化。其中，最为不同而各踞一端的，是中国与西方的差别。这种差别，不仅涉及所有的思想文化领域，而且都带有原则的和"对立"的性质。这应视为人类的共同的收获。现在，这种差别正在广泛而深刻的文化交流中发生互相渗透和互助互补的作用，并且消泯了部分的、某些非根本性、原则性的差别。在这种文化背景下，双方都在加强对对方的了解和研究。同时，注意研究如何更好、更合理、适用地吸收对方的"营养"。王向峰教授主编的《老庄美学新论》（人民教育出版社1999年版），就是在这种现代世界-中国文化语境中问世的。它既有对老庄美学传统意义的阐释，又有对"传统"的现代解读、诠释，因此，它的理论的和现实的学术意义显示于两个方面：其一，它有利于我们学习、了解、研究中国传统美学，有利于传统美学向现代转换；其二，有利于我们透过"中国传统美学之'眼'"的视角，了解、掌握现代美学，又有利于西方人以西方美学的视角，了解中国传统美学。这部新著的上编，是王向峰教授所撰写的"老庄美学总论"，下编则是他的研究生们在他的指导下所写的分论。因此，总体上，都贯注了王向峰的学术思维、理论见解和辛勤劳动。中国古典文献中，尤其是老庄的著作中，包含丰富、深刻、独特的美学的思想-理论资源，可惜我们至今开掘不够，整理、阐述更为欠缺，虽然最近二十年来已经做了一些开启性的工作。《老庄美学新论》

在这方面做了进一步的工作，创获了可喜的新学术成果。这主要表现在：第一，对老庄美学不限于局部的、个别的、点滴的诠释，而是进行了比较全面的和系统的解读、诠释，对于老庄美学的基本精神、主要命题和范畴、关键术语等都作了比较严谨、精审的解读、诠释。第二，这种解读、诠释，都是建立在两个基点上，也是在两个层面上加以发挥的。一是这种解读、诠释，是立足于老庄的本意-本义，并结合其总体精神来进行的；二是这种解读、诠释，又都是具有现代意识和现代文化背景的，运用了现代美学理论。在先秦那个历史时代，限于人类发展的程度，不仅文史哲不分，而且许多人类的、民族的思想、文化创造成果也都结晶于一个浑然而存的文化整体之中。因此，在老庄之作中，有关美学的思想-理论，大多仍以思想-理论的"元点"、"生长点"和"核子"的形态而存在。徐复观、李泽厚和陈鼓应都曾经指出，老庄谈"道"，是一种哲思的发挥；但是，在谈及人生体验时，渗透于本文中的，确实是一种充分的艺术精神、审美态度。尤其庄子，在总体上是充分审美的。这不仅是中国美学的特点，而且是中国文化的特点。正如徐复观所说，老庄在思想起点的地方，根本没有艺术的意欲，但在阐发人生体验的层面上，却是"彻头彻尾地艺术精神"[1]。正因为如此，在对老庄美学做现代阐释时，就需要进行三方面的工作。第一，把有关美学的思想-理论从它们的整体文本、整体思想中适当地"剥离"出来，提炼、升华出有关美学的思想-理论"元点""核子"；第二，对提炼、升华出的美学思想-理论进行现代阐释；第三，在进行这种现代阐释时，又需要把这些美学思想-理论"还原""回归"到老庄的整体思想体系中，才不至于使"元理论"离开母体，也不至于使老庄的"活语"成为"死语"。《老庄美学新论》在这三个方面都做了可贵的努力，并且取得了学术创获。在王向峰撰写的总论部分，提炼归纳了六个命题与范畴，它们是：美的根源、特性、形态和审美意识、主体、言意。它们既有属于老庄美学的命题，又有现代美学的概念和范畴。而且，囊括了美学理论的基本范畴，同时也就从总体上确立了老庄美学的主体轮廓和理论构架。这里体现了前述"三步工作"的第一步。同时，在展开论述中，又"持'论美-美论'而出入'老庄'"，既从老庄总体-母体中，剥离、提

① 徐复观：《中国艺术精神》，春风文艺出版社，1987，第44页。

炼了上述命题与范畴，又置于其中来加以论述。而其阐释的展开，又秉持现代美学理论———包含理论架构、理论命题与范畴和理论话语。论美之根源，而置"美"于"道"上："美根源于道"；论美之特性，而集于朴素："朴素而天下莫能与之争美"；论美之形态，而论述老子的"大象无形"、庄子的"象罔"。在具体阐释中，对庄子的"心斋""坐忘""三忘"，都既解读了庄子之思与论的本意，又以现代美学理论进行了现代诠释。比如，论老庄美学的"'不美'之美"时，指出："庄子论天乐、人乐、至乐，也是论述美及其存在形式，他也认为大巧为不巧，至乐为不乐，把不见直接形式，甚至把根本感不到具体形式的朴拙存在，视为最好的存在。"[①]对庄子的重要的、基本的命题"忘"，则作了这样的解读："'忘'就是消解心中的欲望"[②]，由忘却种种时世、人生的欲望，而至于心神皆入审美境界。这种解读、诠释，是在准确解读老庄本文基础上的现代阐释，既有对庄子本文的传统的注释、讲解，又有现代美学阐释。此外，对"象罔""大巧""神妙""言—意"等一系列老庄美学命题，也都做了类似的现代阐释。由研究生所写的八章分论，分别对"大巧若拙""法天贵真""物我同一""无形""神"等一一做了同样的古典文本的解读和现代美学诠释。这样，使对老庄美学的现代阐释比已经取得的成果更前进了，展开了，特别是做了总体的论述并且系统化了。

这部著作，是美学研究的可喜的新成果。

（原载《锦州师范学院学报（哲学社会科学版）》2001年第1期）

---

①② 王向峰主编《老庄美学新论》，人民教育出版社，1999，第35、56页。

19世纪资本主义发迹时代的社会叛逆

——重读《红与黑》与重评于连形象

　　《红与黑》主要写一个名叫于连·索雷尔的自称是"农民的儿子"实际是木匠儿子的爱情故事。于连，是司汤达创造的不朽的艺术形象。

　　于连出身卑微低贱，他内心充满了愤恨不平。他具有生活理想，强烈地想要改变自己的地位，要成为社会有用的人才，成就伟业。他的激愤加热了他的理想，他的理想又使他的激愤更深刻、更炽烈。但是，这里有着深刻的矛盾：卑微的身份地位与崇高的希望理想。这使他痛苦难忍，愤世嫉俗。为了实现自己的理想和追求，于连挖空心思、想方设法去行动。他寻找工作、待人接物、行为处事，都以这个目标的实现为指南。

　　于连是一个矛盾体。他自私而又自负，自卑而又狂傲，敏感而又多疑，虚荣而又虚伪，正直而又扭曲。这就表明，他不是只有光明的一面，或是只有黑暗的一面。而且，他思想、性格的总出发点是作家指出的那样："他恨死有钱人。"跟这个思想相联系的是，他作为富有才华的平民，被复辟时代的精神压得抬不起头来。这是一种对不平等制度的痛恨。他的"性格的扭曲和黑暗面"都是这样产生的。他的自私、虚伪、多疑、狂傲、虚荣都是被压出来的，是求生的手段，也是斗争的需要。但凭这些，他不仅不能实现改变地位、达到自己目的的理想，甚至连活都活不下去。而且，他之所以这样做，也是一种对上流社会的报复。著名文艺理论家和批评家勃兰兑斯说，司汤达笔下的人物，"有着某种真正的、虽被歪曲了的英雄主义，有着某种振奋情绪的渴望的力量；而在经历考验的时刻，他却表现出比大多数人又更高贵的感情和坚强的心灵。"于连正是这样的人物。

　　于连的表现，是作为社会个体的一种对于社会不合理现象和不合理社会制度的反抗。这种社会反抗意识和反抗行为，如果用历史主义观点来看待，而不是脱离历史条件和当时环境来评价，那就是应该予以肯定的。对于我们现代人来说，从中可以了解过去资本社会的缺陷和问题。从于连身上，也可以了解到对不合理社会制度的反抗意识、反抗精神和人格追求。

黑格尔说："私欲是历史前进的杠杆。"恩格斯在《路德维希·费尔巴哈和德国古典哲学的终结》中，对黑格尔这个命题是肯定的。这个命题的意思就是说：人们具有私欲，他们为了追求私欲的满足和实现，会积极努力地去发展自己，追求最大利润，夺取各种职权。这样的行动，成为历史在整体上发展的杠杆。为了补充这个命题，黑格尔还提出了另一个命题。他说，在人类发展的历史长河中，意识到自己的历史责任，自觉地去完成人类自己创造自己的历史的人总是极少数。绝大多数人是为了个人的目的在那里行动的。他发展了自己，比如一个资本家，他发财了，这是他自己的行为和收获；在这个发展自己、个人获利的过程中，他有破坏的一面、不道德的一面、消极的一面，甚至有为富不仁的一面；但是同时，他却在这个个人发展的过程中，发展了社会经济，创造了社会财富，增加了就业机会，客观上推动社会发展和历史前进。因此，黑格尔给出了一个历史哲学命题，他称为"理性的狡黠"。意思是说，"理性"为了实现自己，狡猾地用私欲把绝大多数人发动起来，推动他们去追求私欲的满足，而客观上同时替社会、人类完成了前进和发展的任务。

当然，为了抑制这种"理性的狡黠"的负面影响和破坏作用，人类还创造、制定了法律、道德、教育、良知和良心以及宗教等社会的、思想的、心理的制衡器，来纠偏或强制就范。

正是在上述理由上，勃兰兑斯肯定了于连这个艺术典型。他指出，于连是个富有才华的平民，当他变得无能为力只有怀恨在心时，他就利用一切可能的手段，使自己超出于原来的社会地位之上，但哪怕暂时获得成功，他依然同他周围的环境奋战，而且得到满足。

勃兰兑斯称这为"忧郁的叛逆"。

于连正是这样的忧郁的叛逆。我们要评判这个艺术典型的意义和价值，必须把它放到一定的历史条件下来分析。司汤达创造这个艺术典型的时代，其特征正如马克思主义理论家、文艺评论家、马克思的女婿拉法格所指出的，巨大的资本集中在法国还刚刚开始。这就是说，当时的法国还处在自由资本主义时代；资本主义正在发迹的过程中。因此，它还只能产生"忧郁的社会叛逆"。这种社会叛逆，在文学上，在艺术典型的画廊里，正如勃兰兑斯指出的，他作为立志报复的平民，作为同社会奋战的不幸的人，是雨果所创造的"社会继子"狄地埃等、大仲马所描写的私生子安东尼、缪塞笔下的弗兰克、乔治·桑的莱莉亚以及巴尔扎克的拉斯迪涅等人物和艺术典型的"一个兄弟"。这就是说，于连是法国19世纪文学典型画廊里与众多同时代艺术典型精神相继、思想一致、性格类同的一员。

至于于连这个艺术典型在人类精神发展史上的意义，则如勃兰兑斯所说，司汤达通过这个艺术典型，"给我们显示了活动着、苦恼着的人类幸福和不幸福感情波动及其力量"。

人类正是在这种心灵的矛盾斗争中，或者失败、堕落，成为社会的败类、蛀虫、害虫；或者，高尚战胜邪恶，成为人类的精英、社会的推动力。《红与黑》既描写了19世纪上半叶的社会矛盾，又写出了人性内部两种力量的斗争：一方面是卑鄙无耻（"黑的"），另一方面是英雄业绩的革命（"红的"）。作家既表达了自己对前者的蔑视，又将它同后者进行了对照。作家以于连的性格和悲剧命运，反映了当时法国社会现实的矛盾和对人性的戕害："资产阶级胜利后的现实不允许有才华者施展自己的才华。复辟时期和七月王朝时期的反动社会，窒息和摧残着各种优秀人物的生活。"——这就是《红与黑》的艺术价值和社会意义。

洪迈和他的《容斋随笔》

洪迈的《容斋随笔》，现已成为书市上流行的一部传统笔记小说了。有好几家出版社出版了文白对照或原文单册等不同的版本。这的确是一部"随笔"型的著述，有随笔式的广泛的内容，又具随笔式的叙述范式。其内容涉及经史百家、文学艺术、人物掌故、风尚习俗，有吸引人的"知识文化磁力"；而其形式则篇幅短小，长不过千字，短只有数十字，一般都在几百字之内；其文字清通畅达、言短意长，或有学问评议、人物臧否，均有新颖独到之处。"其考据精确，议论高简，读书作文之法尽是矣。"由此可见其为现时风行读物的原因了。这里只举一个很小的例子。《容斋随笔》第21则《字省文》中说，当时的人们"以檀为礼，以庭为处，以舆为与"，在奏章呈文书册上不敢用。平常却这么写。这"其实皆《说文》本字也"。由此可知，我们现在简化的"礼""处""与"倒是真正古体字，而繁体写法的这几个字，最晚也是南宋才有的。由此也可推测，中国繁简字体的变迁，多数可能是循着"简——繁——简"的轨迹发展的吧。

中国自古多笔记小说作品，其文体为世界所独有，而其文化学术价值却远不限于文学一隅，而是广及政治、经济、历史、地理、科学、文化、民俗等各个方面。但作为文学或准文学形态的作品，它又是中国式散文随笔的佳品。这种"学术—文学"形态的作品至宋代而发展到一个新的高峰，洪迈和他的《容斋随笔》便是代表作家与代表作品，所以《四库全书·总目提要》把它列为南宋笔记小说之冠。

不过，洪迈还有另一部大著作，其"杂学"的内涵虽不及《容斋随笔》一书，但它的文学成就却高于此书，这便是他的志怪小说集《夷坚志》。这部书现存的只是原著的一半左右，但用现代印刷方式出版，仍然是四大厚本的巨著。然而，构造这部巨著的单篇作品，却都是一页或一页多一点篇幅的短小作品，其内容之丰富又不限于志怪，并且涉及遗文逸事、诗词歌赋、风尚习俗以至中医方药等，它对于有宋一代的社会生活的反映是很丰富的。所以，宋元以来，有不少话本和戏曲从《夷坚志》取材。我一向有一种感觉，从此书的某些篇章来看，作为古代短篇小说，可以说达到了世界古典短篇小说的一个高峰。在同时期（12—13世纪）的世界文坛上，也许还难有与之匹敌者。就这一点来说，无论是对洪迈还是对《夷坚志》，都是研究得很不够的。

如果只从随笔的文体学角度来说，则《容斋随笔》也是值得好好研究的。今天风行的"现代随笔"，似乎不少已失去传统风韵。《容斋随笔》内容丰腴广博、知识纷繁杂集，行文精练简约、语言潇洒飘逸，于不经意处给人以知识、思想、道德、情操、情趣等方面的增益与熏陶，令人读起来如沐轻风细雨，如聆轻言絮语，也在不经意中得其所得、受其所受、感其所感。从作者那方面来说，看似随意为文，但实在并非随意而得。只有具有深厚的学识背景和文化支撑，方能在"不经意处"随意而出，随笔挥洒而尽得风流。这实在是随笔的正宗心性与审美特质。而今天许多所谓随笔，倒真是随心所欲、随处随意作态为文，内容褊狭、思想苍白、文字做作，可谓随笔的下品和流变。现在《容斋随笔》等古代随笔小品为世人爱读，可能就是在公众接受上对当今随笔的一种逆反表现吧。

（原载《辽宁日报》1997年1月29日）

华章可读意更深

——忆念本杰明·史华兹教授及其著述

获悉史华兹教授逝世，这引起我对他的追忆，也想起他的中国学著作及其学术影响。

本杰明·史华兹（Benjamin I. Schwartz，1916—1999），是哈佛大学资深教授、当代西方研究中国思想史权威。1990年，我在哈佛大学讲学时与他相识。时光飞逝十年过，然而，他为我主持学术讲演的情景，依然历历如在眼前。他那时已经退休，但仍然参与大学的研究工作和学术活动。我访学的邀请人、哈佛大学费正清东亚研究中心主任麦克法夸尔（R. Macfarquhar）教授就告诉我，史华兹教授那时正在编辑一部大书——1920—1979《中国共产党文件汇编》。他个头不高，穿着整洁朴素，不像许多哈佛教授那样华服轩昂、气派恢宏。他的做派更平易亲切。虽是70多岁的老人，但依然精神矍铄。他主持演讲会的风格，一如他的文风学风那样朴素无华，没有对讲演者过誉的介绍，也不对讲演作虚假的评介。

史华兹的著作主要有：《中国共产主义与毛泽东的兴起》（1951）、《寻求富强：严复与西方》（1964）、《中国的文化价值观》（1985）、《中国古思想的世界》（1985）、《中国问题及其他》（1996）。这些著作本身的思想、学术、文化价值自不待言，每一本都是精辟见解和独到深刻思想的结晶，是我们研究中国近现代历史时启发思路、开阔眼界的重要参考著作。但我以为更重要的——至少我自己实际上得到教益更多的是：他的学术文化视野开阔，研究观念和方法独辟蹊径与深入精到。我访学欧美时有一个深刻的感受：学者们总是视野开阔而题目具体，与我们习见的方式（题目阔大而视野狭小）恰好相反。史华兹正是突出地表现了前一种特点。他退休后，学生们出了一本纪念文集，书名为《跨越文化的观念：纪念史华兹中国思想论集》，很好地标志了他的研究思想与观念的特点。他不是站在西方立场和文化观念上来审视中国历史，自然也不会倚立中国文化基地来进行阐释，而是立足于"超越文化观念"的论述与诠释，正如有人所概括的，是一种"普遍主义"的学术立场。因此，我们在他的研究中国的论著中，见不到在西方学者的论著中常会感受到的"西方优越感"和"中国落后观"（这一点，在一些美籍华人学者的著作中也难免存在）。这是难能可贵的。

他的《寻求富强：严复与西方》，不只阐释严复引进了什么，更侧重的是严复如何引进。他独具识见用"群力"概括严复既取自西方，又把西方"浮士德-普罗米修斯性格"，加以"群体目的-公众精神"的约束，而不是如西方那样重在个体。他还阐释了西方可以从严复这种中国式"误读"与发挥中受到什么启发。所以，评论者指出，他的研究是比较历史学的，而不是"历史问题'坟场'"的影响研究。史华兹的这种普遍主义和比较研究，应是我们研究"中外-历史／现实"问题时，甚可借鉴的。他的《五四运动反省》一文，一方面指出严复、梁启超一代与"五四"一代都具有对传统文化的批判精神和对西方思想的开放态度，但前者"仍舒适甚至根深蒂固地生活于传统文化之中"；另一方面指出前者到后者的"显著的代变"，又论证"五四"不是一座"突兀拔起的山峰"，而是"连绵丛山中的一座更高的山峦"，并评析了两代人的历史联系与传承关系。论及"五四"，他诠释了"新青年"派的"文化主义"，同"冲上北京街头的青年人"的"指向政治行动的文化主义"，这种先生与学生之间的区别，以及两者以后的一定程度上的"合流"。

他在不同处注意到一致，又在一致处指出差异。这种具体、深入而独到的分析，充分体现了历史眼光的犀利和理论指导的威力。

（原载《沈阳日报》2000年4月3日）

长夏有意乱翻书

长夏酷暑，热浪难当，权且借随意翻翻那些书的"旧雨"和"新知"，以消暑消闲。清人有"清风不识字，何故乱翻书"句，而我却是"有意乱读书"。于是古、今、中、外、东、西，文、史、哲、经、法、社，泛览巡行，在书的清流中徜徉，心意情怀获得惬意的淋洗净化。虽属浏览，但所得不少，所思尤多。

抽出一本《夜雨秋灯录》，浏览一二故事，兴味盎然。由此想起鄙同乡宋人洪迈的笔记小说《夷坚志》和他的《容斋随笔》的部分篇章，觉得都是颇有水平的古代短篇小说，立于世界同类作品之林而能居佼佼者地位，甚或为彼等所远不及。可惜，西方文艺理论批评界，以他们的审美标准为圭臬，"视而不见"，不予置评；而我们自己若也以同样标准评论，则大有"数典忘祖"之嫌。以"中国古典短篇小说"为题的篇章，在中国的和世界的文学史上，都应该是重要的一页。由此而及于《陶庵梦忆·西湖寻梦》《读书偶记·消暑录》之类笔记杂识，史实考稽、典故阐释、语文求索，增长许多知识，文笔亦可欣赏研习。这可说是中国特有的阐述方式和文化遗产。

继而从"古典"跳到"现代"，拿起几本关于后现代主义的书，主要有：《后现代主义与文化理论》（杰姆逊讲演录，北京大学出版社版）、《后现代主义文化与美学》（王岳川、尚水编，北京大学出版社版）、中央编译出版社版《后现代文化》（科斯洛夫斯基著）、《后现代精神》（格里芬著）与《后现代科学》（格里芬编）、《后现代主义与社会科学》（波林·罗斯诺著，上海译文出版社版）等。略翻一翻，引起种种思索。曾见一位著名作家，以调侃的笔调提及"后现代"，颇有"不过玩儿名词把戏而已"之意。其实这是误解。"后现代"社会文化现象的产生，有其时间学和地理学的依据：20世纪60年代中期，西方进入后工业阶段；它是作为后工业社会的反映和现代主义的"反叛"，而自然地、必然地出现的。以其对现代主义既是继承，又是反驳，故命名"后现代主义"。有人称它为"对现代主义的逆转和撕裂"，"头戴"一系列"反"字，讨厌"意义"、拒绝"解释"，填平精英文化与大众文化之间的距离。但它又有积极的、建设性的内涵。在总体上，它所提出的问题，它"反映"的功能和意义，都是关心、关乎当代人类生存境遇的。作为一种文化趋向和取向，它发展到90年代，已经有了很大的改变。格里芬的著作提出积极的、建设性后现代主义，很有新意，比如由"技术导向的现代化"向"文化导向的现代化"转换，就很有现实意义和价值。我们现在很有必要研究后现代主义。

此外，还有山东画报出版社出版的几本"图画书"，也很有意思，读起来轻松愉快。其中，丰子恺的漫画集《几人相忆在江楼》，收集了丰氏多幅以古典诗词为题，简洁幽雅、笔墨情趣浓厚的作品，是我多次寻求而未得者。可惜，还有多幅我素所喜爱、少年时代沉迷眷爱的同类"子恺漫画"未能收入，如"读书之乐乐无穷，瑶琴一曲来熏风""汴水流、泗水流，流到瓜洲古渡头"等都未见到，不免使我若有所失。

（原载《沈阳日报》2000年8月7日）

域外汉籍知几许

《型世言》，一部与"三言""二拍"同时而齐名的明代白话短篇小说集，由法籍学者陈庆浩教授在韩国汉城大学发现，受到我国治小说史者的重视，以至有人说，以后谈明代短篇小说，要在"三言""二拍"之外再加"一型"了。一部文学名著，在本国湮灭二三百年，默默无闻，竟在国外被发现，使人不胜感慨、所思良多。联系到敦煌卷子流落异域，更使人想到：究竟有多少中国古典经籍流落在域外？多少中华文化的精魂至今仍流落异域他邦？

中国文化绵延数千年，千万先人著述浩瀚，岂止汗牛充栋？而其智慧之高超、思想之深邃、性质之独特、建树之超拔，都可以说是世无匹敌的。从甲骨到竹简到帛书到雕版到活字印刷，以及手抄、拓片，中华文化的载体所存该有多少？虽然从秦皇焚书，到历朝历代烧书禁书，浩劫难数，但是，仍然留下了无数的宝贵典籍，为国之瑰宝。遗憾的是，其中有数量不在少数的古籍经典在外国人手里。现在可以说有两大未尽知晓和发掘的大宝库，一是地下的，一是域外的。地下的，仅仅从仍然属于极少极少已发掘的来看，就可以推断，还有许多许多未曾发掘。这且不去说了罢。只说这域外的，究竟有多少呢？这里只列举一点朝鲜方面的资料。仅在李朝时代，在奎章阁一处，所藏汉文典籍最多时就达18万部。其中，仅《医方类聚》一书，就收药方5万多帖，共约950万字。我们完全可以断定，这18万部中国古籍会有许多既极宝贵又为本国所无的经典和文献。

由此我们还可以想到，在日本，在俄罗斯，以至在美、英、法、德等欧美国家的图书馆、博物馆还收藏有不计其数的汉文典籍。其中，特别宝贵的是敦煌文书。想当年，20世纪20—30年代，小说史学家孙楷第在东京抄得中国小说史目录，刘丰农在法国得到敦煌卷子，以及后来在俄罗斯发现新的《红楼梦》完整抄本，加上现在在韩国发现《型世言》，都只不过是星星点点的收获，就足以震惊学术、文化界。若是有组织、有计划地加以发掘，不知会有多少中国的孤本、古本、善本和绝版典籍被发现。那对于中国的文化再发现与新建设，对于中国文化、文化史以及各种专业和专业史等的研究，该会有多么大的意义与价值。

我们知道，这些"流外汉文古代典籍"，在古代是得自中国帝王之赐，官员、商人、移民所携带运送，来华官员、僧侣、留学人员以及商人等有计划的购买、收集，还有在奉国翻印的；在近代，则多是战争中的掠夺和真假旅行家、冒险家等人的半买半偷、半抢半夺。所以，一方面，这些"流外古籍"倒是货真价实，不会是假冒伪劣；另一方面，则是分散而不集中、凌乱未经整理，隐而不显或有不少未曾为人寓目，甚至不知其存在。因此，我们不妨作一设想，如果弄一笔资金，聘请一批人才，去到欧美国家，或付代价、或无偿地搜集整理出一份《散佚域外汉文典籍目录》，那该是一件非常具有学术文化价值的事情、一件非常具有民族文化建设意义的事情，对于文化现代化也是很有意义的。不用论及内容，仅仅这份目录就可以成为学术上的瑰宝，足以使我们了解补充中国历史、中外交流史以及中国科技史、建筑史、学术史、文化史、艺术史、医学史、药学史、出版史等。

（原载《辽宁日报》1998年12月30日）

《思想·山水·人物》品读记

终于买到《思想·山水·人物》了，是从当当网上书店邮购的，颇费了一番周折。几次在网上订购，总是缺货。有几次竟是限地区购买，沈阳不在其内，不知这是什么原因。但总算坚持下来，买到了。

为什么现在会特别想要重读这本鲁迅译、日本鹤见祐辅作的思想文化随笔集呢？最直接和简单的原因，就是记起作者的文笔，很是喜欢，想重温那种阅读的愉悦。今天拿来，稍一浏览，不失所望，依然感受到昔年的喜悦。它具有日本文字表达、叙事与评议的那种特有的，于从容中流泻出清通畅达、优游隽永、委婉透迤的情致和韵味。

原以为也就是重温那种久违的欣赏文笔情趣的"阅读快慰"罢了，至于思想文化方面，是并不期望有什么所得的——本来这不过是思想家的带有时事评论性质的"即兴随笔"，并不具有什么思想文化的厚度，更何况时过境迁，其所写已经是七八十年前的感受。时光流逝，怕是早已经淘洗尽其中的思想文化的质地了吧？

然而，翻阅下来，却不免渐渐地有了意外的收获，再次体验到温故知新的道理。并且，还引发了颇为不少的感想。比如《北京的魅力》那篇，就充分地显示了这一点。它既画龙点睛又精到细致地勾勒了老北京——那是20世纪初叶的北京——的风光与风韵。读罢，令人不禁玩味那种叙事文本和想象当年的北京韵味，但更抚今追昔，所思良多。他写道，"北京的城墙，暴露在五百年的风雨中"，而中国"这一个大国的文化和生活和历史的一切，就渗进在这城墙里"。今天读此，冥想那蕴藏着中华五百年历史文化的城墙，以及其他古老的遗存，都消失在推土机下荡然无存，是怎样的伤痛与哀悼呢？它们皆已万劫不复了！他还写道，"皇宫的黄瓦在青天下"，"驴儿摇着长耳朵"，"骆驼好像贵族"——这种老北京的旧时风貌韵味，也已经荡然无存了。这不能不引发对于"现代化弊病"的思索和如何及时纠偏的期盼。

不过，更多和更深沉地引发思索的，是他关于文化的论述。他在好几篇文章中从多个角度论述文化，意在用历史的铁的事实说明文化的永恒的力量。许多事物，包括武力征伐与胜利，从长时段历史观来看，都只是"历史的过客"，而文化却显现其永恒的力量和不灭的光彩。他在《断想·有幸的国度》中写道："久远的人类的历史，可以说，是平和的农耕人种，被剽悍的游牧人种征服的记录。而被征服的农民，则归根结蒂，总以自己所有的文明之力，再将无学的征服者征服。"他是以世界历史为背景作此论证的。辽宁的历史事实，也证明了这一历史"定律"。辽海大地，先后有鲜卑、契丹、女真、满洲以游牧文化而征服了汉人的农耕文化，成为统治者；鲜卑更入关拥有半壁江山。但最后却都融入了进步的文化之中。这显示了文化非勇猛的，而是"软性"却坚韧不拔的永恒伟力。在同一篇文章中，他还以个别的事实来说明那"历史定律"。他说，"阿垒留斯曾为罗马帝国的皇帝"，但在现代，他成为"不足挂齿的事"了；"倒是一卷《冥想录》，在人类文化史上，不知道是多么贵重的宝贝了。"

他还列举罗马帝国的消亡和犹太民族永存的、正反两个方面的事实，来说明文化的伟力。他指出，罗马民族曾经征服了世界，依凭的就是"能够包容别人种的文化这一种谦恭的心情"；而"待到罗马人眩惑于军事上的成功，渐渐变成倨傲的性情的时候，那见得永久不灭的大帝国，便即朽木似的倒了下来"。而犹太人的不被灭亡，就在于他们虽然在"别的人种中寄食"，却能"昂昂然自守着"，"就如绝海的孤岛一

般，将自己文明的灯火，守护传授下来"。(《自以为是》)

他还现实地论及他的本民族即日本的问题。他颇有自知之明地指出，日本人最初"安下日本民族隆兴的础石"，是靠了"唐的文明的输入、摄取、包容"，"成就了'大化改新'的大业"；以后，经历了长久的沉滞之后，"再试行了'王政维新'，才又苏醒过来。这就是西洋文明的流入、咀嚼和接种"。而往后呢？他说："我们应该抱了谦虚渊淡的心，将世界的文化毫无顾虑地摄取。从这里面，才能生出新的东西来。"(《自以为是》)此文作于1924年。13年后，日本发动了全面的侵华战争，继而参与发动了第二次世界大战，把自己民族陷入濒于灭亡的灾祸中。其实，就在作者撰写这篇短文时，就发出过警告，他写道："以一个民族，征服全世界，已经是古老的梦了。波斯、罗马、蒙古、拿破仑，就都蹉跌在这一条道路上。"他的先期的警告，也是"文化警示"，被他本民族的人们疏忽和鄙弃了。

鲁迅当年在《灯下漫笔》中曾提到《北京的魅力》，感叹作者描写的东洋人和西洋人一起享受中国的盛宴并盛赞其古老文化时，预示着"排好了子女玉帛所做的奉献于征服者的大宴"，表现了一位伟大的民族自我批判者，对于侵略者称赞被侵略民族古老文化"暗藏的祸心"的揭露。不过，看鹤见祐辅的本意，却是在论证想要征服全世界的民族，是陷入"古老的梦"中，只有文化上不断对外的摄取，才是民族不亡、永远兴盛的坦途。

这却又使我想起当前，我们这里，彻夜狂欢过圣诞节，甚至有万元以至十万元一席的圣诞盛宴；男人们害怕过情人节，因为花不起那个钱，但又"不得不过"；而同时，却淡漠地对待本民族的许多文化蕴含丰富的传统节日。想想鲁迅和鹤见祐辅正反两个方面的忠告和警示，真是应该有所改变了。

（原载《沈阳日报》2012年4月13日）

陈寅恪的学术读书札记

大学者陈寅恪先生的读书札记，是真正高水平的学术札记。自然，其学术价值是很高的。至于所谓"可读性"，就看怎么说了。如果说"可读性"是指读起来轻松、随便、有趣味、吸引人，像小说、"笔记文学"、闲散小品以及逸文轶事之类，那么陈氏之著是不具备的。但是，如果说文笔清晰畅达、说理明了透彻、观点新颖深刻，而且见人之所未见，启人心智、增人知识，读起来同样有趣味、有吸引力、又愉快，即为具有可读性，那么陈氏之著可以说是既有学术性又有可读性的。

陈氏的两部读书札记《元白诗笺证稿》和《陈寅恪读书札记·旧唐书新唐书之部》，我读起来真是津津有味，不仅感到获益是多方面的，生发开去，可以说有不胜枚举之感，而且是很有意味的、情趣盎然的。比如前一本书，对于白居易《长恨歌》的笔记，一条条写来，在体裁上确实是笔记风格，但新解新见，言人之所未言、见人之所未见，学术价值极高，读起来常不免顿生拍案叫绝之感。比方考订出"唐代贞元元和间之小说，乃一种新文体"，它的优点是"便于创造"，其特征是"备具众体"，由此更推断出陈鸿的《长恨歌传》和白居易的《长恨歌》不是一般的序文／文本关系，"而为一不可分离之共同机构"。而且，"传"（即小说）是主体，而"歌"（即诗）则是"插曲"、附件，就像后来的小说中的"有诗为证"之类。只是《长恨歌》写得太好了，具有特定价值而独自流传于世了。这种考证，论学术价值，是解决文学史上的一大公案，但作为读书札记读起来，层层推进，明史知事，增进见识，有时很有兴味。后头解"春寒赐浴华清池"句，又多方考证解析，说明：（一）温汤赐浴实非一般洗温泉澡，更非一般享受休息，而是当时流行的"温汤疗疾""除寒祛风"，而且这种风气曾盛行于北朝贵族之中，唐袭其习，其源出自胡人；（二）明皇贵妃洗浴华清池，当在冬末春初天寒之季；（三）七月七日的永恋之誓不在华清池；（四）因之，七夕之夜"在天愿如何""在地愿怎样"的誓言，均属文学想象，不是事实。这种以史实解读诗歌，或以诗歌透析历史，不也是令人读起来满有兴味的吗？而且一层一层解析推进，透出一种睿智、精到的见识，给人的益处就不仅是本文的直接给予，而且有研究方法、思维方式以至资料运用等方面的获益。通过这种获益是"一般性"的，即并非只有专业科研工作者从中受益，而是一般人都可以得到启发、获取智慧的。这就远远越出史学、文学范畴了。

后面解析《琵琶引》（即《琵琶行》）又标举一种"比较分析之研究"，拿白氏之作同元微之的《琵琶歌》来比较，指出后者只是"践宿诺，赏文债"之作，而前者则是"人我双亡"之作，"既专为长安故倡女感今伤昔而作，又连绾己身迁谪失路之怀，直将混合作此诗之人与此诗所咏之人，二者为一体。真可谓能所双亡，主宾俱化，专一而更专一，感慨复加感慨"，所以成了千古绝唱了，"岂为微之泛泛之作，所能企及者乎？"笔记之中还有关于写作时间、当时风习、白乐天官职等的考证，都言简意赅，令人信服。凡此等处，对比较研究之方法、文艺作品之评判、历史知识之增长以及治学之风格，都使人获益良多，非一般可比。

《陈寅恪读书札记·旧唐书新唐书之部》，自然均属史学之考订，然而一条一条，言少事多，对于各方面的知识都可增广，不独有益于治史学者，而其以史解诗，以《唐书》所记玄宗事解《长恨歌》，以诗映史（例如以卢纶"更堪江上鼓鼙声"句解唐代宗时战事），等等，也都很有意味。

末了，讲一点余趣。《元白诗笺证稿》是在安徽亳州参加"三曹"（曹操、曹丕、曹植）学术讨论会时所购，且购自减价书摊。我以书是新书，定价仅1.20元，更不欲以"降价"方式购大师之著，故坚持按原价付款；而售货员也坚持按降价卖，我只好"屈服"于她，几角钱而购得一本学术名著。但心中始终郁郁：一本厚重的学术著作，在地摊上竟是这般身价低落！

（原载《沈阳日报》2011年3月11日）

《隐藏在深层次的历史真相》序

前些日子在一次聚会上，与多年未见的谭译同志意外晤面，分外欣喜。叙谈中，他除了将自己的著述情况告知我，还提到近期将出版一部偏重于东北史特别是中共满洲省委和抗联史的学术著作，我自然表示祝贺；但不意他竟嘱序于我，令我惶悚，而我旋即欣然应命。

说起这"欣然"二字，需要解释几句。这并不是说，我是为谭译、为这部党史著作写序的恰当人选。恰好相反，我以为这部党史著作的最佳撰序人，应该是我省老领导李荒同志和辽宁社会科学院原副院长温永禄同志（他们曾经长期组织、领导和具体指导这方面的研究工作），只是李荒同志年高久病，不能为文；永禄同志则已经逝世多年了。鉴于这种情况，我无法推辞卸责。我曾经因为职务的关系，在辽宁社科院接触过这方面的研究工作，多少了解一些情况。但更主要的是，谭译同志是辽宁社科院创业时期，与侯澄同志和后来的温永禄同志一起，筚路蓝缕，开辟满洲省委和抗联史研究的合作者，后来又负责这方面的研究，并撰写了多部有关著作。我恰逢其时，在组织工作和科研安排方面，间接参与其事，勉强算是知情者吧。而且，谭译同志是辽宁社科院早期第一批研究人员中为数不多的成就卓著者之一。该书的另一位作者王连捷同志，在辽宁社科院建立早期还是年轻的行政工作人员。但她多年努力，虚心学习、刻苦钻研，至今已经成绩卓著、成果丰硕了。看见他们的成就，我不仅欣羡和高兴，而且油然而生敬意。因此，能为他们的近著写序，不禁欣然。

我还想进一步申说一下。我曾经在多次会议的发言中提到，我们现在普遍的社会心态中存在三个不尊重的问题，这就是：不尊重历史、不尊重传统、不尊重前辈。这种社会心态，不能不使人们失去传统与历史的立足点而虚悬在半空，遭受一种难于承受之"轻"。心意与情感都不免虚浮和空泛，缺乏现代人应有的历史感和民族认同感。而另一方面，又很喜欢听故事、讲历史，于是"历史"进入市场化领域，不仅"坊间"讲谈、影视戏说，连堂皇的学术讲坛上也大谈历史，却多的是宫廷夺权、后妃争宠之类。真正讲正史，向人们讲述历史的主流与命脉，传输正宗的历史知识，特别是宣传正确的历史观和建立现代历史感，这种讲谈和著述却是缺少的。现在我们面前的这部著作，却是真正的严肃历史著述。它所传播的是历史的主流和命脉，潜在地传播着实事求是的历史观念和历史态度。我以为，它的意义和价值，并不完全限于它所述历史的范畴之内，而能够越而过之，给人以题外之旨、言外之意甚至弦外之音。

再说到这些论文和考证本身，也具有双重的意义和更广泛的价值。

这部党史考证论著题名为《隐藏在深层次的历史真相》。顾名思义，对隐藏着且在深层次的历史真相进行揭示，那意义是珍贵的，赋有历史含义的，而且其考证厘定者达40题之多。全书计三大部分：其一，大革命运动在东北（1923—1927）；其二，满洲省委在开拓中前进（1927—1931）；其三，艰苦卓绝的十四年抗战（1931—1945）。这三个组成部分，从历史考证的角度，以具体事件与史实，记录和描绘了从大革命时期到抗日战争胜利的20多年中，东北人民在共产党（满洲省委）领导下，进行的血雨腥风、英勇顽强、艰苦卓绝的斗争历史；也反映了以刘少奇为首的众多共产党的英雄人物与领导者，如任国桢、杨靖宇、冯仲云、韩光以至傅天飞等的革命人生与业绩。虽然不是传记或史迹报告，只是吉光片羽，但仍然组成了一幅幅画面，如历史速写，如记录片段，如电光一闪，依然令人感奋，令人景仰，产生种种联想和感触。它们从历史的"背后"和侧面揭示了历史的真相，营造了历史的意义。这意义，是多重而厚重的。

第一重意义，自然是这些文字的钩沉、考订、论证，订正了既有历史著述的错、讹、漏、衍，填补了已知历史的空白。这是很有意义的历史研究和学术工作，不仅让人们了解历史的真相，而且知道曾经的错讹产生的原因及其背后的因素。对于东北地区各个时期的斗争历史和满洲省委领导工作中的是是非非（既有民族斗争，又有党内争论，例如书中关于刘少奇对于党中央对满洲省委批评的答辩的考证，张学良主政东北时代国共合作夺取东北政权的一次尝试，等等），该书澄清了一段重要的历史纠葛、党史中一件重要的纷争，考订了东北史以至近代史中的重大事件，都是很有历史意义和现实价值的。还有关于傅天飞提供了萧军《八月的乡村》创作素材的考证，使人们了解到一部出色的文学作品，从历史到文学、从素材到作品的基础与飞跃的关系。这些自然都是真实而生动的历史教材。这些可以说是这部书的直接意义、切近价值。

第二重意义，从这些考订与论证中，我们看到了，或者说窥见了众多历史人物伟大的、杰出的、感人的崇高精神风貌。他们的英勇、坚定、智慧，他们为理想而斗争的精神和自我牺牲的品格，令人肃然起敬。在这里，书的内容已经越出它自身的范围，提升、升华而产生了新的意义，富有教育和启迪的作用。

此外，我还想到接受学所说的"原意"与"意义"的关系。"原意"是一部著作自身所具有的；而"意义"则是接受者（读者）以"原意"为基础、为依据，通过深读、细读，联想、创造以至想象而创获的。这部党史和近代史著作，总体上反映了满洲省委、抗联、义勇军的斗争历史。人们从中可以看到那斗争的残酷艰辛、流血牺牲，看到英雄人物为了理想、为了未来、为了人民的自由解放而奋斗。他们那种人生是十分艰苦的，却又是非常厚重的，心中燃烧着理想之火，生活充满斗争和变数，但精神和气节充满心间。这难道不是比今天有些贪污腐败的官员的生活更具有非凡意义和人生价值？比那些慨叹"我现在除了钱，就一无所有"的人生活得更充实？当然，人们不一定会去这么联想和对比；但是客观上却存在着这种强烈的对照，而引发人们去思索。另外，有的时候，我们是不是应该去回想和了解一下前辈的奋斗史，把他们的流血牺牲同今天的生活联系起来思索一些问题？

末了，我还想谈一点学术研究上的事情。我没有来得及通读本书的全部文字，但仅从读到的文章来说，以及从多数文章的论旨可以看到，著者学风严谨，全书资料翔实、考订精审，对一些历史疑案和纷争既持审慎的态度，又实事求是地加以考订辨别，得出可信的结论。此外，该书文字朴素无华，精细周全。这是很正确的，值得学习提倡的。

应命作文，不足为序，谨述理解和感言如上。

（王连捷、谭译著《隐藏在深层次的历史真相》，辽宁人民出版社2012年11月第一版）

《北镇文化通览》序

《北镇文化通览》书稿完成，行将问世，我为之欣喜并表示祝贺。一个县级市的《文化通览》的出版，在许多方面具有特殊的意义。这不仅是北镇市的一件文化盛事，而且对于梳理、了解辽西地区的文化以至了解辽海文化，也都具有一定的意义。

县，是一个行政区划的单位，但也是一个具有相对独立意义的文化区域。作为"文化基层"，它是了解和建设其上行各级区域文化的基础和资源。源远流长，它既是区域文化的"源"，又是文化上游的"流"，承上启下，接续流贯，发挥其独特的作用。基于此认识，我一直关注《北镇文化通览》的修撰事宜，并冀望其成功。现在拜读书稿后感到，撰写的诸公果然不辱使命，完成了一部成功的通览著述，值得庆贺并致敬意。不过，主编委我以撰序任务，却使我诚惶诚恐。然盛情难却，恭敬不如从命，我只好勉力一试，仅仅说一些感受和感想而已，权为序，并乞方家指正。

说到感想，首先一个问题就是：为什么要编撰县级《文化通览》？它有什么意义和价值呢？要回答这个问题，我想自近至远，从现实到历史，从头说来。

自2007年始，中央文史研究馆发起编撰《中国地域文化通览》，并在他们的领导与具体指导下，以省、市为单元，分卷编撰。辽宁文史研究馆承担了辽宁分卷的编撰任务，在我省老领导、辽宁省文史研究馆名誉馆长、《中国地域文化通览》辽宁分卷主编林声同志的领导下，开展编撰工作。一开始，林声同志就提议我省各市也编撰各自的分卷。这一倡议得到省政府领导的批准和支持，也得到中央文史研究馆的赞同。现在，省（市）分卷已经陆续问世；我省各市分卷也都在积极进行中，有的已经出版，有的则完成了编撰工作。2013年，正在省市分卷分头进展的时候，得知北镇市在市委领导支持下，决定自行编撰《北镇文化通览》。林声同志得知这一信息后深表支持，热情鼓励，给予关注。这样，在辽宁，省、市、县三级《文化通览》，便构成了一个文化系列，完整而系统地记录、呈现了辽海文化的历史全貌。有了县级《文化通览》，辽海文化的状貌、特色、亮点就更加具体、更加细致了，它与省、市、县地方志系列共存，形成区域文化的双璧，是一项具有长远意义的文化工程，可供多方面的应用，成为我省宝贵的文化积淀，可谓功在文化、功在后世。

　　在现实意义之外，我还想从历史的视角多说几句，谈一点县级《文化通览》的意义和价值。也就是说，从中国的"县"这一区域的历史形成与发展的历史来探讨其文化的特色与意义。"县"，繁体字作"縣"；据《说文解字》，"縣"本音"xuán（悬）"，意为"悬挂"。战国前，把未纳入行政管辖范围的新垦荒的私田和由此而发展形成的新开辟区域称为"縣"（读悬），也就是"悬而未决"的土地、地区的意思。原来，秦以前，实行封建土地制度，帝王"封国土，建诸侯"，受赐土地的皇亲国戚在封地内建立邦国，计丁收税，实行统治。相传，殷周的井田制，则是每方土地作"井"字形，四周八方为私田，分给八家耕种，中间为公田，八家服役，收获交统治者。后来，由于铁器的使用，生产力发达，在荒野辟地，逐渐有了日益开拓扩大的私田，却不在治理管辖的区域之内，就被称为"縣"（读悬），即"悬挂的土地和区域"的意思。春秋时，就有秦、晋、楚等国在边地设县，以后逐渐在内地铺开。战国时，秦国实行商鞅变法，一方面"决裂阡陌，教民耕种"，废除井田制，实行土地私有制；另一方面，"集小都乡邑聚为县，置县令、丞，凡三十一县"（《史记·商君列传》）。这便把"悬地"纳入计丁收税和管辖、统治的范围之内，以县为地方行政单位，废除了分封制，把领主在领邑的政治特权收归中央。于是把"縣"字读音由"xuán（悬）"改读xiān（先），转义为行政区划单位；而将原"縣"字下面加"心"字，另成新字"懸"（简体为"悬"），仍读xuán（玄），仍为"悬挂"义。县的由来和命名就是这样的。那么，古代的"县"有多大呢？古称"千里之地为县"，应该是很大的区域了；又，相传周代"以一万二千五百家为乡"，而县是集都、乡、邑、聚而成，那就集中了相当大数量的户数了；商鞅时，秦国仅有31个县，从中也可以想见县的区域之大。而且，史载，秦以前"县统郡"，应该是县比郡大。后来，秦废封建、置郡县，才改郡统县。由上可以想见，有四个方面的重要意义：其一，中国的"县"具有很悠久的发展历史，仅仅从商鞅变法时期（公元前356年）算起，也有2300多年的历史了。从那时到现今，这么漫长的历史时期中，在中国历朝历代的政治体制和行政区划中，县的建制和区划一直存在，它具有一个很漫长的历史。其二，中国的县，区域辽阔，集都、乡、邑、聚而成，有相对完整的经济结构、相对独立的行政体制，具有自身特征的社会构成。其三，由此，它的民居建筑、风俗习惯、方言俗语等，也都具有个性特征，在中华民族文化整体中，有大同中的小异。因此可以说，中国的县是一个历经几千年发展史的经济、社会、文化实体单元，它一面接受民族整体的经济、社会、文化的养育；一面在国家、民族发展史的大背景中相对独立地发展，并"输送"文化因子、元素于民族文化整体之中。其四，更为重要的是，"乡土文化"是中国文化构成和积聚的基层、基础，是中国文化构造的特色。"从下向上"看，"县"的文化，是聚集由都、乡、邑、聚的文化"粒子""元素"而构成的；而"从上往下"看，中国经典文化、精英文化，儒道释三家文化的传输灌注，进入小传统，注入民间社会，为大众所接受，化为精神的血肉，也都是以"县"为渠道、桥梁和文化的"河湖港岔"而实现的。所以，以"县"为单元的乡土文化，积蓄着各个民族、各个地区的文化总体的传输，又"回传"部分文化因子于总体文化之中。因之，古代的郡、府与现代的省、市等的文化，都是吸取、依托县而发展、而构建的。

关于第四点，还可以稍微细致地说一说。中国的乡土文化，是几千年来，以自给自足的小农经济为主体的经济体制的上层建筑。县城是它周围相当广大区域的中心城市，它是都、乡、邑、聚的文化粒子、元素的汇集地、"积水池"，并且在这里融合之后形成地域文化，提高、升华、"酶化"，形成相对独立、特色独具的地方性乡土文化，其中包括因地制宜的风土文物、建筑特色、风俗习惯、方言土语等。

综上所述，县一级文化，具有几千年的稳定发展史，创获了相对独立的体系、意义和价值，是古代的郡、府，现代的省、市的文化的基础、基层和根底，是丰富它的"上级文化区域"的元素和源泉。即如眼前的《北镇文化通览》所记述的该县文化发展历史、特色和亮点，与辽西文化以至辽海文化的渊源关系，就是如此。《北镇文化通览》中的不少内容，无疑可以和应该进入《锦州市文化通览》，而"医巫闾山"则是《中国地域文化通览·辽宁卷》中的闪光之点。同样，湖南的凤凰、江西的婺源、安徽的徽州、福建的长汀以至辽宁的辽阳、开原这些名县，也都比较突出地显示了这一点。

从现实到历史，到中国文化构成发展的特殊性等方面，都显示出县级文化具有久远、深厚的文化内蕴，具有超越本身的意义和价值。因此，在这个民族文化大背景下来衡量，《北镇文化通览》的编撰与问世，具有广泛的意义和价值。并且，它首开风气之先，引发人们期盼我省以至全国其他县的"跟进"，出现众多县级《文化通览》，那将是当代文化的盛举，既是对既有文化的挖掘、整理和记叙，又是未来文化的宝贵积淀。

现在，我们可以来讨论《北镇文化通览》本身了。通读这部通览之后我感觉到，它全面、系统、比较完整地介绍了北镇地区文化发展的历史轨迹，也在一定程度上揭示了其发展的规律和特点，并且对北镇文化的特色与亮点作了重点的陈述和描绘，这是对北镇文化的一次历史扫描、全面盘点和现实总结。这表明，主其事者、编写者和所有参与其事的人们，态度都是积极的、热情的、负责任的，在挖掘、梳理、编排历史资源上，在体式设计与构架及具体撰写上，具有一种严肃的学术精神。因此，其成果是一部可以信赖的、既体现学术性又具有可读性的著作。它对北镇历史的分期和各个历史时段历史内涵的叙述，对每个历史时期文化发展的脉络、规律和特色的把握和陈述，对汉族和各少数民族在历史长河中在北镇的起落浮沉、会聚融合的情形，对北镇在几个关键历史时期（辽、明、金、清）的发展状况，以及对北镇文化的特色与亮点，如此等等，都作了扼要准确、清晰畅达的记叙和论证。通读《北镇文化通览》，对北镇堪称辉煌的历史文化与深厚的文化积淀，对它的特色与亮点，能够有一个基本的、轮廓的以及部分精细的掌握。它可以供各级领导参阅，以为资政之备；也可以作为干部的参考资料，加深对北镇的了解，以备解决工作之需；同时，还可以作为公众读物，在坊间流传。作为社会档案和历史文献，它将遗惠后世，进入北镇的历史文化积淀之中。

从这部通览中我们可以了解到，北镇历史文化的发展偎依着自古名传国中的北方镇山医巫闾山，这是得天独厚的自然地理条件与特点，也形成了以封禅祭祀为主轴的镇山文化。而作为北方军事重镇、扼守关内外通衢要道的北镇，戍守文化则是它的文化的滥觞、历久的经略发展和人文特点。辽代是北镇文化的转折点、转型期和第一个辉煌期，故契丹文化在北镇有着深厚的渊源和表现，闪动着历史的光辉，尤其是耶律皇族在此遗留了厚重的文化遗存。而在屡遭兵燹火劫之余，北镇文化在明清两代时又再续辉煌。在农耕文化、儒家文化与草原文化、民族文化的融合过程中，在汉族与少数民族的杂居混融中，北镇又有不同于辽宁其他地区的特点，即汉族出关在此定居早、屡屡在数量上占多数，农耕文化与儒家文化也更早、更多地出关，在此传播并生根开花，等等。这样的历史发展轨迹，给北镇文化铸造、镌刻了深厚的和富有历史的、地域的与民族的特色和亮点。对于这些，《北镇文化通览》都作了比较完整的记述。我们从《北镇文化通览》的记述中可以体察到，它的历史分期是比较恰当的、准确的，对每个历史时期的内涵、文化发展路径、规律及其特点也有撮要揭示，对于北镇的文化特色、亮点也选取准确、陈述精到；整部著作的叙述语言也要言不烦，规整雅驯。整部著作既有一定的学术性，又有可读性。能够对北镇的历史、文化作出这样的记述，表明编撰者对历史资料作了认真和比较细致的发掘与梳理，对史料进行了认真的思考和鉴别，也作了比较恰当的运用，尤其是对材料作了必要和有效的提炼、整理，并取其精华而用之。

《北镇文化通览》在我省（在全国也可能），是第一部县级《文化通览》。虽说"首开风气不为师"，但既是开风气之先，就有开辟之功、探路之效、启发之意，这是可以肯定和应该承认的。因此，我在这里谨对《北镇文化通览》的编撰成功表示由衷的祝贺，对支持和主持这项文化工程和所有编撰者表示敬意。同时，期望能够有后续的县级《文化通览》的编撰和问世。

一部具有创意的学术性辞书

——评《中华古典诗词比兴转义大词典》

　　东北大学出版社近期推出的国家出版基金项目《中华古典诗词比兴转义大词典》，是一部在多方面具有可喜创意并具有高度学术性的大型词典。首先，以古典诗词的"比"与"兴"编撰词典，就是一个前所未有的学术性创举，颇具创意、功能独具；同时，还进一步，剔抉"比""兴"的转义，衍生词目，大加扩展、延伸了词目的范围；第三，还就比兴自身及其转义，联系、衍生、触发所产生的意义项，予以释义。而其所有词目的释义，均所涉广泛、丰富，引经据典，内涵非一般辞书所有。这就构成多方面的、学术性和审美欣赏的内涵，不仅为已有诗词辞书所未有，甚至超越了一般诗词欣赏的专著。

　　由于具有上述诸多创举，所以本词典的词目多，竟达1500余条，篇幅也达到150余万字，堪称巨著。但其"巨"，不仅在于词目和字数多，更在于词目之立，慎选剔抉，立人之所未立；由此，词目的义项也是多所生发创辟，言人之所未言；至于释义，更是延展衍生、发古创新，使内容丰富详备、精彩纷呈，并且规格高、规范性与学术性均强。这样，便达到了词目新、义项新、释义新的"三新"境界。作为汉语词典的新品，它填补了空白，做到了"人无我有，人有我新"。

　　赋、比、兴，是中华古典诗词的审美特点，也是优点，优越于西方古典诗歌，其厚度、深度、审美素质的蕴含量，均如此。而"比"与"兴"，更是具有比"赋"还要广阔、丰富和深沉的联想与蕴含内蕴。"比"，"以此物比彼物"；"兴"，"先言他物以引起所咏之辞"，见景生情，借景抒情，托物寄兴，神与物游，寓意于象，如此种种，比兴重重，绵延寄寓，人与物与景，借喻、隐喻、象征、意象，审美情境中，蕴含着丰富、优雅、审美的文化密码，令人吟诵咏叹，生无限情趣。这是中华古典诗词的历经悠久历史而仍然具有含咏欣赏，令人击节赏玩的原因。也因此，对于古典诗词的"比"与"兴"的所比和所兴，就需要尽可能地揭示、剔挖和诠释，才能尽其所"含"、揭其蕴意、解其引申和兴发。而要做到这些，是需要甚深的诗词知识和文化修养的。这不是一般人所具有的。因此，词典之编撰，就很有必要、很有用场。从这一点说，本词典之编撰，就可以说颇具创意并功不可没。而进一步、更上一层楼的是，不仅以"比""兴"设词条，而且阔而大之，延展、衍生及于"转义"的范畴和层次。

语言和文字的"转义"是人类语言使用和发展的一个广阔的天地，正如海德格尔所言"语言有它的历史"，每一字词，都有着丰富的历史含义，其扩展、延伸、生发、假借、嫁接、转换的情形非常繁复多样、变化多端，甚至正义转换为反义、反义转换为正义的、本意言此而转换为言他者，也很多。所以，陈寅恪有言："释一字，就是一部文化史。"这也是中华古典诗词以至中华文化的优秀与值得今人认真学习领会的文化之宝库的表现。《中华古典诗词比兴转义大辞典》正是应时之需而问世。这里且略举一二显例以为证。如"芭蕉"一条，习以为一种植物而已，但古人于诗词中吟咏之，却将之延展、生发、转义出多种含义，而且赏玩、蕴含，其味隽永无限。"芭蕉"："比喻愁心不展""喻美人居处""雨打芭蕉借喻或衬托女子愁情""渲染离愁别绪""喻僧人居处""暗喻擅诗书之释徒、居士""喻自然规律不可测知，只能听任"。每一释义都举出众多古典诗词的例句，有常见习用的，还有不少罕见与偏僻者。又如"明月"，常用词也，但比兴转义竟有如此之多："喻光鲜、美白之女""喻美人足""喻团扇""喻霜""喻明珠""喻皇帝""喻兴怀人思乡之情""喻高洁之士""下一个月"。又如"清风"，习见词也，而其转义竟衍生为6条："清微之风、清凉之风""喻清惠、清正之风化""喻美好之言论或优雅之诗文""寄寓怀人之思""喻伟人或贤人之风范""喻松、竹、兰之高洁"。此外，如"蝉蜕""孤云""孤竹""孤雁""杨柳""斜阳""携手"等，率皆普通之词、自然现象或普通人事，但比兴转义均达五六项、七八项甚至十几项之多，甚至更多。故此，每一词目，均是一篇可读之诗文篇章。此外，更难得的是，还发掘、剔挖了不少古为习用词语，而现在已经少见甚至已是死文字、死词语，予以诠释。如"杕（dì）杜"，是棠梨和木盛貌，有"思妇盼役人归""凯旋，劳人归""兴比孤独无依"等。这些，对于研读古典诗词，有很大的帮助。

这些丰富多样的词语举例解释，具有词语学的价值、词典学的价值、文化学的价值、训古学的价值以及美学的价值，列举了中国传统民族思维特征审美思想、审美理想的重要范畴，具有广阔的丰富的深沉的衍生义、派生义、联想义。在这一方面，本词典显示了极为可赞的丰富性。其每一词目所引证的古典诗词歌赋，多所发掘、发现、发展和发挥。释义所据的诗词例证，不仅习见者所在多有，而且每一条释义均列举了众多不常见、颇偏僻或古奥的例句。于此，它也显示了其可读性和学术性。

因此，这本词典具有重要的现实意义和现实价值。它越过词典的界域，而具有多方面的意义和价值。它既是优秀的辞书，又是学习、研读、研究古典诗词的阅读文本，还是古典诗词的教科书；它既是文科教师的参考书，还可以为外国读者了解、学习中国古典诗词和中国文化的教科书；因此，更是一部可供阅读和研习的诗词欣赏的阅读文本和诗学进修、学术研究的文本。它的创新的意义和价值，于此更加显现。而且，由于内容丰富，对中华古典诗词引据多多、诠释丰富，也就成为列举、论证和继承发展中华古典诗词的审美思想和理想、民族思维特征（象征性、隐喻性）等的重要范畴的，涉诗词学与美学的著述，还是论证、印证中华文化优秀传统的学术著作。

还有需要特别称颂敬佩的是，这样一部新型大型辞书，绝非短时间、少数人能够完成的。它历经30多年的艰辛历程，先后两届主编，动员了100多位专家、学者，殚精竭虑、搜集挖掘、分析剔抉，做到了每一词目的释义，都达到了逼近尽善尽美的境界。

（原载《今日辽宁》2018年第5期）

漫谈老年读书

今天来主要是会友。省总工会成立老干部读书组，开展这样的活动并做出成绩，这都是很好的。我很高兴能来参加这个活动。

一、中国老年人良好的精神生活

我在国外看到一些老年人的生活。在物质方面，我们是不能比的，相差很远，可以说相差极大；但是他们的精神生活没有中国老年人好，缺乏一种人文环境。在德国，养老院被老年人称为"感情的集中营"，老年人进去后，子女很少去看望他。如果一个女儿在他们过生日时送去一束花，花一放就走了，这就是不错的女儿。这也有历史的原因，他们18岁就离开父母，父母和子女之间感情不那么密切。我在巴黎、波恩、纽约，看到老头儿老太太一对或单个在林荫道上行走，穿戴是非常好的，但可以看出脸上那种忧郁孤独的表情，令人同情。有一次从德国回来，下飞机后看到一个街心公园里老头儿老太太在打扑克、聊天、晒太阳。我感到中国老年人这样的社会人文环境，在西方没有。

西方老年人过去到商店买东西，可以和营业员聊聊天。现在超市没有营业员，自行拿货，然后就走，没人聊天了。孤寂是他们最大的痛苦，房子很大，但是他们叫"空巢"，有时一个老头儿或老太太死了多少天没人知道。所以我认为，中国老年人的生活这一点是非常好的。他们能在一起聚会，像八一公园老人在一起聊天、打麻将，好多活动。像工会还有这样的集体活动：有意义的读书活动。人需要感情交流，西方有这样的说法：夫妻关系主要是谈话交流。如果不能交流，感情就很难维持。人需要两种生活：物质生活和感情生活，外在生活和内生生活。感情的缺乏很苦恼，甚至比物质缺乏更苦恼，在保持温饱的基础上最重要的就是情感。中国人在这方面是很好的。读书就是精神生活一个重要的方面。

老年人虽然老了，但人性存在。人总要有一种自我存在的价值。老人带孙子、外孙，本身带有很深的生活含义，存在有价值，生活有意义。读书、写文章、画画、跳舞、访友开会，都给生活带来有价值的含义。所以，我觉得省工会组织老干部搞这样的活动，是很有价值的。

二、创造更好的社会人文环境

谈老年人读书，牵涉到当前人类文化发展包括社会发展的形势问题。从20世纪转到21世纪，比从19世纪转到20世纪的条件要好。19世纪转到20世纪一个大问题，按鲁迅所说是"物质发达，社会憔悴"。当时社会生产力发展得比较高，马克思讲快向帝国主义转换。由自由资本主义向垄断资本主义转换，剥削非常残酷，工人阶级生活非常困难，贫富悬殊很大。在精神上，尼采讲"上帝死亡了"。这说明，传统的价值观破损了。

现在转到21世纪，物质很发达，社会问题很多，但不是社会憔悴。生产发达，物质财富很丰富，福利水平很高。当然问题也很大，希望也很大。以电脑文化为龙头，人类文化正向高度发展。电脑文化将使人类生活极大地改变。世界经济全球化，文化全球化。过去我说是朝发夕知、朝发夕至，现在应改为即发即知，东西半球发生的事当时就知道了。技术保密也困难了，叫信息共享。跨国公司是个经济组织，也是一个文化组织。电脑文化带来文化变化很大，就医疗来讲，一种纳米技术人——一个很小的东西，可以植入人体内，成为血管的清道夫。还有其他各种消灭疾病的纳米技术人。甚至纳米技术人可以安排你一天的生活。福利很大，生活质量很好，健康水平很高。21世纪给人类带来很大希望。西方人说，21世纪是中国人的世纪，中国人还不大接受。这有几个概念，一个是中国经济将会走在世界前列。中国经济改革是最成功的，但问题很多。最近杨振宁讲，21世纪可能有中国人得诺贝尔奖金。现在美籍华人得此奖已有6位了。为什么中国本土无人得？

第二点，20世纪科技带来很大福利，也带来很大问题，我归纳为三个"三"。一个是三大家园（自然、社会、人的心理家园）的破坏。环境污染非常严重，物种灭绝，地球上每天有一个物种灭绝。再不改变，人类自己要毁灭。药能治病，但对人体、心理损害很大。

二是自然、社会、人三者之间的关系非常紧张。人和自然是对立的，"向自然开战"。人是自然之子，是自然哺育了人类，人类依靠自然来生存，人类要养育自然、保护自然、爱护自然。人和社会的关系也很紧张，为什么社会犯罪那么多？一种是对社会的报复，对社会的不满，下岗工人犯罪不在少数，青年犯罪、农民犯罪率相当高。在美国看到一个报道，说在纽约市里公园犯强奸罪的，百分之九十的目的不是为了性，而是对社会的报复、对妇女的报复、对人的报复。

人和人的关系以至人和自己的关系也紧张，人际关系紧张是普遍的社会问题。自己跟自己矛盾，和自己过不去，闹情绪。子女啊，工资啊，老年人待遇上不去，不公平，憋气，等等。

还有一个"三重三轻"：一是重物质轻精神，现在特别重物质轻精神，对精神健康、精神卫生不重视；二是重科技轻人文，大学生字写不好，文章写不清；三是重个体轻群体。

因此，人类在21世纪要调整文化方向。要从开发自然、利用自然以至掠夺自然、毁坏自然，调整到爱护自然、养育自然、利用自然的轨道上来。

要从"技术导向的现代化"的战略方针向"文化导向的现代化"的战略方针过渡。我感觉，我们现在还是重技术导向的现代化，重视经济发展，但对人的品德、道德、教育、文化重视不够。

要从重物质轻精神调整到文化导向上来。现代化不仅是技术、生产力的提高，经济的起飞，还要追求文化的发达、人的文化素质的提高、道德水平的提高、精神生活的丰富。现在，人类文化正在转型和重构，从科技文化向科技人文型文化转化。不仅有科学技术的发展，而且有人文与社会科学的发展。四大部类科学共同发展，就是自然科学、技术科学、社会科学、人文科学在21世纪共同发展，而且社会科学、人文科学发展要加强。世界著名的牛津大学有380多年的历史，理工科院系占51%，人文、社会科学院系占49%；学生比例是学社会、人文科学的占51%，理工占49%。我国现在是重理轻文。

人性也在转化。马克思说人性是不断发展的。人从科技人、经济人、城市人转换到科技、经济、城乡结合、文化人。现在西方出现郊区化趋向。美国芝加哥地区的一张经济地图，红色代表贫困阶层，绿色代表中产阶级，蓝色代表富豪。芝加哥中心区是红色，郊区是绿色，蓝色在远郊区和外州。远离城市有良好的空气、阳光，生活安静。

三、为健康长寿而读书

老年人读书离不开大背景，生活和环境分不开。我们现在生活质量比以前大大提高了。物质生活提高了，精神生活也提高了。表现生活质量的提高，其中包含读书。人到21世纪将会过一种新的物质、精神、文化生活。读书是在这个大环境下的一种活动。我原来不大理解，美国老太太60岁读大学去了，有的原来未读过；有的原来学这科，这次再学别科。直到我退休后才理解。读书不是实际目的，求职、生活已没问题，主要为使生活更加充实、有所寄托。读书是生活质量的一个重要指标。老年人生活如果只是吃药、锻炼、打麻将、下象棋，而没有读书，这个生活是有缺陷的、不完满的。当然，只读书，而没有打麻将，不下象棋围棋、不逛商店，这个生活也不完满。但读书是必不可少的，老年人应为健康长寿而读书。

读书有几种情况，我把它分成五种：一是为学业而读书；二是为职业而读书；三是为欣赏而读书；四是为批评而读书；五是为消遣而读书。对老年人来说，学业、职业读书没有了，但为了工作需要有时还要读点。为批评而读书，研究书的优点、缺点，对老年人有好处。

研究性读书，就是从书中获取个人独有的体会、心得，不受定论、共识的限制。只是作为一己之得，自得其乐，获取自身的教益。比如看《红楼梦》，它是有定评、有共识的，你可以接受这些理论，但此外还可以有自己特殊的感受。我讲一点自己的体会。《红楼梦》里写到，有一次贾宝玉写了不少对联，让丫头贴出去。林黛玉看了说，宝哥哥写得真好。这本是一种随意而说，表示赞赏亲热。贾宝玉特别高兴，又写了不少送给林黛玉。贾宝玉对此太认真了。人们在日常生活中，对人家的表扬不必太认真。如外国人见面喜欢说"今天你真漂亮"，就像中国人见面好说"你吃了没有"一样，说你漂亮不一定是对你称赞。

老年人消遣性读书的比重大。读书消遣是最好的消遣，它是一种精神生活。老年读书的意义可否这样说：一个是养身的读书，读书可以养身，如果通宵打麻将，肯定对身体有害，如果拿2个小时读书则能养身。读书、读报、读杂志是一种很好的休息。二是读书能养"思"，能提高思想能力，一个人"思想"在"思"，想问题了，是很有意义的精神活动，思想本身是个财富，会使你愉快。三是读书养性，培养自己的性情。我个人在许多关键时期得益于读书。1957年我被划成右派，到农场劳改。我是江南书香之家出身，缺乏体力劳动，一下子从事重体力的惩罚性劳动，很快得了重病。每月只有30来元生活费，贫病交加，精神上、物质上处于低谷，拯救我的灵魂的只有读书。当时出了不少好的小说，如《林海雪原》《红旗谱》《青春之歌》等。我求护士给买书，看后卖掉，添几个钱再买一本新书。几块钱可读不少好书，我叫作"车轮购书法"。读书使思想开阔起来。一个人是社会的个体，个人得失浮沉都是小事。我把它叫作文化消解，个人的痛苦、不幸、前途都可通过读书消解。列宁说过政治上犯错误可"潜心研究"的话，我叫他四字箴言，对我帮助很大。读书可以养性，老年读书养性，许多想不通的问题，苦恼、家庭纷争、子女的问题、医疗费报销问题等都可以文化消解，至少可以不伤心伤肺，不用往心里去。读书可以给我们很多高兴的事。杜甫诗云："乾坤万里眼，时序百年心。"我叫它"百年人生观"。遇到任何问题、烦恼，都从100年这个角度去看，这件事在100年中占多大比重，这就想开了。

读书的方法各不相同。一是选择好，有长期的、当前的，根据各种需要进行选择。二是读一批书和读一部书相结合。读"一批书"是"面"上的事；读"一部书"，是细读、精读，读透一部书。三是彼分我合，彼合我分。一本书可解读很多问题，可分开读。四是读书要做笔记，记是记忆、理解的过程。可以有好几种笔记，有的是摘抄，有的是记下当时写的感想心得。这样记下来很有好处。"思"就是去想。读书，重要的不是记住结论，更重要的是了解得出结论的过程，这是思考的过程。总之，读书可三养：养身、养"思"、养性。读书养性，其乐无穷。

（智德邦根据录音整理。报刊如若选用，需经作者本人审阅同意）

（《书友会刊》【辽宁省总工会老干部读书组编】1999年12月8日）

读书笔记

——《鲁迅著〈中国文学史〉拟稿》资料辑录

说明：

我有过一个设想：编撰一部取名为《鲁迅著〈中国文学史〉拟稿》的书，具体的做法是，通览《鲁迅全集》，将其中涉及中国文学史的论述、言谈以及杂文中的引述、提及和旁证佐料集中起来，按时序排列，几近一部中国文学史的纲要，在此基础上，再充实以文学史资料，按鲁迅的观点和论述加以撰述，成为一部特殊的《中国文学史》，主要是鲁迅的见解、论述和评论，故命名为《鲁迅著〈中国文学史〉拟稿》。记得20世纪80年代初期，我向鲁迅研究专家陈漱渝先生谈起过这个"科研"计划和设想，不过我说："也不知道这种书，会不会有人看？"陈先生回答得很痛快，他说："会有人要看，首先，我就会看。"这对我是一种鼓励。但以后我一直忙于业务工作、社会活动和学术组织工作，更有急迫的撰写计划在一步步进行，这项工作就放下了。后来，我想出一个方法，即在我的老伴曾景云的协助下，来慢慢进行。我俩的分工是，我在阅读过程中，以及原先的记忆中所知的有关材料和线索，给她指出；她也在翻阅《鲁迅全集》中，寻觅有关的篇章和片段，有所发现，就由她一一抄录。这里所辑录的就是我们已经完成的部分文稿。以后，我一直忙于其他事务和要先行写出的著述，而景云也由于大脑萎缩，逐渐进入老年痴呆症的阶段，这件工作也就停止了。但留下了景云辛勤抄录的一大摞文稿。现在，为了呈现鲁迅有关中国文学史的片段论述——它应该具有一定的可读性，可以帮助人们集中地阅读鲁迅在这方面的论述，同时，也为了纪念我和景云的这段合作以及纪念她，我权且将之纳入文集，作为本书的附录。它也还具有一定的可读性，可以帮助读者阅读和了解鲁迅在中国文学史方面的论述，这是很有独特见解和富有启发意义的。

2018 年 10 月 23 日

（甲）文学史部分

前　言

　　中国文学史，研究起来，可真不容易，研究古的，恨材料太少，研究今的，材料又太多，所以到现在，中国较完全的文学史尚未出现。

　　（摘自《〈鲁迅全集〉（第三卷）·而已集·魏晋风度及文章与药及酒之关系》，第 523 页）

一

第一篇　自文字至文章

　　在昔原始之民，其居群中，盖惟以资态声音，自达其情意而已。声音繁变，寖成言辞，言辞谐美，乃兆歌咏。时属草昧，庶民朴淳，心志郁于内，则任情而歌呼，天地变于外，则祗畏以颂祝，踊跃吟叹，时越侪辈，为众所赏，默识不忘，口耳相传，或逮后世。复有巫觋，职在通神，盛为歌舞，以祈灵贶，而赞颂之在人群，其用乃愈益广大。试察今之蛮民，虽状极狂獉，未有衣服宫室文字，而颂神抒情之什，降灵召鬼之人，大抵有焉。吕不韦云，"昔葛天氏之乐，三人操牛尾，投足以歌八阕。"（《吕氏春秋》《仲夏纪》《古乐》）郑玄则谓"诗之兴也，谅不于上皇之世。"（《诗谱序》）虽荒古无文，并难征信，而证以今日之野人，揆之人间之心理，固当以吕氏所言，为较近于事理者矣。

　　然而言者，犹风波也，激荡既已，余踪杳然，独恃口耳之传，殊不足以行远或垂后。诗人感物，发为歌吟，吟已感漓，其事随讫。倘将记言行，存事功，则专凭言语，大惧遗忘，故古者尝结绳而治，而后之圣人易之以书契。结绳之法，今不能知；书契者，相传"古者庖牺氏之王天下也，仰则观象于天，俯则观法于地，观鸟兽之文与地之宜，近取诸身，远取诸物，于是始作八卦。"（《易》《下系辞》）"神农氏复重之为六十四爻。"（司马贞《补史记》）颇似为文字所由始。其文今具存于

《易》，积画成象，短长错综，变易有穷，与后之交字不相系属。故许慎复以为"黄帝之史创颉，见鸟兽蹄远之迹，知分理之可相别异也，初造书契"（《说文解字序》）。要之文字成就，所当绵历岁时，且由众手，全群共喻，乃得流行，谁为作者，殊难确指，归功一圣，亦凭臆之说也。

许慎云，"仓颉之初作书，盖依类象形，故谓之文。其后形声相益，即谓之字。字者，言孳乳而浸多也。著于竹帛谓之书。书者，如也。……《周礼》八岁入小学，保氏教国子，先以六书。一曰指事，指事者，视而可识，察而可见，上下是也；二曰象形，象形者，画成其物，随体诘诎，日月是也；三曰形声，形声者，以事为名，取譬相成，江河是也；四曰会意，会意者，比类合谊，以见指㧑，武信是也；五曰转注，转注者，建类一首，同意相受，考老是也；六曰假借，假借者，本无其字，依声托事，令长是也。"（《说文解字序》）指事象形会意为形体之事，形声假借为声音之事，转注者，训诂之事也。虞夏书契，今不可见，岣嵝禹书，伪造不足论，商周以来，则刻于骨甲金石者多有，下及秦汉，文字弥繁，而摄以六事，大抵弣合。意者文字初作，首必象形，触目会心，不待接受，渐而演进，则会意指事之类兴焉。今之文字，形声转多，而察其缔构，什九以形象为本柢，诵习一字，当识形音义三：口诵耳闻其音，目察其形，心通其义，三识并彤，一字之功乃全。其在文章，则写山曰峻嶒嵯峨，状水曰汪泽澎湃，蔽荓葱茏，恍逢丰木，鳟鲂鳗鲤，如见多鱼。故其所函，逐具三类：意美以感心，一也；音美以感耳，二也；形美以感目，三也。

连属文字，亦谓之文。而其兴盛，盖亦由巫史乎。巫以记神事，更进，则史以记人事也，然尚以上告于天；翻今之《易》与《书》，间能得其仿佛。至于上古实状，则荒漠不可考，君长之名，且难审知，世以天皇地皇人皇为三皇者，列三才开始之序，继以有巢燧人伏羲神农者，明人群进化之程，殆皆后人所命，非真号矣。降及轩辕，遂多传说，逮于虞夏，乃有箸于简策之文传于今。

巫史非诗人，其职虽止于传事，然厥初亦凭口耳，虑有愆误，则练习协音，以便记诵。文字既作，固无愆误之虞矣。而简策繁重，书削为劳，故复当俭约其文，以省物力，或因旧习，仍作韵言。今所传有黄帝《道言》（见《吕氏春秋》），《金人铭》（说苑），颛顼《丹书》（《大戴礼记》），帝喾《政语》（《贾谊新书》），虽并出秦汉人书，不足凭信，而大抵协其音，偶其词，使读者易于上口，则殆犹古之道也。

由前言更推度之，则初始之文，殆本与语言稍异，当有藻韵，以便传诵，"直言曰言，论难曰语"，区以别矣。然汉时已并称凡箸于竹帛者为文章（《汉书》《艺文志》）；后或更拓其封域，举一切可以图写，接于目睛者皆属之。梁之刘勰，至谓"人文之元，肇自太极"（《文心雕龙》《原道》），三才所显，并由道妙，"形立则章成矣，声发则文生矣"，故凡虎斑霞绮，林籁泉韵，俱为文章。其说汗漫，不可审理。稍隘之义，则《易》有曰，"物相杂，故曰文。"《说文解字》曰，"文，错画也。"可知凡所谓文，必相错综，错而不乱，亦近丽尔之象。至刘熙云"文者，会集众彩以成锦绣，会集众字以成辞义，如文绣然也"（《释名》）。则确然以文章之事，当具辞义，且有华饰，如文绣矣。《说文》又有彣字，云："斌也"；"斌，彣彰也"。盖即此义。然后来不用，但书文章，今通称文学。

刘勰虽于《原道》一篇，以人"为五行之秀，实天地之心，心生而言立，言立而文明，自然之道也。傍及万品，动植皆文。……"而晋宋以来，文笔之辨又甚峻。其《总术篇》即云，"今之常言：有文有笔。以为无韵者笔也，有韵者文也。"萧绎所诠，尤为昭晰，曰："今之门徒，转相师受，通圣人之经者谓之儒；屈原宋玉枚乘长卿之徒，止于辞赋则谓之文。……至如不便为诗如阎纂，善为章奏如伯松，若是之流，泛谓之笔。吟咏风谣，流连哀思者谓之文。"又曰，"笔，退则非谓成篇，进则不云取义，神其巧惠，笔端而已。至如文者，惟须绮縠纷披，宫徵靡曼，唇吻遒会，精灵荡摇。而古之文笔今之文笔，其源又异。"（《金楼子》《立言篇》盖其时文章界域，极可弛张，纵之则包举万汇之形声；严之则排摈简质之叙记，必有藻韵，善移人情，始得称文。其不然者，概谓之笔。

辞笔或诗笔对举，唐世犹然，逮及宋元，此义遂晦，于是散体之笔，并称曰文，且谓其用，所以载道，提挈经训，诛锄美辞，讲章告示，高张文苑矣。清阮元作《文言说》，其子福又作《文笔对》，复昭古谊，而其说亦不行。

（摘自《〈鲁迅全集〉（第九卷）·汉文学史纲要》，第353—356页）

二 字是什么人造的？

字是什么人造的？

我们听惯了一件东西，总是古时候一位圣贤所造的故事，对于文字，也当然要有这质问。但立刻就有忘记了来源的答话：字是仓颉造的。

这是一般的学者的主张，他自然有他的出典。我还见过一幅这位仓颉的画像，是生着四只眼睛的老头陀。可见要造文字，相貌先得出奇，我们这种只有两只眼睛的人，是不但本领不够，连相貌也不配的。

然而做《易经》的人（我不知道是谁），却比较的聪明，他说："上古结绳而治，后世圣人易之以书契。"他不说仓颉，只说"后世圣人"，不说创造，只说掉换，真是谨慎得很；也许他无意中就不相信古代会有一个独自造出许多文字来的人的了，所以就只是这么含含胡胡的来一句。

但是，用书契来代结绳的人，又是什么脚色呢？文学家？不错，从现在的所谓文学家的最要卖弄文字，夺掉笔杆便一无所能的事实看起来，的确首先就要想到他；他也的确应该给自己的吃饭家伙出点力。然而并不是的。有史以前的人们，虽然劳动也唱歌，求爱也唱歌，他却并不起草，或者留稿子，因为他做梦也想不到卖诗稿，编全集，而且那时的社会里，也没有报馆和书铺子，文字毫无用处。据有些学者告诉我们的话来看，这在文字上用了一番工夫的，想来该是史官了。

原始社会里，大约先前只有巫，待到渐次进化，事情繁复了，有些事情，如祭祀，狩猎，战争……之类，渐有记住的必要，巫就只好在他那本职的"降神"之外，一面也想法子来记事，这就是"史"的开头。况且"升中于天"，他在本职上，也得将记载酋长和他的治下的大事的册子，烧给上帝看，因此一样的要做文章——虽然这大约是后起的事。再后来，职掌分得更清楚了，于是就有专门记事的史官。文字就是史官必要的工具，古人说："仓颉，黄帝史。"第一句未可信，但指出了史和文字的关系，却是很有意思的。至于后来的"文学家"用它来写"阿呀呀，我的爱哟，我要死了！"那些佳句，那不过是享享现成的罢了，"何足道哉！"

三　字是怎么来的？

照《易经》说，书契之前明明是结绳；我们那里的乡下人，碰到明天要做一件紧要事，怕得忘记时，也常常说："裤带上打一个结！"那么，我们的古圣人，是否也用一条长绳，有一件事就打一个结呢？恐怕是不行的。只有几个结还记得，一多可就糟了。或者那正是伏羲皇上的"八卦"之流，三条绳一组，都不打结是"乾"，中间各打一结是"坤"罢？恐怕也不对。八组尚可，六十四组就难记，何况还会有五百十二组呢。只有在秘鲁还有存留的"打结字"（Quippus），用一条横绳，挂上许多直绳，拉来拉去的结起来，网不像网，倒似乎还可以表现较多的意思。我们上古的结绳，恐怕也是如此的罢。但它既然被书契掉换，又不是书契的祖宗，我们也不妨暂且不去管它了。

夏禹的"岣嵝碑"是道士们假造的；现在我们能在实物上看见的最古的文字，只有商朝的甲骨和钟鼎文。但这些，都已经很进步了，几乎找不出一个原始形态。只在铜器上，有时还可以看见一点写实的图形，如鹿，如象，而从这图形上，又能发见和文字相关的线索：中国文字的基础是"象形"。

画在西班牙的亚勒泰米拉（Altamira）洞里的野牛，是有名的原始人的遗迹，许多艺术史家说，这正是"为艺术的艺术"，原始人画着玩玩的。但这解释未免过于"摩登"，因为原始人没有十九世纪的文艺家那么有闲，他的画一只牛，是有缘故的，为的是关于野牛，或者是猎取野牛，禁咒野牛的事。现在上海墙壁上的香烟和电影的广告画，尚且常有人张着嘴巴看，在少见多怪的原始社会里，有了这么一个奇迹，那轰动一时，就可想而知了。他们一面看，知道了野牛这东西，原来可以用线条移在别的平面上，同时仿佛也认识了一个"牛"字，一面也佩服这作者的才能，但没有人请他作自传赚钱，所以姓氏也就湮没了。但在社会里，仓颉也不止一个，有的在刀柄上刻一点图，有的在门户上画一些画，心心相印，口口相传，文字就多起来，史官一采集，便可以敷衍记事了。中国文字的由来，恐怕也逃不出这例子的。

自然，后来还该有不断的增补，这是史官自己可以办到的，新字夹在熟字中，又是象形，别人也容易推测到那字的意义。直到现在，中国还在生出新字来。但是，硬做新仓颉，却要失败的，吴的朱育，唐的武则天，都曾经造过古怪字，也都白费力。现在最会造字的是中国化学家，许多原质和化合物的名目，很不容易认得，连音也难以读出来了。老实说，我是一看见就头痛的，觉得远不如就用万国通用的拉丁名来得爽快，如果二十来个字母都认不得，请恕我直说：那么，化学也大抵学不好的。

四　写字就是画画

《周礼》和《说文解字》上都说文字的构成法有六种，这里且不谈罢，只说些和"象形"有关的东西。

象形，"近取诸身，远取诸物"，就是画一只眼睛是"目"，画一个圆圈，放几条毫光是"日"，那自然很明白，便当的。但有时要碰壁，譬如要画刀口，怎么办呢？不画刀背，也显不出刀口来，这时就只好别出心裁，在刀口上加一条短棍，算是指明"这个地方"的意思，造了"刃"。这已经颇有些办事棘手的模样了，何况还有无形可象的事件，于是只得来"象意"，也叫作"会意"。一只手放在树上是"采"，一颗心放在屋子和饭碗之间是"寍"，有吃有住，安寍了。但要写"宁可"的宁，却又得在碗下面放一条线，表明这不过是用了"寍"的声音的意思。"会意"比"象形"更麻烦，它至少要画两样。如"寶"字，则要画一个屋顶，一串玉，一个缶，一个贝，计四样；我看"缶"字还是杵臼两形合成的，那么一共有五样。单单为了画这一个字，就很要破费些工夫。

不过还是走不通，因为有些事物是画不出，有些事物是画不来，譬如松柏，叶样不同，原是可以分出来的，但写字究竟是写字，不能像绘画那样精工，到底还是硬挺不下去。来打开这僵局的是"谐声"，意义和形象离开了关系。这已经是"记音"了，所以有人说，这是中国文字的进步。不错，也可以说是进步，然而那基础也还是画画儿。例如"菜，从草，采声"，画一窠草，一个爪，一株树：三样，"海，从水，每声"，画一条河，一位戴帽（？）的太太，也三样。总之：如果要写字，就非永远画画不成。

但古人是并不愚蠢的，他们早就将形象改得简单，远离了写实。篆字圆折，还有图画的余痕，从隶书到现在的楷书，和形象就天差地远。不过那基础并未改变，天差地远之后，就成为不象形的象形字，写起来虽然比较的简单，认起来却非常困难了，要凭空一个一个的记住。而且有些字，也至今并不简单，例如"鸞"或"鑿"，去叫孩子写，非练习半年六月，是很难写在半寸见方的格子里面的。

还有一层，是"谐声"字也因为古今字音的变迁，很有些和"声"不大"谐"的了。现在还有谁读"滑"为"骨"，读"海"为"每"呢？

古人传文字给我们，原是一份重大的遗产，应该感谢的。但在成了不象形的象形字，不十分谐声的谐声字的现在，这感谢却只好踌蹰一下了。

五　古时候言文一致么？

到这里，我想来猜一下古时候言文是否一致的问题。

对于这问题，现在的学者们虽然并没有分明的结论，但听他口气，好像大概是以为一致的；越古，就越一致。不过我却很有些怀疑，因为文字愈容易写，就愈容易写得和口语一致，但中国却是那么难画的象形字，也许我们的古人，向来就将不关重要的词摘去了的。

《书经》有那么难读，似乎正可作照写口语的证据，但商周人的的确的口语，现在还没有研究出，还要繁也说不定的。至于周秦古书，虽然作者也用一点他本地的方言，而文字大致相类，即使和口语还相近罢，用的也是周秦白话，并非周秦大众语。汉朝更不必说了，虽是肯将《书经》里难懂的字眼，翻成今字的司马迁，也不过在特别情况之下，采用一点俗语，例如陈涉的老朋友看见他为王，惊异道："夥颐，涉之为王沈沈者"，而其中的"涉之为王"四个字，我还疑心太史公加过修剪的。

那么，古书里采录的童谣，谚语，民歌，该是那时的老牌俗语罢。我看也很难说。中国的文学家，是颇有爱改别人文章的脾气的。最明显的例子是汉民间的《淮南王歌》，同一地方的同一首歌，《汉书》和《前汉纪》记的就两样。

一面是——

一尺布，尚可缝，

一斗粟，尚可舂。

兄弟二人，不能相容。

一面却是——

一尺布，暖童童，

一斗粟，饱蓬蓬。

兄弟二人不相容。

比较起来，好像后者是本来面目，但已经删掉了一些也说不定的：只是一个提要。后来宋人的语录，话本，元人的杂剧和传奇里的科白，也都是提要，只是它用字较为平常，删去的文字较少，就令人觉得"明白如话"了。

我的臆测，是以为中国的言文，一向就并不一致的，大原因便是字难写，只好节省些。当时的口语的摘要，是古人的文，古代的口语的摘要，是后人的古文。所以我们的做古文，是在用了已经并不象形的象形字，未必一定谐声的谐声字，在纸上描出今人谁也不说，懂的也不多的，古人的口语的摘要来。你想，这难不难呢？

六　于是文章成为奇货了

文字在人民间萌芽，后来却一定为特权者所收揽。据《易经》的作者所推测，"上古结绳而治"，则连结绳就已是治人者的东西。待到落在巫史的手里的时候，更不必说了，他们都是酋长之下，万民之上的人。社会改变下去，学习文字的人们的范围也扩大起来，但大抵限于特权者。至于平民，那是不识字的，并非缺少学费，只因为限于资格，他不配。而且连书籍也看不见。中国在刻版还未发达的时候，有一部好书，往往是"藏之秘阁，副在三馆"，连做了士子，也还是不知道写着什么的。

因为文字是特权者的东西，所以它就有了尊严性，并且有了神秘性。中国的字，到现在还很尊严，我们在墙壁上，就常常看见挂着写上"敬惜字纸"的篓子；至于符的驱邪治病，那就靠了它的神秘性的。文字既然含着尊严性，那么，知道文字，这人也就连带的尊严起来了。新的尊严者日出不穷，对于旧的尊严者就不利，而且知道文字的人们一多，也会损伤神秘性的。符的威力，就因为这好像是字的东西，除道士以外，谁也不认识的缘故。所以，对于文字，他们一定要把持。

欧洲中世，文章学问，都在道院里；克里蒂亚（Kroatia），是到了十九世纪，识字的还只有教士的，人民的口语，退步到对于旧生活刚够用。他们革新的时候，就只好从外国借进许多新语来。

我们中国的文字，对于大众，除了身分，经济这些限制之外，却还要加上一条高门槛：难。单是这条门槛，倘不费他十来年工夫，就不容易跨过。跨过了的，就是士大夫，而这些士大夫，又竭力的要使文字更加难起来，因为这可以使他特别的尊严，超出别的一切平常的士大夫之上。汉朝的杨雄的喜欢奇字，就有这毛病的，刘歆想借他的《方言》稿子，他几乎要跳黄浦。唐朝呢，樊宗师的文章做到别人点不断，李贺的诗做到别人看不懂，也都为了这缘故。还有一种方法是将字写得别人不认识，下焉者，是从《康熙字典》上查出几个古字来，夹进文章里面去；上焉者是钱坫的用篆字来写刘熙的《释名》，最近还有钱玄同先生的照《说文》字样给太炎先生抄《小学答问》。

文字难，文章难，这还都是原来的；这些上面，又加以士大夫故意特制的难，却还想它和大众有缘，怎么办得到。但士大夫们也正愿其如此，如果文字易识，大家都会，文字就不尊严，他也跟着不尊严了。说白语不如文言的人，就从这里出发的；现在论大众语，说大众只要教给"千字课"就够的人，那意思的根柢也还是在这里。

七 不识字的作家

用那么艰难的文字写出来的古语摘要，我们先前也叫"文"，现在新派一点的叫"文学"，这不是从"文学子游子夏"上割下来的，是从日本输入，他们的对于英文 Literature 的译名。会写写这样的"文"的，现在是写白话也可以了，就叫做"文学家"，或者叫"作家"。

文学的存在条件首先要会写字，那么，不识字的文盲群里，当然不会有文学家的了。然而作家却有的。你们不要太早的笑我，我还有话说。我想，人类是在未有文字之前，就有了创作的，可惜没有人记下，也没有法子记下。我们的祖先的原始人，原是连话也不会说的，为了共同劳作，必需发表意见，才渐渐的练出复杂的声音来，假如那时大家抬木头，都觉得吃力了，却想不到发表，其中有一个叫道"杭育杭育"，那么，这就是创作；大家也要佩服，应用的，这就等于出版；倘若用什么记号留存了下来，这就是文学；他当然就是作家，也是文学家，是"杭育杭育派"。不要笑，这作品确也幼稚得很，但古人不及今人的地方是很多的，这正是其一。就是周朝的什么"关关雎鸠，在河之洲，窈窕淑女，君子好逑"罢，它是《诗经》里的头一篇，所以吓得我们只好磕头佩服，假如先前未曾有过这样的一篇诗，现在的新诗人用这意思做一首白话诗，到无论什么副刊上去投稿试试罢，我看十分之九是要被编辑者塞进字纸篓去的。"漂亮的好小姐呀，是少爷的好一对儿！"什么话呢？

就是《诗经》的《国风》里的东西，好许多也是不识字的无名氏作品，因为比较的优秀，大家口口相传的。王官们检出它可作行政上参考的记录了下来，此外消灭的正不知有多少。希腊人荷马——我们姑且当作有这样一个人——的两大史诗，也原是口吟，现存的是别人的记录。东晋到齐陈的《子夜歌》和《读曲歌》之类，唐朝的《竹枝词》和《柳枝词》之类，原都是无名氏的创作，经文人的采录和润色之后，留传下来的。这一润色，留传固然留传了，但可惜的是一定失去了许多本来面目。到现在，到处还有民谣，山歌，渔歌等，这就是不识字的诗人的作品；也传述着童话和故事，这就是不识字的小说家的作品；他们，就都是不识字的作家。

但是，因为没有记录作品的东西，又很容易消灭，流布的范围也不能很广大，知道的人们也就很少了。偶有一点为文人所见，往往倒吃惊，吸入自己的作品中，作为新的养料。旧文学衰颓时，因为摄取民间文学或外国文学而起一个新的转变，这例子是常见于文学史上的。不识字的作家虽然不及文人的细腻，但他却刚健，清新。

要这样的作品为大家所共有，首先也就是要这作家能写字，同时也还要读者们能识字以至能写字，一句话：将文字交给一切人。

（摘自《〈鲁迅全集〉（第六卷）·门外文谈》，第87-97页）

二

诗歌的起源

盖人文之留遗后世者，最有力莫如心声。古民神思，接天然之閟宫，冥契万有，与之灵会，道其能道，爰为诗歌。其声度时劫而入人心，不与缄口同绝；且益曼衍，视其种人。

（摘自《〈鲁迅全集〉（第一卷）·坟·摩罗诗力说》，第65页）

诗歌起源于小说之前

我想，在文艺作品发生的次序中，恐怕是诗歌在先，小说在后的。诗歌起源于劳动和宗教。其一，因劳动时，一面工作，一百唱歌，可以忘却劳苦，所以从单纯的呼叫发展开去，直到发挥自己的心意和感情，并偕有自然的韵调；其二，是因为原始民族对于神明，渐因畏惧而生敬仰，于是歌颂其威灵，赞叹其功烈，也就成了诗歌的起源。至于小说，我以为倒是起于休息的。人在劳动时，既用歌吟以自娱，借它忘却劳苦了，则到休息时，亦必要寻一种事情以消遣闲暇。这种事情，就是彼此谈论故事，而这谈论故事，正就是小说的起源。——所以诗歌是韵文，从劳动时发生的；小说是散文，从休息时发生的。

（摘自《〈鲁迅全集〉（第九卷）·中国小说的历史的变迁》，第312-313页）

诗歌的起源与流传

在昔原始之民，其居群中，盖惟以姿态声音，自达其情意而已。声音繁变，寖成言辞，言辞谐美，乃兆歌咏。时属草昧，庶民朴淳，心志郁于内，则任情而歌呼，天地变于外，则祇畏以颂祝，踊跃吟叹，时越侪辈，为众欣赏，默识不忘，口耳相传，或逮后世。

（摘自《〈鲁迅全集〉（第九卷）·汉文学史纲要·第一篇 自文字而文章》，第353页）

诗歌起源于生产劳动

我想，人类是在未有文字之前，就有了创作的，可惜没有人记下，也没有法子记下。我们的祖先的原始人，原是连话也不会说的，为了共同劳作，必需发表意见，才渐渐的练出复杂的声音来，假如那时大家抬木头，都觉得吃力了，却想不到发表，其中有一个叫道"杭育杭育"，那么，这就是创作；大家也要佩服，应用的，这就等于出版；倘若用什么记号留存了下来，这就是文学；他当然就是作家，也是文学家，是"杭育杭育派"。不要笑，这作品确也幼稚得很，但古人不及今人的地方是很多的，这正是其一。就是周朝的什么"关关雎鸠，在河之洲，窈窕淑女，君子好逑"罢，它是《诗经》里的头一篇，所以吓得我们只好磕头佩服，假如先前未曾有这样的一篇诗，现在的新诗人用这意思做一首白话诗，到无论什么副刊上去投稿试试罢，我看十分之九是要被编辑者塞进字纸篓去的。"漂亮的好小姐呀，是少爷的好一对儿！"什么话呢？

（摘自《〈鲁迅全集〉（第六卷）·且介亭杂文·门外文谈》，第96页）

诗歌的起源与史官的记录

但是，用书契来代结绳的人，又是什么脚色呢？文学家？不错。从现在的所谓文学家的最要卖弄文字，夺掉笔杆便一无所能的事实看起来，的确首先就要想到他；他也的确应该给自己的吃饭家伙出点力。然而并不是的。有史以前的人们，虽然劳动也唱歌，求爱也唱歌，他却并不起草，或者留稿子，因为他做梦也想不到卖诗稿，编全集，而且那时的社会里，也没有报馆和书铺子，文字毫无用处。据有些学者告诉我们的话来看，这在文学上用了一番工夫的，想来该是史官了。

原始社会里，大约先前只有巫，待到渐次进化，事情繁复了，有些事情，如祭祀，狩猎，战争……之类，渐有记住的必要，巫就只好在他那本职的"降神"之外，一面也想法子来记事，这就是"史"的开头。况且"升中于天"，他在本职上，也得将记载酋长和他的治下的大事的册子，烧给上帝看，因此一样的要做文章——虽然这大约是后起的事。再后来，职掌分得更清楚了，于是就有专门记事的史官。文字就是史官必要的工具，古人说："仓颉，黄帝史。"第一句未可信，但指出了史和文字的关系，却是很有意思的。至于后来的"文学家"用它来写"阿呀呀，我的爱哟，我要死了！"那些佳句，那不过是享享现成的罢了，"何足道哉！"

（摘自《鲁迅全集（第六卷）·且介亭杂文·门外文谈》，第88页）

三

第二篇 《书》与《诗》

《周礼》，外史掌三皇五帝之书，今已莫知其书为何等。假使五帝书诚为五典，则今惟《尧典》在《尚书》中。"尚者，上也。上所为，下所书也。"（王充《论衡》《须颂篇》）或曰："言此上代以来之书"。（孔颖达《尚书正义》）纬书谓"孔子求书，得黄帝玄孙帝魁之书，迄于秦穆公，凡三千二百四十篇。断远取近，定可为世法者百二十篇：以百二篇为《尚书》，十八篇为《中候》。去三千一百二十篇。"（《尚书璇玑钤》）乃汉人侈大之言，不可信。《尚书》盖本百篇：《虞夏书》二十篇，《商书》《周书》各四十篇。今本有序，相传孔子所为，言其作意（《汉书》《艺文志》），然亦难信，以其文不类也。秦燔烧经籍，济南伏生抱书藏山中，又失之。汉兴，景帝使晁错往以口授，而伏生旋老死，仅得自《尧典》至《秦誓》二十八篇；故汉人尝以拟二十八宿。

《书》之体例有六：曰典，曰谟，曰训，曰诰，曰誓，曰命，是称六体。然其中有《禹贡》，颇似记，余则概为训下与告上之词，犹后世之诏令与奏议也。其文质朴，亦诘屈难读，距以藻韵为饰，俾便颂习，便行远之时，盖已远矣。晋卫宏则云，"伏生老，不能正言，言不可晓，使其女传言教错。齐人语多与颍川异，错所不知，凡十二三，略以其意属读而已。"故难解之处多有。今即略录《尧典》中语，以见大凡：

"……帝曰：畴咨若时，登庸。放齐曰：胤子朱，启明。帝曰：吁！嚚讼，可乎？帝曰：畴咨若予采？驩兜曰：都！共工，方鸠僝工。帝曰：吁！静言庸违，象恭，滔天！帝曰：咨，四岳！汤汤洪水方割，荡荡怀山襄陵，浩浩滔天，下民其咨。有能，俾乂。佥曰：於，鲧哉！帝曰：吁，咈哉！方命，圮族。岳曰：异哉！试可，乃已。帝曰：往，钦哉！九载，绩用弗成。帝曰：咨，四岳！朕在位七十载，汝能庸命，巽朕位。岳曰：否德，忝帝位。曰：明明，扬侧陋！师锡帝曰：有鳏在下，曰虞舜。帝曰：俞！予闻。如何？岳曰：瞽子。父顽，母嚚，象傲。克谐以孝，烝烝乂，不格奸。帝曰：我其试哉。女于时观厥刑于二女，釐降二女于妫汭，嫔于虞。"

扬雄曰，"昔之说《书》者序以百，……《虞夏之书》浑浑尔，《商书》灏灏尔，《周书》噩噩尔。"（《法言》《问神》）虞夏禅让，独饶治绩，敷扬休烈，故深大矣；周多征伐，上下相成，事威而言切，则峻肃而不阿借；惟《商书》时有哀激之音，若缘厓而失其援，以为夷旷，所未详也。如《西伯戡黎》：

"西伯既戡黎，祖伊恐，奔告于王曰：天子！天既讫我殷命，格人元龟，罔敢知吉。非先王不相我后人，惟王淫戏用自绝。故天弃我，不有康食。不虞天性，不迪率典。今我民罔弗欲丧，曰，天曷不降威，大命不挚？今王其如台。王曰：呜呼！我生不有命在天？祖伊反曰：呜呼！乃罪多参在上，乃能责命于天？殷之即丧，指乃功，不无戮于尔邦！"

武帝时，鲁共王坏孔子旧宅，得其末孙惠所藏之书，字皆古文。孔安国以今文校之，得二十五篇，其五篇与伏生所诵相合，因并依古文，开其篇第，以隶古字写之，合成五十八篇。会巫蛊事起，不得奏上，乃私传其业于生徒，称《尚书》古方之学（《隋书》《经籍志》）。而先伏生所口授者，缘其写以汉隶，遂反称今文。

孔氏所传，既以值巫蛊不行，遂有张霸之徒，伪造《舜典》《汩作》等二十四篇，亦称古文书，而辞义芜鄙，不足取信于世。若今本孔传《古文尚书》，则为晋豫章梅赜所奏上，独失《舜典》；至隋购募，乃得其篇，唐孔颖达疏之，遂大行于世。宋吴棫始以为疑；朱熹更比较其词，以为"今文多艰涩，而古文反平易"，"却似晋宋间文章"，并书序亦恐非安国作也。明梅鷟作《尚书考异》，尤力发其复，谓"《尚书》惟今文传自伏生口诵者为真古文。出孔壁中者，尽后儒伪作，大抵依约诸经《论》《孟》中语，并窃其字句而缘饰之"云。

诗歌之起，虽尚早于记事，然葛天《八阕》，黄帝乐词，仅存其名。《家语》谓舜弹五弦之琴，造《南风》之诗曰："南风之熏兮，可以解吾民之愠兮；南风之时兮，可以阜吾民之财兮。"《尚书大传》又载其《卿玄歌》云："卿云烂兮，糺缦缦兮，日月光华，旦复旦兮！"辞仅达意，颇有古风，而汉魏始传，殆亦后人拟作。其可征信者，乃在《尚书》《皋陶谟》，（伪孔传《尚书》分之为《益稷》）曰：

"……夔曰：於！予击石拊石，百兽率舞，庶尹允谐，帝庸作歌曰：敕天之命，惟时惟几。乃歌曰：股肱喜哉，元首起哉，百工熙哉！皋陶拜手稽首扬言曰：念哉！率作兴事，慎乃宪，钦哉！屡省乃成，钦哉！乃赓载歌曰：元首明哉，股肱良哉，庶事康哉！又歌曰：元首丛脞哉，股肱惰哉，万事堕哉！帝曰：俞，往，钦哉！"

在体式言，至为单简，去其助字，实止三言，与后之"汤之《盘铭》曰：苟日新，日日新，又日新"同式；又虽亦偶字履韵，而朴陋无华，殊无以胜于记事。然此特君臣相勖，冀各慎其法宪，敬其职事而已，长言咏叹，故命曰歌，固非诗人之作也。

自商至周，诗乃圆备，存于今者三百五篇，称为《诗经》。其先虽遭秦火，而人所讽诵，不独在竹帛，故最完。司马迁始以为"古者《诗》三千余篇，及至孔子，去其重，取其可施于礼义，上采契后稷，中述殷周之盛，至幽厉之缺。"然唐孔颖达已疑其言；宋郑樵则谓诗皆商周人作，孔子得子鲁太师，编而录之。朱熹于诗，其意常与郑樵合，亦曰："人言夫子删诗，看来只是采得许多诗，夫子不曾删去，只是刊定而已。"

《书》有六体，《诗》则有六义焉：一曰风，二曰赋，三曰比，四曰兴，五曰雅，六曰颂。风雅颂以性质言：风者，闾巷之情诗，雅者，朝廷之乐歌；颂者，宗庙之乐歌也。是为《诗》之三经。赋比兴以体制言：赋者直抒其情；比者借物言志；兴者托物兴辞也。是为《诗》之三纬。风以《关雎》始，雅有大小，小雅以《鹿鸣》始，大雅以《文王》始；颂以《清庙》始；是为四始。汉时，说《诗》者众，鲁有申培，齐有辕固，燕有韩婴，皆尝列于学官，而其书今并亡。存者独有赵人毛苌诗传，其学自谓传自子夏；河间献王尤好之。其诗每篇皆有序，郑玄以为首篇大序即手夏作，后之小序则子夏毛公合作也。而韩愈则云，"子夏不序诗。"朱熹解诗，亦但信诗不信序。然据范晔说，则实后汉卫宏之所为尔。

毛氏《诗序》既不可信，三家《诗》又失传，作诗本义遂难通晓。而《诗》之篇目次第，又不甚以时代为先后，故后来异说滋多。明何楷作《毛诗世本古义》，乃以诗编年，谓上起于夏少康时（《公刘》，《七月》等）而讫于周敬王之世（《下泉》），虽与孟子知人论世之说合，然亦非必基本义矣。要之《商颂》五篇，事迹分明，词亦诘屈，与《尚书》近似，用以上续舜皋陶之歌，或非诬欤？今录其《玄鸟》一篇；《毛诗》序曰：祀高宗也。

"天命玄鸟，降而生商，宅殷土芒芒。古帝命武汤，正域彼四方，方命厥后，奄有九有。商之先后，受命不殆。在武丁孙子。武丁孙子，武王靡不胜，龙旗十乘，大糦是承。邦畿千里，维民所止，肇域彼四海，四海来假。来假祁祁，景员维河，殷受命咸宜，百禄是何。"

至于二《雅》，则或美或刺，较足见作者之情，非如《颂》诗，大率叹美。如《小雅》《采薇》，言征人远戍，虽劳而不敢息云：

"采薇采薇，薇亦作止。曰归曰归，岁亦莫止。靡室靡家，狁之故；不遑启居，狁之故。……彼尔维何？维常之华。彼路斯何？君子之车。戎车既驾，四牡业业；岂敢定居，一月三捷。……昔我往矣，杨柳依依；今我来思，雨雪霏霏，行道迟迟，载渴载饥。我心伤悲，莫知我哀！"

此盖所谓怨诽而不乱，温柔敦厚之言矣。然亦有甚激切者，如《大雅》《瞻卬》：

"瞻卬昊天，则不我惠，孔填不宁，降此大厉。邦靡有定，士民其瘵。蟊贼蟊疾，靡有夷届；罪罟不收，靡有夷瘳！人有土田，女反有之；人有民人，女复奇之。此宜无罪，女反收之；彼宜有罪，女复说之！哲夫成城，哲妇倾城。……觱沸槛泉，维其深矣；心之忧矣，宁自今矣。不自我先，不自我后。藐藐昊天，无不克巩；无忝皇祖，式救尔后！"

《国风》之词，乃较平易，发抒情性，亦更分明。如：

"野有死麕，白茅包之；有女怀春，吉士诱之。林有朴樕；野有死鹿，白茅纯束；有女如玉。舒而脱脱兮；无感我帨兮；无使尨也吠！"（《召南》《野有死麕》）

"溱与洧，方涣涣兮；士与女，方秉蕑兮。女曰观乎，士曰既且。且往观乎，洧之外，洵讦且乐。维士与女，伊其相谑，赠之以勺药。……"（《郑风》《溱洧》）

"山有枢，隰有榆。子有衣裳，弗曳弗娄；子有车马，弗驰弗驱；宛其死矣，他人是愉。山有栲，隰有杻。子有廷内，弗洒弗扫；子有钟鼓，弗鼓弗考，宛其死矣，他人是保。山有漆，隰有栗。子有酒食，何不日鼓瑟？且以喜乐，且以永日。宛其死矣，他人入室。"（《唐风》《山有枢》）

《诗》之次第，首《国风》，次《雅》，次《颂》。《国风》次第，则始周召二南，次邶鄘卫王郑齐魏唐秦陈桧曹而终以豳。其序列先后，宋人多以为即孔子微旨所寓，然古诗流传来久，篇次未必一如其故，今亦无以定之。惟《诗》以平易之《风》始，而渐及典重之《雅》与

《颂》；《国风》又以所尊之周室始，次及旁及于各国，则大致尚可推见而已。

　　《诗》三百篇，皆出北方，而以黄河为中心。其十五国中，周南召南王桧陈郑在河南，邶鄘卫曹齐魏唐在河北，豳秦则在泾渭之滨，疆域概不越今河南山西陕西山东四省之外。其民厚重，故虽直抒胸臆，犹能止乎礼义，怨而不戾，怨而不怒，哀而不伤，乐而不淫，虽诗歌，亦教训也。然此特后儒之言，实则激楚之言，奔放之词，《风》《雅》中亦常有，而孔子则曰："《诗》三百，一言以蔽之，曰：思无邪。"后儒因孔子告颜渊为邦，曰"放郑声"。又曰："恶郑声之乱雅乐也。"遂亦疑及《郑风》，以为淫逸，失其旨矣。自心不净，则外物随之，嵇康曰："若夫郑声，是音声之至妙，妙音感人，犹美色惑志，耽槃荒酒，易以丧业，自非至人，孰能御之。"（本集《声无哀乐论》）世之欲捐窈窕之声，盖由于此，其理亦并通于文章。

（摘自《〈鲁迅全集〉（第九卷）·汉文学史纲要》，第360—366页）

四

第三篇　老庄

　　周室寖衰，风人辍采；故曰："王者之迹熄而诗亡。"志士欲救世弊，则穷竭神虑，举其知闻。而诸侯又方并争，厚招游学之士；或将取合世主，起行其言，乃复力斥异家，以自所执持者为要道，骋辩腾说，著作云起矣。然当时足称"显学"者，实止三家，曰道，曰儒，曰墨。

　　道家书据《汉书》《艺文志》所录有《伊尹》，《太公》，《辛甲》等，今皆不传；《鬻子》《筦子》亦后人作，故存于今者莫先于《老子》。老子名耳，字聃，姓李氏，楚人，盖生于周灵王初（约西历纪元前五七〇），尝为守藏室之史，见周之衰，遂去，至关，为关令尹喜著书上下篇，言道德之意，五千余言而去，莫知其所终也。今书又离为八十一章，亦后人妄分，本文实惟杂述思想，颇无条贯；时亦对字协韵，以便记诵，与秦汉人所传之黄帝《金人铭》，颛顼《丹书》等（见第篇）同：

　　"视之不见名曰夷，听之不闻名曰希，搏之不得名曰微。此三者不可致诘，故混而为一。其上不皦，其下不昧，绳绳不可名，复归于无物。是谓无状之状，无物之象，是谓惚恍。迎之不见其首，随之不见其后，执古之道，以御今之有。能知古始，是谓道纪。"

"执大象，天下往。往而不害，安平太。乐与饵，过客止；道之出口，淡乎其无味，视之不足见，听之不足闻，用之不足既。"

老子尝为周室守书，博见文典，又阅世变，所识甚多，班固谓"道家者流盖出于史官，历记成改存亡祸福古今之道，然后知秉要执本，清虚以自守，卑弱以自持"者盖以此。然老子之言亦不纯一，戒多言时有愤辞，尚无为而仍欲治天下。其无为者，以欲"无不为"也。

"大道废，有仁义。智慧出，有大伪。六亲不和有孝慈，国家昏乱有忠臣。"

"民之饥，以其上食税之多，是以饥。民之难治，以其上之有为，是以难治。民之轻死，以其求生之厚，是以轻死。夫唯无以生为者，是贤于贵生。"

"……圣人处无为之事，行不言之教，万物作焉而不辞，生而不有，为而不恃，功成而弗居。夫唯弗居，是以不去。"

"为学日益，为道日损。损之又损，以至于无为。无为而不无不为。取天下常以无事；及其有事，不足以取天下。"

儒墨二家起老氏之后，而各欲尽人力以救世乱。孔子以周灵王二十一年（前五五一）生于鲁昌平乡陬邑，年三十余，尝问礼于老聃，然祖述尧舜，欲以治世弊，道不行，则定《诗》《书》，订《礼》《乐》，序《易》，作《春秋》。即卒（敬王四十一年＝前四七九）。门人又相与辑其言行而论纂之，谓之《论语》。墨子亦鲁人，名翟，盖后于孔子百三四十年（约威烈王一至十年生），而尚夏道，兼爱尚同，非古之礼乐，亦非儒，有书七十一篇，今存者作十五卷。然儒者崇实，墨家尚质，故《论语》《墨子》，其文辞皆略无华饰，取足达意而已。时又有杨朱，主"为我"，殆未尝著书，而其说布盛行于战国之世。孟子名轲（前三七二生二八九卒）者，邹人，受学于子思，亦崇唐虞，说仁义，于杨墨则辞而辟之，著书七篇曰《孟子》。生当周季，渐有繁辞，而叙述则时特精妙，如墦间乞食一段，宋吴氏（《林下偶谈》）极推称之：

"齐人有一妻一妾而处室得。其良人出，则必餍酒食而后反；其妻问所与饮食者，尽富贵也。其妻告其妾曰：良人出，则必餍酒食而后反，问其与饮食者，尽富贵也，而未尝有显者来，吾将瞷良人之所之也。蚤起，施从良人之所之。遍国中无与立谈者，卒之东郭墦间之祭者，乞其余，不足，又顾而之他。此其为餍足之道也。其妻归，告其妾曰：良人者，所仰望而终身也，今若此。与其妾讪其良人，而相泣于中庭。而良人未之知也，施施从外来，骄其妻妾。"

然文辞之美富者，实惟道家，《列子》《鹖冠子》书晚出，皆后人伪作；今存者有《庄子》。庄子名周，宋之蒙人，盖稍后于孟子，尝为蒙漆园吏。著书十余万言，大抵寓言，人物土地，皆空言无事实，而其文则汪洋辟阖，仪态万方，晚周诸子之作，莫能先也。今存三十三篇，《内篇》七，《外篇》十五，《杂篇》十一；然《外篇》《杂篇》疑亦后人所加。于此略录《内篇》之文，以见大概：

"齧缺问乎王倪曰：子知物之所同是乎？曰：吾恶乎知之。子知子之所不知邪？曰：吾恶乎知之。然则物无知邪？曰：吾恶乎知之。虽然，尝试言之：庸讵知吾所谓知之非不知邪？庸讵知吾所谓不知之非知邪？且吾尝试问乎女：民湿寝则要疾偏死，鳅然乎哉？木处则惴栗恂惧，猿猴然乎哉？三者孰知正处。……自我观之：仁义之端，是非之途，樊然淆乱。吾恶能知其辨。齧缺曰：子不知利害，则至人固不知利害乎？王倪曰：至人神矣，大泽焚而不能热，河汉沍而不能寒，疾雷破山，风振海而不能惊。若然者乘云气，骑日月，而游乎四海之外。死生无变于己，而况利害之端乎？"（《齐物论》第二）

"泉涸，鱼相与处于陆，相呴以湿，相濡以沫，不如相忘于江湖。与其誉尧而非桀也，不如两忘而化其道。夫大块载我以形，劳我以生，佚我以老，息我以死，故善吾生者，乃所以善吾死也。"（《大宗师》第六）

"南海之帝为儵，北海之帝为忽，中央之帝为混沌。儵与忽时与相遇于混沌之地，混沌待之甚善。儵与忽谋报混沌之德，曰："人皆有七窍以视听食息，此独无有。尝试凿之。日凿一窍，七日而混沌死。"（《应帝王》第七）

末有《天下》一篇（胡适谓非庄周作），则历评"天下之治方术者"，最推关尹老子，以为"古之博大真人"，而自述其更与意云：

"芴漠无形，变化无常。死与生与？天地并与？神明往与？芒乎何之，忽乎何适？万物毕罗，莫足以归。古之道术，有在于是者。庄周闻其风而悦之，以谬悠之说，荒唐之言，无端崖之辞，时纵恣而不傥，不以觭见之也。以天下为沉浊不可与庄语，以卮言为曼衍，以重言为真，以寓言为广。独与天地精神往来，而不敖倪于万物；不谴是非，是与世俗处。其书虽瑰玮，而连犿无伤也。其辞虽参差，而諔诡可观。彼其充实，不可以已。上与造物者游，而下与外死生无终始者为友。其于本也，弘大而辟，深宏而肆；其于宗也，可谓稠适而上遂矣。……"

故自史迁以来，均谓同之要本，归于老子之言。然老子尚欲言有无，别修短，知白黑，而措意于天下；周则欲并有无修短白黑而一之，以大归于"混沌"，其"不谴是非"，"外死生"，"无终始"，胥此意也。中国出世之说，至此乃始圆备。

察周季之思潮，略有四派。一邹鲁派，皆诵法先王，标榜仁义，以备世之急，儒有孔孟，墨有墨翟。二陈宗派，老子生于苦县，本陈地也，言清净之治，迨庄周生于宋，则且以"天下为沉浊不可与庄语"，自无为而入于虚无。三曰郑卫派，郑有邓析申不害，卫有公孙鞅，赵有慎到公孙龙，韩有韩非，皆言名法。四曰燕齐派，则多作空疏迂怪之谈，齐之驺衍，驺奭，田骈，接子等，皆其卓者，亦秦汉方士所从出也。

（摘自《〈鲁迅全集〉》第九卷·汉文学史纲要》，第373-377页）

五
第四篇　屈原及宋玉

战国之世，言道术既有庄周之蔑诗礼，贵虚无，尤以文辞，陵轹诸子。在韵言则有屈原起于楚，被谗放逐，乃作《离骚》。逸响伟辞，卓绝一世。后人惊其文采，相率仿效，以原楚产，故称"楚辞"。较之于《诗》，则其言甚长，其思甚幻，其文甚丽，其旨甚明，凭心而言，不遵矩度。故后儒之服膺诗教者，或訾而绌之，然其影响于后来之文章，乃甚或在三百篇以上。

屈原，名平，楚同姓也，事怀王为左徒，博闻强志，明于治乱，娴于辞令，王令原草宪令，上官大夫欲夺其稿，不得，谗之于王，王怒而疏屈原。原彷徨山泽，见先王之庙及公卿祠堂，图画天地山川神灵，琦玮僪佹，及古贤圣怪物行事。因书其壁，呵而问之，以抒愤懑，曰《天问》。辞句大率四言；以所图故事，今多失传，故往往难得其解：

"……雄虺九首，儵忽焉在？何所不死，长人何守？靡萍九衢，枲华安居？一蛇吞象，厥大何如？黑水玄趾，三危安在？延年不死，寿何所止？鲮鱼何所，鬿堆焉处？羿焉彃日，乌焉解羽？……？"

后盖又召还，尝欲联齐拒秦，不见用。怀王与秦婚，子兰劝王入秦，屈原止之，不听，卒为秦所留。长子顷襄王立，子兰为令尹，亦谗屈原，王怒而迁之。原在湘沅之间九年，行吟泽畔，颜色憔悴，作《离骚》，终怀石自投汨罗以死，时盖顷襄王十四五年（前二八五或六）也。

《离骚》者，司马迁以为"离忧"，班固以为"遭忧"，王逸释以离别的愁思，扬雄则解为"牢骚"，故作《反离骚》，又作《畔牢愁》矣。其辞述己之始生，以至状大，迄于将终，虽怀内美，重以修能，正道直行，而罹谗贼，于是放言遐想，称古帝，怀神山，呼龙虬，思佚女，申纾其心，自明无罪，因以讽谏。其它几二千言，中有云：

"……跪敷衽以陈辞兮，耿吾既得比中正。驷玉虬以乘鹥兮，溘埃风余上征。朝发轫于苍梧兮，夕余至乎县圃，欲少留此灵琐兮，日忽忽其将暮。吾令羲和弭节兮，望崦嵫而勿迫，路曼曼其修远兮，吾将上下而求索。饮余马于咸池兮，总余辔乎扶桑，折若木以拂日兮，聊逍遥以相羊。……览相观于四极兮，周流乎天余乃下，望瑶台之偃蹇兮，见有娀之佚女。吾令鸩为媒兮，鸩告余以不好；雄鸩之鸣逝兮，余犹恶其佻兮。……理弱而媒拙兮，恐导言之不固；时混浊而嫉贤兮，好蔽美而称恶。闺中既以邃远兮，哲王又不寤。怀朕情而不发兮，余焉能忍与此终古！……"

次述占于灵氛，问于巫咸，无不劝其远游，毋怀故宇，于是驰神纵意，将翱将翔，而睠怀宗国，终又宁死而不忍去也：

"……抑志而弭节兮，神高驰之邈邈；奏《九歌》而舞《韶》兮，聊假日以媮乐。陟升皇之赫戏兮，忽临睨夫旧乡；仆夫悲余马怀兮，蜷局顾而不行。乱曰：已矣哉！国无人，莫我知兮，又何怀乎故都？既莫足与为美政兮，吾将从彭咸之所居！"

今所传《楚辞》中有《九章》九篇，亦屈原作。又有《卜居》，《渔父》，述屈原既放，与卜者及渔人问答之辞，亦云自制，然或后人取故事仿作之，而其设为问难，履韵偶句之法，则颇为词人则效，近如宋玉之《风赋》，远如相如之《子虚》，《上林》，班固之《两都》皆是也。

《离骚》之出，其沾溉文林，既极广远，评隲之语，遂亦纷繁，扬之者谓可与日月争光，抑之者且不许与狂狷比迹，盖一则达观于文章，一乃局踏于诗教，故其裁决，区以别矣。实则《离骚》之异于《诗》者，特在形式藻采之间耳，时与俗异，故声调不同；地异，故山川神灵动植物皆不同；惟欲昏简狄，留二姚，或为北方人民所不敢道，若其怨愤责数之言，则三百篇中之甚于此者多矣。楚虽蛮夷，久为大国，春秋之世，已能赋诗，风雅之教，宁所未习？幸其固有文化，尚未沦亡，交错为文，遂生壮采。刘勰取其言辞，校之经典，谓有异有同，固雅颂之博徒，实战国之风雅，"虽取熔经义，亦自铸伟辞。……故能气往轹古，辞来切今，惊采绝艳，难与并能。"（《文心雕龙》《辨骚》）可谓知言者已。

形式文采之所以异者，由二因缘，曰时与地。古者交接邻国，揖让之际，盖必诵诗，故孔子曰："不学《诗》，无以言。"周室既衰，聘问歌咏，不行于列国，而游说之风浸盛，纵横之士，欲以唇吻奏功，遂竞为美辞，以动人主。如屈原同时有苏秦者，其说赵司寇李兑也，曰："雒阳乘轩里苏秦，家贫亲老，无罢车驽马，桑轮蓬箧，嬴縢担囊，触尘埃，蒙霜露，越漳、河，足重茧，日百而舍，造外阙，愿造于前，口道天下这事。"（《赵策》一）自叙其来，华饰至此，则辩说之际，可以推知。余波流衍，渐及文苑，繁辞华句，固已非《诗》之朴质之体式所能载矣。况《离骚》产地，与《诗》不同，彼有河渭，此则沅湘，彼惟朴樕，此则兰茝；又重巫，浩歌曼舞，足以乐神，盛造歌辞，用于祀祭。《楚辞》中有《九歌》，谓"楚南郢之邑，沅湘之间，其俗信鬼而好祀，……屈原放逐，……愁思怫郁，出见俗人祭祀之礼，歌舞之乐，其词鄙俚，因为作《九歌》之曲"。而绮靡杳渺，与原他文颇不同，虽曰"为作"，固当有本。俗歌俚句，非不可沾溉词人，句不拘于四言，圣不限于尧舜，盖荆楚之常习，其所由来者远矣。今略录其《湘夫人》：

"帝子降兮北渚，目眇眇兮愁余。袅袅兮秋风，洞庭波兮木叶下。登白薠兮骋望，与佳期兮夕张。鸟何萃兮苹中，罾何为兮木上？沅有芷兮澧有兰，思公子兮未敢言；慌惚兮远望，观流水兮潺湲。麋何食兮庭中，蛟何为兮水裔？朝驰余马兮江皋，夕济兮西澨。闻佳人兮召予，将腾驾兮偕逝。筑室兮水中，葺之以荷盖。荪壁兮紫坛，播芳椒兮盈堂，桂栋兮兰橑，辛夷楣兮药房。……芷葺兮荷盖，缭之兮杜衡，合百草兮实庭，建芳馨兮庑门。九疑缤兮并迎，灵之来兮如云。捐余袂兮江中，遗余褋兮澧浦，搴汀洲兮杜若，将以遗兮远者。时不可兮骤得，聊逍遥兮容与。"

同时有儒者赵人荀况（约前三一五至二三〇），年五十始游学于齐，三为祭酒；已而被谗适楚，春申君以为兰陵令。亦作赋，《汉书》云十篇，今有五篇在《荀子》中，曰《礼》，曰《知》，曰《云》，曰《蚕》，曰《箴》，臣以隐语设问，而王以隐语解之，文亦朴质，概为四言，与楚声不类。又有《佹诗》，实亦赋，言天下不治之意，即以遗春申君者，则词甚切激，殆不下于屈原，岂身临楚邦，居移其气，终亦生牢愁之思乎？

"天下不治，请陈佹诗：天地易位，四时易乡。列星殒坠，旦暮晦盲。……仁人绌约，敖暴擅强。天下幽险，恐失世英。螭龙为蝘蜓，鸱枭为凤凰。比干见刳，孔子拘匡。昭昭乎其知之明也，郁郁乎其遇时之不祥也。……圣人其手，时几将矣，与愚以疑，愿闻反辞。其小歌曰：念彼远方，何其塞矣。仁人绌约，暴人衍矣。忠臣危殆，谗人般矣。璇玉瑶珠，不知佩也。杂布与锦，不知异也。……以盲为明；以聋为聪；以危为安；以吉为凶。呜呼上天，曷维其同！"

稍后，楚又有宋玉唐勒景差之徒，皆好辞，而以赋见称。然虽学屈原之文辞，终莫敢直谏，盖掇其哀愁，猎其华艳，而"九死未悔"之概失矣。宋玉者，王逸以为屈原弟子；事怀王之子襄王，为大夫，然不得志。所作本十六篇，今存十一篇，殆多后人拟作，可信者有《九辩》。《九辩》本古辞，玉取其名，创为新制，虽驰神逞想，不如《离骚》，而凄怨之情，实为独绝。如：

"皇天平分四时兮，窃独悲此凛秋。白露既下降百草兮，奄离披此梧楸。去白日之昭照兮，袭长夜之悠悠。离芳蔼之方壮兮，余萎约而悲愁。秋既先戒以白露兮，冬又申之以严霜。……岁忽忽而遒尽兮，恐余寿之弗将。悼余生之不时兮，逢此世之俇攘。澹容与而独倚兮，蟋蟀鸣此西堂。心怵惕而震荡兮，何所忧之多方？卬明月而太息兮，步列星而极明。"

又有《招魂》一篇，外陈四方之恶，内崇楚国之美，欲召魂魄，来归修门。司马迁以为屈原作，然辞气殊不类。其文华靡，长于敷陈，言险难则天地间皆不可居，述逸乐则饮食声色必极其致，后人作赋，颇学其夸。句末俱因"些"字，亦为独格，宋沈存中云，"今夔峡湖湘及南北江獠人，凡禁咒句尾皆称些，乃楚人旧俗"也。

"……魂兮归来，南方不可以止些。雕题黑齿，得人肉以祀，以其骨为醢些。蝮蛇蓁蓁，封狐千里些。雄虺九首，往来儵忽，吞人以益其心些。魂兮归来，不可以久淫些。……魂兮归来，君无上天些。虎豹九关，啄害下人些。一夫九首，拔木九千些。豺狼从目，往来侁侁些。悬人以娭，投之深渊些。致命于帝，然后得瞑些。归来归来，往恐危身些。……魂兮归来，入修门些。……室家遂宗，食多方些。稻粢穱麦，挐黄粱些。大苦醎酸，辛甘行些。肥牛之腱，臑若芳些。和酸若苦，陈吴羹些。胹鳖炮羔，有柘浆些。……肴羞未通，女乐罗些，陈钟按鼓，造新歌些。涉江采菱，发扬荷些。美人既醉，朱颜酡些。娭光眇视，目曾波些。被文服纤，丽而不奇些。长发曼鬋，艳陆离些。……"

其称为赋者则九篇，（《文选》四篇；《古文苑》六篇，然《舞赋》实傅毅作）大率言玉与唐勒景差同侍楚王，即事兴情，因而成赋，然文辞繁缛填委，时涉神仙，与玉之《九辩》《招魂》及当时情景颇违异，疑亦犹屈原之《卜居》《渔父》，皆后人依托为之。又有《对楚王问》，（见《文选》及《说苑》）自辩所以不见誉于士民众庶之故，先征歌曲，次引鲸凤，以明俗士之不能知圣人。其辞甚繁，殆如游说之士所谈辩，或亦依托也。然与赋当并出汉初。刘勰谓赋萌于《骚》，荀卿宋玉，乃锡专名，与诗划境，蔚成大国；又谓"宋玉含才，始造'对问'，于是枚乘《七发》，扬雄《连珠》，抒愤之文，郁然盛起。然则《骚》者，固亦受三百篇之泽，而特由其时游说之风而恢宏，因荆楚之俗而奇伟；赋与对问，又其长流之漫于后代者也。

唐勒景差之文，今所传尤少。《楚辞》中有《大招》，欲效《招魂》而甚不逮，王逸云，"屈原之所作也；或曰景差。"审其文辞，谓差为近。

摘自《〈鲁迅全集〉（第九卷）·汉文学史纲要》，第382-388页）

第五篇　李　斯

秦始皇帝即位之初，相国吕不韦以列国常下士喜宾客，且多辩士，如荀况之徒，著书布天下，乃亦厚养士，使人人著其所知，集以为书，凡二十余万言，号曰《吕氏春秋》，布咸阳市门，延诸侯游士宾客，有能增损一字者予千金。始皇既壮，绌不韦；又渐并兼列国，虽亦召文学，置博士。而终则焚烧《诗》《书》，杀诸生甚众，重位承相李斯，以法术为治。

李斯，楚上蔡人，少与韩非俱从荀况学帝王之术，成而入秦，为吕不韦舍人，说始皇，拜为长史，渐进至左丞相，二世二年（前二〇八）宦者赵高诬以谋反，杀之，具五刑，夷三族。斯虽出荀卿之门，而不师儒者之道，治尚严急，然于文字，则有殊勋，六国之时，文字异形，斯乃立意，罢其不与秦文合者，画一书体，作《仓颉》七章，与古文颇不同，后称秦篆；又始造隶书，盖起于官狱多事，苟趋简易，施之于徒隶也。法家大抵少文采，惟李斯奏议，尚有华辞，如上书《谏逐客》云：

"……必秦国所生然后可，则是夜光之璧，不饰朝廷，犀象之器，不为玩好；郑卫之女，不充后宫；而骏良駃騠，不实外厩；江南金锡不为用，西蜀丹青不为采。……夫击瓮叩缶，弹筝搏髀，而歌呼呜呜快耳目者，真秦之声也。郑卫桑间，《昭虞》《武象》者，异国之乐也。今弃击瓮叩缶而就郑卫，退弹筝而取《昭虞》。若是者，何也？快意当前，适观而已矣。今取人则不然：不问可否，不论曲直，非秦者去，为客者逐。然则是所重者在乎色乐珠玉，而所轻者在乎人民也。此非所以跨海内，制诸侯之术也。……"

二十八年，始皇始东巡郡县，群臣乃相与诵其功德，刻于金石，以垂后世。其辞亦李斯所为，今尚有流传，质而能壮，实汉晋碑铭所从出也。如《泰山刻石文》：

"皇帝临位，作制明法，臣下修饬。二十六年，初并天下，罔不宾服。亲巡天下黎民，登兹泰山，周览东极。从臣思迹，本原事业，祗诵功德。治道运行，诸产得宜，皆有法式。大义休明，垂于后世，顺承勿革。皇帝躬圣，既平天下，不懈于治。……昭隔内外，靡不清净，施于后嗣。化及无穷，遵奉遗诏，永承重戒。"

三十六年，东郡民刻陨石以诅始皇，案问不服，尽诛石旁居人。始皇终不乐，乃使博士作《仙真人诗》；乃行所游天下，传令乐人歌弦之。其诗盖后世游仙诗之祖，然不传。《汉书》《艺文志》著秦时杂赋九篇；《礼乐志》云周有《房中乐》，至秦名曰《寿人》，今亦俱佚。故由现存者而言，秦之文章，李斯一人而已。

（摘自《〈鲁迅全集〉（第九卷）·汉文学史纲要》，第394-395页）

第七篇　贾谊与晁错

汉初善言治道，亦擅文章者，先有陆贾佐高祖，每称说《诗》《书》；高帝命著书言秦所以失天下及古今成败，每奏一篇，帝未尝不称善，名其书曰《新语》；今存。文帝时则有颍川贾山，尝借秦为喻，言治乱之道，名曰：《至言》，其后每上书，言多激切，善指事意，然不见用。所言今多亡失，惟《至言》见于《汉书》本传。

贾谊，雒阳人，尝以秦博士张苍受《春秋左氏传》。年十八，以能诵《诗》《书》属文称于郡中，廷尉吴公荐于文帝，召为博士，时年二十余，而善于答诏令，诸生莫能及。文帝悦之，一岁中超迁至大中大夫，且拟以任公卿。绛灌冯敬等毁之曰："雒阳之人年少初学，专欲擅权，纷乱诸事。"于是帝亦疏之，不用其议；后以谊为长沙王太傅。谊既以谪去，意不自得，及渡湘水，为赋吊屈原，亦以自谕也：

"恭承嘉惠兮俟罪长沙，侧闻屈原兮自湛汨罗。造托湘流兮敬吊先生，遭世罔极兮乃殒厥身。呜呼哀哉兮逢时不详，鸾凤伏窜兮鸱枭翱翔。阘茸尊显兮谗谀得志，贤圣逆曳兮方正倒植。……吁嗟默默，生之无故兮。斡弃周鼎，宝康瓠兮。腾驾罢牛，骖蹇驴兮。骥垂两耳，服盐车兮。章甫荐履，渐不可久兮。嗟苦先生，独离此咎兮。讯曰：已矣，国其莫我知兮，独壹郁其谁语。凤漂漂其高逝兮，夫固自引而远去。袭九渊之神龙兮，沕深潜以自珍；偭蟂獭以隐处兮，夫岂从虾与蛭蟥。所贵圣人之神德兮，远浊世自藏；使骐骥可得系而羁兮，岂云异夫犬羊。般纷纷其离此尤兮，亦夫子之故也；历九州而相其君兮，何必怀此都也！凤凰翔于千仞兮，览德辉而下之；见细德之险征兮，遥曾击而去之。彼寻常之污渎兮，岂能容夫吞舟之巨鱼；横江湖之鳣鲸兮，固将制于蝼蚁。"

三年，有鵩飞入谊舍，止至坐隅。长沙卑湿，谊自惧不寿，因作《鵩赋》以自广，服者，楚人之谓鵩也。大意谓祸福纠缠，吉凶同域，生不足悦，死不足患，纵躯委命，乃与道俱，见服细故，无足疑虑。其外死生，顺造化之旨，盖得之于庄生。岁余，文帝征谊，问鬼神之本，自叹为不能及。顷之，拜为帝少子梁怀王太傅。时复封淮南厉王子四人为列侯，谊上疏以谏；又以诸侯王僭拟，地或连数郡，非古之制，乃屡上书陈政事，请稍削之。其治安之策，洋洋至六千言，以为天下"事势，有可为痛哭者一，可为流涕者二，可为长太息者六，若其它背理而仿道者，难遍以疏举"，因历指其失，颇切事情，然不见听。居数年，怀王堕马死，无后；谊自伤为傅无状，哭泣岁余，亦死，年三十三（前二〇〇至一六八）。

晁错，颍川人，少学申商刑名于轵张恢所，文帝时以文学为太常掌故，被遣从济南伏生受《尚书》，还，因上便宜事，以《书》称说，召以为太子舍人、门大夫，迁博士，拜太子家令。又以辩得幸太子，太子家号曰智囊。举贤良文学，对策高策，又数上书文帝，言削诸侯事及法令可更定者。帝不听，然奇其材，迁中大夫。景帝即位，以为内史，言事辄听，始宠幸倾九卿，法令多所更定，袁盎申屠嘉皆弗善之，而错愈贵，迁为御史大夫。又请削诸侯之地，收其枝郡。其说削吴云：

"昔高帝初定天下，昆弟少，诸子弱，大封同姓，故孽子悼惠王王齐七十二城，庶弟元王王楚四十七城，兄子王吴五十余城。封三庶孽，分天下半。今吴王前有太子之隙，诈称病不朝，于古法当诛。文帝不忍，因赐几杖，德至厚也。不改过自新，乃益骄恣，公即山铸钱，煮海为盐，诱天下亡人，谋作乱逆。今削之亦反，不削亦反。削之，其反亟，祸小；不削之，其反迟，祸大。"

错请削地之奏，诸贵人皆不敢难，惟窦婴争之，由是与错有隙。诸侯亦先疾其所更法令三十章，于是吴楚七国遂反，以诛错为名；窦婴袁盎又说文帝，令晁错衣朝衣，斩于东市（前一五四年）。

晁错性行，其初盖颇同，一从伏生传《尚书》，一从张苍受《左氏》。错请削诸侯地，且更定法令；谊亦欲改正朔，易服色；又同被功臣贵幸所谮毁。为文皆疏直激切，尽所欲言；司马迁亦云："贾生晁错明申商。"惟谊尤有文采，则沉实则稍逊，如其《治安策》，《过秦论》，与晁错之《贤良对策》，《言兵事疏》，《守边劝农疏》，皆为西汉鸿文，沾溉后人，其泽甚远；然以二人之论匈奴者相较，则可见贾生之言，乃颇疏阔，不能与晁错之深识为伦比矣。

惟其后之所以绝异者，盖以文帝守静，故贾生所议，皆不见用，为梁王傅，抑郁而终。晁错则适遭景帝，稍能改革，于是大获宠幸，得行其言，卒召变乱，斩于东市；又夙以刑名著称，遂复来"为人陗直刻深"之谤。使易地而处，所遇之主不同，则其晚节末路，盖未可知也。

但贾谊能文章，平生又坎壈，司马迁哀其不遇，以与屈原同传，遂尤为后世所知闻。

（摘自《〈鲁迅全集〉（第九卷）·汉文学史纲要》，第402-405页）

第八篇　藩国之文术

汉高祖虽不喜儒，文景二帝，亦好刑名黄老，而当时诸侯王中，则颇有倾心养士，致意于文术者。楚，吴，梁，淮南，河间五王，其尤著者也。

楚元王交为高祖同父少弟，好书多材艺，少时，与鲁穆生，白生，申公，俱受《诗》于孙卿门人浮丘伯。故好《诗》，既王楚，诸子亦皆读《诗》；申公始为《诗》传，号"鲁诗"；元王亦自为传，号"元王诗"。汉初治《诗》大师，皆居于楚；申公，白公之外，又有韦孟，为元王傅，傅子夷王，及孙王戊。戊荒淫不遵道，孟乃作诗讽谏；后遂去位，徙家于邹，又作诗一篇，其叙事布词，自为一体，皆有风雅遗韵。魏晋以来，逮相师法，用以叙光烈，述祖德，故任昉《文章缘起》以为"四言诗起于前汉楚王傅韦孟《谏楚夷王戊》诗"也。

吴王濞者，高祖兄仲之子。文帝时，吴太子入见，与皇太子争博道，皇太子引博局提杀之。吴王由是怨望，藏亡匿死，积三十余年，故能使其众。然所用多纵横游说之士；亦有并擅文词者，如严忌，邹阳，枚乘等。吴既败，皆游梁。

梁孝王名武，文帝窦皇后少子也。七国之叛，梁距吴楚最有功，又最为大国，卤簿拟天子；招延四方豪杰，自山东波士莫不至。传《易》者有丁宽，以授田王孙，田授施仇，孟喜，梁丘贺，由是《易》有施孟梁丘三家之学。又有羊胜，公孙诡，韩安国，各以辩智著称。吴败，吴客又皆游梁；司马相如亦尝游梁，皆词赋高手，天下文学之盛，当时盖未有如梁者也。

严忌本姓庄，后避明帝讳，称严，会稽吴人。好词赋，哀屈原忠贞不遇，作词曰《哀时命》。遭景帝不好词赋，无所得志，乃游吴；吴败，徒步入梁，受知孝王，与邹阳，枚乘同见尊重，而忌名尤盛，世称庄夫子。《汉志》有《庄夫子赋》二十四篇；今仅存《哀时命》一篇，在《楚辞》中。

邹阳，齐人，初与严忌，枚乘等俱仕吴，皆以文辩著名。吴王将叛，阳作书以谏，不见用，乃去而之梁，从孝王游。其为人有智略，慷慨不苟合，为羊胜，公孙诡所谗，孝王怒，下阳于狱，将杀之。阳在狱中，上书自明：

"……语曰：有白头如新，倾盖如故。何则？知与不知也。故樊於期逃秦之燕，借荆轲首以奉丹事；王奢去齐之魏，临城自刭，以却齐而存魏。夫王奢樊於期，非新于齐秦而故于燕魏也，所以去二国，死两君者，行合于志而慕义无穷也。……今人主诚能去骄傲之心，怀可报之意，披心腹，见情素，隳肝胆，施德厚，终与之穷达，无爱于士，则桀之犬可使吠尧，而跖之客可使刺由。何况因万乘之权，假圣王之资乎？然则荆轲湛七族，要离燔妻子，岂足为大王道哉？……"

书奏，孝王立出之，卒为上客，后半胜公孙诡以罪死，阳独为梁王解深怒于天子。盖吴蓄深谋，偏好策士，故文辩之士，亦常有纵横家遗风，词令文章，并长辟阖，犹战国游士之口说也。《汉志》纵横家，有《邹阳》七篇，而不录其词赋，似阳之在汉，固以权略见称。《西京杂记》云：梁孝王游于忘忧之馆，集诸游士，使各为赋。枚乘《柳赋》，路乔如《鹤赋》，公孙诡《文鹿赋》，邹阳《酒赋》，公孙乘《月赋》，羊胜《屏风赋》，韩安国作《几赋》不成，邹阳代作。邹阳安国罚酒三升；赐枚乘路乔如绢，人五匹。《西京杂记》为晋葛洪作，托之刘歆，则诸赋或亦洪之所为耳。

枚乘，字叔，淮阴人，为吴王濞郎中。吴王谋为逆，乘上书以谏，吴王不纳，乃去而之梁。汉既平七国，乘由是知名，景帝召拜弘农都尉。乘久为大国上宾，不乐郡吏，以病去官；复游梁。梁客皆善属词，乘尤高。梁孝王薨，乘归淮阴。武帝自为太子闻乘名，及即位，乘年老，乃以安车蒲轮征乘，道死（前一四〇）。

《汉志》有《枚乘赋》九篇；今惟《梁王菟园赋》存。《临灞池远诀赋》仅存其目，《柳赋》盖伪托。然乘于文林，业绩之伟，乃在略依《楚辞》《七谏》之法，并取《招魂》《大招》之意，自造《七发》。借吴楚为客主，先言舆辇之损，宫室之疾，食色之害，宜听妙言要道，以疏神导体。于是说以声色逸游之乐等等，凡六事，最末为观涛于广陵：

"……其始起也，洪淋淋焉若白鹭之下翔；其少进也，浩浩澄澄，如素车白马帷盖之张。其波涌而云乱，扰扰焉如三军之腾装。其旁作而奔起也，飘飘焉如轻车之勒兵。六驾蛟龙，附从太白。纯驰浩蜺，前后骆驿。颙颙卬卬，椐椐强强，萃萃将将。壁垒重坚，沓沓似军行。訇隐匈盖，轧盘涌裔，原不可当。观其两傍，则滂渤怫郁，暗漠感突，上击下律。有似勇壮之卒，突怒而无畏，蹈壁冲津，穷由随隈，逾岩出追，遇者死，当都坏。……"

其说皆不入，则云：

"将为太子奏方术之士，有资略者，若庄周，魏牟，杨朱，墨翟，便娟，詹何之伦，使之论天下之精微，理万物之是非；孔老览观，孟子持筹而算之，万不失一。此亦天下要言妙道也，太子岂欲闻之乎？于是太子据几而起，曰：涣乎若一听圣人辩士之言。涊然汗出，霍然病已。"

由是遂有"七"体，后之文士，仿作者众，汉傅毅有《七激》，刘广有《七兴》，崔骃有《七依》，……凡十余家；递及魏晋，仍多拟造。谢灵运有《七集》十卷，卞景有《七林》十二卷，梁又有《七林》三十卷，盖即集众家此体为之，今俱佚；惟乘《七发》及曹植《七启》，张协《七命》，在《文选》中。

《文选》又有《古诗十九首》，皆五言，无撰人名。唐李善曰："并云古诗，盖不知作者；或云枚乘，疑不能明也。"然陈徐陵所集《玉台新咏》，则其中九首，明题乘名。审如是，乘乃不特始创七体，且亦肇开五古者矣，今录其三：

"西北有高楼，上与浮云齐，交疏结绮窗，阿阁三重阶。上有弦歌声，音响一何悲，谁能为此曲，无乃杞梁妻。清商随风发，中曲正徘徊，一弹再三叹，慷慨有余哀。不惜歌者苦，但伤知音稀。愿为双鸿鹄，奋翅起高飞。"

"……相去日已远，衣带日已缓。浮云蔽白日，游子不复返。思君令人老，岁月忽已晚。弃捐勿复道，努力加餐饭。"

"迢迢牵牛星，皎皎河汉女。纤纤濯素手，札札弄机杼，终日不成章，泣涕零如雨。河汉清且浅，相处复几许，盈盈一水间，脉脉不得语。"

其词随语成韵，随韵成趣，不假雕琢，而意志自深。风神或近楚《骚》，体式实为独造，诚所谓"畜神奇于温厚，寓感怆于和平，意愈浅愈深，词愈近逾远"者也。稍后李陵与苏武赠答，亦为五言，盖文景以后，渐多此体，而天质自然，终当以乘为独绝矣。

淮南王安为文帝所封，好书，鼓琴；招致宾额方术之士数千人，作为《内书》二十一篇，《外书》甚众；又有《中篇》八卷，言神仙黄白之术，亦二十余万言。时武帝方好艺文，以安为诸父，辩博善文辞，甚尊重之。尝使为《离骚传》，旦受诏，日食时上。传今亡；所传者惟《惟南》二十一篇，亦曰《鸿烈》。其书盖与诸游士讲论，掇拾旧文而成。其诸游士著者，则为苏飞，李尚，左吴，田由，雷被，毛被，伍被，晋昌等八人，是曰八公；又分造词赋，以类相从，或称《大山》，或称《小山》，其义犹《诗》之有《大雅》《小雅》也。小山之徒有《招隐士》之赋，其源虽出《离骚》《招魂》等，而不泥于迹象，为汉代楚辞之新声：

"桂树丛生兮山之幽，偃蹇连蜷兮枝相缭。山气龍嵸兮石嵯峨；溪欲崭岩兮水曽波。猿狖群啸兮虎豹嗥，攀援桂枝兮聊淹留。王孙游兮不归，春草生兮萋萋，岁暮兮不自聊，蟪蛄鸣兮啾啾。块兮轧，山曲岪，心淹留兮恫慌忽；罔兮沕，憭兮栗，虎豹穴，丛薄深林兮人上栗。嶔岑碕礒兮碅磳磈硊，树轮相纠兮林木茷骫；青莎杂树兮薠草靃靡；白鹿麏䴥兮或腾或倚，状兒崟崟兮峨峨，凄凄兮漇漇。猕猴兮熊黑，慕类兮以悲。攀援桂枝兮聊淹留，虎豹斗兮熊黑咆，禽兽骇兮亡其曹。王孙兮归来，山中兮不可以久留。"

河间献王德为景帝子，亦好书，而所得皆古文先秦旧书。又立《毛氏诗》，《左传春秋》博士；山东诸儒，多从而游。其所好盖与楚元王交相类。惟吴梁淮南三国之客，较富文词，梁客之上者，多来自吴，甚有纵横家余韵；聚淮南者，则大抵浮辩方术之士也。

（摘自《〈鲁迅全集〉（第九卷）·汉文学史纲要》，第409—414页）

六

第九篇　武帝时文术之盛

武帝有雄才大略，而颇尚儒术。即位后，丞相卫绾即请奏罢郡国所举贤良治申商韩非苏秦张仪之言者。又以安车蒲轮征申公枚乘等；议立明堂；置"五经"博士。元光间亲策贤良，则董仲舒公孙弘等出焉。又早慕词赋，喜"楚辞"，常使淮南王安为《离骚》作传。其所自造，如

《秋风辞》（见第六篇）《悼李夫人赋》（见《汉书》《外戚传》）等，亦入文家堂奥。复立乐府，集赵代秦楚之讴，以李延年为协律都尉，多举司马相如等数十人作诗颂，用于天地诸祠，是为《十九章》之歌。延年辄承意弦歌所造诗，谓之"新声曲"，实则楚声之遗，又扩而变之者也。其《郊祀歌》十九章，今存《汉书》《礼乐志》中，第三至第六章，皆题"邹子乐"。

"朱明盛长，旉与万物。桐生茂豫，靡有所诎。敷华就实，既卬既昌，登成甫田，百鬼迪尝。广大建祀，肃雍不忘。神若宥之，传世无疆。"（《朱明》四"邹子乐"）

"日出入安穷，时世不与人同。故春非我春，夏非我夏，秋非我秋，冬非我冬。泊如四海之沱，遍观是邪谓何。吾知所乐，独乐六龙。六龙之调，使我心若。訾，黄其何不来下！（《日出入》九）

是时河间献王以为治道非礼乐不成，因献所集雅乐；大乐官亦肄习之以备数，然不常用，用者皆新声。至敖游醼饮之时，则又有新声变曲。曲亦昉于李延年。延年中山人，身及父母兄弟皆故倡，坐法腐刑，给事狗监中。性知音，善歌舞，武帝爱之，每为新声变曲，闻者莫不感动。尝侍武帝，起舞，歌曰："北方有佳人，绝世而独立，一顾倾人城，再顾倾人国。宁不知倾城与倾国，佳人难再得。"因进其女弟，得幸，号李夫人，早卒。武帝思念不已，方士齐人少翁言能致其魂，乃夜张烛设帐，而令帝居他帐遥望，见一好女，如李夫人之貌，然不得就视。帝愈益相思悲感，作为诗曰："是耶非耶？立而望之，偏何姗姗其来迟。"令乐府诸音家弦歌之。随事兴咏，节促意长，殆即所谓新声变曲也。

文学之士，在武帝左右者亦甚众。先有严助，会稽吴人，严忌子也，或云族家子，以贤良对策高第，擢为中大夫。助荐吴人朱买臣召见，说《春秋》，言"楚词"，亦拜中大夫，与严助俱侍中。又有吾丘寿王，司马相如，主父偃，徐乐，严安，东方朔，枚皋，胶仓，终军，严葱奇等；而东方朔、枚皋，严助，吾丘寿王，司马相如尤见亲幸。相如文最高，然常称疾避事；朔皋持论不根，见遇如俳优，惟严助与寿王见任用。助最先进，常与大臣辩论国家便宜，有奇异亦辄使为文，及作赋颂数十篇。寿王字子赣，赵人，年少以善格五召待诏，迁侍中中郎；有赋十五篇，见《汉志》。

东方朔字曼倩，平原厌次人也。武帝初即位，征天下举方正贤良文学材力之士，待以不次之位，四方士多上书言得失，自衒鬻者以千数。朔初来，上书曰："臣朔少失父母，长养兄嫂。年十二学书，三冬，文史足用。十五学击剑。十六学诗书，诵二十二万言。十九学孙吴兵法，战阵之具，钲鼓之教，亦诵二十二万言。凡臣朔固已诵四十四万言。又常服子路之言。臣朔年二十二；长九尺三寸，目若悬珠，齿若编贝；勇若孟贲，捷若庆忌，廉若鲍叔，信若尾生。若此，可以为天子大臣矣。臣朔昧死，再拜以闻。"其文辞不逊，高自称誉。帝伟之，令待诏公车；渐以奇计俳辞得亲近，诙达多端，不名一行，然时观察颜色，直言切谏，帝亦常用之。尝至太中大夫，与枚皋郭舍人俱在左右，但诙啁不已，不得大官，因以刑名家言求试用，辞数万言，指意放荡，颇复诙谐，终不见用，乃作《答客难》（见《汉书》本传）以自慰谕。又有《七谏》（见《楚辞》），则言君子失态，自古而然。临终诫子云："明者处世，莫尚于中，优哉游哉，与道相从。首阳为拙，柳下为工。饱食安步，以仕代农。依隐玩世，诡时不逢。……圣人之道，一龙一蛇，形见神藏，与物变化，随时之宜，无有常家。"又黄老意也。朔盖多所通晓，然先以自衒进身，终以滑稽名世。后之好事者因取奇言怪语，附著之朔；方士又附会以为神仙，作《神异经》《十洲记》，托为朔造，其实皆非也。

枚皋者字少孺，枚乘孽子也。武帝征乘，道死，诏问乘子，无能为文者。皋上书自陈，得见，诏使作《平乐观赋》，善之，拜为郎，使匈奴。然皋好诙笑，为赋颂多嫚戏，故不得尊显，见视如倡，才比东方朔郭舍人。作文甚疾，故所赋甚多，自谓不及司马相如，而颇诋娸东方朔，又自诋娸。班固云："其文骫骳，曲随其事，皆得其意，颇诙笑，不甚闲靡。凡可读者百二十篇，其尤嫚戏不可读者尚数十篇。"

至于儒术之士，亦擅文词者，则有菑川薛人公孙弘，字次卿，元光中贤良对策第一，拜博士，终为丞相，封平津侯，于是天下学士，靡然向风矣。广川董仲舒与公孙弘同学，于经术尤著，景帝时已为博士，武帝即位，举贤良对策，除江都相，迁胶西相，卒。尝作《士不遇赋》（见《古文苑》），有云：

"……观上世之清辉兮，廉士亦茕茕而靡归。殷汤有卞随与务光兮，周武有伯夷与叔齐；卞随务光遁迹于深山兮，伯夷叔齐登山而采薇。使彼圣贤其繄周遑兮，矧举世而同迷。若伍员与屈原兮，固亦无所复顾。亦不能同彼数子兮，将远游而终古。……"

终则谓不若反身素业，归于一善，托声楚调，结以中庸，虽为粹然儒者之言，而牢愁狷狭之意尽矣。

小说家言，时亦兴盛。洛阳人虞初，以方士侍郎，号黄车使者，作《周说》九百四十三篇。齐人饶，不知其姓，为待诏，作《心术》二十五篇。又有《封禅方说》十八篇，不知何人作，然今俱亡。

诗之新制，亦复蔚起。《骚》《雅》遗声之外，遂有杂言，是为"乐府"。《汉书》云东方朔作八言及七言诗，各有上下篇，今虽不传，然元封三年作柏梁台，诏群臣二千石有能为七言诗，乃得上坐，则其辞今具存，通篇七言，亦联句之权舆也：

"日月星辰和四时皇帝，骖驾驷马从梁来梁王，郡国士马羽林材大司马，总领天下诚难治丞相，和抚四夷不易哉大将军，刀笔之吏臣执之御史大夫，（中略）蛮吏朝贺常会期典属国，柱枅槯栌相枝持大匠，枇杷橘栗李梅太官令，走狗逐兔张罘罳上林令，啮妃女唇甘如饴郭舍人，迫窘诘屈几穷哉东方朔。"

褚少孙补《史记》云："东方朔行殿中，郎谓之曰：人皆以先生为狂。朔曰：如朔等，所谓避世于朝廷间者也。古之人乃避世于深山中。时坐席中酒酣，乃据地歌曰——

陆沉于俗，避世金马门。宫殿中，可以避世全身；何必深山之中，蒿庐之下。"

亦新体也，然或出后人附会。

五言有枚乘开其先，而是时苏李别诗，亦称佳制。苏武字子卿，京兆杜陵人，天汉元年，以中郎将使匈奴，留不遣。李陵字少卿，陇西成纪人，天汉二年击匈奴，兵败降虏，单于以女妻之，立为右校王；汉夷其族。至元始六年，苏武得归，故与陵以诗赠答：

"携手上河梁，游子暮何之。徘徊蹊路侧，悢悢不能辞。行人难久留，各言长相思。安知非日月，弦望自有时。努力崇明德，皓首以为期。"（李陵与苏武诗三首之一）

"二凫俱比飞，一凫独南翔。子当留斯馆，我当归故乡。一别如秦胡，会见何讵央。怆悢切中怀，不觉泪沾裳。愿子长努力，言笑莫相忘。"（苏武别李陵。见《初学记》卷十八，然疑是后人拟作）

武归后拜典属国；宣帝即位，赐爵关内侯，神爵二年（前六十）卒，年八十余。陵则在匈奴二十余年，卒，有集二卷。诗以外，后世又颇传其书问，在《文选》及《艺文类聚》中。

（摘自《〈鲁迅全集〉（第九卷）·汉文学史纲要》，第420-424页）

七

第十篇 司马相如与司马迁

武帝时文人，赋莫若司马相如，文莫若司马迁，而一则寥寂，一则被刑。盖雄于文者，常桀骜不欲迎雄主之意，故遇合常不及凡文人。

司马相如字长卿，蜀郡成都人。少时好读书，学击剑，故其亲名之曰犬子；既学，慕蔺相如之为人，更名相如。以訾为郎，事景帝。帝不好辞赋，时梁孝王来朝，游说之士邹阳枚乘严忌等皆从，相如见而悦之，因病免，游梁，与诸侯游士居，数岁，作《子虚赋》。武常立，读而善之，曰："朕独不得与此人同时哉？"蜀人杨得意为狗监侍帝，因言是其邑人司马相如作，乃召问相如。相如曰：有是。然此乃诸侯之事，未足观，请为天子游猎之赋。帝令尚书给笔札。相如以"子虚"，虚言也，为楚称；"乌有先生"者，乌有此事也，为齐难；"亡是公"者，亡是人也，欲明天子之义。故虚借此三人为辞，以推天子诸侯之苑囿。其卒章归之于节俭，因以讽谏。其文具存《史记》及《汉书》本传中；《文选》则以后半为《上林赋》，或召问后之所续欤？

相如既奏赋，武帝大悦，以为郎；数岁，作《喻巴蜀檄》，旋拜中郎将，赴蜀，通西南夷，以蜀父老多言此事无益，大臣亦以为然，乃作《难蜀父老》文。其后，人有上书言相如使时受金，遂失官，岁余，复召为郎。然常闲居，不慕官爵，亦往往托辞讽谏，于游猎信谗之事，皆有微辞。拜孝文园令。武帝既以《子虚赋》为善，相如察其好神仙，乃曰："上林之事，未足美也，尚有靡者。臣尝为《大人赋》，未就；请具而奏之。"意以为列仙之儒，居山泽间，形容甚臞，非帝王之仙意。惟彼大人，居于中州，悲世迫隘，于是轻举，乘虚无，超无友，亦忘天地，而乃独存也。中有云：

"……屯余车而万乘兮，粹云盖而树华旗。使句芒其将行兮，吾欲往乎南娭。……纷湛湛其差错兮，杂遝胶輵以方驰。骚扰冲苁其纷挐兮，滂濞泱轧丽以林离。攒罗列聚丛以茏茸兮，曼衍流烂痍以陆离。径入雷室之砰磷郁律兮，洞出鬼谷之掘礨崴魁。……时若暧暧将混浊兮，召屏翳，诛风伯，刑雨师。西望昆仑之轧沕荒忽兮，直径驰乎三危。排阊阖而入帝宫兮，载玉女而与之俱归。登阆风而遥集兮，亢鸟腾而壹止。低徊阴山翔以纡曲兮，吾乃今日睹西王母，暠然白首戴胜而穴处兮，亦幸有三足乌为之使。必长生若此而不死兮，虽济万世不足以喜。……"

既奏，武帝大悦，飘飘有凌云之气，似游天地之间意。盖汉兴好楚声，武帝左右亲信，如朱买臣等，多以楚辞进，而相如独变其体，益以玮奇之意，饰以绮丽之辞，句之短长，亦不拘成法，与当时甚不同。故扬雄以为使孔门用赋，则贾谊升堂，相如入室。班固以为西蜀自相如游宦京师，而文章冠天下。盖后之扬雄，王褒，李尤，固皆蜀人也。然相如亦作短赋，则繁丽之词较少，如《哀二世赋》，《长门赋》。独《美人赋》颇靡丽，殆即扬雄所谓"劝百而讽一，犹骋郑卫之音，曲终而奏雅"者乎？

"……途出郑卫，道由桑中，朝发溱洧，暮宿上宫。上宫闲馆，寂寥空虚，门阁昼掩，暧若神居。臣排其户而造其堂，芳香芬烈，黼帐高张；有女独处，婉然在床，奇葩逸丽，淑质艳光，睹臣迁延，微笑而言曰：'上客何国之公子，所从来无乃远乎？'遂设旨酒，进鸣琴。臣遂抚弦为《幽兰》《白雪》之曲。女乃歌曰：'独处室兮廓无依，思佳人兮情伤悲。有美人兮来何迟？日既暮兮华色衰，敢托身兮长自私。'玉钗挂臣冠，罗袖拂臣衣。时日西夕，玄阴晦冥，流风惨冽，素雪飘零，闲房寂谧，不闻人声。……臣乃脉定于内，心正于怀，信誓旦旦，秉志不回，翻然高举，与彼共辞。"

相如既病免，居茂陵，武帝闻其病甚，使所忠往取书，至则已死（前一一七）。仅得一卷书，言封禅事。盖相如尝从胡安受经。故少以文词游宦，而晚年终奏封禅之礼矣。于小学，则有《凡将篇》，今不存。然其专长，终在辞赋，制作虽甚迟缓，而不师故辙，自撷妙才，广博闳丽，卓绝汉代，明王世贞评《子虚》《上林》，以为材极富，辞极丽，运笔极古雅，精神极流动，长沙有其意而无其材，班张潘有其材而无其笔，子云有其笔而不得其精神流动之处云云，其为历代评隲家所倾倒，可谓至矣。

司马迁字子长，河内人，生于龙门，年十岁诵古文，二十而南游吴会，北涉汶泗，游邹鲁，过梁楚以归，仕为郎中。父谈，为太史令，元封初卒。迁继其业，天汉中李陵降匈奴，迁明陵无罪，遂下吏，指为诬上，家贫不能自赎，交游莫救，卒坐宫刑。被刑后为中书令，因益发愤，据《左氏》，《国语》；采《世本》，《战国策》；述《楚汉春秋》，终成《史记》一百三十篇，始于黄帝，中述陶唐，而至武帝获白麟止，盖自谓其书所以继《春秋》也。其友益州刺史任安，尝责以古贤臣之义，迁报书有云：

"……所以隐忍苟活，函粪土之中而不辞者，恨私心有所不尽，鄙没世而文采不表于后也。古者富贵而名摩灭不可胜记，惟倜傥非常之人称焉。盖西伯拘而演《周易》；仲尼厄而作《春秋》；屈原放逐，乃赋《离骚》；左丘失明，厥有《国语》；孙子膑脚，《兵法》修列。……《诗》三百篇，大抵贤圣发愤之所为作也。此人皆意有所郁结，不得通其道，故述往事，思来者。及如左丘明无目，孙子断足，终不可用，退论书策，以舒其愤，思垂空文以自见。仆窃不逊，近自托于无能之辞，网罗天下放失旧闻，考之行事，稽其成败兴衰之理，凡百三十篇。亦欲以究天人之际，通古今之变，成一家之言。草创未就，适会此祸，惜其不成，是以就极刑而无愠色。仆诚已著此书，藏之名山，传之其人，通邑大都，则仆偿前辱之责。虽万被戮，岂有悔哉？然此可为智者道，难为俗人言也！……"

迁死后，书乃渐出；宣帝时，其外孙杨恽祖述其书，遂宣布焉。班彪颇不满，以为"采经摭传，分散数家之事，甚多疏略，或有抵梧。亦其涉略者广博，贯穿经传，驰骋古今上下数千载间，斯以勤矣。又其是非颇缪于圣人：论大道则先黄老而后六经，序游侠则退处士而进奸雄，述货殖则崇执利而羞贫贱，此其所蔽也。"汉兴，陆贾作《楚汉春秋》，是非虽多本于儒者，而太史职守，原出道家，其父谈亦崇尚黄老，则《史记》虽缪于儒术，固亦能远绍其旧业者矣。况发愤著书，意旨自激，其与任安书有云："仆之先人，非有剖符丹书之功，文史星历，近乎卜祝之间，固主上所戏弄，倡优畜之，流俗之所轻也。假令仆伏法受诛，若九牛亡一毛，与蝼蚁何异。"恨为弄臣，寄心楮墨，感身世之戮辱，传畸人于千秋，虽背《春秋》之义，固不失为史家之绝唱，无韵之《离骚》矣。惟不拘于史法，不囿于字句，发于情，肆于心而为文，故能如茅坤所言："读游侠传即欲轻生，读屈原，贾谊传即欲流涕，读庄周，鲁仲连传即欲遗世，读李广传即欲立斗，读石建传即欲俯躬，读信陵，平原君传即欲养士"也。

然《汉书》已言《史记》有缺，于是续者纷起，如褚先生，冯商，刘歆等。《汉书》亦有出自刘歆者，故崔适以为《史记》之文有与全书乘，与《汉书》合者，亦歆所续也；至若年代悬隔，章句割裂，则当是后世妄人所增与钞胥所脱云。

迁雄于文，而亦爱赋，颇喜纳之列传中。于《贾谊传》录其《吊屈原赋》及《服赋》，而《汉书》则全载《治安策》，赋无一也。《司马相如传》上下篇，收赋尤多，为《子虚》（合《上林》），《哀二世》，《大人》等。自亦造赋，《汉志》云八篇，今仅传《士不遇赋》一篇，明胡应麟以为伪作。

至宣帝时，仍修武帝故事，讲论六艺群书，博尽奇异之好；征能为楚辞者，于是刘向，张子侨，华龙，柳褒等皆被召，待诏金马门，又得蜀人王褒字子渊，诏之作《圣主得贤臣颂》，与张子侨等并待诏。褒能为赋颂，亦作俳文，后方士言益州有金马碧鸡之宝，宣帝诏褒往祀，于道病死。

（摘自《〈鲁迅全集〉（第九卷）·汉文学史纲要》，第431-436页）

例如蔡邕，选家大抵只取他的碑文，使读者仅觉得他是典重文章的作手，必须看见《蔡中郎集》里的《述行赋》（也见于《续古文苑》），那些"穷工巧于台榭兮，民露处而寝湿，委嘉谷于禽兽兮，下糠粃而无粒"（手头无书，也许记错，容后订正）的句子，才明白他许非单单的老学究，也是一个有血性的人，明白那时的情形，明白他确有取死之道。

（摘自《〈鲁迅全集〉（第六卷）·且介亭杂文二集·"题未定"草六》，第436页）

八

第六篇　汉宫之楚声

秦既焚烧《诗》《书》，坑诸生于咸阳，儒者乃往往伏匿民间，或则委身于敌以舒愤怨。故陈涉起匹夫，旬月王楚，而鲁诸儒持孔氏之礼器归之；孔甲则为涉博士，与俱败死。汉兴，高祖亦不乐儒术，其佐又多刀笔之吏，惟郦食其，陆贾，叔孙通文雅，有博士余风。然其厕足汉廷，亦非尽因文术，陆贾虽称说《诗》《书》，顾特以辩才见赏，郦生固自命儒者，而高祖实以说客视之；至叔孙通，则正以曲学阿世取容，非重其能定朝仪，知典礼也。即位之后，过鲁，虽曾以中牢祀孔子，盖亦英雄欺人，将借此收揽人心，俾知一反秦之所为而已。高祖崩，儒者亦不见用，《汉书》《儒林传》云："孝惠高后时，公卿皆武力功臣。孝文本好刑名之言，及至孝景，不任儒；窦太后又好黄老术，故诸博士具官待问，未有进者。"

故在文章，则楚汉之际，诗教已熄，民间多乐楚声，刘邦以一亭长登帝位，其风遂亦被宫掖。盖秦灭六国，四方怨恨，而楚尤发愤，誓虽三户必亡秦，于是江湖激昂之士，遂以楚声为尚。项籍困于垓下，歌曰："力拔山兮气盖世，时不利兮骓不逝！骓不逝兮可奈何？虞兮虞兮奈若何？"楚声也。高祖既定天下，因征黥布过沛，置酒沛宫，召故人父老子弟佐酒，自击筑歌曰："大风起兮云飞扬。威加海内兮归故乡。安得猛士兮守四方！"亦楚声也。且发沛中儿百二十人教之歌，群儿皆和习之。其后欲立戚夫人子赵王如意，因而废太子，不果，戚夫人泣涕，亦令作楚舞，而自为楚歌：

"鸿鹄高飞，一举千里，羽翼已就，横绝四海。横绝四海，又可奈何？虽有矰缴，尚安所施？"

《房中乐》始于周，以乐祖先。汉初，高帝姬唐山夫人作乐词，以从帝所好，亦楚声。至孝惠二年（前一九三）使乐府令夏侯宽备其箫管，更名《安世乐》，凡十六章，今录其二：

"丰草葽，女罗施。善何如，谁能回？大莫大，成教德；长莫长，被无极。"

"都荔遂芳，窅窊桂华。孝奏天仪，若日月光。乘玄四龙，回驰北行。羽旄殷盛，芬哉芒芒。孝道随世，我署文章。"

又以沛宫为原庙，令歌儿吹习高帝《大风》之歌，遂用百二十人为常员。文景相嗣，礼官肄之。楚声之在汉宫，其见重如此，故后来帝王仓卒言志，概用其声，而武帝词华，实为独绝。当其行幸河东，祠后土，顾视帝京，忻然中流，与群臣醵饮，自作《秋风辞》，缠绵流丽，虽词人不能过也：

"秋风起兮白云飞，草木黄落兮雁南归。兰有秀兮菊有芳，怀佳人兮不能忘。泛楼船兮济汾河，横中流兮扬素波，箫鼓鸣兮发棹歌。欢乐极兮哀情多，少壮几时兮奈老何。"

降及少帝，将为董卓所酖，与妻唐姬别，悲歌云："天道易兮我何艰，弃万乘兮退守藩。逆臣见迫兮命不延，逝将去汝兮适幽玄！"唐姬歌曰："皇天崩兮后土颓，身为帝兮命夭摧。死生路异兮从此乖，奈我茕独兮中心哀！"虽临危抒愤，词意浅露，而其体式，亦皆楚歌也。

（摘自《〈鲁迅全集〉（第九卷）·汉文学史纲要》，第398—400页）

九

魏晋风骨

汉末魏初这个时代是很重要的时代，在文学方面起一个重大的变化，因当时正在黄巾和董卓大乱之后，而且又是党锢的纠纷之后，这时曹操出来了。

…………

董卓之后，曹操专权。在他的统治之下，第一个特色便是尚刑名。他的立法是很严的，因为当大乱之后，大家都想做皇帝，大家都想叛乱，故曹操不能不如此。曹操曾自己说过："倘无我，不知有多少人称王称帝！"这句话他倒并没有说谎。因此之故，影响到文章方面，成了清峻的风格。——就是文章要简约严明的意思。

此外还有一个特点，就是尚通脱。他为什么要尚通脱呢？自然也与当时的风气有莫大的关系。因为在党锢之祸以前，凡党中人都自命清流，不过讲"清"讲得太过，便成固执，所以在汉末，清流的举动有时便非常可笑了。

比方有一个有名的人，普通的人去拜访他，先要说几句话，倘这几句话说得不对，往往会遭倨傲的待遇，叫他坐到屋外去，甚而至于拒绝不见。

又如有一个人，他和他的姊夫是不对的，有一回他到姊姊那里去吃饭之后，便要将饭钱算回给姊姊。她不肯要，他就于出门之后，把那钱扔在街上，算是付过了。

个人这样闹闹脾气还不要紧，若治国平天下也这样闹起执拗的脾气来，那还成甚么话？所以深知此弊的曹操要起来反对这种习气，力倡通脱。通脱即随便之意。此种提倡影响到文坛，便产生多量想说甚么便说甚么的文章。

更因思想通脱之后，废除固执，遂能充分容纳异端和外来的思想，故孔教以外的思想源源引入。

总括起来，我们可以说汉末魏初的文章是清峻，通脱。在曹操本身，也是一个改造文章的祖师，可惜他的文章传的很少。他胆子很大，文章从通脱得力不少，做文章时又没有顾忌，想写的便写出来。

所以曹操征求人才时也是这样说，不忠不孝不要紧，只要有才便可以。这又是别人所不敢说的。曹操做诗，竟说是"郑康成行酒伏地气绝"，他引出离当时不久的事实，这也是别人所不敢用的。还有一样，比方人死时，常常写点遗令，这是名人的一件极时髦的事。当时的遗令本有一定的格式，且多言身后当葬于何处何处，或葬于某某名人的墓旁；操独不然，他的遗令不但没有依着格式，内容竟讲到遗下的衣服和伎女怎样处置等问题。

陆机虽然评曰"贻尘谤于后王"，然而我想他无论如何是一个精明人，他自己能做文章，又有手段，把天下的方士文士统统搜罗起来，省得他们跑在外面给他捣乱。所以他帷幄里面，方士文士就特别地多。

孝文帝曹丕，以长子而承父业，篡汉而即帝位。他也是喜欢文章的。其弟曹植，还有明帝曹叡，都是喜欢文章的。不过到那个时候，于通脱之外，更加上华丽。丕著有《典论》，现已失散无全本，那里面说："诗赋欲丽"，"文以气为主"。《典论》的零零碎碎，在唐宋类书中；一篇整的《论文》，在《文选》中可以看见。

后来有一般人很不以他的见解为然。他说诗赋不必寓教训，反对当时那些寓训勉于诗赋的见解，用近代的文学眼光看来，曹丕的一个时代可说是"文学的自觉时代"，或如近代所说是为艺术而艺术（Art for

Art's Sake）的一派。所以曹丕做的诗赋很好，更因他以"气"为主，故于华丽以外，加上壮大。归纳起来，汉末，魏初的文章，可说是："清峻，通脱，华丽，壮大。"在文学的意见上，曹丕和曹植表面上似乎是不同的。曹丕说文章事可以留名声于千载；但子建却说文章小道，不足论的。据我的意见，子建大概是违心之论。这里有两个原因：第一，子建的文章做得好，一个人大概总是不满意自己所做而羡慕他人所为的，他的文章已经做得好，于是他便敢说文章是小道；第二，子建活动的目标在于政治方面，政治方面不甚得志，遂说文章是无用了。

曹操曹丕以外，还有下面的七个人：孔融，陈琳，王粲，徐幹，阮瑀，应瑒，刘桢，都很能做文章，后来称为"建安七子"。七人的文章很少流传，现在我们很难判断；但，大概都不外是"慷慨"，"华丽"罢。华丽即曹丕所主张，慷慨就因当天下大乱之际，亲戚朋友死于乱者特多，于是为文就不免带着悲凉，激昂和"慷慨"了。

七子之中，特别的是孔融，他专喜和曹操捣乱。曹丕《典论》里有论孔融的，因此他也被拉进"建安七子"一块儿去。其实不对，很两样的。不过在当时，他的名声可非常之大。孔融作文，喜用讥嘲的笔调，曹丕很不满意他。孔融的文章现在传的也很少，就他所有的看起来，我们可以瞧出他并不大对别人讥讽，只对曹操。比方操破袁氏兄弟，曹丕把袁熙的妻甄氏拿来，归了自己，孔融就写信给曹操，说当初武王伐纣，将妲己给了周公了。操问他的出典，他说，以今例古，大概那时也是这样的。又比方曹操要禁酒，说酒可以亡国，非禁不可，孔融又反对他，说也有以女人亡国的，何以不禁婚姻。

其实曹操也是渴酒的。我们看他的"何以解忧？惟有杜康"的诗句，就可能知道。为什么他的行为会和议论矛盾呢？此无他，因曹操是个办事人，所以不得不这样做；孔融是旁观的人，所以容易说些自由话。曹操见他屡屡反对自己，后来借故把他杀了。他杀孔融的罪状大概是不孝。因为孔融有下列的两个主张：

第一，孔融主张母亲和儿子的关系是如瓶之盛物一样，只要在瓶内把东西倒了出来，母亲和儿子的关系便处完了。第二，假使有天下饥荒的一个时候，有点食物，给父亲不给呢？孔融的答案是：倘若父亲是不好的，宁可给别人。——曹操想杀他，便不惜以这种主张为他不忠不孝的根据，把他杀了。倘若曹操在世，我们可以问他，当初求才时就说不忠不孝也不要紧，为何又以不孝之名杀人呢？然而事实上纵使曹操再生，也没人敢问他，我们倘若去问他，恐怕他把我们也杀了。

与孔融一同反对曹操的尚有一个祢衡，后来给黄祖杀掉的。祢衡的文章也不错，而且他和孔融早是"以气为主"来写文章的了。故在此我们又可知道，汉文慢慢壮大起来，是时代使然，非专靠曹操父子之功的。但华丽好看，却是曹丕提倡的功劳。

（摘自《〈鲁迅全集〉（第三卷）·而已集·魏晋风度及文章与药及酒之关系》，第523–528页）

十

晋·陶渊明

又如被选家录取了《归去来辞》和《桃花源记》，被论客赞赏着"采菊东篱下，悠然见南山"的陶潜先生，在后人的心目中，实在飘逸得太久了，但在全集里，他却有时很摩登，"愿在丝而为履，附素足以周旋，悲行止之有节，空委弃于床前"，竟想摇身一变，化为"阿呀呀，我的爱人呀"的鞋子，虽然后来自说因为"止于礼义"，未能进攻到底，但那些胡思乱想的自白，究竟是大胆的。就是诗，除论客所佩服的"悠然见南山"之外，也还有"精卫衔微木，将以填沧海，形天舞干戚，猛志固常在"之类的"金刚怒目"式，在证明着他并非整天整夜的飘飘然。这"猛志固常在"和"悠然见南山"的是一个人，倘有取舍，即非全人，再加抑扬，更离真实。

（摘自《〈鲁迅全集〉（第六卷）·且介亭杂文二集·"题未定"草六》，第436页）

陶渊明先生是我们中国赫赫有名的大隐，一名"田园诗人"，自然，他并不办期刊，也赶不上吃"庚款"，然而他有奴子。汉晋时候的奴子，是不但侍候主人，并且给主人种地，营商的，正是生财器具。所以虽是渊明先生，也还略略有些生财之道在，要不然，他老人家不但没有酒喝，而且没有饭吃，早已在东篱旁边饿死了。

（摘自《〈鲁迅全集〉（第六卷）·且介亭杂文二集·隐士》，第231–232页）

十一

晋·郭璞、代木华、北周瘐信

有的爱读《江赋》和《海赋》，有的欣赏《小园》或《枯树》。后者是徘徊于有无生灭之间的文人，对于人生，既惮扰攘，又怕离去，懒于求生，又不乐死，实有太板，寂绝又太空，疲倦得要休息，而休息又太凄凉，所以又必须有一种抚慰。于是"曲终人不见"之外，如"只在此山中，云深不知处"或"笙歌归院落，灯火下楼台"之类，就往往为人所称道。因为眼前不见，而远处却在，如果不在，便悲哀了，这就是道士之所以说"至心归命礼，玉皇大天尊！"也。

（摘自《〈鲁迅全集〉（第六卷）·且介亭杂文二集·"题未定"草七》，第440页）

十二

六朝小说

这试题很难解答。

因为唐代传奇，是至今还有标本可见的，但现在之所谓六朝小说，我们所依据的只是从《新唐书艺文志》以至清《四库书目》的判定，有许多种，在六朝当时，却并不视为小说。例如《汉武故事》，《西京杂记》，《搜神记》，《续齐谐记》等，直到刘昫的《唐书经籍志》，还属于史部起居注和杂传类里的。那时还相信神仙和鬼神，并不以为虚造，所以所记虽有仙凡和幽明之殊，却都是史的一类。

况且从晋到隋的书目，现在一种也不存在了，我们已无从知道那时所视为小说的是什么，有怎样的形式和内容。现存的惟一最早的目录只有《隋书经籍志》，修者自谓"远览马史班书，近观王阮志录"，也许尚存在王俭《今书七志》阮孝绪《七录》的痕迹罢，但所录小说二十五种中，现存的却只有《燕丹子》和刘义庆撰《世说》合刘孝标注两种了。

此外，则《郭子》，《笑林》，殷芸《小说》，《水饰》，及当时以为隋代已亡的《青史子》，《语林》等，还能在唐宋类书里遇见一点遗文。

单从上述这些材料来看，武断的说起来，则六朝人小说，是没有记叙神仙或鬼怪的，所写的几乎都是人事；文笔是简洁的；材料是笑柄，谈资；但好像很排斥虚构，例如《世说新语》说裴启《语林》记谢安语不实，谢安一说，这书即大损声价云云，就是。

唐代传奇文可就大两样了：神仙人鬼妖物，都可以随便驱使；文笔是精细，曲折的，至于被崇尚简古者所诟病；所叙的事，也大抵具有首尾和波澜，不止一点断片的谈柄；而且作者往往故意显示着这事迹的虚构，以见他想象的才能了。

但六朝人也并非不能想象和描写，不过他不用于小说，这类文章，那时也不谓之小说。例如阮籍的《大人先生传》，陶潜的《桃花源记》，其实倒和后来的唐代传奇文相近；就是嵇康的《圣贤高士传赞》（今仅有辑本），葛洪的《神仙传》，也可以看作唐人传奇文的祖师的。李公佐作《南柯太守传》，李肇为之赞，这就是嵇康的《高士传》法；陈鸿《长恨传》置白居易的长歌之前，元稹的《莺莺传》既录《会真诗》，又举李公垂《莺莺歌》之名作结，也令人不能不想到《桃花源记》。

至于他们之所以著作，那是无论六朝或唐人，都是有所为的。《隋书经籍志》抄《汉书艺文志》说，以著录小说，比之"询于刍荛"，就是以为虽然小说，也有所为的明证。不过在实际上，这有所为的范围却缩小了。晋人尚清谈，讲标格，常以寥寥数言，立致通显，所以那时的小说，多是记载畸行隽语的《世说》一类，其实是借口舌取名位的入门书。唐以诗文取士。但也看社会上的名声，所以士子入京应试，也须豫先干谒名公，呈献诗文，冀其称誉，这诗文叫作"行卷"。诗文既滥，人不欲观，有的就用传奇文，来希图一新耳目，获得特效了，于是那时的传奇文，也就和"敲门砖"很有关系。但自然，只被风气所推，无所为而作者，却也并非没有的。

（摘自《〈鲁迅全集〉（第六卷）·且介亭杂文二集·六朝小说和唐代传奇文有怎样的区别？》，第334－336页）

十三

第二讲　六朝时之志怪与志人

上次讲过：一、神话是文艺的萌芽。二、中国的神话很少。三、所有的神话，没有长篇的。四、《汉书》《艺文志》上载的小说都不存在了。五、现存汉人的小说，多是假的。现在我们再看六朝时的小说怎样？中国本来信鬼神的，而鬼神与人乃是隔离的，因欲人与鬼神交通，于是乎就有巫出来。巫到后来分为两派：一为方士；一仍为巫。巫多说鬼，方士多谈炼金及求仙，秦汉以来，其风日盛，到六朝并没有息，所以志怪之书特多，像《博物志》上说：

"燕太子丹质于秦，……欲归，请于秦王。王不听，谬言曰：'令乌头白，马生角，乃可'。丹仰而叹，乌即头白，俯而嗟，马生角。秦王不得已而遣之……"（卷八《史补》）

这全是怪诞之说，是受了方士思想的影响。再如刘敬叔的《异苑》上说：

"义熙中，东海徐氏婢兰忽患羸黄，而拂拭异常，共伺察之，见扫帚从壁角来趋婢床，乃取而焚之，婢即平复。"（卷八）

这可见六朝人视一切东西，都可成妖怪，这正就是巫底思想，即所谓"万有神教"。此种思想，到了现在，依然留存，像：常见在树上挂着"有求必应"的匾，便足以证明社会上还将树木当神，正如六朝人一样的迷信。其实这种思想，本来是无论何国，古时候都有的，不过后来渐渐地没有罢了，但中国还很盛。

六朝志怪的小说，除上举《博物志》、《异苑》而外，还有干宝的《搜神记》，陶潜的《搜神后记》。但《搜神记》多已佚失，现在所存的，乃是明人辑各书引用的话，再加别的志怪书而成，是一部半真半假的书籍。至于《搜神后记》，亦记灵异变化之事，但陶潜旷达，未必作此，大约也是别人的托名。

此外还有一种助六朝人志怪思想发达的，便是印度思想之输入。因为晋，宋，齐，梁四朝，佛教大行，当时所译的佛经很多，而同时鬼神奇异之谈也杂出，所以当时合中，印两国底鬼怪到小说里，使它更加发达起来，如阳羡鹅笼的故事，就是：

"阳羡许彦于绥安山行，遇一书生，……卧路侧，云脚痛，求寄鹅笼中。彦以为戏言，书生便入笼，……宛然与双鹅并坐，鹅亦不惊。彦负笼而去，都不觉重。前行息树下，书生乃出笼谓彦曰：'欲为君薄设'。彦曰：'善'。乃口中吐出一铜奁子，中具肴馔。……酒数行，谓彦曰：'向将一妇人自随，今欲暂邀之。'……又于口中吐一女子，……共坐宴。俄而书生醉卧，此女谓彦曰：'……向亦窃得一男子同行，……暂唤之……'……女子于口中吐出一男子……"

此种思想，不是中国所故有的，乃完全受了印度思想的影响。就此也可知六朝的志怪小说，和印度怎样相关的大概了。但须知六朝人之志怪，却大抵一如今日之记新闻，在当时并非有意做小说。

六朝时志怪的小说，既如上述，现在我们再讲志人的小说。六朝志人的小说，也非常简单，同志怪的差不多，这有宋刘义庆做的《世说新语》，可以做代表。现在待我举出一两条来看：

"阮光禄在剡，曾有好车，借者无不皆给。有人葬母，意欲借而不敢言。阮后闻之，叹曰：'吾有车而使人不敢借，何以车为？'遂焚之。"（卷上《德行篇》）

"刘伶恒纵酒放达，或脱衣裸形在屋中。人见讥之，伶曰：'我以天地为栋宇，屋室为裈衣，诸君何为入我裈中？'"（卷下《任诞篇》）

这就是所谓晋人底风度。以我们现在的眼不看去，阮光禄之烧车，刘伶之放达，是觉得有些奇怪的，但在晋人却并不以为奇怪，因为那时所贵的是奇特的举动和玄妙的清谈。这种清谈，本从汉之清议而来。汉末政治黑暗，一般名士议论政事，其初在社会上很有势力，后来遭执政者之嫉视，渐渐被害，如孔融，祢衡等都被曹操设法害死，所以到了晋代底名士，就不敢再议论政事，而一变为专谈玄理；清议而不谈政事，这就成了所谓清谈了。但这种清谈的名士，当时在社会上都仍旧很有势力，若不能玄谈的，好似不够名士底资格；而《世说》这部书，差不多就可以看做一部名士底教科书。

前乎《世说》尚有《语林》，《郭子》，不过现在都没有了。而《世说》乃是纂辑自后汉至东晋底旧文而成的。后来有刘孝标给《世说》作注，注中所引的古书多至四百余种，而今又不多存在了；所以后人对于《世说》看得更贵重，到现在还很通行。

此外还有一种魏邯郸淳做的《笑林》，也比《世说》早。它的文章，较《世说》质朴些，现在也没有了，不过在唐宋人的类书上所引的遗文，还可以看见一点，我现在把它也举一条出来：

"甲父母在，出学三年而归，舅氏问其学何所得，并序别父久。乃答曰：'渭阳之思，过于秦康。'（秦康父母已死）既而父数之，'尔学奚益'。答曰：'少失过庭之训，故学无益。'"（《广记》二百六十二）

就此可知《笑林》中所说，大概不外俳谐之谈。

上举《笑林》，《世说》两种书，到后来都没有什么发达，因为只有模仿，没有发展。如社会上最通行的《笑林广记》，当然是《笑林》的支派，但是《笑林》所说的多是知识上的滑稽；而到了《笑林广林》，则落于形体上的滑稽，专以鄙言就形体上谑人，涉于轻薄，所以滑稽的趣味，就降低多了。至于《世说》，后来模仿的更多，从刘孝标的《续世说》——见《唐志》——一直到清之王晫所做的《今世说》，现在易宗夔所做的《新世说》等，都是仿《世说》的书。但是晋朝和现代社会底情状，完全不同，到今日还模仿那时底小说，是很可笑的。因为我们知道从汉末到六朝为篡夺时代，四海骚然，人多抱厌世主义；加以佛道二教盛行一时，皆讲超脱现世，晋人先受其影响，于是有一派人去修仙，想飞升，所以喜服药；有一派人欲永游醉乡，不问世事，所以好饮酒。服药者——晋人所服之药，我们知道的有五石散，是用五种石料做的，其性燥烈——身上常发炎，适于穿旧衣——因新衣容易擦坏皮肤——又常不洗，虱子生得极多，所以说："扪虱而谈。"饮酒者，放浪形骸之外，醉生梦死。——这就是晋时社会底情状。而生在现代底人，生活情形完全不同了，却要去模仿那时社会背景所产生的小说，岂非笑话？

我在上面说过：六朝人并非有意作小说，因为他们看鬼事和人事，是一样的，统当作事实；所以《旧唐书》《艺文志》，把那种志怪的书，并不放在小说里，而归入历史的传记一类，一直到了宋欧阳修才把它归到小说里。可是志人底一部，在六朝时看得比志怪底一部更重要，因为这和成名很有关系；像当时乡间学者要想成名，他们必须去找名士，这在晋朝，就得去拜访王导，谢安一流人物，正所谓"一登龙门，则身价十倍"。但要和这流名士谈话，必须要能够合他们的脾胃，而要合他们的脾胃，则非看《世说》，《语林》这一类的书不可。例如：当时阮宣子见太尉王夷甫，夷甫问老庄之异同，宣子答说："将毋同。"夷甫就非常佩服他，给他官做，即世所谓"三语掾"。但"将毋同"三字，究竟怎样讲？有人说是"殆不同"的意思；有人说是"岂不同"的意思——总之是一种两可、飘渺恍惚之谈罢了。要学这一种飘渺之谈，就非看《世说》不可。

（摘自《〈鲁迅全集〉（第九卷）·中国小说的历史的变迁》，第317—321页）

十四
第三讲　唐之传奇文

　　小说到了唐时，却起了一个大变迁。我前次说过：六朝时之志怪与志人底文章，都很简短，而且当作记事实；及到唐时，则为有意识的作小说，这在小说史上可算是一大进步。而且文章很长，并能描写得曲折，和前之简古的文体，大不相同了，这在文体上也算是一大进步。但那时作古文底人，见了很不满意。叫它做"传奇体"。"传奇"二字，当时实是訾贬的意思，并非现代人意中的所谓"传奇"。可是这种传奇小说，现在多没有了，只有宋初底《太平广记》——这书可算是小说的大类书，是搜集六朝以至宋初底小说而成的——我们于其中还可以看见唐时传奇小说底大概：唐之初年，有王度做的《古镜记》，是自述得一神镜底异事，文章虽很长，但仅缀许多异事而成，还不脱六朝志怪底流风。此外又有无名氏做的《白猿传》，说的是梁将欧阳纥至长乐，深入溪洞，其妻为白猿掠去，后来得救回去，生一子，"厥状肖焉"。纥后为陈武帝所杀，他的儿子欧阳询，在唐初很有名望，而貌像猕猴，忌者因作此传；后来假小说以攻击人的风气，可见那时也就流行了。

　　到了武则天时，有张鷟做的《游仙窟》，是自叙他从长安走河湟去，在路上天晚，投宿一家，这家有两个女人，叫十娘，五嫂，和他饮酒作乐等情。事实不很繁复，而是用骈体文做的。这种以骈体做小说，是从前所没有的，所以也可以算一种特别的作品。到后来清之陈球所做的《燕山外史》，是骈体的，而作者自以为用骈体做小说是由他别开生面的，殊不知实已开端于张鷟了。但《游仙窟》中国久已佚失；惟在日本，现尚留存，因为张鷟在当时很有文名，外国人到中国来，每以重金买他的文章，这或者还是那时带去的一种。其实他的文章很是佻巧，也不见得好，不过笔调活泼些罢了。

唐至开元，天宝以后，作者蔚起，和以前大不同了。从前看不起小说的，此时也来做小说了，这是和当时底环境有关系的，因为唐时考试的时候，甚重所谓"行卷"；就是举子初到京，先把自己得意的诗钞成卷子，拿去拜谒当时的名人，若得称赞，则"声价十倍"，后来便有及第的希望，所以行卷在当时看得很重要。到开元，天宝以后，渐渐对于诗，有些厌气了，于是就有人把小说也放在行卷里去，而且竟也可以得名。所以从前不满意小说的，到此时也多做起小说来，因之传奇小说，就盛极一时了。大历中，先有沈既济做的《枕中记》——这书在社会上很普遍，差不多没有人不知道的——内容大略说：有个卢生，行邯郸道中，自叹失意，乃遇吕翁，给他一个枕头，生睡去，就梦娶清河崔氏；——清河崔属大姓，所以得娶清河崔氏，也是极荣耀的。——并由举进士，一直升官到尚书兼御史大夫。后为时宰所忌，害他贬到端州。过数年，又追他为中书令，封燕国公。后来衰老有病，呻吟床次，至气断而死。梦中死去，他便醒来，却尚不到煮熟一锅饭的时候。——这是劝人不要躁进，把功名富贵，看淡些的意思。到后来明人汤显祖做的《邯郸记》，清人蒲松龄所做《聊斋》中的《续黄粱》，都是本这《枕中记》的。

此外还有一个名人叫陈鸿的，他和他的朋友白居易经过安史之乱以后，杨贵妃死了，美人已入黄土，凭吊古事，不胜伤情，于是白居易作了《长恨歌》；而他便做了《长恨歌传》。此传影响到后来，有清人洪昇所做的《长生殿》传奇，是根据它的。当时还有一个著名的，是白居易之弟白行简，做了一篇《李娃传》，说的是：荥阳巨族之子，到长安来，溺于声色，贫病困顿，竟流落为挽郎。——挽郎是人家出殡时，挽棺材者，并须唱挽歌。——后为李娃所救，并勉他读书，遂得擢第，官至参军。行简的文章本好，叙李娃的情节，又很是缠绵可观。此篇对于后来的小说，也很有影响，如元人的《曲江池》，明人薛近兖的《绣襦记》，都是以它为本的。

再唐人底小说，不甚讲鬼怪，间或有之，也不过点缀点缀而已。但也有一部分短篇集，仍多讲鬼怪的事情，这还是受了六朝人底影响，如牛僧孺的《玄怪录》，段成式的《酉阳杂俎》，李复言的《续玄怪录》，张读的《宣室志》，苏鹗的《杜阳杂编》，裴铏的《传奇》等，都是的。然而毕竟是唐人做的，所以较六朝人做的曲折美妙得多了。

唐之传奇作者，除上述以外，于后来影响最大而特可注意者，又有二人：其一著作不多，而影响很大，又很著名者，便是元微之；其一著作多，影响也很大，而后来不甚著名者，便是李公佐。现在我把他两人分开来说一说：

一、元微之的著作　元微之名稹，是诗人，与白居易齐名。他做的小说，只有一篇《莺莺传》，是讲张生与莺莺之事，这大概大家都是知道的，我可不必细说。微之的诗文，本是非常有名的，但这篇传奇，却并不怎样杰出，况且其篇末叙张生之弃绝莺莺，又说什么"……德不足以胜妖，是用忍情"。文过饰非，差不多是一篇辩解文字。可是后来许多曲子，却都由此而出，如金人董解元的《弦索西厢》，——现在的《西厢》，是扮演；而此则弹唱——元人王实甫的《西厢记》，关汉卿的《续西厢记》，明人李日华的《南西厢记》，陆采的《南西厢记》，……等等，非常之多，全导源于这一篇《莺莺传》。但和《莺莺传》原本所叙的事情，又略有不同，就是：叙张生和莺莺到后来终于团圆了。这因为中国人底心理，是很喜欢团圆的，所以必至于如此，大概人生现实底缺陷，中国人也很知道，但不愿意说出来；因为一说出来，就要发生"怎样补救这缺点"的问题，或者免不了要烦闷，要改良，事情就麻烦了。而中国人不大喜欢麻烦和烦闷，现在倘在小说里叙了人生底缺陷，便要使读者感着不快。所以凡是历史上不团圆的，在小说里往往给他团圆；没有报应的，给他报应，互相骗骗。——这实在是关于国民性底问题。

二、李公佐的著作　李公佐向来很少人知道，他做的小说很多，现在只存有四种：（一）《南柯太守传》：此传最有名，是叙东平淳于棼的宅南，有一棵大槐树，有一天梦因醉卧东庑下，梦见两个穿紫色衣服的人，来请他到了大槐安国，招了驸马，出为南柯太守；因有政绩，又累升大官。后领兵与檀萝国战争，被打败，而公主又死了，于是仍送他回来。及醒来则刹那之梦，如度一世；而去看大槐树，则有一蚂蚁洞，蚂蚁正出入乱走着，所谓大槐安国，南柯郡，就在此地。这篇立意，和《枕中记》差不多，但其结穴，余韵悠然，非《枕中记》所能及。后来明人汤显祖作《南柯记》，也就是从这传演出来的。（二）《谢小娥传》：此篇叙谢小娥的父亲，和她的丈夫，皆往来江湖间，做买卖，为盗所杀。小娥梦父告以仇人为"车中猴东门草"；又梦夫告以仇人为"禾中走一日夫"；人多不能解，后来李公佐乃为之解说："车中猴，东门草"是"申兰"二字；"禾中走，一日夫"是"申春"二字。后果然因之得盗。这虽是解迷获贼，无大理致，但其思想影响于后来之小说者甚大：如李复言演其文人《续玄怪录》，题曰《妙寂尼》，明人则本之作平话。他若《包公案》中所叙，亦多有类此者。（三）《李汤》：此篇叙的是楚州刺史李汤，闻渔人见龟山下，水中有大铁锁，以人，牛之力拉出，则风涛大作；并有一像猿猴之怪兽，雪牙金爪，闯上岸来，观者奔走，怪兽仍拉铁锁入水，不再出来。李公佐为之解说：怪兽是淮涡水神无支祁。"力逾九象，搏击腾踔疾奔，轻利倏忽。"大禹使庚辰制之，颈锁大索，徙到淮阴的龟山下，使淮水得以安流。这篇影响也很大，我以为《西游记》中的孙悟空正类无支祁。但北大教授胡适之先生则以为是由印度传来的；俄国人钢和泰教授也曾说印度也有这样的故事。可是由我看去：1. 作《西游记》的人，并未看过佛经；2. 中国所译的印度经论中，没有和这相类的话；3. 作者——吴承恩——熟于唐人小说，《西游记》中受唐人小说的影响的地方很不少。所以我还以为孙悟空是袭取无支祁的。但胡适之先生仿佛并以为李公佐就受了印度传说的影响，这是我现在还不能说然否的话。（四）《庐江冯媪》：此篇叙事很简单，文章也不大好，我们现在可以不讲它。

唐人小说中的事情，后来都移到曲子里。如"红线"，"红拂"，"虬髯"……等，皆出于唐之传奇，因此间接传遍了社会，现在的人还知道，至于传奇本身，则到唐亡就随之而绝了。

（摘自《〈鲁迅全集〉第九卷·中国小说的历史的变迁》，第323-328）

十五
第四讲　宋人之"说话"及其影响

上次讲过：传奇小说，到唐亡时就绝了。至宋朝，虽然也有作传奇的，但就大不相同。因为唐人大抵描写时事；而宋人则极多讲古事。唐人小说少教训；而宋则多教训。大概唐时讲话自由些，虽写时事，不至于得祸；而宋时则讳忌渐多，所以文人便设法回避，去讲古事。加以宋时理学极盛一时，因之把小说也多理学化了，以为小说非含有教训，便不足道。但文艺之所以为文艺，并不贵在教训，若把小说变成修身教科书，还说什么文艺。宋人虽然还作传奇，而我说传奇是绝了，也就是这意思。然宋之士大夫，对于小说之功劳，乃至编《太平广记》一书。此书是搜集自汉至宋初的琐语小说，共五百卷，亦可谓集小说之大成。不过这也并非他们自动的。乃是政府召集他们做的。因为在宋初，天下统一，国内太平，因招海内名士，厚其廪饩，使他们修书，当时成就了《文苑英华》，《太平御览》和《太平广记》。此在政府的目的，不过利用这事业，收养名人，以图减其对于政府上之反动而已，固未尝有意于文艺；但在无意中，却替我们留下了古小说的林薮来。至于创作一方面，则宋之士大夫实在并没有什么贡献。但其时社会上却另有一种平民底小说，代之而兴了。这类作品，不但体裁不同，文章上也起了改革，用的是白话，所以实在是小说史上的一大变迁。因为当时一般士大夫，虽然都讲理学，鄙视小说，而一般人民，是仍要娱乐的；平民的小说之起来，正是无足怪讶的事。

宋建都于汴，民物康阜，游乐之事，因之很多，市井间有种杂剧，这种杂剧中包有所谓"说话"。"说话"分四科：一、讲史；二、说经诨经；三、小说；四、合生。"讲史"是讲历史上底事情，乃名人传记等；就是后来历史小说之起源。"说经诨经"，是以俗话演说佛经的。"小说"是简短的说话。"合生"，是先念含混的两名诗，随后再念几句，才能懂得意思，大概是讽刺时人的。这四科后来于小说有关系的，只是"讲史"和"小说"。那时操这种职业的人，叫做"说话人"；而且他们也有组织的团体，叫做"雄辩社"。他们也编有一种书，以作说话时之凭依、发挥，这书名叫"话本"。南宋初年，这种话本还流行，到宋亡，而元人入中国时，则杂剧消歇，话本也不通行了。至明朝，虽也还有说话人，——如柳敬亭就是当时很有名的说话人——但已不是宋人底面目；而且他们已不属于杂剧，也没有什么组织了。到现在，我们几乎已经不能知道宋时的话本究竟怎样。——幸而现在翻刻了几种书，可以当作标本看。

一种是《五代史平话》，是可以作讲史看的。讲史的体例，大概是从开天辟地讲起，一直到了要讲的朝代。《五代史平话》也是如此；它的文章，是各以诗起，次入正文，又以诗结，总是一段一段的有诗为证。但其病在于虚事铺排多，而于史事发挥少。至于诗，我以为大约是受了唐人底影响：因为唐时很重诗，能诗者就是清品；而说话人想仰攀他们，所以话本中每多诗词，而且一直到现在许多人所做的小说中也还没有改。再若后来历史小说中每回的结尾上，总有"不知后事如何？且听下回分解"的话，我以为大概也起于说话人，因为说话必希望人们下次再来听，所以必得用一个惊心动魄的未了事拉住他们。至于现在的章回小说还来模仿它，那可只是一个遗迹罢了。正如我们腹中的盲肠一样，毫无用处。一种是《京本通俗小说》，已经不全了，还存十多篇。在"说话"中之所谓小说，并不像现在所谓的广义的小说，乃是讲的很短，而且多用时事的。起首先说一个冒头，或用诗词，或仍用故事，名叫"得胜头回"——"头回"是前回之意；"得胜"是吉利语。——以后才入本文，但也并不冗长，长短和冒头差不多，在短时间内就完结。可见宋代说话中的所谓小说，即是"短篇小说"的意思，《京本通俗小说》虽不全，却足够可以看见那类小说底大概了。

除上述两种之外，还有一种《大宋宣和遗事》，首尾皆有诗，中间杂些俚句，近于"讲史"而非口谈；好似"小说"而不简洁；惟其中已叙及梁山泊的事情，就是《水浒》之先声，是大可注意的事。还有现在新发现的一部书，叫《大唐三藏法师取经诗话》，——此书中国早没有了，是从日本拿回来的——这所谓"诗话"，又不是现在人所说的诗话，乃是有诗，有话；换句话说：也是注重"有诗为证"的一类小说的别名。这《大唐三藏法师取经诗话》，虽然是《西游记》的先声，但又颇不同：例如"盗人参果"一事，在《西游记》上是孙悟空要盗，而唐僧不许；在《取经诗话》里是仙桃，孙悟空不盗，而唐僧使命去盗。——这与其说时代，倒不如说是作者思想之不同处。因为《西游记》之作者是士大夫，而《取经诗话》之作者是市人。士大夫论人极严，以为唐僧岂应盗人参果，所以必须将这事推到猴子身上去；而市人评论人则较为宽恕，以为唐僧盗几个区区仙桃有何要紧，便不再经心作意地替他隐瞒，竟放笔写上去了。

总之，宋人之"说话"的影响是非常之大，后来的小说，十分之九是本于话本的。如一、后之小说如《今古奇观》等片段的叙述，即仿宋之"小说"。二、后之章回小说如《三国志演义》等长篇的叙述，皆本于"讲史"。其中讲史之影响更大，并且从明清到现在，"二十四史"都演完了。作家之中，又出了一个著名人物，就是罗贯中。

罗贯中名本，钱唐人，大约生活在元末明初。他做的小说很多，可惜现在只剩下四种。而此四种又多经后人乱改，已非本来面目了。——因为中国人向来以小说为无足轻重，不似经书，所以多喜欢随便改动它——至于贯中生平之事迹，我们现在也无从而知；有的说他因为做了水浒，他的子孙三代都是哑巴，那可也是一种谣言。贯中的四种小说，就是：一、《三国演义》；二、《水浒传》；三、《隋唐志传》；四、《北宋三遂平妖传》。《北宋三遂平妖传》，是记贝州王则借妖术作乱的事情，平他的有三个人，其名字皆有一"遂"字，所以称"三遂平妖"。《隋唐志传》，则叙自隋禅位，以至唐明皇的事情。——这两种书的构造和文章都不甚好，在社会上也不盛行；最盛行，而且最有势力的，是《三国演义》和《水浒传》。

一、《三国演义》 讲三国底事情的，也并不自罗贯中起始，宋时里巷中说古话者，有"说三分"，就讲的是三国故事。苏东坡也说："王彭尝云：'途巷中小儿，……坐听说古话，至说三国事，闻刘玄德败，频蹙眉，有出涕者；闻曹操败，即喜唱快。以是知君子小人之泽，百世不斩。'"可见在罗贯中以前，就有《三国演义》这一类的书了。因为三国底事情，不像五代那样纷乱；又不像楚汉那样简单；恰是不简不繁，适于作小说。而且三国时底英雄，智术武勇，非常动人，所以人都喜欢取来做小说底材料。再有裴松之注《三国志》，甚为详细，也足以引起人之注意三国的事情。至罗贯中之《三国演义》是否出于创作，还是继承，现在固不敢草草断定；但明嘉靖时本题有"晋平阳侯陈寿史传，明罗本编次"之说，则可见是直接以陈寿的《三国志》为蓝本的。但是现在的《三国演义》却已多经后人改易，不是本来面目了。若论其书之优劣，则论者以为其缺点有三：（一）容易招人误会。因为中间所叙的事情，有七分是实的，三分是虚的；惟其实多虚少，所以人们或不免并信虚者为真。如王渔洋是有名的诗人，也是学者，而他有一个诗的题目叫"落凤坡吊庞士元"，这"落凤坡"只有《三国演义》上有，别无根据，王渔洋却被它闹昏了。（二）描写过实。写好的人，简直一点坏处都没有；而写不好的人，又是一点好处都没有。其实这在事实上是不对的，因为一个人不能事事全好，也不能事事全坏。譬如曹操他在政治上也有他的好处；而刘备，关羽等，也不能说毫无可议，但是作者并不管它，只是任主观方面写去，往往成为出乎情理之外的人。（三）文章和主意不能符合——这就是说作者所表现的和作者所想象的，不能一致。如他要写曹操的奸，而结果倒好像是豪爽多智；要写孔明之智，而结果倒像狡猾。——然而究竟它有很好的地方，像写关云长斩华雄一节，真是有声有色；写华容道上放曹操一节，则义勇之气可掬，如见其人。后来做历史小说的很多，如《开辟演义》，《东西汉演义》，《东西晋演义》，《前后唐演义》，《南北宋演义》，《清史演义》……都没有一种跟得住《三国演义》。所以人都喜欢看它；将来也仍旧能保持其相当价值的。

二、《水浒传》　《水浒传》是叙宋江等的事情，也不自罗贯中起始；因为宋江是实有其人的，为盗亦是事实，关于他的事情，从南宋以来就成社会上的传说。宋元间有高如，李嵩等，即以水浒故事作小说；宋遗民龚圣与又作《宋江三十六人赞》；又《宣和遗事》上也有讲"宋江擒方腊有功，封节度使"等说话，可见这种故事，早已传播人口，或早有种种简略的书本，也未可知。到后来，罗贯中荟萃诸说或小本《水浒》故事，而取舍之，便成了大部的《水浒传》。但原本之《水浒传》，现在已不可得，所通行的《水浒传》有两类：一类是七十回的；一类是多于七十回的。多于七十回的一类是先叙洪太尉误走妖魔，而次以百八人渐聚梁山泊，打家劫舍，后来受招安，用以破辽，平田虎，王庆，擒方腊，立了大功。最后朝廷疑忌，宋江服毒而死，终成神明。其中招安之说，乃是宋末到元初的思想，因为当时社会扰乱，官兵压制平民，民之和平者忍受之，不和平者便分离而为盗。盗一面与官兵抗，官兵不胜；一面则掳掠人民，民间自然亦时受其骚扰；但一到外寇进来，官兵又不能抵抗的时候，人民因为仇视外族，便想用较胜于官兵的盗来抵抗他，所以盗又为当时所称道了。至于宋江服毒的一层，乃明初加入的，明太祖统一天下之后，疑忌功臣，横行杀戮，善终的很不多，人民为对于被害之功臣表同情起见，就加上宋江服毒成神之事去。——这也就是事实上缺陷者，小说使他团圆的老例。

《水浒传》有许多人以为是施耐庵做的。因为多于七十回的《水浒传》就有繁的和简的两类，其中一类繁本的作者，题着施耐庵。然而这施耐庵恐怕倒是后来演为繁本者的托名，其实生在罗贯中之后。后人看见繁本题耐庵作，以为简本倒是节本，便将耐庵看作更古的人，排在贯中以前去了。到清初，金圣叹又说《水浒传》到"招安"为止是好的，以后便很坏；又自称得着古本，定"招安"为止是耐庵作，以后是罗贯中所续，加以痛骂。于是他把"招安"以后都删了去，只存下前七十回——这便是现在的通行本。他大概并没有什么古本，只是凭了自己的意见删去的，古本云云，无非是一种"托古"的手段罢了。但文章之前后有些参差，却确如圣叹所说，然而我在前边说过：《水浒传》是集合许多口传，或小本《水浒》故事而成的，所以当然有不能一律处。况且描写事业成功以后的文章，要比描写正做强盗时难些，一大部书，结末不振，是多有的事，也不能就此便断定是罗贯中所续作。至于金圣叹为什么要删"招安"以后的文章呢？这大概也就是受了当时社会环境底影响。胡适之先生说："圣叹生于流贼遍天下的时代，眼见张献忠，李自成一般强盗流毒全国，故他觉强盗是不应该提倡的，是应该口诛笔伐的。"这话很是。就是圣叹以为用强盗来平外寇，是靠不住的，所以他不愿听宋江立功的谣言。

但到明亡之后，外族势力全盛了，几个遗民抱亡国之痛，便把流寇之痛苦忘却，又与强盗表起同情来。如明遗民陈忱，就托名雁宕山樵作了一部《后水浒传》。他说：宋江死了以后，余下的同志，尚为宋御金，后无功，李俊率众浮海到暹罗做了国王。——这就是因为国家为外族所据，转而与强盗又表同情的意思。可是到后来事过情迁，连种族之感都又忘掉了，于是道光年间就有俞万春作《结水浒传》，说山寇宋江等，一个个皆为官兵所杀。他的文章，是漂亮的，描写也不坏，但思想实在未免煞风景。

（摘自《〈鲁迅全集〉（第九卷）·中国小说的历史的变迁》，第329-336页）

十六

明　袁中郎

但是，现在的袁中郎脸孔究竟画得怎样呢？时代很近，文证具存，除了变成一个小品文的老师，"方巾气"的死敌而外，还有些什么?

（摘自《〈鲁迅全集〉（第六卷）·且介亭杂文二集·"招贴即扯"》，第
235页）

……倘要论袁中郎，当看他趋向之大体，趋向苟正，不妨恕其偶讲
空话，作小品文，因为他还有更重要的一方面在。正如李白会做诗，就
可以不责其喝酒，如果只会喝酒，便以半个李白，或李白的徒子徒孙自
命，那可是应该赶紧将他"排绝"的。

中郎还有更重要的一方面么？有的。万历三十七年，顾宪成辞官，
时中郎"主陕西乡试，发策，有'过劣巢由'之语。监临者问'意云
何？'袁曰：'今吴中大贤亦不出，将令世道何所倚赖，故发此感
尔。'"（《顾端文公年谱》下）中郎正是一个关心世道，佩服"方巾
气"人物的人，赞《金瓶梅》，作小品文，并不是他的全部。

中郎之不能被骂倒，正如他之不能被画歪。但因此也就不能作他的
蛆虫们的永久的巢穴了。

（摘自《〈鲁迅全集〉（第六卷）·且介亭杂文二集·"招贴即扯"》，
第236页）

但篇幅短并不是小品文的特征。一条几何定理不过数十字，一部
《老子》只有五千言，都不能说是小品。这该像佛经的小乘似的，先看
内容，然后讲篇幅。讲小道理，或没道理，而又不是长篇的，才可谓之
小品。至于有骨力的文章，恐不如谓之"短文"，短当然不及长，寥寥
几句，也说不尽森罗万象，然而它并不"小"。

（摘自《〈鲁迅全集〉（第六卷）·且介亭杂文二集·杂谈小品文》，
第431页）

十七

第五讲　明小说之两大主潮

上次已将宋之小说，讲了个大概。元呢，它的词曲很发达，而小说方面，却没有什么可说。现在我们就讲到明朝的小说去。明之中叶，即嘉靖前后，小说出现的很多，其中有两大主潮：一、讲神魔之争的；二、讲世情的。现在再将它分开来讲：

一、讲神魔之争的　此思潮之起来，也受了当时宗教，方士之影响的。宋宣和时，即非常崇奉道流；元则佛道并奉，方士的势力也不小；至明，本来是衰下去的了，但到成化时，又抬起头来，其时有方士李孜，释家继晓，正德时又有色目人于永，都以方技杂流拜官，因之妖妄之说日盛，而影响及于文章。况且历来三教之争，都无解决，大抵是互相调和，互相容受，终于名为"同源"而后已。凡有新派进来，虽然彼此目为外道，生些纷争，但一到认为同源，即无歧视之意，须俟后来另有别派，它们三家才又自称正道，再来攻击这非同源的异端。当时的思想，是极模糊的，在小说中所写的邪正，并非儒和佛，或道和佛，或儒道释和白莲教，单不过是今胡的彼此之争。我就总括起来给他们一个名目，叫做神魔小说。此种主潮，可作代表者，有三部小说：（一）《西游记》；（二）《封神传》；（三）《三宝太监西洋记》。

（一）《西游记》　《西游记》世人多以为是元朝的道士邱长春做的，其实不然。邱长春自己另有《西游记》三卷，是纪行，今尚存《道藏》中：惟因书名一样，人们遂误以为是一种。加以清初刻《西游记》小说者，又取虞集所作的《长春真人西游记序》冠其首，人更信这《西游记》是邱长春所做的了。——实则做这《西游记》者，乃是江苏山阳人吴承恩。此见于明时所修的《淮安府志》；但到清代修志却又把这记载删去了。《西游记》现在所见的，是一百回，先叙孙悟空成道，次叙唐僧取经的由来，后经八十一难，终于回到东土。这部小说，也不是吴承恩所创作，因为《大唐三藏法师取经诗话》——在前边已经提及过——已说过猴行者，深河神，及诸异境。元朝的杂剧也有用唐三藏西天取经做材料的著作。此外明时也别有一种简短的《西游记传》——由此可知玄奘西天取经一事，自唐末以至宋元已渐渐演成神异故事，且多作成简单的小说，而至明吴承恩，便将它们汇集起来，以成大部的《西游记》。承恩本善于滑稽，他讲妖怪的喜，怒，哀，乐，都近于人情，所以人都喜欢看！这是他的本领。而且叫人看了，无所容心，不像《三国演义》，见刘胜则喜，见曹胜则恨；因为《西游记》上所讲的都是妖怪，我们看了，但觉好玩，所谓忘怀得失，独存赏鉴了——这也是他的本领。至于说到这书的宗旨，则有人说是劝学；有人说是谈禅；有人说是讲道；议论很纷纷。但据我看来，实不过出于作者之游戏，只因为他受了三教同源的影响，所以释迦，老君，观音，真性，元神之类，无所不有，使无论什么教徒，皆可随宜附会而已。如果我们一定要问它的大旨，则我觉得明人谢肇淛所说的"《西游记》……以猿为心之神，以猪为意之驰，其始之放纵，上天下地，莫能禁制，而归于紧箍一咒，能使心猿驯伏，至死靡他，盖亦救放心之喻。"这几句话，已经很足以说尽了。后来有《后西游记》及《续西游记》等，都脱不了前书窠臼。至董说的《西游补》，则成了讽刺小说，与这类没有大关系了。

（二）《封神传》　　《封神传》在社会上也很盛行，至为何人所作，我们无从而知。有人说：作者是一穷人，他把这书做成卖了，给他女儿作嫁资，但这不过是没有凭据的传说。它的思想，也就是受了三教同源的模糊的影响；所叙的是受辛进香女娲宫，题诗亵神，神因命三妖惑纣以助周。上边多说战争，神佛架出，助周者为阐教；助殷者为截教。我以为这"阐"是明的意思，"阐教"就是正教；"截"是断的意思，"截教"或者就是佛教中所谓断见外道。——总之是受了三教同源的影响，以三教为神，以别教为魔罢了。

（三）《三宝太监西洋记》　　《三宝太监西洋记》，是明万历间的书，现在少见；这书所叙的是永乐中太监郑和服外夷三十九国，使之朝贡的事情。书中说郑和到西洋去，是碧峰长老助他的，用法术降服外夷，收了全功。在这书中，虽然所说的是国与国之战，但中国近于神，而外夷却居于魔的地位，所以仍然是神魔小说之流。不过此书之作，则也与当时的环境有关系，因为郑和之在明代，名声赫然，为世人所乐道；而嘉靖以后，东南方面，倭寇猖獗，民间伤今之弱，于是便盛昔之盛，做了这一部书。但不思将帅，而思太监，不恃兵力，而恃法术者，乃是一则为传统思想所囿；一则明朝的太监的确常做监军，权力非常之大。这种用法术打外国的思想，流传下来一直到清朝，信以为真，就有义和团实验了一次。

二、讲世情的　当神魔小说盛行的时候，讲世情的小说，也就起来了，其原因，当然也离不开那时的社会状态，而且有一类，还与神魔小说一样，和方士是有很大的关第的。这种小说，大概都叙述些风流放纵的事情，间于悲欢离合之中，写炎凉的世态。其最著名的，是《金瓶梅》，书中所叙，是借《水浒传》中之西门庆做主人，写他一家的事迹。西门庆原有一妻三妾，后复爱潘金莲，酖其夫武大，纳她为妾；又通金莲婢春梅；复私了李瓶儿，也纳为妾了。后来李瓶儿，西门庆皆先死，潘金莲又为武松所杀，春梅也因淫纵暴亡。至金兵到清河时，庆妻携其遗腹子孝哥，欲到济南去，路上遇着普净和尚，引至永福寺，以佛法感化孝哥，终于使他出了家，改名明悟。因为这书中的潘金莲，李瓶儿，春梅，都是重要人物，所以书名就叫《金瓶梅》。明人小说之讲秽行者，人物每有所指，是借文字来报私仇的，像这部《金瓶梅》中所说的西门庆，是一个绅士，大约也不外作者的仇家，但究属何人，现在无可考了。至于作者是谁，我们现在也还未知道。有人说：这是王世贞为父报仇而做的，因为他的父亲王忬为严嵩所害，而严嵩之子世蕃又势盛一时，凡有不利于严嵩的奏章，无不受其压抑，不使上闻。王世贞探得世蕃爱看小说，便作了这部书，使他得沉湎其中，无暇他顾，而参严嵩的奏章，得以上去了。所以清初的翻刻本上，就有《苦孝说》冠其首。但这不过是一种推测之辞，不足信据。《金瓶梅》的文章做得尚好，而王世贞在当时最有文名，所以世人遂把作者之名嫁给他了。后人之主张此说，并且以《苦孝记》冠其首，也无非是想减轻社会上的攻击的手段，并不是确有什么王世贞所作的凭据。

此外叙放纵之事，更甚于《金瓶梅》者，为《玉娇李》。但此书到清朝已经佚失，偶有见者，也不是原本了。还有一种山东诸城人丁耀亢所做的《续金瓶梅》，和前书颇不同，乃是对于《金瓶梅》的因果报应之说，就是武大后世变成淫夫，潘金莲也变为河间妇，终受极刑；西门庆则变成一个骏憨男子，只坐视着妻妾外遇。——以见轮回是不爽的。从此以后世情小说，就明明白白的，一变而为说报应之书——成为劝善的书了。这样的讲到后世的事情的小说，如果推演开去，三世四世，要以永远做不完工，实在是一种奇怪而有趣的做法。但这在古代的印度却是曾经有过的，如《鸯堀摩罗经》就是一例。

如上所讲，世情小说在一方面既有这样的大讲因果的变迁，在他方面也起了别一种反动。那是讲所谓"温柔敦厚"的，可以用《平山冷燕》，《好逑传》，《玉娇梨》来做代表。不过这类的书名字，仍多袭用《金瓶梅》式，往往摘取书中人物的姓名来做书名；但内容却不是淫夫荡妇，而变了才子佳人了。所谓才子者，大抵能作些诗，才子和佳人之遇合，就每每以题诗为媒介。这似乎是很有悖于"父母之命，媒妁之言"的婚姻，对于旧习惯是有些反对的意思的，但到团圆的时节，又常是奉旨成婚，我们就知道作者是寻到了更大的帽子了。那些书的文章也没有一部好，而在外国却很有名。一则因为《玉娇梨》，《平山冷燕》，有法文译本；《好逑传》有德，法文译本，所以研究中国文学的人们都知道，给中国做文学史就大概提起它；二则因为若在一夫一妻制的国度里，一个以上的佳人共爱一个才子便要发生极大的纠纷，而在这些小说里却毫无问题，一下子便都结了婚了，从他们看起来，实在有些新奇而且有趣。

（摘自《〈鲁迅全集〉（第九卷）·中国小说的历史的变迁》，第337-342页）

十八
中国小说的历史的变迁

我所讲的是中国小说的历史的变迁。许多历史家说，人类的历史是进化的，那么，中国当然不会在例外。但看中国进化的情形，却有两种很特别的现象：一种是新的来了好久之后而旧的又回复过来，即是反复；一种是新的来了好久之后而旧的并不废去，即是羼杂。然而就并不进化么？那也不然，只是比较的慢，使我们性急的人，有一日三秋之感罢了。文艺，文艺之一的小说，自然也如此。例如虽至今日，而许多作品里面，唐宋的，甚而至于原始人民的思想手段的糟粕都还在。今天所讲，就想不理会这些糟粕——虽然它还很受社会欢迎——而从倒行的杂乱的作品里寻出一条进行的线索来，一共分为六讲。

第一讲　从神话到神仙传

考小说之名，最古是见于庄子所说的"饰小说以干县令"。"县"是高，言高名；"令"是美，言美誉。但这是指他所谓琐屑之言，不关道术的而说，和后来所谓的小说并不同。因为如孔子，杨子，墨子各家的学说，从庄子看来，都可以谓之小说；反之，别家对庄子，也可称他的著作为小说。至于《汉书》《艺文志》上说："小说者，街谈巷语之说也。"这才近似现在的所谓小说了，但也不过古时稗官采集一般小民所谈的小话，借以考察国之民情，风俗而已，并无现在所谓小说之价值。

小说是如何起源的呢？据《汉书》《艺文志》上说："小说家者流，盖出于稗官。"稗官采集小说的有无，是另一问题；即使真有，也不过是小说书之起源。不是小说之起源。至于现在一班研究文学史者，却多认小说起源于神话。因为原始民族，穴居野处，见天地万物，变化不常——如风，雨，地震等——有非人力所可捉摸抵抗，很为惊怪，以为必有个主宰万物者在，因之拟名为神；并想像神的生活，动作，如中国有盘古氏开天辟地之说，这便成功了"神话"。从神话演进，故事渐近于人性，出现的大抵是"半神"，如说古来建大功的英雄，其才能在凡人以上，由于天授的就是。例如简狄吞燕卵而生商，尧时"十日并出"，尧使羿射之的话，都是和凡人不同的。这些口传，今人谓之"传说"。由此再演进，则正事归为史；逸史即变为小说了。

我想，在文艺作品发生的次序中，恐怕是诗歌在先，小说在后的。诗歌起于劳动和宗教。其一，因劳动时，一面工作，一面唱歌，可以忘却劳苦，所以从单纯的呼叫发展开去，直到发挥自己的心意和感情，并偕有自然的韵调；其二，是因为原始民族对于神明，渐因畏惧而生敬仰，于是歌颂其威灵，赞叹其功烈，也就成了诗歌的起源。至于小说，我以为倒是起于休息的。人在劳动时，既用歌吟以自娱，借它忘却劳苦了，则到休息时，亦必要寻一种事情以消遣闲暇。这种事情，就是彼此谈论故事，而这谈论故事，正就是小说的起源。——所以诗歌是韵文，从劳动时发生的；小说是散文，从休息时发生的。

但在古代，不问小说或诗歌，其要素总离不开神话。印度，埃及，希腊都如此，中国亦然。只是中国并无含有神话的大著作；其零星的神话，现在也还没有集录为专书的。我们要寻求，只可从古书上得到一点，而这种古书最重要的，便推《山海经》。不过这书也是无系统的，其中最要的，和后来有关系的记述，有西王母的故事，现在举一条出来：

"玉山，是西王母所居也。西王母其状如人，豹尾虎齿而善啸，蓬发戴胜，是司天之厉及五残。”

如此之类还不少。这个古典，一直流行到唐朝，才被骊山老母夺了位置去。此外还有一种《穆天子传》，讲的是周穆王驾八骏西征的故事，是汲郡古冢中杂书之一篇。——总之中国古代的神话材料很少，所有者，只是些断片的，没有长篇的，而且似乎也并非后来散亡，是本来的少有。我们在此要推求其原因，我以为最要的有两种：

一、太劳苦　因为中华民族先居在黄河流域，自然界底情形并不佳，为谋生起见，生活非常勤苦，因之重实际，轻玄想，故神话就不能发达以及流传下来。劳动虽说是发生文艺的一个源头，但也有条件：就是要不过度。劳逸均适，或者小觉劳苦，才能发生种种的诗歌，略有余暇，就讲小说。假使劳动太多，休息时少，没有恢复疲劳的余裕，则眠食尚且不暇，更不必提什么文艺了。

二、易于忘却　因为中国古时天神，地祇，人，鬼，往往殽杂，则原始的信仰存于传说者，日出不穷，于是旧者僵死，后人无从而知。如神荼，郁垒，为古之大神，传说上是手执一种苇索，以缚虎，且御凶魅的，所以古代将他们当作门神。但到后来又将门神改为秦琼，尉迟敬德，并引说种种事实，以为佐证，于是后人单知道秦琼和尉迟敬德为门神，而不复知神荼，郁垒，更不消说造作他们的故事了。此外这样的还很不少。

中国的神话既没有什么长篇的，现在我们就再来看《汉书》《艺文志》上所载的小说：《汉书》《艺文艺》上所载的许多小说目录，现在一样都没有了，但只有些遗文，还可以看见。如《大戴礼》《保傅篇》中所引《青史子》说：

“古者年八岁而出就外舍，学小艺焉，履小节焉；束发而就大学，学大艺焉，履大节焉。居则习礼文，行则鸣佩玉，升车则闻和鸾之声，是以非僻之心无自入也。……”

《青史子》这种话，就是古代的小说；但就我们看去，同《礼记》所说是一样的，不知何以当作小说？或者因其中还有许多思想和儒家的不同之故吧。至于现在所有的所谓汉代小说，却有称东方朔所做的两种：一、《神异经》；二、《十洲记》。班固做的，也有两种：一、《汉武故事》；二、《汉武帝内传》。此外还有郭宪做的《洞冥记》，刘歆做的《西京杂记》。《神异经》的文章，是仿《山海经》的，其中所说的多怪诞之事。现在举一条出来：

"西南荒山中出讹兽，其状若菟，人面能言，常欺人，言东而西，言恶而善。其肉美，食之，言不真矣。"（《西南荒经》）

《十洲记》是记汉武帝闻十洲于西王母之事，也仿《山海经》的，不过比较《神异经》稍微庄重些。《汉武故事》和《汉武帝内传》，都是记武帝初生以至崩葬的事情。《洞冥记》是说神仙道术及远方怪异的事情。《西京杂记》则杂记人间琐事。然而《神异经》，《十洲记》，为《汉书》《艺文志》上所不载，可知不是东方朔做的，乃是后人假造的。《汉武故事》，《汉武帝内传》则与班固别的文章，笔调不类，且中间夹杂佛家语，——彼时佛教尚不盛行，且汉人从来不喜说佛语——可知也是假的。至于《洞冥记》，《西京杂记》又已经为人考出是六朝人做的。——所以上举的六种小说，全是假的。惟此外有刘向的《列仙传》是真的。晋的葛洪又作《神仙传》，唐宋更多，于后来的思想及小说，很有影响。但刘向的《列仙传》，在当时并非有意作小说，乃是当作真实事情做的，不过我们以现在的眼光看去，只可作小说观而已。《列仙传》，《神仙传》中片断的神话，到现在还多拿它做儿童读物的材料。现在常有一问题发生：即此种神话，可否拿它做儿童的读物？我们顺便也说一说。在反对一方面的人说：以这种神话教儿童，只能养成迷信，是非常有害的；而赞成一方面的人说：以这种神话教儿童，正合儿童的天性，很感趣味，没有什么害处的。在我以为这要看社会上教育的状况怎样，如果儿童能继续更受良好的教育，则将来一学科学，自然会明白，不至迷信，所以当然没有害的；但如果儿童不能继续受稍深的教育，学识不再进步，则在幼小时所教的神话，将永信以为真，所以也许是有害的。

（摘自《〈鲁迅全集〉（第九卷）·中国小说的历史的变迁》，第311-315页）

第六讲　清小说之四派及其末流

清代底小说之种类及其变化，比明朝比较的多，但因为时间关系，我现在只可分作四派来说一个大概。这四派便是：一、拟古派；二、讽刺派；三、人情派；四、侠义派。

一、拟古派 所谓拟古者，是指拟六朝之志怪，或拟唐朝之传奇者而言。唐人底小说单本，到时时什九散亡了，偶有看见模仿的，世间就觉得新异。元末明初，先有钱唐瞿佑仿了唐人传奇，作《剪灯新语》，文章虽没有力，而用些艳语来描画闺情，所以特为时流所喜，仿效者很多，直到被朝廷禁止，这风气才渐渐的衰歇。但到了嘉靖间，唐人底传奇小说盛行起来了，从此模仿者又在在皆是，文人大抵喜欢做几篇传奇体的文章；其专做小说，合为一集的，则《聊斋志异》最有名。《聊斋志异》是山东淄川人蒲松龄做的。有人说他作书以前，天天在门口设备茗烟，请过路底人讲说故事，作为著作的材料；但是多由他的朋友那里听来的，有许多是从古书尤其是从唐人传奇变化而来的——如《凤阳士人》，《续黄粱》等就是——所以列他于拟古。书中所叙，多是神仙，狐鬼，精魅等故事，和当时所出同类的书差不多，但其优点在：（一）描写详细而委曲，用笔变幻而熟达。（二）说妖鬼多具人情，通世故，使人觉得可亲，并不觉得很可怕。不过用古典太多，使一般人不容易看下去。

《聊斋志异》出来之后，风行约一百年，这其间模仿和赞颂它的非常之多。但到了乾隆末年，有直隶献县人纪昀出来和他反对了，纪昀说《聊斋志异》之缺点有二：（一）体例太杂。就是说一个人的一个作品中，不当有两代的文章的体例，这是因为《聊斋志异》中有长的文章是仿唐人传奇的，而又有些短的文章却象六朝的志怪。（二）描写太详。这是说他的作品是述他人的事迹的，而每每过于曲尽细微，非自己不能知道，其中有许多事，本人未必肯说，作者何从知之？纪昀为避此两缺点起见，所以他所做的《阅微草堂笔记》就完全模仿六朝，尚质黜华，叙述简古。力避唐人的做法。其材料大抵自造，多借狐鬼的话，以攻击社会。据我看来，他自己是不信狐鬼的，不过他以为对于一般愚民，却不得不以神道设教。但他很有可以佩服的地方：他生在乾隆间法纪最严的时代，竟敢借文章以攻击社会上不通的礼法，荒谬的习俗，以当时的眼光看去，真算得很有魄力的一个人。可是到了末流，不能了解他攻击社会的精神，而只是学他的以神道设教一面的意思，于是这派小说差不多又变成劝善书了。

拟古派的作品，自从以上二书出来以后。大家都学他们；一直到了现在，即如上海就还有一群所谓文人在那里模仿它。可是并没有什么好成绩，学到的大抵是糟粕，所以拟古派也已经被踏死在它的信徒的脚下了。

二、讽刺派　小说中寓讥讽者，晋唐已有，而在明之人情小说为尤多。在清朝，讽刺小说反少有，有名而几乎是唯一的作品，就是《儒林外史》。《儒林外史》是安徽全椒人吴敬梓做的。敬梓多所见闻，又工于表现，故凡有所叙述，皆能在纸上见其声态；而写儒者之奇形怪状，为独多而独详。当时距明亡没有百年，明季底遗风，尚留存于士流中，八股而外，一无所知，也一无所事。敬梓身为士人，熟悉其中情形，故其暴露丑态，就能格外详细。其书虽是断片的叙述，没有线索，但其变化多而趣味浓，在中国历来作讽刺小说者，再没有比他更好的了。一直到了清末，外交失败，社会上的人们觉得自己的国势不振了，极想知其所以然，小说家也想寻出原因的所在；于是就有李宝嘉归罪于官场，用了南亭亭长的假名字，做了一部《官场现形记》。这部书在清末很盛行，但文章比《儒林外史》差得多了；而且作者对于官场的情形也并不很透彻，所以往往有失实的地方。嗣后又有广东南海人吴沃尧归罪于社会上旧道德的消灭，也用了我佛山人的假名字，做了一部《二十年目睹之怪现状》。这部书也很盛行，但他描写社会的黑暗面，常常张大其词，又不能穿入隐微，但照例的慷慨激昂，正和南亭亭长有同样的缺点。这两种书都用断片凑成，没有什么线索和主角。是同《儒林外史》差不多的，但艺术的手段，却差得远了；最容易看出来的就是《儒林外史》是讽刺，而那两种都近于谩骂。

讽刺小说是贵在旨微而语婉的，假如过甚其辞，就失了文艺上底价值，而它的末流都没有顾到这一点，所以讽刺小说从《儒林外史》而后，就可以谓之绝响。

三、人情派　此派小说，即可以著名的《红楼梦》做代表。《红楼梦》其初名《石头记》，共有八十回，在乾隆中年忽出现于北京。最初，皆抄本，至乾隆五十七年，才有程伟元刻本，加多四十回，共一百二十回，改名叫《红楼梦》。据伟元说：乃是从旧家及鼓担上收集而成全部的。至其原本，则现在已少见，惟现有一石印本，也不知究是原本与否。《红楼梦》所叙为石头城中——未必是今之南京——贾府的事情。其主要者为荣国府的贾政生子宝玉，聪明过人，而绝爱异性；贾府中实亦多好女子，主从之外，亲戚也多，如黛玉，宝钗等，皆来寄寓，史湘云亦常来。而宝玉与黛玉爱最深；后来政为宝玉娶妇，却迎了宝钗，黛玉知道以后，吐血死了。宝玉亦郁郁不乐，悲叹成病。其后宁国府的贾赦革职查抄，累及荣府，于是家庭衰落，宝玉竟发了疯，后又忽而改行，中了举人。但不多时，忽又不知所往了。后贾政因葬母路过毗陵，见一人光头赤脚，向他下拜，细看就是宝玉；正欲问话，忽来一僧一道，拉之而去。追之无有，但见白茫茫一片荒野而已。

《红楼梦》的作者，大家都知道是曹雪芹，因为这是书上写着的。至于曹雪芹是何等样人，却少有人提起过；现经胡适之先生的考证，我们可以知道大概了。雪芹名霑，一字芹圃，是汉军旗人。他的祖父名寅，康熙中为江宁织造。清世祖南巡时，即以织造局为行宫。其父頫，亦为江宁织造。我们由此就知道作者在幼时实在是一个大世家的公子。他生在南京。十岁时，随父到了北京。此后中间不知因何变故，家道忽落。雪芹中年，竟至穷居北京之西郊，有时还不得饱食。可是他还纵酒赋诗，而《红楼梦》的创作，也就在这时候。可惜后来他因为儿子夭殇，悲恸过度，也竟死掉了——年四十余——《红楼梦》也未得做完，只有八十回。后来程伟元所刻的，增至一百二十回，虽说是从各处搜集的，但实则其友高鹗所续成，并不是原本。

对于书中所叙的意思，推测之说也很多。举其较为重要者而言：（一）是说记纳兰性德的家事，所谓金钗十二，就是性德所奉为上客的人们。这是因为性德是词人，是少年中举，他家后来也被查抄，和宝玉的情形相仿佛，所以猜想出来的。但是查抄一事，宝玉在生前，而性德则在死后，其他不同之点也很多，所以其实并不很相像。（二）是说记顺治与董鄂妃的故事；而又以鄂妃为秦淮旧妓董小宛。清兵南下时，掠小宛到北京，因此有宠于清世祖，封为贵妃；后来小宛夭逝，清世祖非常哀痛，就出家到五台山做了和尚。《红楼梦》中宝玉也做和尚，就是分明影射这一段故事。但是董鄂妃是满洲人，并非就是董小宛，清兵下江南的时候，小宛已经二十八岁了；而顺治方十四岁，决不会有把小宛做妃的道理。所以这一说也不通的。（三）是说叙康熙朝政治底状态的；就是以为石头记是政治小说，书中本事，在吊明之亡，而揭清之失。如以"红"影"朱"字，以"石头"指"金陵"，以"贾"斥伪朝——即斥"清"，以金陵十二钗讥降清之名士。然此说未免近于穿凿，况且现在既知道作者既是汉军旗人，似乎不至于代汉人来抱亡国之痛的。（四）是说自叙；此说出来最早，而信者最少，现在可是多起来了。因为我们已知道雪芹自己的境遇，很和书中所叙相合。雪芹的祖父，父亲，都做过江宁织造，其家庭之豪华，实和贾府略同；雪芹幼时又是一个佳公子，有似于宝玉；而其后突然穷困，假定是被抄家或近于这一类事故所致，情理也可通——由此可知《红楼梦》一书，说是大部分为作者自叙，实是最为可信的一说。

至于说到《红楼梦》的价值，可是在中国底小说中实在是不可多得的。其要点在敢于如实描写，并无讳饰，和从前的小说叙好人完全是好，坏人完全是坏的，大不相同，所以其中所叙的人物，都是真的人物。总之自有《红楼梦》出来以后，传统的思想和写法都打破了。——它那文章的旖旎和缠绵，倒是还在其次的事。但是反对者却很多，以为将给青年以不好的影响。这就因为中国人看小说，不能用赏鉴的态度去欣赏它，却自己钻入书中，硬去充一个其中的脚色。所以青年看《红楼梦》，便以宝玉，黛玉自居；而年老人看去，又多占据了贾政管束宝玉的身份，溜心是利害的打算，别的什么也看不见了。

《红楼梦》而后，续作极多：有《后红楼梦》，《续红楼梦》，《红楼后梦》，《红楼复梦》，《红楼补梦》，《红楼重梦》，《红楼幻梦》，《红楼圆梦》……大概是补其缺陷，结以团圆。直到道光年中，《红楼梦》才谈厌了。但要叙常人之家，则佳人又少，事故不多，于是便用了《红楼梦》的笔调，去写优伶和妓女之事情，场面又为之一变。这有《品花宝鉴》，《青楼梦》可作代表。《品花宝鉴》是专叙乾隆以来北京底优伶的。其中人物虽与《红楼梦》不同，而仍以缠绵为主；所描写的伶人与狎客，也和佳人与才子差不多。《青楼梦》全书都讲妓女，但情形并非写实的，而是作者的理想。他以为只有妓女是才子的知己，经过若干周折，便即团圆，也仍脱不了明末的佳人才子这一派。到光绪中年，又有《海上花列传》出现，虽然也写妓女，但不像《青楼梦》那样的理想，却以为妓女有好，有坏，较近于写实了。一到光绪末年，《九尾龟》之类出，则所写的妓女都是坏人，狎客也像了无赖，与《海上花列传》又不同。这样，作者对于妓家的写法凡三变，先是溢美，中是近真，临末又溢恶，并且故意夸张，谩骂起来；有几种还是诬蔑，讹诈的器具。人情小说底末流至于如此，实在是很可以诧异的。

四、侠义派　侠义派底小说，可以用《三侠五义》做代表。这书的起源，本是茶馆中的说书，后来能文的人，把它写出来，就通行于社会了。当时底小说，有《红楼梦》等专讲柔情，《西游记》一派，又专讲妖怪，人们大概也很觉得厌气了。而《三侠五义》则别开生面，很是新奇，所以流行也就特别快，特别盛。当潘祖荫由北京回吴的时候，以此书示俞曲园，曲园很赞许，但嫌其太背于历史，乃为之改正第一回；又因书中的北侠，南侠，双侠，实已四人，三不能包，遂加上艾虎和沈仲元；索性改名为《七侠五义》。这一种改本，现在盛行于江浙方面。但《三侠五义》，也并非一时创作的书，宋包拯立朝刚正，《宋史》有传；而民间传说，则行事多怪异；元朝就传为故事，明代又渐演为小说，就是《龙图公案》。后来这书的组织再加密些，又成为大部的《龙图公案》，也就是《三侠五义》的蓝本了。因为社会上很欢迎，所以又有《小五义》，《续小五义》，《英雄大八义》，《英雄小八义》，《七剑十三侠》，《七剑十八义》等等都跟着出现。——这等小说，大概是叙侠义之士，除盗平叛的事情，而中间每以名臣大官，总领一切。其先又有《施公案》，同时则有《彭公案》一类的小说，也盛行一时。其中所叙的侠客，大半粗豪，很像《水浒》中底人物，故其事实虽然来自《龙图公案》，而源流则仍出于《水浒》。不过《水浒》中人物在反抗政府；而这一类书中底人物，则帮助政府，这是作者思想的大不同处，大概也因为社会背景不同之故罢。这些书大抵出于光绪初年，其先曾经有过几回国内的战争，如平长毛，平捻匪，平教匪等，许多市井中人，粗人无赖之流，因为从军立功，多得顶戴，人民非常羡慕，愿听“为王前驱”的故事，所以茶馆中发生的小说，自然也受了影响了。现在《七侠五义》已出到二十四集，《施公案》出到十集，《彭公案》十七集，而大抵千篇一律，语多不通，我们对此，无多批评，只是很觉得作者和看者，都能够如此之不惮烦，也算是一件奇迹罢了。

上边所讲的四派小说，到现在还很通行。此外零碎小派的作品也还有，只好都略去了它们。至于民国以来所发生的新派的小说，还很年幼——正在发达创造之中，没有很大的著作，所以也姑且不提起它们了。

我讲的《中国小说的历史的变迁》在今天此刻就算终结了。在此两星期中，匆匆地只讲了一个大概，挂一漏万，固然在所不免，加以我的知识如此之少，讲话如此之拙，而天气又如此之热，而诸位有许多还始终来听完我的讲，这是我所非常之抱歉而且感谢的。

（摘自《〈鲁迅全集〉（第九卷）·中国小说的历史的变迁》，第343-350页）

（乙）理论批评部分

一　正确取用文学遗产

这也是关于取用文学遗产的问题，潦倒而至于昏聩的人，凡是好的，他总归得不到。

（摘自《〈鲁迅全集〉（第六卷）·且介亭杂文二集·"题未定"草六》，第437页）

二　论文艺评论应顾及作者全人及其他

鼎在周朝，恰如碗之在现代，我们的碗，无整年不洗之理，所以鼎在当时，一定是干干净净，金光灿烂的，换了术语来说，就是它并不"静穆"，倒有些"热烈"。这一种俗气至今未脱，变化了我衡量古美术的眼光，例如希腊雕刻罢，我总以为它现在之见得"只剩一味醇朴"者，原因之一，是在曾埋土中，或久经风雨，失去了锋棱和光泽的缘故，雕造的当时，一定是崭新，雪白，而且发闪的，所以我们现在所见的希腊之美，其实并不准是当时希腊人之所谓美，我们应该悬想它是一件新东西。

凡论文艺，虚悬了一个"极境"，是要陷入"绝境"的，在艺术，会迷惘于土花，在文学，则被拘迫而"摘句"。但"摘句"又大足以困人，所以朱先生就只能取钱起的两句，而踢开他的全篇，又用这两句来概括作者的全人，又用这两句来打杀了屈原，阮籍，李白，杜甫等辈，以为"都不免有些像金刚怒目，愤愤不平的样子"。其实是他们四位，都因为垫高朱先生的美学说，做了冤屈的牺牲的。

我们现在先来看一看钱起的全篇罢：

省试湘灵鼓瑟

善鼓云和瑟，常闻亭子灵。冯夷空自舞，楚客不堪听。

苦调凄金石，清音入杳冥。苍梧来怨慕，白芷动芳馨。

流水传湘浦，悲风过洞庭。曲终人不见，江上数峰青。

要证成"醇朴"或"静穆"，这全篇实在是不宜称引的，因为中间的四联，颇近于所谓"衰飒"。但没有上文，末两句便显得含胡，不过这含胡，却也许又是称引者之所谓超妙。现在一看题目，便明白"曲终"者结"鼓瑟"，"人不见"者点"灵"字，"江上数峰青"者做"湘"字，全篇虽不失为唐人的好试帖，但末两句也并不怎么神奇了。况且题上明说是"省试"，当然不会有"愤愤不平的样子"，假使屈原不和椒兰吵架，却上京求取功名，我想，他大约也不至于在考卷上大发牢骚的，他首先要防落第。

我们于是应该再来看看这《湘灵鼓瑟》的作者的另外的诗了。但我手头也没有他的诗集，只有一部《大历诗略》，也是迂夫子的选本，不过篇数却不少，其中有一首是：

下第题长安客舍

不遂青云望，愁看黄鸟飞。

梨花寒食夜，客子未春衣。

世事随时变，交情与我违。

空余主人柳，相见却依依。

一落第，在客栈墙壁上题起诗来，他就不免有些愤愤了，可见那一首《湘灵鼓瑟》，实在是因为题目，又因为省试，所以只好如此圆转活脱。他和屈原、阮籍、李白、杜甫四位，有时都不免是怒目金刚，但就全体而论，他长不到丈六。

世间有所谓"就事论事"的办法，现在就诗论诗，或者也可以说是无碍的罢。不过我总以为倘要论文，最好是顾及全篇，并且顾及作者的全人，以及他所处的社会状态，这才较为确凿。

（摘自《〈鲁迅全集〉（第六卷）·且介亭杂文二集·"题未定"草七》，第442-444页）

历来的伟大的作者，是没有一个"浑身是'静穆'"的。陶潜正因为并非"浑身是'静穆'，所以他伟大"。现在之所以往往被尊为"静穆"，是因为他被选文家和摘句家所缩小，凌迟了。

（摘自《〈鲁迅全集〉（第六卷）·且介亭杂文二集·"题未定"草七》，第444页）

但以现存的希腊诗歌而论，荷马的史诗，是雄大而活泼的，沙孚的恋歌，是明白而热烈的，都不静穆。我想，立"静穆"为诗的极境，而此境不见于诗，也许和立蛋形为人体的最高形式，而此形终不见于人一样。至于亚波罗之在山巅，那可因为他是"神"的缘故，无论古今，凡神像，总是放在较高之上的。这像，我曾见过照相，睁着眼睛，神清气爽，并不像"常如作甜蜜梦"。不过看见实物，是否"使我们觉到这种'静穆'的风味"，在我可就很难断定了，但是，倘使真的觉得，我以为也许有些因为他"古"的缘故。

（摘自《〈鲁迅全集〉（第六卷）·且介亭杂文二集·"题未定"草七》，第441页）

大众并无旧文学的修养，比起士大夫文学的细致来，或者会显得所谓"低落"的，但也未染旧文学的痼疾，所以它又刚建，清新。无名氏文学如《子夜歌》之流，会给旧文学一种新力量，我先前已经说过了；现在也有人介绍了许多民歌和故事。还有戏剧，例如《朝花夕拾》所引《目连救母》里的无常鬼的自传，说是因为同情一个鬼魂，暂放还阳半日，不料被阎罗责罚，从此不再宽纵了——

"那怕你铜墙铁壁！

那怕你皇亲国戚！……"

何等有人情，又何等知过，何等守法，又何等果决，我们的文学家做得出来么？

这是真的农民和手工业工人的作品，由他们闲中扮演，借目连的巡行来贯串许多故事，除《小尼姑下山》外，和刻本的《目连救母记》是完全不同的。其中有一段《武松打虎》，是甲乙两人，一强一弱，扮着戏玩。先是甲扮武松，乙扮老虎，被甲打得要命，乙埋怨他了，甲道："你是老虎，不打，不是给你咬死了？"乙只得要求互换，却又被甲咬得要命，一说怨话，甲便道："你是武松，不咬，不是给你打死了？"我想：比起希腊的伊索，俄国的梭罗古勃的寓言来，这是毫无逊色的。

（摘自《〈鲁迅全集〉（第六卷）·且介亭杂文·门外文谈》，第102-103页）

《史记》里的《伯夷列传》和《屈原贾谊列传》除去了引用的骚赋，其实也不过是小品，只因为他是"太史公"之作，又常见，所以没有人来选出，翻印。由晋至唐，也很有几个作家；宋文我不知道，但"江湖派"诗，却确是我所谓的小品。现在大家所提倡的，是明清，据说"抒写性灵"是它的特色。那时有一些人，确也只能够抒写性灵的，风气和环境，加上作者的出身和生活，也只能有这样的意思，写这样的文章。虽说抒写性灵，其实后来仍落了窠臼，不过是"赋得灵性"，照例写出那么一套来。当然也有人豫感到危难，后来是身历了危难的，所以小品文中，有时也夹着感愤，但在文字狱时，都被销毁，劈板了，于是我们所见，就只剩了"天马行空"似的超然的性灵。

（摘自《〈鲁迅全集〉（第六卷）·且介亭杂文二集·杂谈小品文》，第431-432页）

我们想研究某一时代的文学，至少要知道作者的环境，经历和著作。

（摘自《〈鲁迅全集〉（第三卷）·而已集·魏晋风度及文章与药及酒之关系》，第523页）

唐朝人早就知道，穷措大想做富贵诗，多用些"金""玉""锦"

"绮"字面，自以为豪华，而不知适见其寒蠢。真会写富贵景象的，有道："笙歌归院落，灯火下楼台。"全不用那些字。

（摘自《〈鲁迅全集〉（第三卷）·而已集·革命文学》，第568页）

但是，"雅"要想到适可而止，再想便不行。例如阮嗣宗可以求做步兵校尉，陶渊明补了彭泽令，他们的地位，就不是一个平常人，要"雅"，也还是要地位。

（摘自《〈鲁迅全集〉（第六卷）·且介亭杂文·病后杂谈》，第169页）

"雅"要地位，也要钱，古今并不两样的，但古代的买雅，自然比现在便宜；办法也并不两样，书要摆在书架上，或者抛几本在地板上，酒杯要摆在桌子上，但算盘却要收在抽屉里，或者最好是在肚子里。

（摘自《〈鲁迅全集〉（第六卷）·且介亭杂文·病后杂谈》，第169页）